W0206765

Perast 138
Dobrota 141
Kotor 142
De Kotor à Tivat 151
Donji Stoliv 151
Prčanj 152
Tivat 153
Donja Lastva 158
Gornja Lastva 158

LITTORAL ADRIATIQUE

Littoral adriatique 160
Budva 160
Île de Saint-Nicolas 169
De Budva à Sveti Stefan 170
Bečići 170
Rafailovići 171
Pržno 172
Kamenovo 173
Miločer 173
Reževići 173
Sveti Stefan 174
Petrovac 176
Buljarica 178
Sutomore 179
Bar 181
Pečurice 187
Dobra Voda 187
Utjeha 188
Ulcinj 189
Île d'Ada 196
Valdanos 196
Lac de Šaško 196

NORD-OUEST

Nord-Ouest 198
Monastère d'Ostrog 198
Nikšić 200
Plužine 204
Šćepan Polje 206
Žabljak 206
Canyon de Nevidio 212
Šavnik 212
Parc National du Durmitor 212
Canyon de la rivière Tara 216
Pljevlja 218

NORD-EST

Nord-Est 222
La route de Kolašin 222
Morača 222
Kolašin 224
Parc National de Biogradska Gora 230
Mojkovac 232
De Mojkovac à Žablak 233
Massif de Sinjajevina 234
Bijelo Polje 234
Berane 236
Rožaje 238
Plav 240
Gusinje 242
Andrijevica 242

PENSE FUTÉ

Pense futé 244
Argent 244
Assurances 245
Bagages 247
Décalage horaire 248
Électricité, poids et mesures 248
Formalités, visa et douanes 248
Horaires d'ouverture 250
Internet 250
Jours fériés 250
Poste 251
Quand partir ? 251
Santé 251
Sécurité et accessibilité 253
Téléphone 254
S'informer 255
À voir – À lire 255
Avant son départ 255
Rester 256
Être solidaire 256
Étudier 256
Investir 258
Travailler – Trouver un stage 258
Index 260

Monténégro

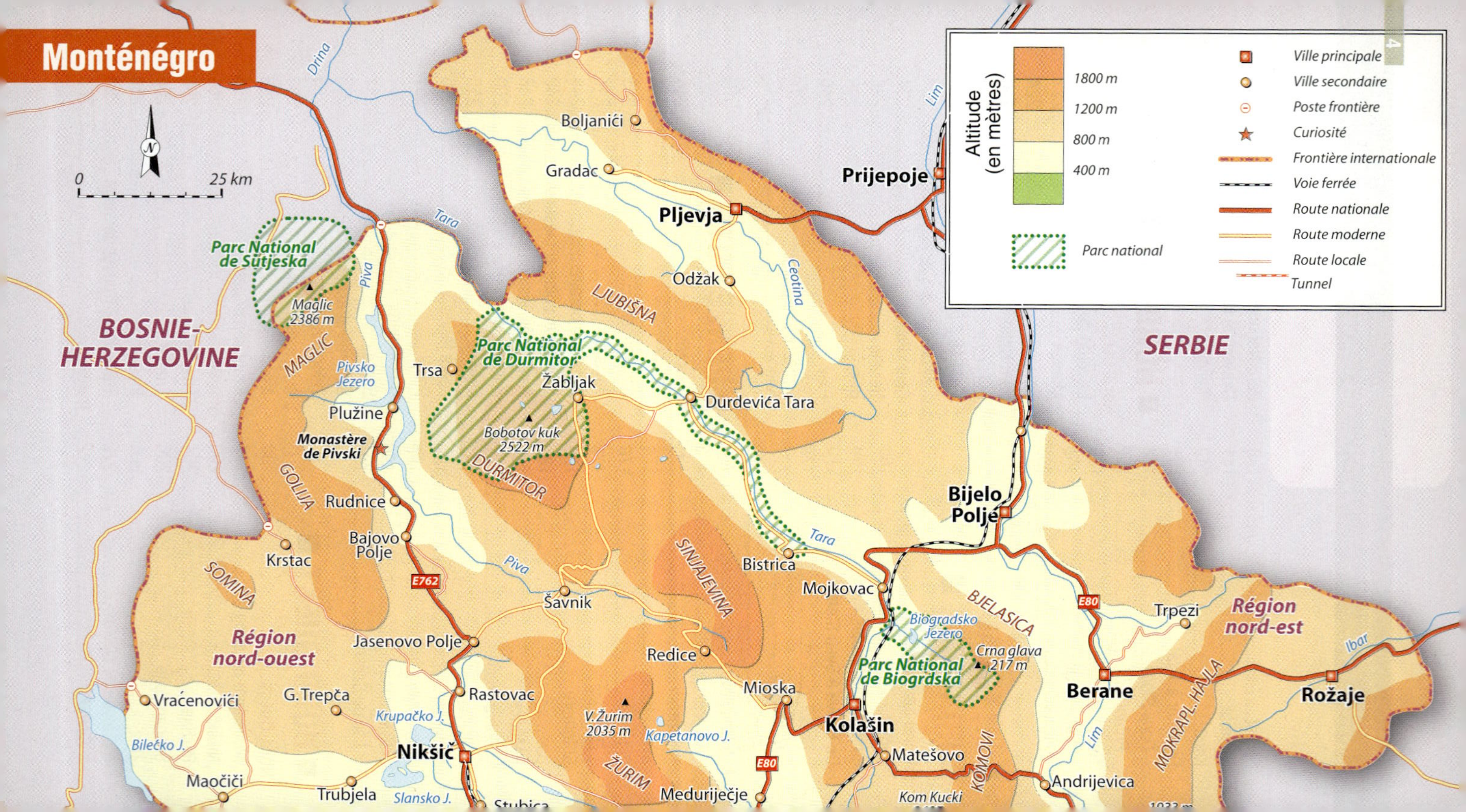

Altitude (en mètres)
1800 m
1200 m
800 m
400 m
Parc national
Ville principale
Ville secondaire
Poste frontière
Curiosité
Frontière internationale
Voie ferrée
Route nationale
Route moderne
Route locale
Tunnel
0
25 km
SERBIE
BOSNIE-HERZEGOVINE
Prijepoje
Pljevja
Boljanići
Gradac
Odžak
Ceotina
Lim
Drina
Tara
Piva
LJUBIŠNA
Parc National de Sutjeska
Maglic 2386 m
MAGLIC
Pivsko Jezero
Trsa
Parc National de Durmitor
Žabljak
Durdevića Tara
Bobotov kuk 2522 m
DURMITOR
Plužine
Monastère de Pivski
GOLIJA
Rudnice
Bajovo Polje
Krstac
SOMINA
E762
Šavnik
SINJAJEVINA
Bistrica
Mojkovac
Bijelo Polje
BJELASICA
Biogradsko Jezero
Crna glava 217 m
Parc National de Biogrdska
Région nord-ouest
Jasenovo Polje
Redice
Mioska
Kolašin
Rastovac
Vraćenovići
G.Trepča
Krupačko J.
V.Žurim 2035 m
Kapetanovo J.
Bilečko J.
Nikšić
ŽURIM
E80
Matešovo
KOMOVI
Maočiči
Trubjela
Slansko J.
Meduriječje
Kom Kucki
Andrijevica
Berane
Trpezi
Région nord-est
MOKRAPL. HAJLA
Ibar
Rožaje

Dobrodošli u Crnu Goru !

Bienvenue au Monténégro ! Appelé localement Crna Gora (prononcez : *tsrna gora* et traduisez : montagne noire), le pays savoure actuellement son indépendance totale par rapport à son vieux cousin serbe avant de rejoindre la communauté européenne et l'autorité de Bruxelles. Depuis la disparition de la Yougoslavie, les Monténégrins sont en phase permanente de reconstruction. Le 21 mai 2006, ils décidaient par référendum de voler de leurs propres ailes après quasiment un siècle de dépendance à l'égard de la Serbie et plus encore à l'égard des Turcs. Deux semaines plus tard, le Parlement proclamait l'indépendance et la souveraineté du pays, marquant ainsi le démantèlement complet de la République fédérale de Yougoslavie, après l'indépendance de la Slovénie, de la Croatie, de la Macédoine en 1991 puis celle de la Bosnie-Herzégovine en 1992.
Destination touristique très prisée avant l'éclatement de la Yougoslavie, le Monténégro a bien l'intention de redevenir une destination privilégiée de la Méditerranée à l'instar de sa voisine, la Croatie. Nul doute qu'il y parviendra. Car si sur la carte ce pays apparaît bien petit, coincé entre l'Albanie, la Serbie, la Croatie et la Bosnie-Herzégovine, il n'en offre pas moins une étonnante variété de paysages. Pays de montagnes et de vallées encaissées où la nature s'exprime avec exubérance, le Monténégro est une contrée qui s'explore, une destination de choix pour les amoureux de nature et de randonnées. Sur une superficie de la taille d'une région française s'étendent cinq parcs nationaux, des plages, un littoral découpé d'une beauté fascinante et des montagnes dont des pans entiers sont vierges de toute urbanisation. Comblé par la nature, ce pays peut également s'enorgueillir d'un patrimoine architectural d'une diversité insoupçonnée, fruit d'un chassé-croisé de royaumes et d'empires, depuis les Illyriens jusqu'aux Autrichiens, en passant par les Grecs, les Romains, les Vénitiens et les Turcs. Ainsi à l'architecture massive et austère des maisons de l'intérieur du pays et des monastères orthodoxes répondent les palais de style baroque des Bouches de Kotor. La population jeune, urbaine et occidentalisée de la capitale et des villes du littoral coexiste avec une population rurale ayant conservé un mode de vie guidé par les exigences de la terre. Dans les montagnes de l'intérieur du pays, là où le tourisme est moins développé, l'accueil réservé aux étrangers est d'une simplicité authentique, à la fois rude et humain, comme le sont les Monténégrins.

L'équipe de la rédaction

Certifié PEFC
Ce produit est issu de forêts gérées durablement et de sources contrôlées.
pefc-france.org
PEFC 10-31-1510

OFFERT
CE GUIDE VERSION NUMÉRIQUE
Retrouvez cette offre en page 97

EDITION
Directeurs de collection et auteurs : Dominique AUZIAS et Jean-Paul LABOURDETTE
Auteurs : Alexandre VUCKOVIC, François-Xavier DELISSE, Julie BRIARD, Jean-Paul LABOURDETTE, Dominique AUZIAS et alter
Directeur Editorial : Stéphan SZEREMETA
Responsable Editorial Monde : Patrick MARINGE
Rédaction Monde : Caroline MICHELOT, Morgane VESLIN, Pierre-Yves SOUCHET, Leena BRISACQ et Muriel PARENT
Rédaction France : François TOURNIE, Jeff BUCHE, Perrine GALAZKA, Talatah FAVREAU et Maud VILLERET

FABRICATION
Responsable Studio : Sophie LECHERTIER assistée de Romain AUDREN
Maquette et Montage : Julie BORDES, Élodie CLAVIER, Sandrine MECKING, Delphine PAGANO et Laurie PILLOIS
Iconographie et Cartographie : Audrey LALOY

WEB ET NUMERIQUE
Directeur Web : Louis GENEAU de LAMARLIERE
Directeur technique : Lionel CAZAUMAYOU
Chef de projet et développeurs : Jean-Marc REYMUND, Cédric MAILLOUX, Florian FAZER et Anthony GUYOT
Community Manager : Cyprien de CANSON

DIRECTION COMMERCIALE
Responsable Régies locales : Michel GRANSEIGNE
Responsable recrutement Régies locales : Victor CORREIA
Relation Clientèle : Vimla MEETTOO et Sandra RUFFIEUX

REGIE NATIONALE
Chefs de Publicité : Caroline AUBRY, François BRIANCON-MARJOLLET, Perrine DE CARNE MARCEIN, Caroline GENTELET, Florian MEYBERGER et Caroline PREAU

REGIE INTERNATIONALE
Directrice : Karine VIROT assistée d'Elisa MORLAND
Chefs de Publicité : Jean-Marc FARAGUET et Guillaume LABOUREUR
Régie MONTENEGRO : Alexandre LUCIANI

DIFFUSION ET PROMOTION
Directrice des Ventes : Bénédicte MOULET assistée d'Aissatou DIOP, Alicia FILANKEMBO et Bénédicte PETIT
Responsable des ventes : Jean-Pierre GHEZ assisté de Nathalie GONCALVES
Relations Presse-Partenariats : Jean-Mary MARCHAL

ADMINISTRATION
Président : Jean-Paul LABOURDETTE
Directeur Administratif et Financier : Gérard BRODIN
Directrice des Ressources Humaines : Dina BOURDEAU assistée de Sandra MORAIS et de Naommi CHOQUET
Responsable informatique : Pascal LE GOFF
Responsable Comptabilité : Valérie DECOTTIGNIES assistée de Jeannine DEMIRDJIAN, Oumy DIOUF et Christelle MANEBARD
Recouvrement : Fabien BONNAN assisté de Sandra BRIJLALL
Standard : Jehanne AOUMEUR

PETIT FUTE MONTENEGRO 2015

Petit Futé a été fondé par Dominique AUZIAS.
Il est édité par Les Nouvelles Editions de l'Université
18, rue des Volontaires - 75015 Paris.
✆ 01 53 69 70 00 - Fax 01 42 73 15 24
Internet : www.petitfute.com
SAS au capital de 1 000 000 € - RC PARIS B 309 769 966
Couverture :
© OFFICE NATIONAL DE TOURISME DU MONTÉNÉGRO
Impression : GROUPE CORLET IMPRIMEUR - 14110 Condé-sur-Noireau
Dépôt légal : 16/08/2015
ISBN : 9782746987470

Pour nous contacter par email, indiquez le nom de famille en minuscule suivi de @petitfute.com
Pour le courrier des lecteurs : info@petitfute.com

Sommaire

INVITATION AU VOYAGE

Les plus du Monténégro ... 7
Fiche technique ... 9
Argent ... 9
Idées de séjour ... 11
Comment partir ? ... 15
Partir en voyage organisé ... 15
Partir seul ... 19
Séjourner ... 20

DÉCOUVERTE

Le Monténégro en 20 mots-clés ... 26
Survol du Monténégro ... 31
Géographie ... 31
Climat ... 33
Environnement – écologie ... 33
Parcs nationaux ... 34
Faune et flore ... 35
Histoire ... 37
Politique et économie ... 52
Politique ... 52
Économie ... 54
Population et langues ... 56
Mode de vie ... 59
Vie sociale ... 59
Mœurs et faits de société ... 59
Religion ... 60
Arts et culture ... 62
Architecture ... 62
Cinéma ... 63
Danse ... 65
Littérature ... 65
Musique ... 67
Peinture et arts graphiques ... 67
Théâtre ... 68
Festivités ... 69
Cuisine monténégrine ... 71
Produits caractéristiques ... 71
Habitudes alimentaires ... 72
Recettes ... 74
Jeux, loisirs et sports ... 75
Disciplines nationales ... 75
Activités à faire sur place ... 75
Enfants du pays ... 78

PODGORICA

Podgorica (Подгорица) ... 82
Quartiers ... 84
Se déplacer ... 85
Pratique ... 87
Se loger ... 88
Se restaurer ... 91
Sortir ... 92
À voir – À faire ... 93
Shopping ... 94
Sports – Détente – Loisirs ... 95
Dans les environs ... 96
Duklja ... 96
Medun ... 98
Danilovgrad ... 98

RÉGION DE CETINJE

Région de Cetinje (Цетиње) ... 100
Cetinje ... 100
Parc National du Lovćen ... 110
Njeguši ... 112
Rijeka ... 113
Karuč ... 114
Lac de Skadar ... 115
Virpazar ... 116
Plavnica ... 118
Vranjina ... 120
Godinje ... 121
Murići ... 121
Žabljak Crnojevića ... 121
Lesendro ... 122
Grmožur) ... 122
Île de Beška ... 122
Île de Starčevo ... 122
Île de Kom (Kom) ... 122
Île de Moračnik ... 122

BOUCHES DE KOTOR

Bouches de Kotor ... 124
Herceg Novi ... 126
Péninsule de Luštica) ... 134
Igalo ... 135
D'Herceg Novi à Risan ... 136
Risan ... 137

CROATIE
ALBANIE
MER ADRIATIQUE
MONTENEGRO
PODGORICA
Podgorica et ses environs
Région de Cetinje
Littoral
Bouches de Kotor
Parc National de Lovćen
Parc National du Lac Skadar
SKADARSKO JEZERO
Grahovo
Izvori
Han
1590 m
ORJEN
Zagorak
Monastère d'Ostrog
Poljica
Bolesestra
Tara
Murino
Plav
Plavsko Jezero
Gusinje
PROKLETIJE
Surdup 2184 m
Korita
Moraca
Čevo
Danilovgrad
E762
Perast
Resna
Heceg Novi
Kamenari
Kumbor
Igalo
Kotor
Čekanje
Rose
Tivat
LOCVEN
Cetinje
G. Koloti
Cijevna
Dub
Phare de Lovcen
Botun
Tuzi
Rijeka Crnojevića
Bigovo
Budva
Brajići
G. Malo blato
Božaj
Vranjina
Virpazar
Sveti Stefan
Petrovac
Sutomore
Livari
Bar
Stari Bar
Skadar
V. Ostros
1228 m
E851
Krute
Sukobin
Šasko J.
Ulcinjska solana
Bojana
Ulcinj
Sv. Nikola
Plage de Velika Plaža
Ada Bojana

© ELOÏSE BOLLACK

Ruelle de la vieille ville d'Ulcinj.

© STÉPHANE SAVIGNARD

Eglise orthodoxe, Podgorica.

© NATIONAL TOURISM ORGANISATION OF MONTENEGRO

Randonnée VTT au-dessus de la baie de Boka Kotorska.

© ELOÏSE BOLLACK

Filets de pêche.

Les plus du Monténégro

Une nature généreuse

Se reposer, renouer avec la nature, faire du sport. Le Monténégro est une destination de choix pour les amateurs de grands espaces et d'explorations hors des sentiers trop souvent parcourus. Majoritairement montagneux, le pays n'en possède pas moins une étonnante diversité de paysages au regard de sa superficie. Ainsi, des criques de galets bordées d'oliviers de Bar, il suffit d'une petite heure de route pour se retrouver dans un paysage de fjord digne des latitudes nordiques. De même, il ne faut parcourir qu'une soixantaine de kilomètres pour passer de la chaleur souvent étouffante de la capitale, Podgorica, au bon air vivifiant des montagnes de moyenne altitude de Kolašin ou encore des paysages arides et rocheux des environs de Cetinje à la végétation luxuriante du lac de Skadar. Avec ses quatre parcs nationaux, son littoral découpé, ses forêts, qui recouvrent quelque 45 % de son territoire, et ses montagnes, dont des pans entiers sont vierges de toute urbanisation, le Monténégro est propice à de nombreuses activités de plein air. Le massif du Durmitor et le canyon de la Tara, situés au nord-ouest du pays, méritent à eux seuls le voyage. Tous deux inscrits au patrimoine mondial par l'Unesco, ces sites sont à l'image du pays : spectaculaires et sauvages.

Un littoral accueillant

Long d'un peu moins de 300 kilomètres, le littoral monténégrin n'a rien à envier sur le plan de la beauté à celui de sa voisine, la Croatie. Contrairement au reste du pays, cette partie du Monténégro bénéficie d'un climat très doux et a depuis longtemps une vocation touristique. Dans les bouches de Kotor, une chaîne montagneuse karstique de 1 500 mètres d'altitude, parallèle à la mer, sépare la côte de l'arrière-pays et plonge vertigineusement vers les eaux limpides et bleutées de l'Adriatique. Au bas de cette muraille de pierre, palais et églises de style gothique vénitien, petits ports de pêche, jardins luxuriants et criques isolées rappellent un décor de film italien. Tout aussi découpée et également surmontée de montagnes, la partie du littoral qui s'étend de Budva à Ulcinj offre une kyrielle de plages à l'attrait irrésistible. Anses, îlots, plages de galets et grandes plages de sable fin y alternent avec les stations balnéaires animées et typiques de la Méditerranée où en soirée les terrasses des cafés et restaurants sont prises d'assaut. Budva, dont l'ambiance s'apparente à celle d'un petit Ibiza monténégrin, connaît chaque été une animation trépidante. Un peu plus loin, Ulcinj est probablement la ville la plus dépaysante du pays, avec ses minarets et son marché haut en couleur.

Un héritage historique diversifié

Situé au cœur de la péninsule balkanique, le Monténégro a subi au cours des siècles passés l'influence étrangère des cultures grecque, romaine, byzantine, turque, vénitienne et austro-hongroise. Trois tremblements de terre dont le dernier, en 1979, ont détruit des trésors inestimables. Cependant l'héritage demeure considérable. Sur le littoral, et en particulier dans les bouches de Kotor, ces influences se sont superposées pour former un ensemble architectural d'une richesse peu connue. La cité médiévale de Kotor, et sa cathédrale Saint-Triphon, qui associe les formes byzantines et gothiques, en sont le plus bel exemple. Les églises et villas de style baroque des bouches de Kotor contrastent avec les maisons trapues et massives des vieilles villes de Budva ou d'Ulcinj, toutes deux riches d'une histoire multimillénaire. Toujours sur le littoral, la cité médiévale de Bar, abandonnée à la fin du XIXe siècle, porte dans ses ruines de multiples témoignages du chassé-croisé de peuples, de royaumes et d'empires qui s'y sont succédé. A l'intérieur du pays, l'ancienne capitale du royaume du Monténégro, Cetinje, avec les façades multicolores de ses anciennes ambassades et son palais royal, fait plonger le voyageur dans l'Europe du XIXe et début XXe siècle. Le nord du pays enfin, avec ses monastères orthodoxes de Piva, de Morača ou encore de Sveti Trojica, offre de superbes témoignages de la richesse picturale médiévale des Balkans.

Les montagnes du parc national de Prokletije.

Fiche technique

Argent

Monnaie

La monnaie officielle du pays est l'euro depuis 2002. Pour autant le pays ne FAIT PAS PARTIE de la zone Euro. Ce qui implique des surcoûts lorsque vous retirez ou payez avec votre carte bancaire.

Idées de budget

- Gros budget : 80 € par jour et plus.
- Budget moyen : 50 € par jour.
- Petit budget : 35 € par jour (un hôtel bon marché : environ 20 € par personne, un restaurant pas cher : à partir de 4 € le plat principal).

Le Monténégro en bref

Pays

- Nom officiel : Monténégro.
- Capitale : Podgorica est la capitale administrative et économique, Cetinje la capitale constitutionnelle et historique.
- Fête nationale : 13 juillet.
- Superficie : 13 812 km^2.
- Topographie : le point le plus élevé du pays est le Bobotov Kuk, qui culmine à 2 522 m d'altitude.
- Longueur des routes : 5 227 km.
- Façade maritime : 293 km environ.
- Nombre de plages et leur longueur : 117 (52 km).
- Parc nationaux : Lovćen, Durmitor, Skadarsko jezero (Lac de Skadar), Prokletije.

Population

- Habitants : 620 029 (recensement 2011)
- Espérance de vie : 71 ans pour les hommes et 76 pour les femmes.
- Croissance démographique : 2,2 (2011)
- Taux d'alphabétisation : 98,5 % (2011).
- Langue officielle : langue monténégrine issue du dialecte iékavien.
- Religions : orthodoxe (majoritaire 72 %), catholique (Croates et Albanais), musulmane (Bosniaques et Albanais).

Économie

- PIB : 3 234 060 milliards d'euros (2011).
- PIB par habitant : 5 211 € (2011).
- Taux de croissance : 3,2 % (2011).
- Taux de chômage officiel : 19 %.
- Salaire moyen officiel net : 497 € (décembre 2012).
- Taux d'inflation : 5,1 % (2012) [source : Institut national des statistiques du Monténégro]
- Dette extérieure : 3,2 M€ soit 40 % du PIB (2011)
- Solde commercial : – 840,8 M€ (2011)

Téléphone

- **Indicatif international :** 382.
- **Téléphoner de France au Monténégro** vers un poste fixe : 00 382, suivi de l'indicatif régional sans le zéro, puis le numéro du correspondant. Vers un mobile : 00 382, puis le numéro du mobile sans le zéro.

Le drapeau du Monténégro

Le drapeau du Monténégro a été adopté le 12 juillet 2004 par le Parlement du Monténégro. De couleur rouge vif, il porte en son centre les armoiries du pays (aigle royal bicéphale) adoptées en 1993. Celles-ci s'inspirent des armes du roi Nicolas Ier Petrović Njegoš (1841-1921), sans les lettres « HI », ses initiales en cyrillique. Le drapeau monténégrin fut identique à celui de la Serbie de 1945 à 1993.

© STÉPHANE SAVIGNARD

Pont Milenijum

- **Téléphoner du Monténégro en France :** 00 33, puis le numéro du correspondant sans le premier zéro.
- **Téléphoner d'une ville à une autre au Monténégro :** d'un fixe vers un autre fixe, l'indicatif complet puis le numéro à 6 chiffres. Exemple : 020 233 720 pour joindre un correspondant à Podgorica.
- **Téléphoner en local dans une ville :** les 6 chiffres sans l'indicatif. Exemple : 231 955 à Podgorica.
- **Indicatifs téléphoniques des téléphones mobiles :** 069 (Telenor), 067 (T-Com), 068 (M : tel).

Décalage horaire

Il n'y a pas de décalage horaire entre la France et le Monténégro. Même changement d'heure été/hiver.

Formalités

Les ressortissants des pays de l'Union européenne n'ont pas besoin de visa pour les séjours au Monténégro inférieurs à 90 jours. Une carte nationale d'identité valide durant toute la durée du séjour suffit. De même, tous les pays frontaliers avec le Monténégro sont également accessibles sans visa (mais avec une carte d'identité ou un passeport). Les agences de voyages monténégrines proposent aux touristes des excursions dans ces pays (Croatie, Albanie, Macédoine, Bosnie-Herzégovine, Serbie, Italie…). Consulter les fiches conseils aux voyageurs pour ces pays.

Climat

Pays de montagnes bordé par la mer, le Monténégro est sous l'influence de deux types de climats. La zone littorale offre un climat de type méditerranéen avec des hivers doux et humides et des étés chauds et secs. Le nord du pays connaît un climat continental avec des hivers froids, rigoureux et accompagnés de fortes chutes de neige. Podgorica et ses environs présentent quant à eux un climat méditerranéen dégradé (hivers davantage pluvieux et étés plus chauds que sur le littoral).

Saisonnalité

Dans les zones montagneuses du nord du pays, la neige peut subsister jusqu'à la fin du mois de juin et commencer à tomber dès le début du mois d'octobre. Les randonneurs non équipés devront donc privilégier les mois de juillet et d'août pour explorer les montagnes du Monténégro. Pour les amateurs de sports d'hiver, la saison s'étale de décembre à avril. Dans le sud du pays (côte adriatique), le climat reste agréable en été grâce à l'influence de la mer, même si les températures peuvent atteindre 38 °C. Le printemps et l'automne sont ainsi les meilleures périodes pour visiter cette partie sud du pays. A savoir : la capitale et ses environs connaissent des chaleurs étouffantes en été, tandis que Cetinje reste très agréable (20 °C la température moyenne en été).

Idées de séjour

Bien que de dimensions modestes, le Monténégro nécessite au minimum dix jours de voyage si l'on souhaite en faire le tour. Cela est dû à son relief escarpé plutôt qu'à l'état des routes. En effet, si les grands axes sont en assez bon état et permettent de se déplacer dans de bonnes conditions, le relief, lui, oblige à d'incessants détours et virages limitant la vitesse. Bref, les distances perçues sur les cartes sont trompeuses et, comme dans tous les pays montagneux, les déplacements se mesurent en temps plutôt qu'en distances.

Un grand week-end au Monténégro

De Podgorica, les visiteurs pressés (3 jours) pourront visiter en un laps de temps aussi court plusieurs sites phares du pays, à savoir le lac de Skadar, Cetinje et le monastère d'Ostrog. Parc national depuis 1983, le lac de Skadar offre à moins d'une heure de route de la capitale l'un des plus beaux paysages du pays. Elle aussi accessible en moins d'une heure de route, Cetinje, l'ancienne capitale royale du Monténégro, abrite les musées nationaux d'art et d'histoire du pays. Enfin, le célèbre monastère orthodoxe d'Ostrog, également à une heure de la capitale, peut faire l'objet d'une belle excursion d'une journée. Bâti au milieu du XVIIe siècle, à même la paroi d'une falaise abrupte, il constitue le lieu saint le plus vénéré du pays.

Découverte en une semaine

- **Jour 1 :** arrivée à l'aéroport de Tivat. Visite de la ville et possibilité de baignade dans l'une des petites plages du centre-ville.
- **Jour 2 :** direction Kotor, via le golfe intérieur de Tivat, parsemé de petits villages au charme tout à fait méditerranéen. Visite de la vieille ville de Kotor, classée par l'Unesco sur la Liste du patrimoine mondial.
- **Jour 3 :** découverte de Perast, un village situé à une dizaine de kilomètres de Kotor. Visite de son Musée maritime et découverte de ses nombreux palais de caractère gothique-vénitien construits au XVIIe siècle par les riches capitaines marchands d'alors. Excursion sur l'île de Notre-Dame de Škrpjela, juste en face.
- **Jour 4 :** Cetinje. Ses anciennes ambassades, son musée national d'Art et d'Histoire, son complexe monastique du XVIIIe siècle, son palais royal.
- **Jour 5 :** parc national du Lovćen. Excursion jusqu'au sommet du mont Lovćen et visite du mausolée de Petar II Petrović Njegoš à 1 654 m d'altitude. Détour par le pittoresque village montagneux de Njeguši.
- **Jour 6 :** découverte du lac de Skadar depuis Cetinje, en passant par les villages de Rijeka Crnojevića et Virpazar. Déjeuner au bord du lac dans l'un des restaurants de Virpazar, excursion en bateau ou pousser jusqu'au village de pêcheurs de Murići.
- **Jour 7 :** départ.

La grand tour en deux semaines

- **Jour 1 :** arrivée à l'aéroport de Tivat. Visite de la ville, baignade.
- **Jour 2 :** direction Herceg Novi, petite ville située au tout début de la baie de Kotor. Promenade dans ses ruelles fleuries, à la découverte des fortifications laissées en héritage par les différents occupants de la ville.

- **Jour 3 :** découverte des bouches de Kotor et des petites villes côtières de Perast et Dobrota où palais et temples témoignent encore de l'esprit d'aventure et des succès outre-mer de ses marins.
- **Jour 4 :** Kotor, l'une des villes médiévales les mieux préservées de cette partie du bassin méditerranéen.
- **Jour 5 :** direction Budva, halte à Sveti Stefan, l'ancien village de pêcheurs transformé en île-hôtel haut de gamme. A Budva, balade dans la vieille ville encerclée de remparts. Déjeuner dans un restaurant de poisson à Pržno ou à Rafailovići.
- **Jour 6 :** Bar. Visite de l'ancienne ville fortifiée, le plus grand site archéologique d'origine médiévale du pays. Déjeuner dans la rue pavée, fin d'après-midi à la plage ou à la piscine du restaurant panoramique à Dobra Voda.
- **Jour 7 :** Ulcinj, ville la plus méridionale du Monténégro. Visite de sa vieille ville, érigée sur un promontoire rocheux et découverte de son pittoresque marché de fruits et légumes. Balade le long de la Velika Plaža, une immense plage de sable fin longue de 12 km. Repas à Ada Bojana, sur l'estuaire de la rivière, à côté du pont.
- **Jour 8 :** découverte du lac de Skadar. Nuit à Virpazar ou Podgorica.
- **Jour 9 :** excursion au mont Lovćen le matin (mausolée du poète Njegoš) et visite de Cetinje l'après-midi (palais royal et musées). Repas au Konak, un des meilleurs restaurants traditionnels du pays.
- **Jour 10 :** randonnée d'une journée dans le canyon de Mrtvica.
- **Jour 11 :** parc national de Biogradska Gora. Pique-nique au bord du lac ou randonnée dans les forêts du parc. Nuit à Mojkovac.
- **Jour 12 :** direction Žabljak et le parc national du Durmitor classé au patrimoine mondial par l'Unesco depuis 1980.
- **Jour 13 :** randonnées dans le parc, farniente au bord du lac Noir ou encore expédition en véhicule tout-terrain sur la petite route circulaire traversant le massif montagneux ou descente du canyon de la Tara.
- **Jour 14 :** retour vers Podgorica. Visite en chemin du monastère de Morača, puis du monastère d'Ostrog.
- **Jour 15 :** départ.

À la découverte des parcs nationaux

La nature constitue l'une des plus grandes richesses du Monténégro et peut tout à fait constituer le thème principal d'un séjour à travers le pays. Le pays compte désormais cinq parcs nationaux dont quatre sont situés en zone montagneuse. Chacun d'eux peut faire l'objet de superbes balades ou randonnées sur une ou deux journées.

- Le plus prestigieux, celui du Durmitor, offre d'innombrables sentiers de randonnée bien balisés et de nombreuses possibilités d'activités de plein air tant en été qu'en hiver (ski, raquettes, rafting, marche, vélo tout terrain, etc.). Avec ses 22 sommets, c'est le plus montagneux.
- Celui de Biogradska Gora, situé dans le nord du pays, peut faire l'objet d'une magnifique mais difficile randonnée à la découverte de sa forêt vierge. Vous le choisirez pour une découverte d'une nature foisonnante.
- Plus au sud, le parc national du Lovćen offre des paysages pierreux et arides. Depuis Cetinje ou Kotor, il est possible d'atteindre son principal sommet, le mont Lovćen, en une journée de marche (aller-retour). Le panorama offert depuis son sommet est le plus spectaculaire du pays. C'est le parc de montagne le plus aéré et aérien. En chemin, on pourra s'arrêter dans l'un des quelques restaurants de la région pour déguster les spécialités fromagères et charcutières.
A quelques kilomètres de Cetinje, l'exubérante végétation du lac de Skadar offre un contraste saisissant avec la sécheresse des paysages du Lovćen. Si les environs du lac ne possèdent pas de sentiers de randonnée à proprement parler, plusieurs petites routes secondaires permettent en revanche de le surplomber et de le découvrir dans toute sa splendeur. En chemin, on pourra s'arrêter dans l'un des pittoresques villages bâtis sur les flancs des collines bordant le lac afin de déguster des poissons grillés.
- A l'extrémité orientale des Alpes dinariques, le massif des Prokletije, sauvage et encore peu connu, offre un paysage grandiose de pics acérés et de parois vertigineuses.

À la découverte des édifices religieux

Un des attraits évidents du Monténégro est constitué par son patrimoine religieux. Dispersés aux quatre coins du pays, souvent dans des sites isolés, les monastères orthodoxes ont longtemps servi de centres culturels et permis de préserver l'identité nationale des Monténégrins sous la menace des Ottomans.

- Pour une découverte « religieuse » du Monténégro, on peut commencer par la visite du monastère de Morača au nord de la capitale. Bâti au milieu du XIIIe siècle par le Serbe Stefan Nemanjić, il fut le siège d'une véritable renaissance artistique dans la première moitié du XVIIe siècle et abrite des fresques et icônes réalisées par les plus grands artistes de l'époque.

▸ Direction Nikšić, à 50 km de Podgorica. Le monastère d'Ostrog, situé quelques kilomètres avant la ville, est un lieu de pèlerinage important dans le pays. Erigé au milieu du XVIIe siècle, il n'est ni le plus beau ni le plus grand des monastères du pays, mais le plus spectaculaire. Construit en altitude, au pied d'une imposante falaise, il abrite deux chapelles troglodytes et les reliques de saint Basile d'Ostrog, connu pour ses miracles et ses pouvoirs de guérisseur.

▸ Avant d'aller vers le sud du pays, on pourra s'arrêter au monastère de Piva, situé près de la petite ville de Plužine. Installé dans un site bucolique, ce monastère du XVIe siècle mérite un détour pour la beauté de ses peintures murales qui ornent la quasi-totalité de l'intérieur de l'édifice.

▸ Après cette incursion dans le nord du pays, direction le littoral, et tout d'abord les bouches de Kotor. Là, les amateurs d'art religieux pourront découvrir des églises d'un tout autre style, à la croisée des cultures de l'Est et de l'Ouest. Le monastère de Savina, près de Herceg Novi, se distingue par son mélange architectural d'art byzantin et baroque. A Perast, l'église « Gospa od Škrpjela », située sur un îlot artificiel, abrite une soixantaine de tableaux du célèbre peintre baroque Tripo Kokolja (1661-1713). Une dizaine de kilomètres plus loin, la cathédrale Saint-Triphon de Kotor (XIIe siècle) est l'un des monuments les plus représentatifs de l'art roman en Adriatique. Son ciborium (baldaquin surmontant l'autel) constitue un magnifique exemple d'art gothique.

▸ En poursuivant son chemin vers l'est, on ne manquera pas de s'arrêter dans le village de Prčanj, pour admirer son église consacrée à la naissance de la Vierge Marie (« *Bogorodičin Hram* »). Dessinée par le Vénitien Bernardino Maccarucci, cette église dont la construction fut entamée en 1789 nécessita plus d'un siècle de travaux. A l'intérieur, on pourra y voir de nombreuses peintures réalisées par des artistes italiens de renom.

▸ Avant de quitter Kotor et de poursuivre vers Budva, on pourra prendre la route des « serpentines » et monter jusqu'à la vieille capitale du royaume monténégrine. La visite du monastère de Cetinje s'y impose impérativement, car il renferme deux reliques chrétiennes majeures : la main droite de Saint-Jean le Baptiseur et la pièce de la sainte croix du Jésus Christ. Consacré à la Naissance de la Vierge Marie, ce complexe orthodoxe a été construit au tout début du XVIIIe siècle. Le monastère originel avait été érigé à quelques mètres de l'actuel au XVe siècle mais fut complètement détruit par les Turcs en 1692.

▸ On peut terminer ce périple « religieux » par la visite des monastères orthodoxes (Duljevo, Praskvica, Reževići, Gradište) des collines de Paštrovići qui s'étendent entre Budva et Petrovac.

La route des villages monténégrins

Si les villes touristiques telles que Kotor ou Budva connaissent une affluence importante en haute saison, il suffit bien souvent de s'engager sur les petites routes secondaires de l'arrière-pays pour se retrouver dans un calme absolu, loin de l'agitation estivale. Voici quelques idées pour ceux et celles qui souhaiteraient sortir des sentiers battus en n'ayant pas peur d'emprunter les petites routes de montagne.

▸ Première étape : la péninsule qui sépare la ville de Tivat de celle de Kotor. Celle-ci, dominée par un petit massif montagneux (Vrmac), est parsemée de villages anciens qui raviront les amateurs de vieilles pierres. Tous perdus au milieu d'une végétation méditerranéenne opulente, ces villages sont reliés entre eux par un réseau de sentiers depuis peu remis en état. Gornja Lastva, en particulier, mérite un détour. Situé à 300 m d'altitude, il est facilement accessible en voiture. Ensuite, il est conseillé de poursuivre jusqu'à Kotor en empruntant la petite route qui longe la péninsule. Longue d'une quinzaine de kilomètres, elle traverse une succession de villages au charme méditerranéen et aux superbes demeures chargées d'histoire (Prčanj, Muo).

▸ Une fois à Kotor, prendre la direction de Cetinje via la route des « serpentines ». Cette route étroite et sinueuse offre les plus beaux points de vue sur la baie de Kotor. Une fois arrivé dans le Parc national du Lovćen, on pourra s'arrêter au village de Njeguši pour déguster les spécialités locales (fromage et jambon fumé) dans l'un des restaurants du village.

▸ Direction le lac de Skadar, via Rijeka Crnojevića, situé à 14 km de Cetinje. Après une halte dans ce village, enfoui dans une végétation luxuriante aux confins du lac (le meilleur site pour prendre des photos envoûtantes du paysage « amazonien », typiques des cartes postales, se trouve à 3 km avant de rejoindre le village en arrivant de Podgorica, en face de l'hôtel Gazivoda), prendre la direction de Virpazar, puis de Godinje. Au cœur des collines de Crmnica, ce village figure parmi les plus pittoresques du lac de Skadar. Mentionné par écrit pour la première fois en 1242, il se caractérise par de robustes maisons en pierres érigées à flanc de colline et reliées entre elles par des allées étroites et des escaliers.

▸ Au nord, les petites routes secondaires reliant Žabljak à Nikšić via Šavnik peuvent constituer un bel objectif de balade pour une journée. Traversant des paysages de hauts plateaux arides suivis de collines boisées, ces routes permettent de découvrir le cœur du pays dans des conditions assez agréables. Il ne faut pas hésiter non plus à emprunter la petite route de montagne reliant Kolašin à Andrijevica. Longue d'une quarantaine de kilomètres, elle offre de superbes points de vue sur le massif du Komovi et traverse des paysages préservés de forêts denses seulement émaillés de quelques hameaux isolés.

▸ Une fois arrivé à Andrijevica, on peut poursuivre jusqu'à Plav et de là, se rendre à Gusinje, une petite bourgade de montagne toute proche de la frontière albanaise. Dominé par le majestueux massif de Prokletije, ce village et ses environs raviront les amoureux de grands espaces.

Farniente adriatique

Qui dit littoral Adriatique, dit baignade et bronzage. Avec près de 300 km de côtes, le Monténégro offre d'innombrables plages (au nombre de 117), pour tous les goûts. Si elles ne peuvent rivaliser avec celles de la Grèce ou de l'Atlantique, il y en a quelques-unes qui sont particulièrement belles. De la longue plage de sable fin à la petite crique de galets, le pays en offre une variété unique, le plus souvent éloignées de la route, ce qui ajoute à leur charme. D'une manière générale, pour vraiment admirer la beauté des plages monténégrines, nous conseillons d'éviter la période de mi-juillet à mi-août. Revue des principales plages, du sud au nord :

▸ **Ada Bojana :** cette presqu'île, à la frontière albanaise est un site naturiste, connu depuis 30 ans, où l'on vient passer plusieurs jours en bungalow. Nombreuses petites plages de sable fin, protégées par des roseaux. Réservé aux nudistes.

▸ **Velika Plaža, Ulcinj.** La plus grande plage de sable fin du pourtour méditerranéen, elle fait 12 km de long et, peu fréquentée, n'a pas encore été envahie par le béton.

▸ **Plages d'Utjeha (entre Bar et Ulcinj) :** une quantité de criques superbes, de gravier et parfois de sable, dont certaines accessibles uniquement par la mer.

▸ **Plage de la Reine (Kraljičina Plaža),** Čanj (ne pas confondre avec celle de Sveti Stefan) : accessible uniquement en bateau (navettes régulières depuis Čanj), c'était la plage favorite de la reine monténégrine Milena. Une véritable perle cachée entre Sutomore et Petrovac.

▸ **Lučice, Petrovac :** à 500 m au sud de Petrovac, plage de sable de 220 m, entourée de pins et de cyprès. Surpeuplée le week-end.

▸ **Drobni pijesak (entre Sveti Stefan et Reževići) :** longue de 250 m, cette plage se caractérise par du sable blanc doré et des eaux limpides. Très calme et peu fréquentée. On peut trouver de belles criques autour de Reževići et Perazića Do, encore plus calmes.

▸ **Bečići (entre Budva et Sveti Stefan) :** belle plage de sable longue de 2 km, en demi-cercle, avec une dense concentration de transats. Proclamée à Paris la plus belle plage d'Europe en 1936 (aujourd'hui trop animée pour pouvoir conserver ce titre).

▸ **Plage de la Reine (Kraljičina Plaža) à Sveti Stefan.** Jolie plage dans une végétation entretenue et entourée de nombreuses essences d'arbres.

▸ **Miločer I et II,** à côté de Sveti Stefan. Petites plages bordées de pins (l'une d'elles connue sous le nom de Malo Pržno).

▸ **Slovenska Plaža à Budva.** Pour ceux qui n'aiment pas être seuls. Très animée.

▸ **Jaz, Budva :** à 2,5 km en direction de Tivat, elle est longue de 1,2 km (une partie réservée aux nudistes) la mer est bleu turquoise.

▸ **Péninsule de Luštica,** face à Herceg Novi. A l'écart des routes, la péninsule offre les plages les plus sauvages et les moins fréquentées du littoral. Le plus souvent, ce sont des criques. Côté Adriatique, la plus belle plage est celle de Pržno ou Plavi Horizonti, couronnée par le fameux pavillon bleu garantissant la propreté de l'eau. Žanjic et Mirište sont elles aussi très propres.

▸ **Toutes les villes de la côte disposent de plusieurs plages,** autour de leur centre. Alternant sable et graviers, elles sont souvent constituées de criques sauvages dès qu'on s'éloigne du centre. Nous vous donnons à titre d'exemple la liste des plages (entièrement ou partiellement) réservées aux nudistes : Ada Bojana, Crvena glavica (près de Sveti Stefan), Ratac (entre Bar et Sutomore), Njivice (Herceg-Novi), Jaz (près de Budva), Buljarica (entre Sutomore et Petrovac).

Comment partir ?

PARTIR EN VOYAGE ORGANISÉ

Spécialistes

Vous trouverez ici les tour-opérateurs spécialisés dans votre destination. Ils produisent eux-mêmes leurs voyages et sont généralement de très bon conseil car ils connaissent la région sur le bout des doigts. À noter que leurs tarifs se révèlent souvent un peu plus élevés que ceux des généralistes.

■ **AMSLAV**
60, rue de Richelieu - Paris (2e)
✆ 01 44 88 20 40
www.amslav.com – info@amslav.com
Amslav Tourisme est l'un des leaders des voyages sur l'Europe de l'Est, et propose ainsi des week-ends, des circuits, des séjours, mais aussi des croisières, et des voyages insolites ou raffinés. Au Monténégro, Amslav' propose des forfaits « vols + hôtels », avec une sélection d'hébergements à Budva, Perast, Sveti Stefan, Podgorica et dans tout le pays. Egalement la possibilité de louer une voiture et d'extensions vers les pays frontaliers (Croatie, Albanie).

■ **ATALANTE**
36, Quai Arloing - Lyon (9e) ✆ 04 72 53 24 80
www.atalante.fr – lyon@atalante.fr
Ouvert du lundi au vendredi de 9h à 19h et le samedi de 10h à 13h et de 14h à 18h.
Atalante est spécialisée dans les voyages à pied. Trekking de haut niveau ou simples promenades dans les campagnes, il y en a pour toutes les conditions physiques. Ils s'attachent à faire découvrir à leurs clients des régions du monde aux modes de vie préservée, riches de traditions et de cultures uniques.

▸ **Autres adresses : Bruxelles :** Rue César Frank, 44A, 1050. ✆ +32 2 627 07 97 • Paris, 18 rue Séguier, 75006, fond de cour à gauche, 1er étage. ✆ 01 55 42 81 00.

■ **ATC – ROUTES DU MONDE**
9, rue du Château-Landon - Paris (10e)
✆ 01 55 26 93 70
www.atc-routesdumonde.com
Pour tous vos loisirs, à côté de chez vous, en France et à l'étranger, quel que soit le budget, le temps dont vous disposez et l'idée même que vous vous faites des vacances, l'éventail de programmes proposé par ATC est si grand, que vous pouvez difficilement ne pas trouver votre bonheur. Gîte ou camping pour des vacances nature, circuits « tout compris » de l'accompagnateur en passant par l'hébergement et même les formalités, des départs groupes ou individuels, des vols aux meilleurs prix vers tous les pays, des séjours balnéaires… bref du cousu main. En famille, vous apprécierez particulièrement les résidences de vacances bénéficiant de tout le confort et idéalement situées dans des régions attrayantes : Alpes, Pyrénées, côte méditerranéenne. Les équipes d'animation répondent aux attentes de chacun en offrant une belle palette de prestations. Et toute l'année un choix incroyable de loisirs de proximité : randonnées, visites, conférences, spectacles, rencontres amicales…

■ **CLIO**
34, rue du Hameau - Paris (15e)
✆ 01 53 68 82 82 / 0 892 70 04 74
www.clio.fr
Le tour-opérateur Clio, inspiré par la muse de l'histoire, vous emmène à la découverte du Monténégro à travers trois circuits. « Trésors des Balkans » propose notamment de combiner le Monténégro avec la Bosnie-Herzégovine, la Croatie, l'Albanie et la Macédoine. « Serbie et Monténégro : monastères, forteresses et bouches de Kotor » permet, quant à lui, de s'attarder plus longtemps dans le pays. Enfin une croisière à la découverte de la côte dalmate vous mènera de Croatie au Monténégro au fil de l'Adriatique.

■ **EVANEOS**
✆ 01 84 17 73 35
www.evaneos.com
Spécialiste sur Internet du voyage sur mesure, Evaneos met ses clients en relation avec des agences francophones dans le monde entier. Ce voyagiste propose ainsi séjours et circuits à la carte sur tous les continents. A destination du Monténégro, l'offre est conséquente avec des voyages anglés sur des thématiques fortes de la destination (rando, culture, multi-sports, balnéaire) ou des voyages allant de l'essentiel à l'exhaustif (avec des combinés Croatie et Bosnie-Herzégovine) en fonction du temps dont on dispose.

■ BEMEX TOURS
4, avenue Desfeux - Boulogne-Billancourt
✆ 01 46 08 40 40
www.bemextours.com
infos@bemextours.com
Bemextours est une agence qui propose depuis 15 ans des voyages sur mesure au Monténégro. Des forfaits avec vols vers Podgorica, Tivat ou Dubrovnik ou des circuits sur mesure pour clients individuels avec location de voiture et réservations d'hôtel dans tout le pays : dans les Bouches de Kotor (centre historique de Kotor, Perast, Prčanj), à Cetinje, près des monastères d'Ostrog et Morača, dans le massif du Durmitor ainsi que la côte monténégrine de Budva à Ulcinj. Possibilité d'extension vers la Croatie, l'Albanie et la Bosnie-Herzégovine.

■ MONTAGNE ÉVASION
4, rue des Vosges - Gérardmer
✆ 03 29 63 17 50
www.montagne-evasion.com
infos@vagabondages.com
Du lundi au vendredi de 9h à 12h30 et de 13h30 à 18h30. Le samedi de 9h30 à 12h30 et de 13h30 à 17h30.
Créée par des passionnés de la montagne, la production de Montagne Evasion se diversifie et se développe vers d'autres contrées et propose une grande rando de découverte du pays (12 jours) du littoral à ses majestueux sommets montagneux à travers les 4 Parc Nationaux que compte la destination : Durmitor, Biogradska Gora, Lovcen et le sublime lac de Skadar en croisière.

■ NOMADE AVENTURE
40, rue de la Montagne-Sainte-Geneviève – Paris (5e) ✆ 08 25 70 17 02
www.nomade-aventure.com
infos@nomade-aventure.com
De 9h 30 à 18 h 30 du lundi au samedi
Nomade Aventure propose essentiellement des voyages randonnée. Plusieurs propositions pour le Monténégro : un trek « dynamique » de 10 jours à travers le Monténégro : « Montagnes et rives du Monténégro ». Pour un niveau plus tranquille, le voyageur optera pour « Au pays des merveilles monténégrines ». L'originalité de Nomade Aventure réside dans le fait que quasiment tous les voyages sont accompagnés d'un guide local francophone, à même de faire partager à un groupe de voyageurs la culture et les valeurs du pays visité.

▸ Autres adresses : 10, quai de Tilsitt 69002 Lyon • 12, rue de Breteuil 13001 Marseille • 43, rue Peyrolières 31000 Toulouse

■ RANDOCHEVAL
2, place Charles-de-Gaulle - Vienne
✆ 04 37 02 2000
www.randocheval.com
info@randocheval.com
Contacts par email ou téléphone pour vérifier la disponibilité sur la randonnée, poser des options et faire établir un devis.

■ RICHOU VOYAGES
24, rue Sadi Carnot - Cholet
✆ 02 41 65 40 22
www.richou-voyages.fr
richou@richou.fr
De nombreuses agences dans la région de Rennes, Nantes, Angers, Le Mans... proposent un voyage en combiné Monténégro-Croatie pour découvrir Dubrovnik et les Bouches de Kotor. Croisière en Adriatique de mai à septembre. Et un combiné Monténégro-Albanie (avec Kruja, Tirana et Durrës).

■ TERRE ET NATURE VOYAGES
23, rue d'Ouessant - Paris (15e)
✆ 01 45 67 60 60
www.terreetnature.com
contact@terreetnature.com
Ouvert du lundi au vendredi de 9h à 19h. Sur rendez-vous en dehors de ces horaires.
Terre et Nature Voyages propose aventure, découverte et culture. Pour le Monténégro, c'est une découverte d'une semaine qui est proposée entre mer, lacs et montagnes. L'occasion de voir les plus beaux sites du pays (Bouches de Kotor, lac de Skadar, Durmitor, etc.) et de garder la forme dans un cadre sublime (rafting dans le canyon de la rivière Tara).

■ TIME TOURS
38, rue Garibaldi - Montreuil
✆ 01 40 11 16 10
www.timetours-voyages.com
voyages@timetours.fr
Time Tours propose un séjour d'une semaine au Monténégro en formule All Inclusive à l'Iberostar Bellevue de Budva. Ce séjour balnéaire vous permettra de plonger dans l'Adriatique, mais également de découvrir certains trésors du Monténégro.

■ **VOYAGEURS DU MONDE**
55, rue Sainte-Anne - Paris (2e)
✆ 01 42 86 16 00
www.voyageursdumonde.fr
Juste 1 800 m² consacrés aux voyages ! Depuis plus de trente ans, Voyageurs du Monde construit pour vous un univers totalement dédié au voyage sur-mesure et en individuel, grâce aux conseils pointus transmis par des spécialistes qualifiés sur leur destination de cœur ou d'origine. Vous bénéficiez de leur aide pour la préparation du voyage mais aussi durant toute la durée du voyage sur place. Au Monténégro, deux voyages itinérants sont proposés : le Monténégro en hôtels de charme des montagnes à la mer (11 jours) et une croisière dans l'Adriatique en voilier (8 jours). Côté séjours, il y a l'option grand luxe à L'Aman de Sveti Stefan (4 jours) et grand charme au Montebay Villa de Buljaroca (8 jours).

Réceptifs

■ **EASTWEST VOYAGE**
Pilota Cvetkovica i Milojevica 14
PODGORICA (ПОДГОРИЦА)
✆ +382 20 657 446
✆ +382 69 810 637
www.eastwestvoyage.com
incoming@eastwestvoyage.com
Cette agence francophone dynamique offre un service complet aux touristes individuels comme aux groupes pour un voyage à la carte adapté à tous les budgets. De la billetterie (avion, bateau, train et bus) aux excursions avec ou sans guide francophone dans le Monténégro, des escapades vers les pays voisins comme la Croatie, l'Albanie, la Bosnie-Herzégovine, la Serbie ou la Macédoine Macédoine en passant par les transferts en voitures, minibus ou en bus climatisés, les prestations proposées sont complètes et sur-mesure. Zorka & Philippe sont des professionnels sérieux, pleins d'enthousiasme et riches d'une connaissance experte des Balkans. Allez-y de notre part les yeux fermés.

■ **LUMINALIS**
Zgrada Luzitanos – BUDVA (БУДВА)
✆ +382 33 458 839 / +382 67 281 647
www.luminalis-montenegro.com
luminalis@luminalis.net
Agence réceptive spécialisée sur le marché français, installée depuis 2003 au Monténégro. A la carte : hébergement, circuits, excursions, location de voitures et de bateaux, appartements... Le personnel est francophone car les gérants ont vécu en France. Passionnés par le Monténégro, ils y ont déménagé il y a quelques années.

■ **MOUNTAINEERING ASSOCIATION OF MONTÉNÉGRO (PLANINARSKI SAVEZ CRNE GORE)**
Bracana Bracanovića 68/a
PODGORICA (ПОДГОРИЦА)
✆ +382 20 622 220
www.pscg.me – info@pscg.me
Ouvert du lundi au vendredi de 10h à 15h.
Association de montagnards pour les sports et les activités de montagne dans tout le pays.

■ **OUTDOOR & MORE**
VIRPAZAR (ВИРПАЗАР)
✆ +382 20 715 118
www.outdoorandmore.me
office@outdoorandmore.me
Enfin une agence touristique professionnelle à Virpazar ! Située à droite après le pont, dans une maison jaune. Hébergement dans des appartements à Virpazar mais aussi à Petrovac. L'agence s'est notament spécialisée dans les activités en plein air : randonnée et tours à vélo combinés avec de la natation, routes des vins, observation d'oiseaux en bateau écologique ne faisant pas de bruit avec un guide ornitologue/biologiste (à partir de 100 € pour 3h, possibilité d'une excursion de toute la journée, sur demande), diverses excursions en bateau, à partir de 25 € pour deux personnes, sans taxe du parc national (dont l'une jusqu'à Rijeka Crnojevića avec des vélos à bord pour des randonnées cyclistes), kayaking (3 €/h + 2 € le billet du parc national)... Location de vélos pour 10 €/jour. La particularité de l'agence est son logement

dans une cave construit dans un rocher, unique et frais, avec un coin salon, une cuisinette, une terrasse privée et une salle de bains privative. Draps et serviettes fournis. Tarif : à partir de 50 € pour 4 personnes selon la saison.

YOUR MONTENEGRO
Serdara Jola Piletica 11
PODGORICA (ПОДГОРИЦА)
✆ +382 67 580 295 / +382 69 777 740
www.your-montenegro.me
your.montenegro@ymail.com

Votre agence réceptive pour découvrir le Monténégro sur mesure. Elle propose une large gamme de services tels que : l'hébergement (tout type en tout genre), location de voitures, transferts aéroports-ports-gares-hôtel, excursions multiples et visites organisés à la carte : route des vins, routes de l'huile d'olives, villages pittoresques, découverte culturelles, randonnée pédestre, canoë, vélo, croisières, rafting... Plus d'infos sur leur site web.

PARTIR SEUL

En avion

Prix généralement constaté d'un vol Paris-Podgorica : 300 à 450 €. A noter que la variation de prix dépend de la compagnie empruntée mais, surtout, du délai de réservation. Pour obtenir des tarifs intéressants, il est indispensable de vous y prendre très en avance. Pensez à acheter vos billets six mois avant le départ !

Principales compagnies desservant la destination

ADRIA AIRWAYS
94, rue Saint-Lazare (2e)
Paris (France)
✆ +386 1 369 1010 / 01 47 42 95 00
www.adria.si – booking@adria.si

Site internet consultable en français.
La compagnie slovène réactive les vols entre Ljubljana et Paris avec une correspondance vers Podgorica.

AIR SERBIA
Aéroport PARIS CDG
Aérogare 2D
Roissy-en-France (France)
✆ 01 74 25 50 51
✆ 01 48 64 11 98
www.airserbia.com
paristo@airserbia.com
La compagnie nationale serbe assure 2 vols quotidiens pour Belgrade, au départ de Paris. De là des correspondances sont assurées pour Podgorica.

■ **AUSTRIAN AIRLINES GROUP**
France ✆ 0 820 816 816
www.austrian.com
La compagnie autrichienne assure deux liaisons quotidiennes entre Paris et Podgorica. Il y a toujours une escale à Vienne.

■ **EASYJET**
France
✆ 0820 420 315
www.easyjet.com
On trouve parfois des vols directs de Paris et de Lyon vers Dubrovnik pour moins de 50 €. L'aéroport de Dubrovnik n'est situé seulement qu'à 60 km de Budva.

■ **MONTENEGRO AIRLINES**
120, avenue Champs-Elysées (8e)
Paris (France)
✆ 01 42 25 08 69
www.montenegroairlines.com
office.paris@mgx.me
Départs les mardis et les samedis à 14h de CDG.
Monténégro Airlines propose des vols directs pour Podgorica. Départ de Charles-de-Gaulle les mardis et les samedis à 14h. Durée moyenne du vol : 2h40. Pour les tarifs, nous vous conseillons de vous y prendre au plus tôt afin de bénéficier des offres promotionnelles proposées sur le site de la compagnie car le trafic passagers est intense durant la pleine saison juillet/août.

■ **RYANAIR**
France – www.ryanair.com
On trouve souvent des vols directs depuis Bruxelles vers Podgorica pour moins de 50 €.

■ **THOMAS COOK AIRLINES**
France
www.thomascookairlines.be
Vols directs au départ de Bruxelles les lundis et les jeudis à partir de 39 € l'aller simple.

En voiture

Partir en voiture au Monténégro est loin d'être le moyen le plus simple. A partir de Paris, vous pouvez emprunter l'A4, en vous dirigeant vers Reims, puis Metz et Strasbourg. Vous prendrez alors l'A35, avant de faire votre entrée sur le territoire allemand. De là direction Stuttgart, Munich, Innsbruck. Entrez sur le territoire autrichien (direction Salzbourg), puis slovène : il faudra alors traverser la capitale, ljubljana en vue de vous rendre en Croatie. Vous passerez à proximité de Dubrovnik et arriverez au Monténégro. Pour cet itinéraire, il faut compter plus de 2 100 km et plus de 21 heures sur les routes sans compter les pauses et les péages. C'est un peu plus simple si vous partez de Lyon ou de Grenoble en traversant l'Italie du nord puis la côte croate, mais c'est quand même une longue aventure qui n'est rentable que si vous partez à quatre personnes minimum pour une durée d'au moins 30 jours.

SÉJOURNER

Se loger

Il existe une très grande différence entre les hôtels du littoral et ceux de l'intérieur du pays mais d'une façon générale, les prix ont désormais tendance à s'aligner sur ceux de l'Europe occidentale. Sur le littoral, la tendance actuelle est à l'ouverture d'immenses hôtels de luxe et le prix d'une chambre, en période estivale, peut atteindre des sommets au regard du coût de la vie locale. Ainsi, à Budva ou à Sveti Stefan, le prix d'une chambre double se négocie aux alentours de 100 € minimum en période estivale. Pour les petits budgets, la solution peut être alors de trouver une chambre chez l'habitant, le rapport qualité-prix étant généralement bien meilleur pour peu que l'on ait des talents de négociateur. A l'intérieur du pays, dans des villes touristiques comme Kolašin ou Žabljak, les prix pratiqués sont en revanche bien moins élevés que la moyenne française (compter 35-50 € pour une chambre double). Il est toutefois à noter que les prix, ici aussi, ont tendance à augmenter très vite et à se rapprocher de ceux pratiqués en France. Aujourd'hui, il est très avantageux de louer des appartements souvent très bien équipés. L'offre est grandissante pour ce type d'hébergement. Egalement à la mode : les cabanes écologiques qui sont de plus en plus nombreuses et de mieux en mieux équipées, là aussi, les prix tombent surtout hors saison. Ce pourrait être une bonne solution car le pays est minuscule et en voiture vous ne serez jamais très loin d'une plage. Lisez nos rubriques « Hébergement » proposant souvent de très bons plans.

Hôtels

Le parc hôtelier monténégrin connaît depuis quelques années un véritable boom, en particulier sur le littoral. Partout, d'Herceg Novi à Bar et Ulcinj, les hôtels datant de la période communiste sont rénovés et de nouveaux établissements construits. Le littoral compte de très nombreux hôtels haut de gamme et assez peu d'établissements pour les petits budgets. De même, les petits hôtels de charme sont très rares. En dehors du littoral et des villes touristiques comme Žabljak ou Kolašin, l'offre est beaucoup plus limitée. Consultez aussi souvent que possible nos rubriques « Hébergement ».

Chambres d'hôtes

De très nombreux particuliers proposent ce type d'hébergement sur l'ensemble du littoral ainsi qu'à Žabljak et Kolašin. Cette formule est la plus avantageuse en période estivale et offre le meilleur rapport qualité-prix. Les propriétaires proposant ce type d'hébergement le signalent en général à l'aide d'un petit écriteau sur lequel on peut lire « Sobe », en anglais « Rooms », ou en allemand « Zimmer ». Les offices du tourisme mettent à la disposition des visiteurs des brochures avec la liste des particuliers louant des chambres. En période estivale, compter de 8 à 20 € par personne et par nuit selon si vous optez pour le petit déjeuner ou pas, mais comme partout ailleurs les prix varient également en fonction de la saison et du nombre de nuits passées sur place. Aussi nombreux que les chambres, les appartements privés sont une bonne formule si l'on est à plusieurs car il y a toujours une cuisine équipée. En monténégrin, le mot pour les appartements, c'est facile : « Apartmani ». Comptez environs 15 € par personne. La plupart sont des appartements séparés, à l'étage de maisons privées. On les trouve, comme pour les chambres, sur le bord de la route, en se renseignant dans les offices de tourisme ou bien dans nos rubriques « Hébergements ».

Auberges de jeunesse

A cause des russes qui font monter les prix, et parce que le rêve des Monténégrins est de faire du pays le Monte-Carlo de l'Adriatique, ce segment de l'industrie hôtelière se développe lentement, voici cependant quelques liens utiles :

- **Kotor :** www.hostelkotor.me
- **Tivat :** www.hostelanton.com
- **À l'entrée du canyon de Morača, 5 km de Podgorica :** www.hostelizvor.me

HOSTELBOOKERS
France
fr.hostelbookers.com
Depuis 2005, cette centrale de réservation en ligne permet de planifier son séjour à prix corrects dans le monde entier. Afrique, Asie, Europe, Amérique… Hostelbookers est spécialisé dans les logements peu onéreux (auberges de jeunesse ou *hostels*…) mais proposant des services et un cadre plutôt soignés. Pour chaque grande ville, le site propose une sélection pointue d'enseignes partenaires et vous n'aurez plus qu'à choisir l'adresse la plus pratique, la mieux située, ou tout simplement la moins chère. Une plate-forme bien pratique pour les baroudeurs.

Campings

Ce mode d'hébergement est assez peu développé car peu pratiqué et peu connu des Monténégrins. On peut néanmoins pour un si petit pays trouver une trentaine de camping sur le littoral et à la montagne. Ils sont de taille modeste et pas toujours bien équipés (sanitaires rudimentaires voire absents pour certains, ni piscine, ni épicerie pour d'autres). En cas d'urgence, il est également possible de tenter sa chance à la campagne, au bord d'une rivière agréable et entourée de montagnes : dans ce cas, demandez au propriétaire son accord, il vous sera donné aisément.

Avertissement

Les prix indiqués dans ce guide ne prennent pas en compte les taxes de séjour (certains hôtels ajoutent à cette taxe le paiement d'une assurance). Celles-ci peuvent varier légèrement d'un établissement à l'autre. En moyenne, elles s'élèvent à 1,50 € par personne et par nuit. De même, notons que des établissements hôteliers de la côte font payer un supplément pour tout séjour inférieur à 2 ou 3 jours. Enfin, précisons que le parc hôtelier du Monténégro est en pleine restructuration. Certains anciens hôtels étatiques mentionnés dans ce guide ont changé de propriétaire alors que d'autres sont en rénovation lors de notre passage. Par conséquent, des établissements, des coordonnées et des prix peuvent faire l'objet de légers changements qui ne relèvent pas de notre responsabilité.

Se déplacer

Avion

L'avion est à oublier pour se déplacer dans ce petit pays car il n'existe pas de lignes aériennes intérieures. Par contre la compagnie aérienne slovène Adria Airways propose des départs de Paris CDG. Sinon la compagnie nationale assurant les liaisons vers la plupart des villes internationales c'est : Monténégro Airlines. La « low cost » (compagnies à bas prix) Ryanair propose des vols directs depuis Bruxelles à moins de 50 €. Et avec Easyjet on peut se rendre depuis Paris à l'aéroport de Dubrovnik situé à 15 km d'Erceg Novi au Monténégro.

Bateau

Depuis le seul port commercial de Bar, il est possible de faire une escapade en Italie. Le pays s'est doté de récents ferrys assurant fréquemment la liaison Bar-Ancône-Bar et Bar-Bari-Bar. Le site Internet suivant donne les horaires et les prix : www.montenegrolines.net
Sinon, dans les ports de plaisance ou auprès des agences de voyages, on peut louer des bateaux à la journée pour se rendre aux nombreuses plages isolées non accessibles en voiture ou en deux-roues.

Bus

Autobus et minibus : assurément le moyen le plus économique de se déplacer à travers le pays lorsque l'on dispose d'un petit budget. Toutes les villes du pays sont desservies quotidiennement et les prix des billets sont dérisoires. Notez toutefois que les transports en commun sont assez inconfortables et souvent bondés. Il est souvent impossible de trouver une place assise. En dehors des grandes villes, il n'est pas toujours facile de trouver les arrêts et les horaires. Autre avantage de ce mode de déplacement : les gares routières sont le plus souvent situées en centre-ville contrairement aux gares ferroviaires qui se trouvent, dans la plupart des cas, en périphérie. Hormis à Podgorica, où les billets s'achètent au guichet, on peut acheter son titre de transport directement auprès du conducteur, au début ou à la fin du trajet. Compter, à titre d'exemple, entre 3 € et 3,50 € pour un aller simple Podgorica-Cetinje et 5 € pour un aller simple Podgorica-Kolašin. Sites Internet traduit en anglais où l'on peut consulter les horaires et les tarifs et même acheter ses tickets en ligne avec sa carte bancaire : www.busterminal.me, www.busticket4.me

Train

La ligne principale de chemin de fer actuellement en fonctionnement est celle reliant Bar à Belgrade, en Serbie. En 2012, la ligne Podgorica – Nikšić (56 km de long) a été rénovée. Les villes desservies sont : Bar, Sutomore, Podgorica, Kolašin, Mojkovac et Bijelo Polje (des trains locaux s'arrêtent aussi à Virpazar et encore quelques villages dont une station Aerodrom à 800 m de l'aéroport), tout comme Danilovgrad et Nikšić sur la nouvelle ligne. Bien que lent, ce mode de déplacement constitue une attraction touristique en soi. D'une longueur totale de 175 km + 56 km au Monténégro, la ligne serpente à travers les montagnes, offrant des points de vue souvent vertigineux sur certains paysages du pays. Un moyen de transport très économique. Le site Internet des chemins de fer monténégrins existe en anglais. On peut prendre connaissance des tarifs et des horaires en se connectant sur : www.zcg-prevoz.me

Voiture

▶ **Le réseau routier principal** s'est considérablement amélioré au cours de ces dernières années et les grands axes reliant les principales villes du pays sont très corrects, voire complètement nouveaux.

▶ **Les nationales** (il n'y a pas d'autoroutes) sont équivalentes à de bonnes départementales et, contrairement à ce que l'on pourrait croire, ces routes ne sont pas en si mauvais état. Bref, une voiture « normale » est amplement suffisante pour la plupart des destinations. Les deux principaux dangers du réseau routier monténégrin sont d'une part, les animaux divagants (vaches, moutons, chèvres), nombreux sur les petites routes, et, d'autre part, les chutes de pierres.
Ces dernières sont particulièrement fréquentes à la fonte des neiges ou après la pluie et concernent une grande partie du réseau routier de l'intérieur et du nord du pays.

▶ **Le réseau secondaire.** Si vous souhaitez explorer les coins reculés du pays, un véhicule à quatre roues motrices peut être nécessaire, le réseau secondaire étant souvent très dégradé, parfois même pas goudronné du tout. Mais un réel effort est en cours et beaucoup de petites routes on été récemment refaites. Il faut également savoir qu'en hiver, ces routes secondaires sont souvent recouvertes par la neige et la conduite peut alors s'avérer difficile pour qui n'est pas habitué à circuler dans ces conditions. Un autre « danger » du réseau secondaire provient de la faible signalisation. Il est très facile de se perdre dans les endroits reculés. Un bon sens de l'orientation s'avère alors indispensable, aucune carte routière n'indiquant les pistes secondaires du pays. Enfin sur les axes exposés, il faut être particulièrement vigilant aux chutes de pierres qui sont fréquentes.

La conduite. Relief montagneux oblige, la majorité des routes présentent un caractère sinueux et il ne faut guère espérer rouler à une vitesse moyenne supérieure à 60-70 km/h sur la majorité des routes (d'autant plus que les contrôles radar sont fréquents).

S'il est toujours délicat de généraliser, force est de constater que de nombreux conducteurs monténégrins ont la fâcheuse habitude de se prendre pour des pilotes de rallye... Aussi, il n'est pas rare d'entendre les pneus crisser dans les rues des villes et villages du pays. Dans son récit de voyage à travers le pays (dans les années 1930), l'écrivain anglais Rebecca West nous rapporte l'analyse de l'un de ses compagnons de voyage à ce sujet : *« Les Monténégrins sont une race de héros, mais depuis que les Turcs sont partis, ils n'ont plus de raisons d'être héroïques, et alors ils font les héros au volant de leur voiture. Un chauffeur monténégrin considère sa voiture avec la même fierté qu'un Cosaque ou qu'un cow-boy considère son cheval ; et quand il la conduit, il désire montrer son courage et son habileté [...]* » Aujourd'hui, les raisons de la conduite un peu sportive de certains conducteurs sont certainement un peu plus prosaïques mais la situation, elle, n'a pas changé. Dans ces circonstances, et compte tenu du relief accidenté qui ne pardonne pas les erreurs, il convient de toujours garder une certaine distance avec les autres véhicules et d'adopter un rythme « balade ».

Cela est d'autant plus conseillé que les nids-de-poule et autres obstacles parsemant le bitume ne sont jamais signalés et les mauvaises surprises ne sont pas rares au détour d'un virage !

La législation. Au Monténégro comme dans le reste de l'Europe continentale, on circule à droite. La vitesse est limitée à 80 km/h sur les routes nationales et à 40 km/h en agglomération. Le taux d'alcoolémie autorisé est de 0,5 g/l et l'allumage des feux de croisement obligatoire, de nuit comme de jour. Les contrôles de police sont très fréquents sur les routes, les amendes en cas de dépassement de vitesse ou de non-allumage des feux de croisement en journée sont fréquentes. Pensez-y car les amendes sont assez élevées.

Location de voitures. Les agences de location de voitures, locales ou internationales, sont implantées un peu partout mais plus à Podgorica, Budva, Bar et Herceg Novi. Sérieuses dans l'ensemble, les agences locales offrent généralement les mêmes garanties que les compagnies internationales. Il est toutefois à noter que toutes n'acceptent pas les cartes de paiement Visa. Concernant les prix pratiqués, ils sont assez proches de ceux que l'on connaît en France et toujours dégressifs au-delà de deux jours de location. Pour une location en période estivale, il est indispensable de réserver par email ou par téléphone au minimum deux semaines à l'avance, les touristes, au contraire des loueurs de voiture, étant désormais nombreux dans le pays.

ALAMO – RENT A CAR
France © 08 05 54 25 10
www.alamo.fr
Avec plus de 40 ans d'expérience, Alamo possède actuellement plus d'1 million de véhicules au service de 15 millions de voyageurs chaque année, répartis dans 1 248 agences implantées dans 43 pays. Des tarifs spécifiques sont proposés, comme Alamo Gold aux États-Unis et au Canada, le forfait de location de voiture tout compris incluant le GPS, les assurances, les taxes, les frais d'aéroport, un plein d'essence et les conducteurs supplémentaires. Alamo met tout en œuvre pour une location de voiture sans souci.

TRAVELERCAR
7, rue du Docteur Germain Sée (16e)
Paris (France) © 01 73 79 27 21
www.travelercar.com
contact@travelercar.com
Service disponible aux aéroports de Roissy-CDG, Orly et Beauvais.
TravelerCar est une plateforme d'économie du partage appliquée à la voiture. L'idée qui préside à ce service innovant est finalement assez simple : voyager futé, faire des économies et agir en éco-responsable tout en mutualisant l'usage de votre véhicule durant vos vacances. Vous contactez TravelerCar en amont afin de rendre votre véhicule disponible à la location pendant la durée de votre absence. TravelerCar s'occupe de tout (prise en charge de votre voiture sur un parking de l'aéroport de départ, mise en ligne de celle-ci sur l'interface de location, gestion de la location et des paiements, assurance tous risques, remise du véhicule à l'aéroport le jour de votre retour, etc.). Quand bien même votre voiture ne serait pas louée, ce service vous permet non seulement de vous rendre à l'aéroport et d'en repartir sans passer par la case transports en commun ou taxi et sans avoir à payer le parking à l'aéroport pour la période de votre déplacement ! Sur l'interface TravelerCar.com, location de voiture également, à des tarifs souvent très avantageux par rapport aux loueurs habituels.

■ **D&T COMPANY**
Njegoševa 198
HERCEG NOVI (ХЕРЦЕГ НОВИ)
✆ +382 69 076 056 / +382 67 211 069
www.dntcompany.me
info@dntcompany.me
- 20% sur les prix en basse saison.
Un loueur à taille humaine, sérieux et professionnel, disposant d'une quinzaine de véhicules parmi lesquels des Twingo proposées à 35 € par jour pour une location de 3 à 5 jours. Assurance au tiers incluse. Livraison gratuite aux hôtels de la région et aéroport si location de plus de 3 jours.

■ **MERIDIAN**
Jovana Tomaševića 30
BAR (БАР)
✆ +382 30 314 000
✆ +382 69 318 666
www.meridian-rentacar.com
office@meridian-rentacar.com
Agence sérieuse et professionnelle, ouverte toute l'année de 8h à 20h.
Loueur local de référence. Vous trouverez des véhicules adaptés à votre budget car ce loueur propose des prix compétitifs (de 37 € par jour pour un Hyundai Atos à 140 € pour un Hyundai Santa Fé). Les prix, plus attractifs au-delà de 7 jours de location, comprennent un kilométrage illimité et la TVA est incluse. Siège bébé sur demande. Réservation en ligne conseillée.

▶ **Autres adresses : MERDIAN** PODGORICA : ✆ +382 69 316 666 (+Viber) • MERIDIAN BUDVA ✆ +382 69 060525 (+Viber) • MERIDIAN TIVAT ✆ +382 69 060 525 (+Viber)

Taxi

Les taxis sont nombreux à sillonner les rues des principales villes du pays. Il faut cependant savoir qu'à peu d'exceptions près, il existe de plus en plus de compagnies avec taximètre et radio-taxis. Les autres privés ne sont généralement pas équipés de compteurs et les conducteurs en profitent souvent pour faire payer aux touristes le prix fort. Bref, il est indispensable de négocier le prix de la course avant de monter à bord. En général il faut diviser par 3 le prix annoncé. Pour éviter les arnaques, consulter nos rubriques « Se déplacer » pour trouver les numéros de compagnies fiables que vous pouvez appeler ou héler dans la rue. Les taxis des compagnies privées avec taximètre et radio-taxi branchent leur compteur au moment où vous montez dans la voiture et pas avant. Paradoxalement, le taxi dans la capitale est moins cher que dans les autres villes (0,90 € le kilomètre).

Deux-roues

Deux, trois-roues, motos, scooters... peu d'établissements proposent aujourd'hui ce moyen de transport car les assurances ne sont pas très coopérantes à ce niveau et de ce fait les prix sont trop élevés au final pour le consommateur. Cependant, les routes des plages étant constamment encombrées par les caravanes et par les voitures de plus en plus grosses, ce moyen de transport est à conseiller tout en insistant sur la sécurité et la manière jamais assez prudente de conduire ces engins de plus en plus puissants.

Dans la vieille ville de Kotor.

Le Monténégro en 20 mots-clés

Alphabet

Les Monténégrins utilisent les alphabets cyrillique et latin avec la même facilité. Dans la Constitution de 1992, les deux alphabets sont d'ailleurs considérés comme égaux. Créé au IXe siècle par des disciples du frère Cyrille, un moine originaire de Thessalonique, le cyrillique est un alphabet inspiré de l'alphabet grec et modifié pour les besoins des langues slaves. Outre le serbe, il sert à transcrire le russe, le bulgare, l'ukrainien et un certain nombre de langues non slaves de l'ex-URSS. L'une de ses particularités est de comporter trente-trois lettres. Aujourd'hui, les milieux économiques et les médias utilisent plus largement les caractères latins. De même, la plupart des panneaux routiers et des plaques indiquant le nom des rues sont désormais en lettres latines. Ce qui facilite bien évidemment la vie des touristes, le cyrillique étant difficile à s'approprier en quelques jours seulement...

Balkans

Le Monténégro se situe au cœur de la péninsule balkanique (ou en abrégé les Balkans). Le nom balkan est un mot turc qui signifie montagne, montagne boisée, forêt. De fait, que l'on arrive dans le pays par avion, par bateau ou en voiture, la première vision du pays est celle de paysages heurtés et escarpés. Constitués pour l'essentiel d'une masse montagneuse, les Balkans englobent, selon l'usage actuel le plus courant, outre le Monténégro, la Grèce, l'Albanie, la Bulgarie, la partie européenne de la Turquie et les autres Etats de l'ex-Yougoslavie.

Bouches de Kotor

Cette vaste baie toute en sinuosités constitue le site le plus riche en beautés naturelles et en monuments historiques. Longue d'une trentaine de kilomètres, elle est bordée de dizaines d'églises et de villas, témoignages de la richesse de son passé maritime et de la présence vénitienne dans la région pendant plusieurs siècles. Inscrite depuis 1979 au patrimoine mondial par l'Unesco, la petite ville de Kotor, située aux confins de la baie, fut autrefois un important centre de commerce et d'art. Un grand nombre de ses monuments, dont les remparts, ont été gravement endommagés durant le tremblement de terre de 1979, mais la ville a été restaurée, essentiellement grâce à l'aide de l'Unesco. Les bouches de Kotor sont considérées comme l'une des 10 plus belles baies du monde.

Café turc

Cette façon de consommer le café est très répandue dans le pays, en particulier dans les cafés traditionnels (*kafana*) et dans les familles. La cuisson du café turc (*turska kafa*) s'effectue avec du café finement moulu et à l'aide d'une petite casserole de fer blanc ou de cuivre appelée *džezva*. Hors du feu, on verse le café dans l'eau bouillante avec une quantité à souhait de sucre. On remet ensuite la *džezva* sur le feu jusqu'à ébullition, on la retire, on mélange, puis on le verse dans de toutes petites tasses.

Canyons

Outre un relief escarpé, l'une des caractéristiques géologiques du Monténégro est la présence de nombreux canyons. Situé au nord-est du pays, le canyon de la Tara est le plus célèbre d'entre eux. Inscrit au patrimoine mondial de l'Unesco au sein du massif montagneux du Durmitor, il figure parmi les sites les plus prestigieux des Balkans. Souvent décrit comme l'unique rival du Colorado, ce qui est sans doute un peu exagéré, il compte en tout cas parmi les dix premiers au monde de par sa profondeur moyenne. Tout comme celui de la Tara, le canyon de Piva, situé aux confins nord-ouest du pays, est devenu depuis quelques années le royaume des amateurs de rafting. Le canyon de Mrtvica, au cœur du pays, est quant à lui devenu célèbre grâce à son vertigineux sentier taillé dans la roche. Exploré pour la première fois par des alpinistes professionnels en 1965, celui connu sous le nom de Nevidio (littéralement, « invisible ») est formé d'une gorge très étroite de 4,5 km de long. Enfin, on ne peut parler des rivières du pays sans mentionner l'impétueuse Morača, dont l'eau couleur turquoise offre un contraste saisissant avec les roches grises des montagnes qui la bordent.

Faire / Ne pas faire

Le Monténégro ne se distingue pas des autres pays dans la région des Balkans en ce qui concerne les règles essentielles de savoir-vivre. Voici donc un petit rappel :

Faire

- **Accepter l'hospitalité.** C'est un grand honneur quand un Monténégrin invite quelqu'un chez lui pour boire soit une eau-de-vie, soit du vin. A cette occasion d'ailleurs, vous aurez sans doute la chance de faire la connaissance du vrai producteur. Acceptez donc l'invitation comme il se doit ! A la campagne, une vraie hospitalité perdure. Il serait malvenu de refuser de boire un café chez ceux avec qui vous venez de parler quelques instants.

- **Apprendre quelques mots usuels.** Les Français ont la cote et la France, tout comme la culture française, est admirée ici. Dans le pays, il peut vous arriver d'être reçu dans une famille en tant que Français, et, dans certains cas, ce serait un affront que de refuser l'hospitalité. Pour autant, la langue française est de moins en moins usitée, sauf par les anciennes générations. Prenez donc votre Assimil serbo-croate pour parcourir les campagnes. Dans les villes du littoral et tout particulièrement à Podgorica, on parle bien mieux et plus fréquemment anglais qu'en France. Si vous avez des notions d'italien, vous trouverez du monde pour converser.

- **Patience et factures.** Les notes d'hôtels et de restaurants sont maintenant doublées d'un reçu imprimé, comme pour tout achat, et ce, grâce à l'introduction de la TVA. Le suivi des nouvelles règles est très strict, et vous n'aurez aucune mauvaise surprise. Parfois, il vous semblera que le service est lent ou que l'on vous oublie : c'est un trait typique de caractère national. Dans les grandes structures d'Etat, de moins en moins nombreuses, il faut parfois bousculer le personnel, mais dans les hôtels et restaurants privés, le service est aujourd'hui rapide et diligent. Exigez donc toujours une facture si elle n'arrive pas. Réclamez-la en vérifiant qu'il y a bien le numéro de TVA, le fameux PIB. Et, veillez à ne pas confondre avec une pré-facture souvent laissée sur la table pour tromper.

- **Laisser un pourboire d'environ 10 % de la note.** Valable dans les lieux de sortie comme pour le taxi.

Ne pas faire

- **Polluer la côte.** Avec le développement du tourisme, la pollution de la côte a augmenté en conséquence. Il n'est pas rare de passer devant de superbes criques jonchées de sacs plastique, de bouteilles, de papiers, etc. Pensez à ne rien jeter dans la mer ou à ne laisser aucune ordure derrière vous, même dans un endroit qui ressemble déjà à une décharge sauvage. Pensez à protéger l'environnement.

- **Parler de Yougoslavie au lieu du Monténégro.** Le Monténégro est aujourd'hui un pays indépendant de l'ancienne Yougoslavie. Il est autonome, économiquement et politiquement. D'ailleurs, il y a beaucoup de chance que le pays devienne prochainement membre de l'Union européenne.

- **Se vêtir d'une façon inconvenante** dans les églises et dans les couvents. Il faut impérativement éviter les minijupes et être vêtu correctement.

- **Se baigner pieds nus.** Faites attention aux oursins, il y en a souvent là où l'eau est limpide !

- **Etre nu** sur les plages qui ne sont pas prévues pour le nudisme.

- **Eviter les leçons de morale ou de démocratie.** Le Monténégro est presque en Europe, qu'on se le dise. Même si certains aiment à s'en démarquer. Les événements des années 1990 et l'éclatement de la Yougoslavie restent évidemment centraux. Ainsi, et d'une manière générale, n'arrivez pas en « donneur de leçon occidentale », surtout si vous avez affaire à un sympathisant du parti radical.

- **Pour les homosexuels,** éviter les gestes d'affection en public. Les réactions à l'égard de l'homosexualité affichée risquent d'être abruptes.

Ćevapčići

Présente dans la plupart des pays de la péninsule balkanique, cette spécialité culinaire au nom difficilement prononçable (prononcer [tchevaptchitchi]) est le repas typique des petits restaurants, des relais routiers et des kafana du Monténégro et des pays voisins. Composés de viande (hachée plusieurs fois) mélangée avec des oignons et grillée, les ćevapčići (au mouton, au porc, au bœuf, au poulet) se présentent sous la forme de petits cylindres de l'épaisseur d'un gros pouce. Ils sont vendus dans les échoppes de tous les quartiers et les Monténégrins les consomment à toute heure de la journée, le plus souvent avec une portion de frites ou bien une salade de légumes crus. C'est le met le moins cher et donc le plus populaire.

Corso

Comme dans la plupart des villes des Balkans, le corso constitue le cœur de la vie sociale du Monténégro. Dès les beaux jours, toute la population prend part à une procession qui monte et descend le long de la rue principale durant les quelques heures qui précèdent la tombée de la nuit. Il faut dire que la rue principale est piétonne et fermée aux automobilistes (il y en a au moins une dans chaque ville). Mais l'époque où les jeunes filles se promenaient d'un côté de la rue tandis que les jeunes hommes allaient de l'autre côté est aujourd'hui bel et bien révolue !

Ecologie

Conscient de ses richesses naturelles, le Monténégro est le premier Etat au monde à avoir inscrit la protection de l'environnement dans un texte constitutionnel. L'article premier de la Constitution adoptée en 1992 définit ainsi le pays comme « démocratique, social et écologique ». Par cet article, l'Etat s'engage à veiller sur l'équilibre écologique. Bien sûr, une décennie d'instabilité politique a ralenti l'implantation de ce concept et beaucoup reste à faire. Mais l'enjeu est de taille. Le Monténégro est l'un de ces endroits, de plus en plus rares sur le Vieux Continent, où des pans entiers de nature sont encore complètement vierges de tout développement industriel.

Géants

Vous le remarquerez très certainement : les Monténégrins, les hommes surtout, sont en général de très grande taille et plutôt du genre « solide ». Cela est particulièrement vrai à l'intérieur et dans le nord du pays. Pas étonnant, dès lors, que le basket-ball soit un sport aussi populaire !

Indépendance

Indépendant de 1878 à 1918 puis intégré au royaume des Serbes, Croates et Slovènes avant de devenir l'une des 6 républiques de la Yougoslavie titiste en 1946, le Monténégro a finalement renoué avec son histoire d'Etat le 3 juin 2006. Fruit d'un référendum organisé le 21 mai 2006, au cours duquel 55,5 % des électeurs se sont prononcés contre le maintien de l'union de leur pays avec la Serbie, cette indépendance a été reconnue quelques jours plus tard par l'ensemble de la communauté internationale dont la France. L'Union européenne avait imposé deux conditions pour que cette consultation populaire soit valide, à savoir une participation d'au moins 50 % des inscrits et un résultat rassemblant au moins 55 % des votants. La participation s'est élevée à 86,6 %, soit le taux le plus élevé enregistré au Monténégro depuis que le pays organise des élections libres et démocratiques.

Lovćen

Référence historique des Monténégrins, la montagne du Lovćen abrite le mausolée de la plus grande figure du pays, le prince-évêque Petar II Petrović Njegoš (1813-1851), un philosophe éclairé, héritier des Lumières, chef de file de la résistance contre les Turcs et héros de la souveraineté étatique monténégrine au XIXe siècle.

Montagnes

Le Monténégro est une véritable forteresse montagneuse. Bien que peu élevées, ses montagnes comptent parmi les plus accidentées en Europe et les plus érodées de la péninsule balkanique (érosion de la dernière ère glaciaire). Elément important ayant contribué à la résistance aux invasions, elles ont servi de refuge aux Monténégrins, pendant la période romaine, ottomane mais également pendant la Grande Guerre et la Seconde Guerre mondiale. C'est aussi, bien sûr, cette géographie qui compose le caractère des Monténégrins et la beauté des lieux. Le point culminant du pays, le mont Bobotov Kuk, s'élève à 2 522 m.

Petrović

L'histoire du Monténégro est caractérisée par le règne de la famille des Petrović Njegoš qui dirigea le pays pendant un peu plus de deux siècles (1696-1918) en se transmettant le trône d'oncle à neveu et lutta, le plus souvent avec succès, contre les attaques des Turcs. Les premiers de la dynastie à régner furent Danilo I (1696-1735), Sava (1735-1781), Petar I (1782-1830) puis Petar II Petrović Njegoš. Malgré une mort prématurée, en 1851 à Cetinje, ce dernier marqua profondément l'histoire du pays. Prenant le titre de prince-évêque en 1830, il instaura trois ans plus tard l'impôt dégressif, puis, à un moment où le Monténégro ne comptait que 120 000 habitants, un pouvoir centralisé avec notamment un sénat et une garde nationale. Egalement philosophe et poète, il est l'auteur du célèbre récit épique *La Couronne des montagnes*, traduit dès sa parution dans l'Europe entière. Son neveu Danilo Ier (1851-1860) laïcisa la charge de prince en 1852 (tous ses prédécesseurs étaient des princes-évêques) et repoussa les tentatives d'invasions turques de 1852 et 1853. Il édicta également un nouveau code juridique. Le dernier de la dynastie, Nicolas Ier, fut prince de 1860 à 1914, puis roi jusqu'en 1918, date de la suppression du régime monarchique monténégrin. Son petit-fils, le prince Mihajlo (Michel) refusa l'offre qui lui fut faite de monter sur le trône du Monténégro sous protectorat italien en 1941 et fut interné en Italie jusqu'à la fin de la Seconde Guerre mondiale. Il est mort en France en 1986. Son fils, Nicolas Petrović Njegoš, est architecte et vit en France.

Polako

Ce mot, qui signifie « doucement », résume assez bien la philosophie des Monténégrins. Peuple de montagnards, sachant ce que coûtent les efforts et inscrivant ceux-ci dans la durée, ils vous répondront souvent par ce mot si vous êtes pressés ou nerveux. Bref, les Monténégrins aiment prendre leur temps et bien réfléchir avant de faire un effort.

Orthodoxie

Religion dominante du pays, l'orthodoxie est née de la scission des Eglises chrétiennes d'Orient et d'Occident en 1054. Par rapport aux autres religions chrétiennes, le rite orthodoxe entretient une atmosphère mystique à laquelle participent les chants et prières, l'éclat de la lumière des cierges et des candélabres, le parfum de l'encens, ainsi que la beauté des icônes.

Si les prêtres peuvent être mariés (à condition que cela soit avant leur ordination), il n'en va pas de même pour les moines parmi lesquels sont choisis les évêques.

Ostrog

Ce monastère construit au XVIIe siècle est un lieu de pèlerinage important pour tous les orthodoxes des Balkans. Juché à 671 m d'altitude, au milieu d'une falaise rocheuse et à même la paroi verticale, il abrite les reliques de saint Vasilije Ostroški (Basile d'Ostrog). Celui-ci, à l'origine de la fondation du monastère, y vécut jusqu'à sa mort, en 1671. Chaque année, et en particulier le 12 mai, jour de la célébration du saint, des milliers de fidèles s'y rendent en pèlerinage.

Rakija

Il s'agit de l'eau-de-vie traditionnelle des Balkans. Elle peut être faite à partir de différents fruits : prune, raisin, poire... Les plus anciens la consomment généralement avec le café et la tradition est d'en offrir un verre au visiteur de passage. En ville cependant, les alcools internationaux ont de plus en plus la préférence des jeunes.

Russie

Russes et Monténégrins, tous deux slaves et orthodoxes, ont une longue tradition d'amitié. Seul Etat des Balkans à avoir su se préserver des invasions turques, la principauté, puis le royaume du Monténégro, s'est appuyée sur Moscou dans une lutte commune contre les Empires (napoléonien et turc). Il existe d'ailleurs une anecdote, que beaucoup de Monténégrins ont entendu au moins une fois dans leur vie, assez révélatrice à ce sujet. Selon cette anecdote (il en existe diverses versions), un voyageur aurait un jour demandé à un Monténégrin : « Combien y a-t-il de Monténégrins ? » et celui-ci aurait répondu : « Avec la Russie, cent quatre-vingt millions. » Le voyageur répliqua alors : « Oui, mais combien sans les Russes ? » A cette question, le Monténégrin répondit : « Nous n'abandonnerons jamais les Russes ! ». Aujourd'hui, de nombreux Russes, le plus souvent issus des couches aisées, viennent passer leurs vacances sur le littoral et y achètent ou y font construire de luxueuses villas. Cette présence russe est également très forte dans le secteur économique, plusieurs entreprises importantes du pays ayant récemment été rachetées par des entrepreneurs russes.

Slava

Fête patronale de famille célébrée par les Monténégrins mais également les Serbes de confession orthodoxe, la slava (littéralement « gloire ») réunit le cercle familial une fois par an. Cette tradition remonte aux temps où les Serbes et Monténégrins étaient païens, époque où chaque famille avait sa divinité protectrice. Comme pour tous les peuples européens, au sein desquels bien des traditions païennes ont été transformées en fêtes chrétiennes pour faciliter leur conversion, les Monténégrins orthodoxes ont pu conserver la tradition de la slava, finalement acceptée par Byzance, en remplaçant le dieu païen protecteur par un saint patron chrétien. Si tout un rituel accompagne traditionnellement la célébration de cette fête, dans la pratique, elle est surtout l'occasion de se réunir autour d'un bon repas traditionnel (porc ou agneau rôti et le fameux žito, du blé cuit et moulu mélangé avec des noix pilées et du sucre). Culte masculin, la slava se transmet de père en fils.

Zeta

Cette principauté médiévale, qui tirant son nom de la rivière du même nom traversant le centre du pays (près de Podgorica), est considérée comme l'ancêtre de l'actuel Monténégro. L'histoire de la Zeta commence au XIe siècle avec le prince Voislav, puis son fils Michel qui obtient du pape, en 1077, le titre de roi. Le roi Michel fixe alors sa capitale à Skadar. Annexée en 1189 par Etienne Nemanja, le prince de la principauté médiévale de Rascie (la Serbie d'alors), la Zeta restera sous domination serbe jusqu'en 1355. A la fin du XVe siècle, la capitale de la principauté est déplacée plus à l'intérieur du pays, à l'emplacement de l'actuelle Cetinje. La principauté sera, dès lors, connue sous le nom de Crna Gora (Montagne noire), Montenegro pour les Vénitiens.

Survol du Monténégro

GÉOGRAPHIE

D'une superficie de 13 812 km², soit à peu près l'équivalent de la région Ile-de-France, le Monténégro est le plus petit pays de l'ex-Yougoslavie mais aussi de la péninsule balkanique. Situé au sud-ouest des Balkans, il est bordé au sud par la mer Adriatique, à l'ouest par la Croatie et la Bosnie-Herzégovine, au nord par la Serbie (et au nord-est par le Kosovo) et enfin par l'Albanie au sud-est.

Malgré sa superficie réduite, le pays jouit d'une grande diversité de paysages avec cependant deux traits dominants : les montagnes et les forêts (environ 45 % du territoire). Les premières sont présentes absolument partout à l'exception de la partie centrale du pays où s'étendent des vallées propices à l'agriculture. Traversées de vallées relativement isolées les unes des autres, les montagnes rendent les communications difficiles entre les grandes régions du pays et ont de tout temps pesé sur son développement. D'un autre côté, elles ont contribué, jusqu'à présent du moins, à la préservation de la nature encore intacte en bien des endroits. Enfin, il est à noter que le pays connaît une faible densité de population avec seulement 45 hab/km². A titre d'exemple, la densité de la population s'élève à 98 hab/km² (en 2006) sur le territoire français et à 344 hab/km² en Belgique.

Relief

Le Monténégro est l'exemple même de la région enclavée et difficileme@nt pénétrable. Essentiellement montagneux (plus de la moitié du territoire est située au-dessus de 1 000 m d'altitude), il compte parmi les terrains les plus accidentés en Europe et les plus érodés de la péninsule balkanique.

L'ensemble du pays fait partie des Dinarides, un ensemble montagneux d'altitude moyenne comprenant la partie principale de la péninsule balkanique en façade des mers Adriatique et Ionienne (Albanie, Grèce et ex-Yougoslavie). Du point de vue géologique, les Dinarides se divisent en deux parties, au niveau du nord de l'Albanie. Au nord sont les Alpes Dinariques, au sud les Hellénides, qui couvrent le reste de l'Albanie, la Macédoine et la Grèce (d'où leur nom).

Ces Alpes Dinariques présentent de curieux paysages karstiques. Le relief karstique est un relief particulier aux régions calcaires, résultant de l'action de l'eau qui dissout le carbonate de calcium. Cette érosion des roches par l'eau aboutit à la formation de grottes, avens et dolines (petites dépressions fermées et circulaires) entre autres. Le Parc national du Lovćen en est l'exemple le plus frappant. Une autre caractéristique des Alpes Dinariques du Monténégro est la présence de cours d'eau souterrains : de nombreuses rivières disparaissent sur une partie de leur cours pour réapparaître plus loin. Cette circulation souterraine des eaux est la marque majeure du système karstique.

Les principaux massifs montagneux du pays sont :

- **Le massif du Komovi :** situé au nord-est du pays, ce massif s'étend sur 40 km de long et une trentaine de kilomètres de large. Ses plus hauts sommets sont le mont Kucki Kom (2 484 m), Ljevorecki Kom (2 483 m) et Vasojevicki Kom (2 460 m). Il est composé de vastes plateaux situés à une altitude moyenne de 1 900 m. Une autre de ses particularités réside dans la présence de nombreuses « rivières » de roches (éboulis) dues à l'érosion. La plus longue d'entre elles, située sur la face nord-est du Vasojevicki Kom, s'étend sur près de 3 km.
- **Le massif de Bjelasica :** carré de 30 km environ de côté, ce massif situé près de la petite ville de Kolašin est connu pour ses hivers rigoureux. Ses montagnes, d'origine volcanique, présentent des pentes douces et boisées. Le plus haut sommet du massif, le mont Crna Glava (littéralement, « la tête noire ») s'élève à 2 139 m. Les deux autres sommets importants du massif, le mont Strmenica et le mont Zekova Glava, sont respectivement situés à 2 122 m et 2 117 m.

Pont suspendu à la frontière avec la Bosnie.

Le massif de Prokletije : d'une longueur totale de 70 km, ce massif s'étend le long de la frontière entre le Monténégro, l'Albanie et le Kosovo. Ses principaux sommets sont le mont Deravica (2 656 m), situé au Kosovo, le Zla kolata (2 528 m) et le mont Maja Jezerces (2 694 m), situé en Albanie. Encore peu fréquenté par les randonneurs, ce massif présente des sommets aux parois parfois très abruptes.

Le massif du Durmitor : ce massif, principalement constitué de roches calcaires, compte 22 sommets situés au-dessus de 2 200 m. Outre ces sommets, il abrite de très nombreuses dolines et grottes ainsi qu'une vingtaine de lacs glaciaires. Le point culminant du massif, le mont Bobotov kuk, s'élève à 2 522 m.

Zones géographiques

On peut schématiquement découper le Monténégro en trois types de milieux : un espace méditerranéen, sec et maritime, des hautes montagnes entrecoupées de plateaux et des vallées profondes dans l'arrière-pays.

L'espace méditerranéen est constitué d'une mince bande côtière. Celle-ci, longue de 290 km environ, se compose de plages, de criques et de ce qui est immanquablement décrit comme l'unique fjord de la Méditerranée, les bouches de Kotor. Une chaîne montagneuse isole de la mer les poljés (dépressions fermées) de Cetinje, la plaine alluviale et le lac de Skadar. Elle porte deux sommets calcaires importants : le Lovćen (1 700 m) et l'Orjen (1 900 m), leurs prairies d'altitude de type alpin contrastent avec la végétation méditerranéenne qui couvre leurs pieds. Le littoral présente dans l'ensemble une côte très irrégulière.

Les plaines fertiles dans le centre et à l'est : le lac de Skadar, les plaines fertiles de la Zeta (avec la capitale Podgorica) et le plateau de Nikšić constituent la plus vaste plaine du Monténégro et la plus propice à l'habitat.

Les hautes montagnes occupent tout le nord du pays, au-delà de Podgorica et Nikšić. L'orientation des plis rendant leur traversée difficile, ces montagnes connaissent également des hivers rudes. On n'y découvre que trois types de terrains : les roches nues et morcelées, les forêts immenses et les prairies alpines.

Hydrographie

Le Monténégro est traversé par de nombreuses rivières, pour l'essentiel situées dans l'intérieur du pays. Les principales sont celles du Lim (123 km), de la Morača (98 km), de la Tara (141 km), de la Ćehotina (100 km) et de la Zeta (54 km). Les bassins fluviaux du Lim et de la Tara sont reliés au Danube par la rivière Drina (en Bosnie-Herzégovine). Les rivières et ruisseaux situés dans le sud du pays, tels que la Bojana, se jettent dans la mer Adriatique. La majeure partie des cours d'eau situés dans la région karstique coulent également vers la mer Adriatique mais en empruntant des tunnels souterrains. Cette circulation souterraine des eaux est la marque importante du système karstique. Une autre caractéristique du pays réside dans la présence de nombreux lacs glaciaires, pour l'essentiel situés dans le nord du pays (Durmitor, Bjelasica, Prokletije). Enfin, le pays partage avec l'Albanie le plus grand lac de la péninsule balkanique, le lac de Skadar. Celui-ci s'étend sur une superficie variant de 391 à 530 km², selon la saison. Son bassin repose sur un *polje* (ou dépression karstique) dont le fond est en dessous du niveau de la mer, alors que la surface du lac est au-dessus de la mer et ses rives sont constituées d'un haut plateau.

CLIMAT

Le Monténégro est baigné par trois types majeurs de climat, correspondant à peu près aux trois principales régions géographiques du pays.

La mince bande côtière jouit d'un climat méditerranéen, avec de longs étés secs et de courts hivers doux. Novembre y est généralement le mois le plus humide. En janvier, la température moyenne y est de 9 °C contre 23 à 25 °C pendant l'été. La montagne dominant la mer telle une muraille, les influences climatiques de la Méditerranée sont limitées au littoral.

Cetinje, situé à quelques kilomètres de Kotor, tout comme la plaine centrale, sont ainsi baignés par un climat continental typique de l'Europe centrale. Les étés y sont plus chauds et les hivers plus froids que sur le littoral. Podgorica, avec une température moyenne de 26,4 °C, est la ville la plus chaude du pays et l'une des plus chaudes d'Europe. Les hautes montagnes du nord, enfin, connaissent un climat subalpin. Les hivers y sont froids, voire très froids (2 °C de température moyenne maximale en janvier), et la neige peut atteindre jusqu'à 5 m d'épaisseur.

Une autre caractéristique du pays provient des fortes précipitations. L'automne est ainsi particulièrement pluvieux dès le mois d'octobre et si pendant cette période on atteint sur le littoral des moyennes de précipitations mensuelles de l'ordre de 200 mm, on arrive à des scores très supérieurs dans l'arrière-pays de Kotor où les précipitations annuelles peuvent même atteindre 4 000 mm, un record pour l'Europe !

ENVIRONNEMENT – ÉCOLOGIE

Dans un pays encore relativement rural et où la densité de population reste faible, les campagnes sont en bonne santé et il ne faut pas monter très haut pour respirer un air vivifiant et agréable. Bref, le pays ne souffre pas (encore) de problèmes environnementaux de grande ampleur comme c'est si souvent le cas dans les ex-pays communistes. Conscient de ses richesses naturelles, le Monténégro s'est d'ailleurs déclaré Etat écologique en 1991, à la suite du Sommet mondial de Rio de Janeiro sur l'écologie. L'article premier de la Constitution adoptée en 1992 (et présent dans celle de 2007) définit le pays comme « démocratique, social et écologique ». Par cet article, l'Etat s'engage à veiller sur l'équilibre écologique : c'est le premier Etat au monde à avoir stipulé une telle préoccupation dans un texte constitutionnel. Une décennie d'instabilité politique et le manque de volonté politique ont toutefois ralenti la concrétisation de ce concept et beaucoup reste à faire. Ainsi, les grands centres urbains sont touchés par la pollution moderne et les constructions illégales nombreuses. L'autre problème est souvent le manque de discipline et de culture écologique de la population. Les rivières, par exemple, sont souvent abîmées par les détritus et les décharges sauvages nombreuses.

Enfin, on ne peut évoquer les problèmes environnementaux du pays sans parler du canyon de la Tara, menacé depuis plusieurs années par un projet de construction d'une centrale hydroélectrique. Malgré l'inscription du site au patrimoine mondial de l'Unesco et l'adoption par le Parlement, en 2004, d'une Déclaration pour la protection de la rivière, ce projet ne semble pas définitivement abandonné et une menace pèse toujours sur ce site prestigieux. Parmi les points positifs, on peut toutefois signaler la présence de très nombreuses associations à caractère écologique, la plupart fondées par des jeunes à la fin des années 1990.

PARCS NATIONAUX

Le Monténégro s'enorgueillit de quatre parcs nationaux couvrant 7 % du territoire. Ce pays de taille modeste vient d'en obtenir un cinquième : le massif de Prokletije au nord du pays (frontière naturelle avec Albanie), proclamé « parc national » en 2009. Tous, à l'exception de celui de Skadar, sont parcourus de sentiers de randonnées et sont donc relativement faciles à découvrir.

■ CENTRE D'INFORMATION DES PARCS NATIONAUX DU MONTÉNÉGRO (NACIONALNI PARKOVI CRNE GORE)
16 Trg Vojvode Bećir-Bega, Osmanagića 16
PODGORICA (ПОДГОРИЦА)
✆ +382 20 601 015
www.nparkovi.me – npcg@nparkovi.me

Parc national de Biogradska Gora

Déclaré parc national en 1952 mais protégé depuis 1878, ce site est principalement constitué de montagnes boisées et de prairies alpines. Outre 5 lacs glaciaires, il est surtout connu pour abriter une forêt vierge de conifères et d'arbres à feuilles caduques d'une superficie de 1 600 hectares. Celle-ci, difficilement pénétrable et à l'apparence d'une véritable jungle, abrite de nombreux arbres multi-centenaires, certains pouvant atteindre plus de 60 m de haut. Dans le parc, les botanistes ont recensés 25 familles de plantes et 64 espèces d'arbres.

Parc national du Durmitor

D'une superficie de 39 000 hectares, le parc national du Durmitor est constitué de montagnes découpées, de pâturages et de forêts. Outre le massif montagneux connu sous le nom de Durmitor, il comprend une grande partie de la rivière de la Tara, la plus longue du pays. Parfois surnommée la « larme de l'Europe », celle-ci se transforme en canyon sur une soixantaine de kilomètres. Difficile d'accès, les parois de ce canyon atteignent, en leur point le plus haut, près de 1 300 m d'altitude, ce qui en fait l'un des plus hauts du monde, derrière le canyon américain du Colorado. Les caractéristiques géologiques du site mais également la richesse des espèces florales qui le peuplent ont conduit l'Unesco à inscrire le parc au patrimoine mondial en 1980. Culminant à 2 522 m, au mont Bobotov Kuk, le massif montagneux est composé de roches calcaires. Il compte 27 sommets au-dessus de 2 200 m mais également de nombreux lacs glaciaires, ainsi que près de 200 grottes recensées à ce jour. Du fait de sa situation géographique, le parc du Durmitor est influencé par les microclimats méditerranéen et alpin, d'où sa variété exceptionnelle d'espèces végétales. Outre quelques espèces végétales endémiques à la région (connues sous le nom de variété Durmitorae), le parc abrite une forêt vierge

Le tout dernier parc national : un parc pour la paix

A cheval sur le Kosovo, le Monténégro et l'Albanie, le massif de Prokletije est l'une des régions montagneuses les plus sauvages de l'Europe du Sud-Est. Depuis 2000, plusieurs associations locales et internationales travaillent à la création d'un « parc naturel transfrontalier pour la paix ». Leurs objectifs ? Promouvoir la paix et la stabilité dans la région, protéger la biodiversité et enfin fournir des sources de revenus aux populations locales fortement touchées par le chômage. Ce concept de parc transfrontalier pour la paix n'est pas nouveau puisque le premier parc de ce type a été créé en 1914 entre la Norvège et la Suède (parc de Morokulia), à une époque où les tensions étaient fortes entre ces deux pays. Selon l'Union mondiale pour la nature (UICN), il existe aujourd'hui près de 169 réserves naturelles transnationales. Depuis 2003, le Comité pour la création d'un tel parc dans les Balkans organise chaque année quelques trekkings dans le massif afin de faire connaître au grand public cette superbe région naturelle. Le dimanche 17/05/2015 a eu lieu le cinquième marathon du parc National Lovćen organisé par l'association de montagnards Kapetan Angel Cetinje. Inscription sur le site : www.kapetanangel.me

▶ **Pour en savoir plus,** contactez le B3P (Balkan Peace Project) en consultant le site Internet : www.balkanspeacepark.org

de pins noirs considérée comme l'une des plus prolixes d'Europe.

Parc national du lac de Skadar

Avec une superficie de 40 000 hectares, le parc national de Skadar est le plus grand des quatre parcs du pays. Décrété parc national en 1983, il est pour l'essentiel constitué du lac du même nom, dont deux tiers appartiennent au Monténégro, le troisième à l'Albanie voisine. Situé à 7 km seulement de la mer, ce lac est le plus grand de la péninsule balkanique. La faune et la flore, très riches, ont permis une activité économique prospère durant des siècles grâce à la pêche et à la culture d'un sol très humide sur les terrains découverts lorsque le lac est à son plus bas niveau. Mais la douceur du climat, la végétation exubérante et l'eau poissonneuse n'ont pas attiré que les hommes. D'une beauté à couper le souffle, le lac abrite en effet chaque hiver des milliers d'oiseaux migrateurs fuyant le froid du nord de l'Europe. Au total, 270 d'espèces d'oiseaux ont pu y être recensées, ce qui lui a valu d'être inscrit sur la liste internationale des marécages importants (liste de Ramsar) en 1995. Certaines années, quelques couples de pélicans frisés, une espèce en voie d'extinction, viennent s'y installer.

Parc national du Lovćen

Tout comme le parc national de Biogradska Gora et celui du Durmitor, la région du Lovćen a été décrétée parc national en 1952. D'une superficie de 6 400 hectares, le parc s'étend entre Cetinje et Kotor, dans une région karstique, dénudée et peu peuplée, autrefois connue pour être la plus pauvre du pays. Parsemé de hameaux, il est dominé par le massif montagneux du Lovćen, lui-même composé de deux sommets : Stirovnik (1 749 m) et Jezerski Vrh (1 657 m). Parfois cité comme le mont Olympe des Monténégrins car c'est à son sommet que repose en effet la plus grande figure du pays, Petar II Petrović Njegoš (1813-1851).

Parc national de Prokletije

Le plus jeune des parcs nationaux (2009), surnommé « Les Alpes de l'Europe du Sud » est situé à l'extrémité orientale des Alpes dinariques. Recouvrant une zone protégée transfrontalière entre le Monténégro et l'Albanie, sa partie située au Monténégro couvre 14 000 hectares. Sauvage et difficilement accessible, enneigé entre 90 et 210 jours par an, le massif des Prokletije est encore peu connu et les chemins sont mal balisés. On privilégiera les petites villes comme Plav et Gusinje pour commencer à explorer Prokletije.

FAUNE ET FLORE

Grâce à ses caractéristiques géographiques variées, le Monténégro possède une faune et une flore relativement diversifiées pour un territoire de cette taille. Cela est notamment dû au relief accidenté du pays qui joue en faveur de la préservation de la nature. Les forêts, qui représentent environ 45 % du pays, sont principalement situées dans le nord.

Faune

Oiseaux. On les trouve principalement dans le parc national du Durmitor (163 espèces différentes), dans celui de Biogradska Gora (profusion d'oiseaux de forêt tels que les aigles, les chouettes, les grives, les alouettes, les rossignols et les mésanges), dans le lac de Šasko (colonie de hérons) près d'Ulcinj et enfin dans le parc national de Skadar. Avec près de 270 espèces différentes, ce dernier site constitue un véritable paradis pour les ornithologues. On estime à environ 200 000 le nombre d'oiseaux qui chaque année s'arrêtent sur le lac de Skadar. La majorité de ces oiseaux sont de grands migrateurs. Parmi les quelques espèces remarquables présentes sur le site, citons en premier lieu le pélican frisé, le cormoran pygmée, l'hirondelle de mer à moustaches, les buses, le héron gris, le grand héron blanc et encore le grèbe huppé.

Poissons. La mer Adriatique est riche en poisson de première catégorie : blanc (dorade, denti, Saint-Pierre, sole, bar, pagre rouge, sar, sprat, etc.) ou bleu (thon, sardines, anchois, espadon, pélamide), de même qu'une multitude de coquillages sont présents dans les fonds marins (palourdes, huîtres, moules, Saint-Jacques), tout comme des crustacés et des mollusques. Avec ses très nombreux lacs et rivières, le Monténégro possède également une grande variété de poisson d'eau douce. Les rivières abondent en truites. Le lac de Skadar compte une cinquantaine d'espèces de poissons. Relié à la mer par une rivière, il abrite également quelques espèces de poissons d'eau de mer.

La montagne noire

Les Monténégrins nomment leur pays « *Crna Gora* » qui peut se traduire littéralement par « montagne noire ». On attribue souvent ce terme aux forêts sombres qui recouvraient autrefois les Alpes Dinariques. Il semble plus probable qu'il ait pour origine une référence à Ivan Crnojević (Ivan le Noir), le dernier dirigeant de l'Etat médiéval de la Zeta, qui, en 1482, fuyant les forces ottomanes, décida de trouver refuge dans les montagnes du cœur du pays où il fonda la ville de Cetinje. La plupart des pays d'Europe occidentale utilisent le terme monte negro, qui a le même sens et remonte probablement à l'époque de l'influence vénitienne sur la région.

Mammifères. Comme tous les pays de l'ex-Yougoslavie, le Monténégro abrite loups et ours bruns. Il est difficile de connaître leur nombre exact, ces derniers se déplaçant d'un pays à l'autre. On peut néanmoins estimer que les ours sont un peu moins d'une centaine et les loups entre 200 et 300. Les ours vivent tous dans les montagnes boisées du nord du pays, à une altitude comprise entre 900 et 2 600 m. On les trouve autour de Plužine, de Pljevlja, de Berane, de Rožaje ainsi que dans les massifs de Bjelasica, de Sinjajevina, de Komovi et de Prokletije. La loi monténégrine protège les mâles comme les femelles en été mais uniquement les femelles ayant des petits de moins de deux ans le reste de l'année. Pour ce qui est des loups, ils vivent essentiellement dans les montagnes du nord du pays. Contrairement aux ours, ils ne sont pas protégés et peuvent par conséquent être tués en toute impunité. Il est par ailleurs à noter que les attaques sur les hommes par ces deux espèces sont extrêmement rares. Par ailleurs, les bergers vivant dans des régions connues pour abriter des loups et des ours possèdent tous des chiens de bergers yougoslaves (aussi appelés charplaninatz) pour protéger leurs troupeaux. Ces superbes chiens, présents au Monténégro mais également dans les pays voisins depuis des temps immémoriaux, sont connus pour leur courage. Parmi les autres espèces animales présentes dans le pays, on peut citer les lynx et les chacals, tous deux en nombres limités. Les premiers vivent pour l'essentiel autour de Plužine, les seconds dans le pourtour méditerranéen. Chamois, sangliers sauvages, perdrix et tétras noirs peuplent par ailleurs la région du Durmitor.

Flore

On distingue 2 grands groupes de végétation : une végétation méditerranéenne, d'une part, et une végétation typique des montagnes, d'autre part.

Le cortège des plantes méditerranéennes se limite à une mince bande côtière, la montagne se dressant immédiatement au-dessus de la côte. D'Herceg Novi à Ulcinj, la côte est parsemée d'oliviers, de pins et de genévriers. De grandes zones de maquis, nées de la déforestation, bordent également le littoral. De nombreuses espèces exotiques sont également présentes telles que les figuiers de Barbarie, les agaves, ou encore les arbres à soie (ou albizia). D'origine persique, l'albizia est un très joli arbre en forme de pin parasol, au feuillage léger et à la floraison abondante pendant tout l'été. Ses fleurs de couleur rosée forment de petits plumeaux soyeux. La région karstique de Cetinje et du mont Lovćen, située non loin du littoral, se caractérise par un sol aride et une végétation peu abondante mais il suffit de parcourir quelques kilomètres seulement pour se retrouver au milieu d'une végétation exubérante, dans le parc national de Skadar. Les eaux du lac abritent quelque 900 espèces d'algues ainsi qu'une importante flore marine, les nénuphars, notamment, recouvrant une partie du lac. Dans l'arrière-pays, on trouve des chênes, des charmes, des saules, des platanes, des peupliers, des lauriers-roses, des ormes ainsi que quelques grandes forêts de hêtres. Entre 600 et 2 000 m d'altitude, pins, sapins et prairies alpines prédominent. Les deux parcs nationaux du Durmitor et de Biogradska Gora sont particulièrement riches en espèces florales. Les biologistes ont recensé quelque 700 espèces végétales dans la région du Durmitor. Avec 8 espèces et 15 sous-espèces rares (appelées variétés Durmitorae), le parc est décrit par l'Unesco comme étant l'un des plus riches centres d'endémisme en Europe. Outre ces espèces, le parc abrite une forêt vierge de 40 hectares de pins noirs. Cette forêt est considérée comme l'un des sites les plus prolixes d'Europe. Le parc national de Biogradska Gora abrite quant à lui quelque 2 000 espèces végétales, dont un quart endémiques à la péninsule balkanique. Sa forêt vierge, qui s'étend sur 1 600 hectares, bénéficie d'une protection stricte.

Histoire

Le Monténégro est un petit pays par la taille. Il couvre en effet une surface de l'ordre de 14 000 km^2, soit un peu plus qu'une région française comme l'Ile-de-France et un peu moins qu'une région comme l'Auvergne. Au cours des deux millénaires de notre ère, ce pays, situé au cœur des Balkans, a été aucontact de la plupart des empires européens, aussi s'intéresser à son histoire est l'occasion de passer en revue une bonne partie de l'histoire européenne. Faisant partie de l'Illyrie pour l'Antiquité, l'essentiel du territoire du Monténégro que nous connaissons actuellement a été rattaché à l'Empire romain d'Orient au partage de l'Empire romain en 395. La ligne de partage partait approximativementde Budva vers le nord pour rejoindre la rivière Save, l'essentiel du Monténégro actuel étant au sud de cette ligne et rattaché de ce fait à l'Empire romain d'Orient. L'histoire de la région se rattache après la période romaine à l'histoire de la principauté de la Dioclée (du nom d'une tribu originaire de la région de Podgorica) puis à celle de la principauté de la Zeta (dunom de la rivière monténégrine). La région conserve son indépendance à l'éclatement de l'empire serbe en 1389, elle ne passera sous le joug turc qu'à partir de 1499. Le pays entretiendra cependant des relations avec Venise, l'Autriche puis surtout la Russie afin de préserver une relative indépendance. La reconnaissance internationale du Monténégro ne sera acquise qu'au cours du XIXe siècle. Eneffet par le traité de San Stefano en 1878, le Monténégro obtient, grâce à l'action de son allié russe, la reconnaissance définitive de son indépendance par la Turquie, ainsi que des débouchés sur l'Adriatique. A l'issue de la Première Guerre mondiale, le Monténégro sera cependant incorporé au royaume de Serbie. Il restera lié à la Serbie, mis à part l'intermède de la Seconde Guerre mondiale, jusqu'au référendum de 2006. Au demeurant le référendum de 2006 en rappelle deux autresde l'histoire du Monténégro :

- **Celui de 1918** qui avait vu la victoire de «Verts» antiroyalistes et favorables à un rattachement à la Serbie contre les «Blancs» royalistes et indépendantistes ;
- **Celui de 1992** qui avait vu un résultat de 96% en faveur d'un rattachement à la Serbie.

Les difficultés de la Serbie vis-à-vis de la communauté internationale (sanctions économiques des années 1990, bombardements de 1999 en liaison avec l'affaire du Kosovo, problème de coopération avec le Tribunal pénal international pour l'ex-Yougoslavie) et la perspective d'une adhésion plus rapide à l'Union européenne peuvent, outre le sentiment national, expliquer le choix de l'autonomie fait en 2006. L'histoire de ce pays mérite toute notre attention, elle permet d'éclairer la situation actuelle dans les Balkans et, avec d'autres éléments, d'appréhender ce qui fait du Monténégro une nation et un pays appelé devenir membre de l'Union européenne.Ni la langue (les Monténégrins parlent une variante du serbe), ni l'origine de la population (qui est considérée comme serbe même si les morphologies et les traditions des montagnards monténégrins sont parfois spécifiques), ni encore la religion (les Monténégrins sont comme les Serbes majoritairement orthodoxes) n'expliquent en effet à elles seules l'identité de cette nation mais l'histoire (y compris la partie la plus récente), la géographie et quelques particularités peuvent expliquer le sentiment national monténégrin.

De la préhistoire à l'Antiquité

Les plus anciennes traces dans les Balkans remontent au Paléolithique et à l'homme de Neandertal (100 000 à 30 000 ans avant notre ère). Pour le Monténégro les traces du travail de la pierre ont été trouvées à proximité de Podgorica sur le site de la Crvena Stijena, ainsi que dans le canyon de la Morača. En ce qui concerne la préhistoire plus récente, le territoire du Monténégro est considéré comme faisant partie d'un ensemble plus vaste, l'Illyrie, qui s'étendait de l'actuelle Slovénie à l'Epire en Grèce, tout en couvrant à l'est une bonne partie de l'ex-Yougoslavie. L'idée d'une unité de civilisation illyrienne repose sur le fait que les fouilles ont mis en évidence pour la période concernée une continuité d'occupation, une évolution sans heurt et une certaine communauté des objets trouvés sur un vaste ensemble donnant sur l'Adriatique. Les Illyriens sont considérés comme étant d'origine indo-européenne c'est-à-dire qu'ils sont rattachés aux peuples des plaines d'Europe centrale et de Russie méridionale qui, à partir du IIIe millénaire avant notre ère, se propagèrent vers le sud.La protohistoire en Illyrie est attestée par les résultats de fouilles réalisées notamment en Albanie sur les nécropoles tumulaires qui ont mis en évidence le travail du bronze, puis du fer. Pour ce qui concerne plus particulièrement la région du Monténégro, plusieurs découvertes témoignent de cette période : fresque datant de l'âge du bronze (3 000 ans av. J.-C.) dans un souterrain du village de Lipci (bouches de Kotor), croix en cuivre datée de 2 000 ans avant notre ère découverte à Tuzi près de Podgorica.

Chronologie

De 100 000 à 30 000 ans avant notre ère > existence d'une présence humaine au Paléolithique prouvée par les traces du travail de la pierre trouvées sur le site de la Crvena Stijena et dans le canyon de la Morača. L'homme de Neandertal est présent dans les Balkans.

A partir du 3e millénaire avant notre ère > les Illyriens d'origine indo-européenne s'installent dans les Balkans et y développent une civilisation relativement homogène sur un territoire allant de l'ouest de la Slovénie à l'Epire.

Antiquité > l'existence de tribus illyriennes est attestée par les écrits grecs et romains. En 335 av. J.-C. > Alexandre le Grand bat les Illyriens. Début de colonisation de la côte illyrienne par les Grecs.

IIIe siècle av. J.-C. > règnes sur l'Illyrie du roi Agron, puis de sa veuve la reine Teuta.

229 av. J.-C. > débarquement des Romains en Illyrie pour lutter contre les actes de piraterie menés par les Illyriens.

168 av. J.-C. > disparition du dernier royaume illyrien, l'Illyrie est une province romaine.

IIe et Ier siècles av. J.-C. > soulèvements illyriens ne remettant toutefois pas en cause l'autorité de Rome.

Début de notre ère > le territoire du Monténégro fait partie de la Dalmatie, province stratégique romaine faisant partie de l'Illyricum qui couvre l'ensemble des Balkans.

285 > début du règne de l'empereur romain Dioclétien. Il instaure le système de la tétrarchie pour tenter de contrôler le vaste empire.

395 > la ligne Théodose partage l'empire romain en deux, elle part à la verticale de la côte monténégrine. Le futur centre historique du Monténégro est dans l'empire d'Orient.

476 > chute de l'empire d'Occident sous les invasions des Germains.

626 > les Avars sont repoussés en Illyrie par l'empereur byzantin Héraclius. Byzance favorise l'installation de populations slaves (Croates et Serbes) pour supplanter les Avars.

732 > retrait de la province de Dioclée de la tutelle de l'évêque de Rome et placement sous l'autorité du patriarche de Byzance.

Fin du IXe > un groupement tribal slave s'érige sous forme de principauté de Dioclée, elle-même partie de la principauté serbe de Rascie.

950 > la Rascie est reprise en main par Byzance, la Dioclée reste indépendante.

Fin du Xe - début du XIe > le roi Saint-Jean Vladimir, soutenu par les Bulgares, règne sur un vaste territoire comprenant la Dioclée, la Travonie et la Serbie.

1081-1101 > règne de Constantin Bodin fils de Mihailo de Voislav, roi de Dioclée. La dynastie se délite et la prépondérance sur le monde serbe est prise par la Zeta au détriment de la Dioclée.

1166 > Etienne Nemanja, qui gouverne la Rascie, s'émancipe de la tutelle de Byzance.

1189 > Etienne Nemanja annexe la principauté de la Zeta qui restera serbe jusqu'en 1355.

XIVe siècle > apogée de la dynastie des Nemanja avec Etienne Douchan (1331-1355) qui se fait nommer à la tête de l'empire de « la Grande Serbie » qui couvre également la Macédoine, l'Albanie et l'Epire.

1389 > bataille du Champ des Merles (Kosovo), la Serbie devient vassale des Turcs, la Zeta reste cependant indépendante.

1453 > prise de Constantinople par les Turcs, chute définitive de l'Empire byzantin.

1479 > prise de Shkodra par les Turcs, fin de la principauté de la Zeta.

1496 > fin du règne des Crnojević réfugiés à Cetinje. Le territoire du Monténégro est placé sous l'autorité officielle du sultan.

1516 > le prince Georges V du Monténégro abdique, il confie le pouvoir au métropolite du Monténégro ; mise en place d'une théocratie (système dit des princes-évêques).

1696 > le prince-évêque Danilo Petrović Niegoš réussit à faire accepter la règle d'une transmission dans la famille via le neveu.

1711 > le prince-évêque Danilo I noue des relations avec la Russie orthodoxe de Pierre le Grand.

1799 > le prince-évêque Pierre (Petar) I réussit à obtenir de Constantinople. La reconnaissance que les « Monténégrins n'ont jamais été sujets de la Sublime Porte ».

1815 > congrès de Vienne, le Monténégro obtient une extension de son territoire vers le nord-est. Il ne couvre cependant qu'un quart de sa surface actuelle.

1841 > le prince-évêque Pierre II fixe les frontières du Monténégro avec l'Autriche sans en référer à l'Empire turc.

1852 > Danilo II réussit, contre l'avis des Turcs, à laïciser la charge de prince. Il repousse les tentatives d'invasions turques de 1852 et 1853.

1856 > le traité de Paris clôture la guerre de Crimée, la Russie renonce à s'agrandir aux dépens de la Turquie. Napoléon III s'oppose à ce que la Turquie fasse valoir ses droits sur le Monténégro en envoyant une flotte dissuasive au large de celui-ci.

1858 > nouvelle tentative d'invasion turque arrêtée à Grahovo.

1859 > les frontières du Monténégro sont délimitées par une commission internationale, extension du Monténégro vers le nord et l'ouest.

1878 > traité de San Stefano (3 mars) clôturant la guerre russo-turque. Même corrigé par le traité de Berlin (13 juillet), il permet une forte expansion du Monténégro et lui donne un premier accès à la mer (Bar).

1881 > par la lutte contre les Ottomans et les Albanais, le Monténégro réussit à s'étendre sur la côte en direction de Shkodra et à gagner un deuxième port (Ulcinj).

1905 > mise en place d'un parlement monténégrin.

1910 > abandon de l'appellation de principauté pour celle de royaume du Monténégro.

1912-1913 > guerres balkaniques.

29 juillet 1913 > la conférence de Londres reconnaît un nouvel Etat, l'Albanie ; le Monténégro est contraint de lui laisser Shkodra.

10 août 1913 > traité de Bucarest clôturant les guerres balkaniques. Le Monténégro s'étend sur une partie du sandjak de Novi Pazar et sur la plaine de la Metohija.

28 juin 1914 > attentat contre le prince héritier François-Ferdinand et sa femme.

8 août 1914 > le Monténégro par solidarité avec la Serbie déclare la guerre à l'Autriche-Hongrie.

8 janvier 1916 > attaque autrichienne à partir de Kotor. La bande côtière et Podgorica tombent.

20 janvier 1916 > le roi du Monténégro part en Italie, début d'un exil qui marque la fin de la dynastie.

20 juillet 1917 > traité de Corfou qui pose les bases du regroupement des Slaves du sud.

Fin 1918 > l'assemblée monténégrine issue des élections de novembre décide la déchéance de la dynastie des Niegoš et le rattachement du Monténégro à la Serbie. Le Monténégro devient partie du royaume des Serbes, Croates et Slovènes de Pierre Ier roi de Serbie.

1921 > mort de Nicolas Ier et abdication de son fils Danilo qui marquent la fin de la dynastie. La Constitution écarte l'idée d'un Etat fédéral pour un Etat unitaire et serbe dont Alexandre Ier (fils de Pierre Ier de Serbie) devient le roi le 16 août 1921.

Octobre 1929 > adoption de l'appellation de royaume de Yougoslavie.

6 avril 1941 > la Yougoslavie est attaquée par les troupes de l'Axe.

18 avril 1941 > capitulation et partage du royaume de Yougoslavie. Le Monténégro est placé sous gouvernorat italien.

1943 > Tito réussit à se faire reconnaître par les Alliés (conférence de Téhéran).

29 novembre 1943 > le Conseil antifasciste de libération de la Yougoslavie forme un gouvernement provisoire confié à Tito, abolit la monarchie et reconnaît la forme fédérative du nouvel Etat.

1945 > proclamation de la république populaire fédérative de Yougoslavie.

4 mai 1980 > mort de Tito.

Mai 1991 > la Croatie et la Slovénie déclarent leur indépendance.

Mars 1992 > premier référendum sur le maintien du Monténégro dans la Yougoslavie. 96 % des votants sont favorables au maintien de celui-ci dans la fédération.

4 février 2003 > dissolution de la Yougoslavie, le nouvel Etat fédéral destiné à la remplacer prend le nom d'Etat commun de Serbie-et-Monténégro.

21 mai 2006 > nouveau référendum sur l'indépendance du Monténégro. 55,5 % des votes sont favorables à l'indépendance.

3 juin 2006 > le Parlement du Monténégro proclame l'indépendance.

10 octobre 2007 > la nouvelle constitution est adoptée.

31 janvier 2008 > le dirigeant historique Milo Đukanovic est reconduit au poste de premier ministre.

6 avril 2008 > Filip Vujanovic est réélu président.

15 décembre 2008 > le Premier ministre Milo Đukanovic remet la candidature de son pays à l'Union européenne au président Sarkozy, alors président en exercice du Conseil européen.

29 mars 2009 > les élections législatives et municipales renforce la position prédominante du Parti démocratique des socialistes (DPS) de M. Đukanovic (48 sièges sur 81). L'opposition est principalement divisée entre trois blocs : SNP (16 sièges), NSD (8 sièges), PZP (5 sièges) et les formations albanaises (4 sièges).

Juin 2009 > l'Accord de stabilisation et d'association avec l'UE signé le 15 octobre 2007 est ratifié par la France.

30 novembre 2009 > exemption de visa pour tous les citoyens sauf pour les longs séjours et ceux souhaitant travailler dans l'UE.

29 décembre 2010 > le Parlement approuve le nouveau gouvernement du Premier ministre Igor Luksic (34 ans).

août 2011 > l'Allemagne veut suspendre les négociations avec le Monténégro sur son adhésion à l'UE pour non-respect de la liberté de la presse.

01 novembre 2012 > Le Monténégro et le Qatar ont paraphé à Podgorica un accord de suppression des doubles impositions et un accord sur la prévention de l'évasion fiscale en matière d'impôts sur le revenu.Une condition préalable pour l'intensification des relations économiques et de la coopération entre les deux pays.

12 novembre 2012 > le Monténégro a été admis au Conseil des droits de l'homme des Nations Unies pour 2013-2015. Cette adhésion a été soutenue par 182 Etats membres.

4 décembre 2012 >Milo Đukanović est réélu 5e président du gouvernement monténégrin depuis l'indépendance du Monténégro de 2006.

14 mars 2013 > visite à Paris de Igor Lukšić (vice-Premier ministre, ministre des affaires étrangères et de l'intégration européenne du Monténégro), entretien avec Laurent Fabius pour faire le point sur les relations bilatérales, la situation régionale, les candidatures du Monténégro à l'UE et à l'OTAN.

07 avril 2013 > Les citoyens monténégrins étaient appelés aux urnes pour désigner leur nouveau président. Lors de ce deuxième scutin depuis la proclamation de son indépendance d'avec la Serbie en 2006, ils avaient le choix entre deux candidats : Filip Vujanovic, président sortant en poste depuis 2003, et l'indépendant Miodrag Lekic soutenu par le Mouvement pour les Changements (conservateur) et par Nouvelle Démocratie serbe (conservateur, partisan de l'union avec la Serbie). Avec un taux de participation de 63.9%, le candidat Filip Vujanovic l'a emporté de justesse, obtenant 51.2% des voix. Bien que sa candidature fut contestée par l'opposition puisqu'au Monténégro les présidents ne peuvent pas effectuer plus de deux mandats, celle-ci fut approuvée par la Cour constitutionnelle en février 2013 car le premier mandat de Vujanovic fut exercé avant 2006, lorsque le pays n'était pas encore indépendant.

Septembre 2015 > ouverture des *« pourparlers intensifs et ciblés »* avec Podgorica. Le Monténégro continue d'apporter un soutien financier et opérationnel à la mission Resolute Support de l'OTAN en Afghanistan.

L'Illyrie de l'Antiquité

Sur le territoire de l'actuel Monténégro, les principales tribus présentes étaient les Dioclééns, les Labéates et les Autoriates. On ne dispose d'aucun écrit en langue illyrienne, l'existence des Illyriens est cependant connue par les écrits grecs et romains. Il est ainsi attesté que ces tribus pouvaient se rassembler pour constituer un royaume sous l'autorité d'un souverain unique. Toutefois ces regroupements n'ont pas de continuité ni dans le temps ni dans l'espace, ils peuvent être de circonstance et n'ont pas donné lieu à l'établissement de dynasties. Ainsi vers le début du IVe siècle avant notre ère, l'Illyrien Bardylis parvient ainsi à réunir sous son autorité une grande partie des tribus illyriennes et à battre le roi de Macédoine (385). Arrivé au pouvoir, Philippe II de Macédoine épousera la fille de Bardylis, ce qui lui permet d'écarter pour un temps la menace illyrienne. Mais, cinq ans plus tard en 355, bien préparé, il attaque et bat les Illyriens.

En 335, le fils de Bardylis est battu à son tour par Alexandre le Grand. Toutefois la colonisation grecque avance par la côte tout d'abord en Epire, puis le long de la côte albanaise avec le développement de cités comme Apollonia et Epidamme (l'actuelle Durrës). Par ailleurs, sous la pression grecque et macédonienne, la limite méridionale de l'Illyrie est repoussée au nord. La culture et l'influence helléniques gagnent du terrain sur des tribus illyriennes moins avancées. Les Illyriens connaîtront cependant leur apogée au milieu du IIIe siècle avant notre ère sous le règne du roi Agron qui réussira à réunir des terres allant de la côte dalmate jusqu'à une partie des côtes albanaises couvrant ainsi le Monténégro actuel. Ce royaume, doté d'une façade maritime importante, excelle dans la piraterie et est vite perçu comme une menace par Rome dont une partie du commerce passe par l'Adriatique via les Balkans. Agron entre en conflit avec Rome. Sa veuve, la reine Teuta, lui succède. La reine Teuta favorise les rapines, la piraterie dans l'Adriatique et va jusqu'à chasser les habitants des colonies grecques de la côte albanaise (Epidamme, Apollonia). Les pirates illyriens s'emparent de Corcyre (Corfou) qui leur permet de contrôler le passage entre l'Adriatique et la mer Ionienne. La guerre entre Rome et le royaume illyrien, devenue inévitable, éclate à la suite à l'assassinat de deux ambassadeurs romains venus en émissaires. Les Romains débarquent sur la côte albanaise en 229 avant notre ère, ils s'emparent de l'île de Corfou l'année suivante. La reine Teuta retranchée dans Shkodra (au nord de l'actuelle Albanie) est contrainte de renoncer définitivement à Epidamme, Apollonia et Corfou, et de céder une partie des territoires du sud. Rome contrôle dorénavant directement les territoires qui commandent le départ de la Via Egnata qui relie Rome à Byzance et à l'Asie via l'Adriatique et les Balkans. La reine ne conserve qu'une partie de son royaume recentré sur Risan (bouches de Kotor) considérée comme la capitale de l'Illyrie de cette époque et s'étendant au sud jusqu'à Shkodra. Elle doit également accepter une certaine tutelle romaine sur son propre royaume.

Le royaume d'Illyrie survivra jusqu'à Gentius qui, le dernier, prend le titre de roi d'Illyrie en 172 avant notre ère. Il s'allie au roi de Macédoine contre les Romains, mais ne recevant pas l'aide attendue des Macédoniens, les Romains s'emparent définitivement de Shkodra et du royaume en 168 av. J.-C. L'Illyrie devient une province romaine.Des soulèvements que l'on peut qualifier d'illyriens éclatèrent encore en 153, 145 puis 49 av. J.-C. sans toutefois être en mesure de remettre en cause l'autorité de Rome. L'Illyricum latin sera agrandi de la Dalmatie en 77 av. J.-C., puis se verra apporter la Pannonie au nord et s'étendra au sud.

La référence disparaît au début de notre ère suite à un partage de l'Illyrie donnant naissance à deux provinces romaines, la Dalmatie et la Pannonie. Le nom latin d'Illyrium au IIe siècle de notre ère recouvre une vaste zone englobant plusieurs des provinces romaines dont la Dalmatie et recouvrant l'ensemble des Balkans. Le terme Illyrie réapparaît également au IVe siècle où il qualifie une préfecture romaine, puis au XIXe siècle en tant que province de l'Empire français puis de l'Empire autrichien. A l'inverse de leur voisins albanais qui cultivent un rattachement aux Illyriens dont la langue albanaise témoigne, pour les Monténégrins d'aujourd'hui l'Illyrie ne constitue pas une véritable référence.

En effet, ils se reconnaissent essentiellement des origines slaves liées à la colonisation serbe du VIIe siècle.

La période romaine

A partir de l'an 10, la Dalmatie est une province impériale romaine dont le territoire monténégrin fait partie. Ce statut de province impériale (son chef dispose de pouvoirs militaires) montre l'importance stratégique de la Dalmatie qui fait partie d'un ensemble plus vaste, l'Illyricum, qui s'étend jusqu'au Danube et qui est sous la menace d'invasions pouvant toucher l'Italie. En 285 Dioclétien, d'origine dalmate, est proclamé Auguste. Il se fait assister par Maximien qu'il proclame Auguste d'Occident. Chaque Auguste est assisté d'un César, c'est le système de la tétrarchie, système de gouvernement décentralisé dans lequel quatre empereurs se répartissent territorialement les tâches sous une autorité impériale unique (conseil impérial et législation commune à l'ensemble du territoire).

Le remodelage des provinces sous la tétrarchie conserva la Dalmatie en une seule province. La Dalmatie fait partie du diocèse des Pannonies (vaste ensemble balkanique) lui-même rattaché au prétoire (préfecture) d'Italie, d'Illyrie et d'Afrique. Cette préfecture est attachée à Maximien, c'est-à-dire à l'Occident. Le système de la tétrarchie mis en place par Dioclétien ne reconnaissait pas l'hérédité sur le pouvoir qui, selon lui, ne pouvait être acquis qu'après avoir fait ses preuves les armes à la main. Les retraits conjoints de Dioclétien et de Maximien en 305 entraînent donc une crise de succession qui contribuera à l'éclatement de l'Empire. Le contrôle de la Dalmatie est fréquemment disputé entre l'empereur d'Occident et celui d'Orient.

L'appartenance au monde byzantin

En 395, la mort de l'empereur Théodose, qui a organisé sa succession au bénéfice de ses deux fils, conduit au partage définitif de l'Empire en deux parties : l'Empire romain d'Orient et celui d'Occident. La ligne de partage coupe l'Empire romain des deux côtés de la Méditerranée par une ligne nord/sud. Cette ligne passe entre les bouches de Kotor et le lac de Shkodra à peu près au droit du port de Budva ; elle part plein nord en ligne droite pour suivre ensuite la Drina puis la Save et à partir de Budapest, le Danube. Si l'essentiel de la Dalmatie est rattachée à l'Empire romain d'Occident, l'essentiel du Monténégro que nous connaissons aujourd'hui, et en particulier les sites historiques de Dioclée et la rivière Zeta, se trouvent à l'est de la ligne Théodose et appartiennent à l'Empire romain d'Orient. Au Ve siècle, l'Empire d'Occident est mis à mal à plusieurs reprises par les invasions (sac de Rome en 410). Il finira par tomber en 476 lorsque le chef germain dépose le dernier empereur et envoie les insignes impériaux à Constantinople. L'Empire byzantin se maintiendra malgré les attaques des Perses, des Bulgares et des Sarrasins. Au cours des VIIIe et XIXe siècles, la querelle des images (iconoclasme) oppose les iconoclastes aux papes et donc les chrétiens de Byzance à ceux de Rome. La querelle est cependant vidée de son contenu en 843 grâce à un concile qui autorise à nouveau le culte des images dans l'Empire byzantin. Le schisme ne se produira qu'à partir de 1054 pour des raisons bien éloignées de la querelle des images et portant sur l'uniformisation des liturgies. Il sera conforté par le sac de Constantinople auquel se livrèrent les croisés en 1204, puis scellé en 1453 en raison de l'isolement qui résulta de la prise de Constantinople par les Turcs. Ligne Théodose, schisme et invasion des Ottomans sont les événements qui rattachent le Monténégro au monde byzantin et orthodoxe, puis, partiellement, au monde ottoman.

Invasions barbares dans les Balkans

Les Balkans ont été l'objet d'invasions bien avant note ère. Des Celtes se sont installés dans la région de Belgrade environ 300 ans avant notre ère. La poussée des invasions a vraisemblablement été continue au début de notre ère, elle s'est toutefois accrue au Ve siècle sous la pression des Huns venus d'Asie, ces derniers déplaçant devant eux les peuples des territoires envahis. Pour la zone du Monténégro, la principale source d'invasion a été alimentée par les Goths (Ostrogoths et surtout Wisigoths). Il convient de souligner que les empires romains d'Orient et d'Occident surent utiliser ces peuples de guerriers pour alimenter leurs armées ou servir leurs intérêts.

Il est ainsi fort probable que les Ostrogoths (Théodoric 474-526) aient réussi à créer ce qu'il est convenu d'appeler le royaume des Ostrogoths (couvrant l'Italie, la Sicile et la Dalmatie) au détriment de Rome et semble-t-il avec la bénédiction de l'Empire Byzantin. En 626 un peuple barbare apparenté aux Huns, les Avars, attaque Byzance. Les Avars sont cependant repoussés en Illyrie par l'empereurbyzantin Héraclius, ils repoussent eux-mêmes les Romains de Dalmatie sur la côte (développement de Split, Zadar, Raguse). Avant la fin de ce VIIe siècle, Byzance favorise cependant l'installation de populations slaves pour supplanter les Avars dans les Balkans. Ces populations slaves, originaires de Pologne et d'Ukraine, sont constituées dans les Balkans de deux grands courants, les Croates et les Serbes. Les premiers s'installent au nord et les seconds à l'est et au sud. Leur répartition suit le découpage de la ligne Théodose.

La Dioclée

La Dioclée est à l'origine une des quatre principautés de la province romaine de Dalmatie. Son histoire est parfois présentée comme faisant partie de celle de la Croatie. Notre parti pris est cependant de la présenter ici car, couvrant le lac de Skadar, les bouches de Kotor et une partie de la rivière Zeta, son noyau d'origine correspond assez bien au territoire du Monténégro. La période de la principauté de Dioclée s'étend du IXe à la fin du XIIe siècle. Sa nature féodale trouve son origine dans la géographie et la montée d'un groupement tribal, la Sklavinia Duklja, qui se transformera en principauté vers la fin du IXe siècle. La Dioclée était à l'origine une principauté de la grande principauté serbe de Rascie, elle-même plus ou moins vassale selon les époques de l'Empire byzantin.

En 950, la Rascie étant reprise en main par Byzance, la Dioclée retrouve de fait une certaine indépendance. La famille royale de Rascie se réfugie auprès du roi Predimir qui règne alors sur la Dioclée et la Travonie (autre principauté bordant la Dioclée au nord-ouest). L'alliance de Predimir avec la famille royale de Rascie et son mariage avec une princesse de cette famille lui permettent de donner une légitimité à ses prétentions sur la Rascie qui se concrétisent à la suite d'une rébellion qu'il fomente sur ce territoire. Le royaume est partagé par ses fils à sa mort. A la fin du Xe siècle, le roi Saint-Jean Vladimir (950-1016), soutenu par les Bulgares, règne sur la Dioclée, la Travonie et la Serbie. Le rattachement originel de la Dioclée au monde byzantin est lié à deux événements précis : le partage de l'Empire romain (ligne Théodose de 395) et, en 732, le retrait de la Dioclée de la tutelle de l'évêque de Rome et son placement sous l'autorité du patriarche de Byzance (mise en cohérence des pouvoirs politique et spirituel). Il convient cependant de souligner que les rois de Dioclée surent jouer tout à la fois d'une dépendance byzantine et d'une autre latine, et ce tant sur le plan politique que religieux, pour préserver leur indépendance tant vis-à-vis de Rome que de Byzance. Au demeurant, l'extension de la Dioclée vers les territoires croates (Travonie) permettait de justifier cette double appartenance.

La Zeta

Au début du XIe siècle la Dioclée n'est plus u'une partie du thème de Serbie (circonscription administrative et militaire au sein e l'Empire byzantin). Le roi Stefan Voislav rrive cependant à se libérer des tutelles serbe et byzantine et à établir une dynastie. Son descendant, Mihailo de Voislav, étend le royaume vers le nord-ouest, il sera appelé roi de Dioclée et de Dalmatie. Son fils Constantin Bodin, roi de Dioclée de 1081 à 1101, fut de façon éphémère tsar de Bulgarie en 1072.L'expansion maximale de la Dioclée englobe alors une partie de la Bosnie et de la Rascie (la Serbie orientale). Les dynasties des rois de Dioclée et l'indépendance de celle-ci se délitent vers la fin du XIe siècle, la prépondérance sur le monde serbe est alors prise par la Rascie. A partir de la fin du XIe siècle, la tendance est d'ailleurs de remplacer le nom de Dioclée (région essentiellement littorale) par celui de Zeta qui recouvre un territoire également tourné vers l'intérieur des terres (la rivière Zeta). L'appellation Crna Gora (montagne noire ou Monténégro) apparaît quant à elle dans le courant du XIIIe siècle. En 1166, Etienne Nemanja, nommé par Byzance pour gérer la Rascie, s'émancipe de cette tutelle. En 1189, il annexe la Zeta qui restera sous domination serbe jusqu'en 1355. Son fils sera couronné par le pape. La dynastie des Nemanja atteindra son apogée avec Etienne Douchan (1331-1355) qui, après avoir conquis la Macédoine, se fait nommer empereur des Serbes et des Grecs. Son empire, « la Grande Serbie », couvre également l'Albanie et l'Epire. A sa mort l'empire se morcelle et commence à être convoité par les Turcs.

L'empire ottoman

La poussée ottomane, négligeant pour un temps Constantinople, se fait sentir dans les Balkans à partir de 1354 et plus particulièrement sur la Serbie à partir de 1371. La Serbie devient vassale des Turcs en 1389 après la bataille du Champ des Merles (Kosovo). La Zeta réussira pendant prêt d'un siècle à se maintenir à l'écart des Turcs sous la dynastie des Balsić (de 1360 à 1421), puis des Branković et des Crnojević (de 1439 à 1496). Ces trois familles réussiront en tissant des liens avec Venise (échange contre des facilités d'accès sur la côte) à se protéger de la poussée turque. Cependant, un quart de siècle après la chute de Constantinople et la fin de l'Empire byzantin, la prise de Shkodra (1479) marque la fin de la Zeta et son occupation par les Turcs. La dynastie des Crnojević se réfugie, après la prise de Shkodra, à Cetinje qui devient ainsi la capitale du Monténégro. En fait, le Monténégro, tout en devenant un vassal privilégié des Turcs et en abandonnant à ceux-ci la région côtière, réussit dans un premier temps à sauvegarder une relative indépendance avec une assemblée de représentants. Cette indépendance sera perdue en 1499 mais la tutelle turque se relâchera au cours du XVIe siècle.

Les princes-évêques

A la fin du règne des Crnojević en 1496, le Monténégro est placé sous la suzeraineté théorique du sultan qui fait prévaloir ses droits (notamment en terme d'imposition) par la force. En 1516, avant qu'il n'abdique définitivement, le Prince Georges V du Monténégro ne règne que de façon très théorique sur un pays à la surface réduite. Pour mener ses affaires personnelles à Venise, il confie le pouvoir au métropolite du Monténégro. En opposition à l'autorité turque, une théocratie se met alors en place (en fait le pouvoir civil est délégué à un gouverneur). Par ailleurs les Turcs ne parviennent pas réellement à exercer leur autorité sur les tribus et clans des montagnes qui ne reconnaissent que leurs seules règles claniques. Le pouvoir se transmet dès lors d'un évêque à l'autre jusqu'en 1696, date à laquelle le prince-évêque Danilo Petrović Niegoš réussit à faire accepter la règle d'une transmission dans la famille (concrètement par le choix d'un neveu). La dynastie des Niegoš se maintiendra jusqu'à la fin de la Première Guerre mondiale. Le système des princes-évêques (si le terme catholique d'évêque est retenu dans cette expression, il s'agit bien en fait d'un métropolite) place définitivement le Monténégro dans le monde orthodoxe, alors que jusqu'alors les princes avaient su jouer d'un double jeu de relations avec le pape catholique et le patriarche orthodoxe pour maintenir une certaine indépendance. Ce système permet, en faisant émaner le pouvoir temporel de la personne qui détient le pouvoir religieux, de sanctuariser le premier et de le rendre non miscible avec le monde turc et

La dynastie des Petrović Njegoš

- **Danilo Ier** né en 1670, prince-évêque de 1696 à 1735.
- **Sava II** né en 1700, prince-évêque de 1735 à 1744.
- **Basile III** né en 1709, prince-évêque de 1744 à 1766.
- **Sava II,** à nouveau prince-évêque de 1766 à 1781.
- **Pierre Ier** (cousin de Slava II) né en 1747, prince-évêque de 1782 à 1830.
- **Pierre II** (neveu de Pierre Ier) né en 1813, prince-évêque de 1830 à 1851.
- **Danilo II** (neveu de Pierre II) né en 1826 prince-évêque puis, à partir de 1852 et sous l'appellation de Danilo Ier, prince du Monténégro.
- **Nicolas Ier** (neveu de Danilo II) né en 1841, prince en 1860, puis roi du Monténégro à partir de 1910, se retire en France en 1916, puis roi titulaire de 1918 jusqu'à son décès en 1921.

Les chefs de la maison royale sont à partir de 1921 :

- **1921 :** Danilo Ier (fils de Nicolas Ier), roi du Monténégro à la mort de Nicolas Ier, abdique.
- **1921 :** prince Michel (neveu du précédent), mort en 1986.
- **1986 :** prince Nicolas (fils du précédent), architecte, vit en France.

musulman.La grande divergence des histoires serbe et monténégrine (les rois de la Zeta sont souvent considérés comme appartenant à des dynasties serbes) se situe à ce moment charnière où la Serbie est occupée par les Ottomans et où le Monténégro réussit à mettre en place le système spécifique et pérenne des princes-évêques. En 1696 Danilo Petrović Njegoš devient prince-évêque (1696-1735). Il réussit à asseoir véritablement son pouvoir en fédérant les tribus monténégrines et en luttant contre les populations les plus réfractaires, notamment celles des montagnes (parfois serbes) ou encore celles d'origines turque ou albanaise (épisode des vêpres monténégrines de 1702).En 1711, Danilo I noue des relations avec Pierre le Grand ; ces relations avec la Russie orthodoxe des tsars seront maintenues jusqu'en 1916. Son successeur Sava II (prince-évêque de 1735 à 1781) continuera la même politique de contrepouvoir vis-à-vis de l'emprise turque en doublant l'alliance russe d'une alliance avec la république de Venise. Le règne de Sava II peut sembler particulièrement long, il est cependant entrecoupé par les épisodes du règne de Basile III (de 1744 à 1766) et de l'usurpateur Etienne Mali (1773-1774). Le prince-évêque Pierre I (prince-évêque de 1782 à 1830, soit pendant prêt d'un demi-siècle), cousin de Sava II, réussit à asseoir, de façon toujours très relative, son pouvoir sur les tribus monténégrines avec les créations d'une assemblée des tribus et d'un code de lois communes. Il parvient également à supprimer définitivement la charge de gouverneur civil en éliminant la famille qui la détenait. Son règne se distingue aussi par le fait qu'il réussit à obtenir de Constantinople, en 1799, la reconnaissance que les «Monténégrins n'ont jamais été sujetsde la Sublime Porte».

Il participe aux côtés des Russes à la lutte contre les troupes françaises occupant la Dalmatie, devenue à la suite d'Austerlitz et du traité de Presbourg province de l'Empire français, il en sera récompensé en obtenant Cattaro (Kotor). Le Monténégro devra rendre les bouches de Kotor ainsi que tout le littoral aux Autrichiens en 1815, à la suite du congrès de Vienne. Ce même congrès permettra cependant une extension du Monténégro vers le nord-est en direction de Kolašin. A cette époque le Monténégro ne comprend ni Kolašin, ni Podgorica, ni Nikšić, ni le littoral et ne couvre qu'environ un quart de la surface que nous lui connaissons aujourd'hui. Pierre II, le neveu de Pierre I, est prince-évêque de 1830 à 1851. Il réussit à fixer en 1841 les frontières avec l'Autriche en totale autonomie, c'est-à-dire sans l'intervention de l'Empire turc, donnant ainsi une consistance supplémentaire à l'affirmation que « les Monténégrins n'ont jamais été sujets de la Sublime Porte » et qu'ils constituent une nation négociant elle-même les traités qui la concernent. Pierre II renforce également le pouvoir central et, alors que jusqu'à présent l'armée monténégrine dépendait essentiellement de la levée dans les tribus, il crée une garde nationale. Danilo II, son neveu, lui succède en 1851 en tant que prince-évêque. Il réussit, contre l'avis des Turcs mais avec l'appui de l'Autriche et des Russes, à laïciser la charge de prince en 1852. Il parvient également à repousser, avec l'appui des Autrichiens qui tiennent à l'accès à l'Adriatique, les tentatives d'invasions turques de 1852 et 1853. Pendant la guerre de Crimée (1854-1855) opposant une coalition (France, Angleterre, Piémontais et Turcs) contre les ambitions territoriales russes, le Monténégro est empêché d'intervenir au côté de son allié russe malgré la déclaration de 1799. Le traité de Paris en 1856 clôture la guerre de Crimée, la Russie dit renoncer à s'agrandir aux dépens de la Turquie. Napoléon III s'oppose à ce que la Turquie fasse valoir ses droits sur le Monténégro en envoyant une flotte au large de celui-ci. En 1858 une nouvelle tentative d'invasion turque est arrêtée à Grahovo (située entre Nikšić et la frontière bosniaque). En 1859 les frontières du Monténégro sont délimitées par une commission internationale, elles s'étendent à cette occasion vers le nord et l'ouest en commençant à encercler Kolašin, Nikšić et Podgorica non encore monténégrines.

Délitement de l'emprise turque dans les Balkans

A la mort du prince Danilo II en 1860, sa veuve impose un neveu qui prendra le nom de Nicolas I. Celui-ci sera le dernier de la dynastie à régner sur le Monténégro. En 1861-1862 une guerre oppose le Monténégro à l'Empire ottoman. Les Turcs d'Omer Pacha réussissent à envahir le Monténégro jusqu'à Cetinje mais sont arrêtés par une menace européenne. Le traité de Cetinje qui en résulte contraint le Monténégro à reconnaître à nouveau la suzeraineté turque. Le règne de Danilo sera cependant marqué par l'extension du Monténégro, sa libération du joug ottoman et sa reconnaissance au plan international.En effet la guerre russo-turque de 1877-1878 (déclenchée sur le motif de représailles turques contre les orthodoxes serbes, bulgares et monténégrins) se conclut par le traité bilatéral de San Stefano du 3 mars 1878 qui reconnaît, aux dépens de la Turquie, une grande Bulgarie sous protection russe. Pour le Monténégro (récompensé de l'aide apportée aux Russes), ce traité se traduit par une multiplication par quatre de sa surface qui empiète alors largement sur le sandjak de Novi Pazar. Le traité de San Stefano sera cependant rapidement annulé par celui plus européen de Berlin (13 juillet 1878) qui replace la Bulgarie sous vassalité turque et réduit la superficie de la Serbie et du Monténégro. A la suite de ces traités, le Monténégro a néanmoins obtenu le port d'Antivari (actuellement Bar) ainsi que des extensions territoriales qui lui permettent d'englober Nikšić, Kolašin et Podgorica. La carte du Monténégro commence à ressembler à celle que nous connaissons aujourd'hui à l'exception de la bande côtière allant de Bar aux bouches de Kotor, toujours détenue par les Autrichiens. Son extension est également limitée au nord et à l'est par le sandjak (préfecture de l'Empire turc) de Novi Pazar qui est revenu sous administration turque (traité de Berlin).En 1881 la ville de Dulcigno (Ulcinj actuellement) est occupée puis annexée par le Monténégro aux dépens des Albanais et des Ottomans. Dans cette affaire le Monténégro bénéficie d'une gesticulation navale franco-anglaise au large de la ville et de l'action des diplomates français et anglais qui mènent une politique favorable à la Grèce et visant à limiter les ambitions albanaises. La frontière au sud du lac de Shkodra entre le Monténégro et l'Albanie devient alors ce qu'elle est aujourd'hui. La politique de Nicolas I visera à la fin du XIXe siècle à conforter son alliance avec la Russie (mariage de deux de ses filles), à se détourner de l'Autriche au bénéfice de liens avec l'Italie (mariage d'une autre de ses filles au roi Victor-Emmanuel III). Deux autres événements marquent au plan intérieur le Monténégro au début du XXe siècle : l'élaboration d'une Constitution plus dans l'air du temps avec la mise en place d'un Parlement (1905) et l'adoption de l'appellation de royaume du Monténégro en 1910.

Les guerres balkaniques

Les guerres balkaniques marquent de façon définitive la fin de l'Empire ottoman en Europe et l'accès à l'indépendance pour les pays des Balkans. Elles trouvent leurs origines dans de nombreux éléments de fond (déception des espoirs mis dans le mouvement Jeunes Turcs, ressentiment serbe quant à l'annexion en 1909 de la Bosnie-Herzégovine par l'Autriche, prétentions bulgares sur la Macédoine) et un élément d'opportunité, la guerre entre l'Italie et la Turquie (qui se disputent la Libye). La Russie est quant à elle bienveillante et favorise la mise en place d'une première coalition qui, visant la Turquie, peut favoriser la résolution de son éternel problème d'accès à la Méditerranée. Le 10 octobre 1912 le Monténégro envahit le nord de l'Albanie, le 18 octobre, Serbes, Grecs et Bulgares attaquent à leur tour la Turquie qui a réussit entre-temps à signer rapidement la paix avec l'Italie. Déjouant les pronostics, les armées balkaniques réussissent presque à rejeter l'armée turque hors d'Europe (les villes d'Andrinople et de Salonique sont atteintes, la Macédoine, le sandjak de Novi Pazar et l'Albanie largement envahis). Un armistice est signé le 3 décembre. Toutefois, devant les prétentions des vainqueurs, la Turquie prépare sa réaction (révolution du 23 janvier 1913 et mise en place d'un régime militaire). Un deuxième conflit reprend donc le 3 février. Il se termine le 16 avril 1913 après la perte définitive pour les Turcs d'Andrinople, Janina et Shkodra. Le 30 mai 1913 à la conférence de Londres, la Turquie reconnaît la perte de ses territoires européens et se retire sur une frontière européenne située à l'est d'Andrinople, proche de celle que nous lui connaissons aujourd'hui (Constantinople ainsi que le contrôle des Dardanelles et du Bosphore ne lui sont pas contestés).

La résolution du conflit entre alliés reste cependant délicate et un ultime épisode de cette série de guerres balkaniques éclate pour faire face aux prétentions territoriales bulgares. A partir de juin 1913, on assiste ainsi à un retournement d'alliance ; le Monténégro, la Serbie, la Grèce, la Roumainie et la Turquie s'opposent à la Bulgarie. Cette dernière est rapidement écrasée et accepte les conditions du traité de Bucarest (10 août 1913). Elle perd une partie de ses conquêtes de fin 1912 (les Turcs regagnant même Andrinople). Pour le Monténégro ce traité se traduit par le partage du sandjak de Novi Pazar avec la Serbie et le gain de la plaine de Metohija. Le Monténégro doit cependant se plier aux pressions des grands pays et laisser Shkodra à l'Albanie reconnue par la conférence de Londres du 29 juillet 1913 en tant que «principauté souveraine et héréditaire sous la garantie des grandes puissances». Dans ces guerres balkaniques et les conditions du traité qui les closent se trouvent une partie des germes de la Première Guerre mondiale.

La Première Guerre mondiale

Au début du XXe siècle, le Monténégro reste un pays essentiellement agricole, subvenant mal à ses propres besoins et fortement endetté. Si après les guerres balkaniques le pays dispose à la fois d'une forte expansion territoriale et de l'indépendance, il perdra les deux à l'issue de la Première Guerre mondiale. D'un autre côté, la fin de l'Empire ottoman, en supprimant une cause commune à tous les Monténégrins, semble avoir favorisé la montée d'une opposition. La dynastie des Njegoš ne survivra pas après 1918. Le règlement des guerres balkaniques détermine les alliances qui vont se nouer à l'aube de la Première Guerre mondiale :

- **Les empires centraux** attirent non seulement la Turquie (déjà alliée de l'Allemagne) mais également la Bulgarie capable de contrecarrer aux yeux de l'Autriche les prétentions serbes dans les Balkans (les territoires sous contrôle autrichien comprennent des populations d'origine serbe). Bulgarie et Turquie entretiennent des espoirs de reconquête.
- **La Grèce se rapproche de l'Allianc**e constituée par la France, l'Angleterre et la Russie (la Triple-Entente constituée en 1910). Le contentieux avec la Turquie prend en effet pour elle le dessus même si cela la positionne dans le même camp que les nouveaux Etats des Balkans avec qui des contentieux existent (la Macédoine et l'Epire constituent des zones de friction avec la Serbie et l'Albanie).

L'attentat du 28 juin 1914 contre le prince héritier François-Ferdinand et sa femme, conduit l'Autriche-Hongrie à envoyer un ultimatum à la Serbie qui le refuse. L'Autriche-Hongrie déclare la guerre à la Serbie le 28 juillet 1914. Le jeu des alliances, des intérêts et des bellicistes entraînera toute l'Europe dans la guerre. Le Monténégro ne disposait pas d'alliance le contraignant à entrer en guerre, mais la solidarité serbe joue très vite et il déclare la guerre à l'Autriche-Hongrie le 8 août 1914 après avoir mobilisé fin juillet. On ne peut parler d'armée moderne en ce qui concerne le Monténégro tant celle-ci reste basée au plan de l'organisation sur une contribution clanique à l'effort de guerre etau plan individuel sur la disponibilité de ses paysans-soldats (mutineries dès 1914). Les quelque 40 000 combattants monténégrins, dont les qualités individuelles sont néanmoins reconnues, sont donc incorporés dans le dispositif serbe dont ils forment le flanc gauche. Si une colonne de ces troupes parvient à s'approcher de Sarajevo en septembre 1914, elle est rapidement contrainte de se replier au Monténégro sur la rivière Drina. Cette situation restera relativement stable jusqu'au début de l'automne 1915. Entre-temps le Monténégro a été confronté à un blocus austro-hongrois et la question du ravitaillement devient dès 1914 cruciale. L'amirauté française retient au début du conflit l'idée de soutenir une attaque terrestre pour s'emparer du port de Kotor. Mais l'attaque mal soutenue tourne à l'échec pour être finalement abandonnée à la fin du mois d'octobre 1914. Le 14 juin 1915 le Monténégro se lance finalement contre l'avis de ses alliés dans la prise de la ville albanaise de Shkodra afin de desserrer cet étau.Au début d'octobre 1915, les Serbes mal soutenus par la politique des pays de l'Alliance sont confrontés à une offensive des empires centraux qui ont réussi à rallier la Bulgarie. Le 9 octobre, Belgrade est prise, rapidement les Bulgares en profitent pour envahir la Macédoine. Sans réel soutien de l'Alliance et de son armée de Salonique, les troupes serbes se trouvent contraintes d'envisager une retraite difficile par les montagnes monténégrines et albanaises.

Vers la fin du royaume du Monténégro

L'armée monténégrine tient toujours à la fin de 1915 le front au nord-est du pays, protégeant ainsi le retrait d'une partie de l'armée serbe et son évacuation à partir de Shkodra (toujours tenue par les Monténégrins). L'armée monténégrine ne pourra en revanche faire front à l'attaque autrichienne qui est lancée sur la bande côtière le 8 janvier 1916 à partir de Kotor. La perte du mont Lovćen ouvre la voie à l'occupation de la côte. A la mi janvier, Bar, Cetinje et Podgorica sont tombées. Les Autrichiens occupent Shkodra le 21 janvier enfermant dans une nasse les troupes monténégrines du front nord-est qui n'ont pu se replier. Le gouvernement proclame la dissolution de l'armée monténégrine qui, ainsi, n'aura pas à se rendre. Le 20 janvier le roi part en Italie. Cet exil marque la fin de la dynastie. Le gouvernement du Monténégro en exil s'installe en France (Lyon puis Bordeaux et finalement Neuilly-sur-Seine). En fait quatre gouvernements vont se succéder jusqu'à la fin de 1918, tous buttant sur la question de l'union avec la Serbie que le roi refuse d'aborder. Le 4 avril 1917 un ancien chef du gouvernement, Radović, crée le Comité monténégrin pour l'union nationale (CMUN) dont l'orientation est clairement antiroyaliste et partisane d'une union avec la Serbie. Ce Comité jouera un rôle déterminant dans la fin du royaume du Monténégro.

Le rattachement au royaume des Serbes, Croates et Slovènes

Après la déroute serbe de 1915, le front d'Orient se stabilise sur la Macédoine et l'Albanie au nord d'une ligne Salonique – Vlora et face aux Bulgares, Allemands et Austro-Hongrois. L'armée d'Orient y est sous commandement français. Le 18 septembre 1918 le général français Franchet d'Esperey lance une attaque générale sur ce front. A l'est, il parvient avec l'aide de troupes serbes à faire céder les Bulgares qui demandent l'armistice le 29 septembre. Belgrade redevient serbe. A l'ouest des Balkans, l'offensive alliée est menée par les Italiens qui remontent la côte de l'Adriatique et atteignent Shkodra le 3 novembre. Au centre, un troisième axe de pénétration franco-serbe passe par le Kosovo et libère Podgorica le 3 novembre. Kotor est également occupée. La situation devient rapidement complexe avec une bande littorale occupée par les Italiens, et l'intérieur du pays, ainsi que Kotor occupée par des forces serbes en principe sous contrôle français. Italiens et Serbes ont en effet chacun pour leurs comptes propres des vues sur le Monténégro. Radović, partisan du rattachement à la Serbie, est laissé libre de rentrer au Monténégro alors que le roi est maintenu en France. Dès le début de novembre 1918, Radović fait procéder à l'élection de députés. L'Assemblée issue de ces élections (dont les conditions d'organisation restent au regard de l'histoire sujettes à caution) décide la déchéance de la dynastie des Njegoš et le rattachement du Monténégro à la Serbie. Le Monténégro rejoint ainsi le royaume des Serbes, Croates et Slovènes, regroupement dont le principe avait été jeté dès le 20 juillet 1917 à l'occasion du traité de Corfou signé entre « Slaves du Sud » et qui devient une réalité à partir de décembre 1918 (occupation des ex-territoires austro-hongrois par l'armée serbe). Pierre I roi de Serbie (la régence a été confiée à son fils Alexandre à partir de juillet 1914) devient le roi des Serbes, Croates et Slovènes et par la même occasion des Monténégrins. Les troupes serbes sont soutenues dans leur occupation du Monténégro par le haut commandement français. Le gouvernement français reconnaît de fait une annexion à laquelle il n'est pas hostile (même si l'ambassade française de Cetinje n'est fermée qu'en 1920). Les troupes italiennes resteront présentes jusqu'en 1920 moment où l'Italie renoncera, pour un temps seulement, à mettre la main sur le Monténégro. En effet la question de l'Adriatique est réglée par le traité de Rapallo qui, en novembre 1920, fixe les frontières entre l'Italie et le royaume des Serbes, Croates et Slovènes en accordant à la première, l'Istrie (région frontalière autour de Triestre) et le port de Zadar.Au plan intérieur, le Monténégro est toujours séparé en deux : les Verts, royalistes partisans de l'indépendance, et les Blancs, partisans de l'union avec la Serbie. Des élections pour désigner les représentants monténégrins à la constituante du royaume des Serbes, Croates et Slovènes sont prévues pour le 28 novembre 1920. Si les conditions d'organisation de ces élections font qu'il n'y a pas pour le Monténégro de possibilité de liste séparatiste, leur enjeu porte néanmoins sur le degré d'autonomie du Monténégro à l'égard du pouvoir central de Belgrade. Ce vote est marqué par le succès des communistes qui se placent en tête des élections en remportant 4 sièges sur un total de 10. Le résultat de ces élections vient compléter le traité de Rapallo quant à l'idée du règlement définitif des affaires monténégrines en y apportant un semblant de caution démocratique. En 1921 la mort de Nicolas Ier et l'abdication de son fils Danilo marquent la fin des « affaires monténégrines ». La Constitution adoptée en

1921 écarte l'idée d'un Etat fédéral pour un Etat unitaire et serbe dont Alexandre I jusqu'alors régent devient le roi le 16 août 1921. En octobre 1929, l'appellation de royaume de Yougoslavie est adoptée. Alexandre Ier de Serbie est assassiné à Marseille en 1934, il est remplacé par son fils Pierre II (âgé alors de 11 ans) sous une régence comprenant le prince Paul. La régence mène une politique plus ou mois germanophile. Le 25 mars 1941 est notamment signé un pacte d'alliance avec l'Allemagne qui autorise l'armée de cette dernière à traverser la Yougoslavie pour venir en aide aux troupes italiennes en difficulté en Grèce. Toutefois l'hostilité à cette politique, des émeutes et la proclamation de la majorité de Pierre II (27 mars 1941) poussent la régence à la démission. Le 6 avril 1941 la Yougoslavie est attaquée par les troupes de l'Axe (essentiellement allemandes et italiennes). Le roi de Serbie, Pierre II, et son Premier ministre réussissent à gagner Londres.

La Seconde Guerre mondiale

La capitulation (18 avril 1941) entraîne le partage du royaume de Yougoslavie. Le sud de la ligne Ljubljana – Pristina est sous contrôle italien, le nord sous contrôle allemand. Au sud un Etat croate annexant la Bosnie-Herzégovine est créé. Son gouvernement nationaliste et collaborateur est dominé par Ante Pavelic et ses oustachis (déjà à l'origine de l'assassinat d'Alexandre I de Yougoslavie en 1929) qui se livreront à des actions de répression à l'égard des populations non croates. La bande côtière (Dalmatie) est « confiée » par le nouvel Etat croate à l'Italie qui contrôle ainsi entièrement la côte adriatique (Monténégro et Albanie compris). Le Monténégro est placé sous gouvernorat italien après que le prince Michel ait refusé le trône qui lui était offert par Mussolini (il sera finalement interné en Allemagne).Les mouvements de résistance croate, slovène, bosniaque, serbe et monténégrine s'organisent dès la moitié de l'année 1941. Ils comprendront plus de 300 000 hommes répartis en 26 divisions (11 croates, 7 bosniaques, 5 slovènes, 2 serbes et 1 monténégrine). A l'origine, les différents mouvements de résistance collaborent dans une lutte commune. En novembre 1942 une entité politique commune, l'AVNOJ (Conseil antifasciste de libération de la Yougoslavie), est créée. Toutefois les buts poursuivis pour l'après-guerre ne sont pas les mêmes pour tous et l'opposition devient rapidement inévitable. Les Tchetniks du colonel Mihailovic sont des nationalistes et royalistes serbes, ils souhaitent attendre la fin de la guerre pour instaurer par voie démocratique le nouvel Etat yougoslave. Les partisans communistes du Croate Josip Broz (surnommé Tito) sont pour un changement radical, immédiat et imposer des institutions dans les territoires libérés. Ces deux factions sont présentes dans les montagnes du Monténégro qu'elles contrôlent assez largement. L'année 1943 est marquée par une offensive des troupes de l'Axe qui tentent de venir à bout des résistants, ce sont les épisodes des terribles batailles de la Neretva en janvier et de la Sutjeska en mai. Deux tiers des effectifs sont perdus du côté des partisans titistes qui se sont également opposés dans ces combats aux Tchetniks. En septembre le débarquement allié en Italie et la capitulation de ce pays entraînent un désarmement des troupes italiennes présentes dans les Balkans. Les partisans titistes réussissent à récupérer l'essentiel de l'armement italien. A la fin de l'année 1943, Tito a réussi à déconsidérer les Tchetniks (accusés de collaboration avec l'occupant), il est reconnu par les Alliés à l'occasion de la conférence de Téhéran.

Le 29 novembre 1943 le Conseil antifasciste de libération de la Yougoslavie forme un gouvernement provisoire confié à Tito. Cet acte constitue l'acte fondateur de la Yougoslavie d'après-guerre, en ce sens qu'il abolit la monarchie et reconnaît la forme fédérative du nouvel Etat. Un autre événement important pour le Monténégro se déroule en septembre 1943, il s'agit du rattachement à l'initiative allemande des bouches de Kotor au Monténégro, ce rattachement sera entériné dans la structure fédérale de la Yougoslavie après la guerre et n'a plus été contesté depuis. Au début de l'année 1944, la contre-offensive allemande pour tenter de récupérer la côte dalmate va mobiliser côté allemand des ressources importantes (plus de 200 000 hommes), à un moment décisif de la guerre, et soulager d'autant les Alliés sur les autres fronts. Au milieu de l'année 1944, la Grande-Bretagne retire son appui aux Tchetniks du colonel Mihailovic. Tito de son côté réussit à obtenir de l'aide de Moscou et ce sont des troupes titistes et soviétiques qui libèrent Belgrade le 20 octobre 1944.Le bilan de la guerre pour la Yougoslavie, incluant les effets de la guerre civile et des épurations ethniques, est estimé à un peu plus d'un million de morts, ce qui représente de l'ordre de 6 % de la population yougoslave (à titre de comparaison les pertes de la Première Guerre mondiale représentaient pour la France 3,5 % de la population). Au regard du prix payé, la Yougoslavie est considérée comme ayant su se libérer de son propre effort, Tito saura s'en attribuer tout le mérite tout en ne se soumettant pas à l'URSS.

Une république dans la Yougoslavie de Tito

En 1945 la république populaire fédérative de Yougoslavie est proclamée, elle se compose de six républiques réputées slaves (Bosnie, Croatie, Macédoine, Monténégro, bouches de Kotor comprises, Serbie, Slovénie) et de deux provinces autonomes largement peuplées de non-Slaves : le Kosovo où une forte population albanaise est présente et la Voïvodine où l'on trouve des populations d'origines hongroise et tsigane. Ces deux provinces sont contrôlées directement par la Serbie. Le régime communiste a face à lui des nationalismes et des sentiments d'appartenance religieuse encore forts. Il s'impose à la manière forte : exécutions, persécutions, déportations, suppression des libertés, embrigadement. Ces exécutions toucheront en particulier les Tchetniks et leur chef, le colonel Mihailovic. A partir de 1946, la capitale de la république du Monténégro est Podgorica qui change pour l'occasion de nom en devenant Titograd. Le traité de Paris reconnaît le 10 mars 1947 les frontières de la Yougoslavie en lui redonnant la propriété de l'Istrie et du port de Zadar (italiens depuis 1920). Le 28 juin 1948 Tito rompt avec Moscou, la Yougoslavie est exclue du Kominform (organe d'information et de coordination des partis communistes des différents pays). Le Parti communiste yougoslave fait front autour de Tito en nommant un nouveau Comité central épuré des prosoviétiques et dévoué à Tito qui s'en sort renforcé. La Yougoslavie adopte une politique extérieure de non-alignement, ce qui lui permet d'entretenir des relations avec les pays occidentaux. La mort de Staline permet un réchauffement des relations avec Moscou : Boulgamine et Kroutchev visitent Belgrade en 1995 et Tito se rend à Moscou en 1956. Les années 1970 sont caractérisées par une radicalisation de la politique de Tito : épuration (1972), nomination à vie en tant que président (1974), arrestations diverses dont celles des communistes « kominformistes » (1974 et 1976). Tito renoue ses relations avec l'Occident notamment à partir de 1976, année où les Etats-Unis le soutienne à nouveau (livraison d'armes) et où le président français se rend en Yougoslavie.

Les années 1980

Tito meurt le 4 mai 1980. Si pendant sa présidence les problèmes liés à la résurgence des nationalismes ont été assez rares (Kosovo en 1968 et mouvement croate contre le centralisme en 1971) et en tout cas étouffés, la situation économique et les carences du système politique vont conduire à une dégradation de la situation de la fédération durant les années 1980. Cette période est marquée par une résurgence des problèmes au Kosovo (dès mars 1981) où les populations d'origine albanaise désormais majoritaires réclament un statut de république qui leur accorderait une représentation à laquelle elles ne peuvent prétendre avec le statut de province. Ces tensions politiques, ethniques et économiques exacerbent une réaction nationaliste dans la population serbe et favorisent la montée au pouvoir de Slobodan Milošević qui, en 1989, est élu président de la Serbie.

Les années 1990

A partir de 1990 la ligue communiste de Yougoslavie se délite. Les partis communistes des républiques changent d'appellation, celui de Serbie prend le nom de Parti socialiste et de nouveaux partis réformateurs sont créés. Les premières élections parlementaires libres de l'après-guerre sont ainsi organisées dans les six républiques de la fédération et la référence au système d'autogestion est supprimée. Au Monténégro le président issu de ces élections est Momir Bulatović du Parti démocrate socialiste (PDS) issu en fait de l'ex-Parti communiste.En mai 1991, la Croatie et la Slovénie déclarent leur indépendance, ce qui conduit à ce que l'on a appelé la guerre civile (intervention de l'armée fédérale yougoslave). Les Monténégrins restent à l'écart de ces mouvements qui conduiront à l'explosion de la fédération, ils combattent de fait dans l'armée serbe contre les Croates à Dubrovnik.En mars 1992 un référendum sur le maintien du Monténégro dans la Yougoslavie est organisé. Le résultat est un vote à 96 % favorable au maintien, 34 % des électeurs, essentiellement d'origine albanaise ou musulmans, n'ont pas voté. Le résultat de ce référendum est bien sûr lié à la nouvelle Constitution fédérale rendue nécessaire par l'explosion de l'ancienne fédération et qui met, du moins en apparence et à travers son Conseil des républiques, la république du Monténégro sur le même plan que celle de la Serbie. Cette nouvelle Constitution pour la république fédérale de Yougoslavie est adoptée en avril 1992. Le président de la République fédérale y est élu au suffrage universel (il commandes les armées). L'assemblée fédérale est composée d'un Conseil des républiques (40 membres, soit 20 pour la république de Serbie et 20 pour celle du Monténégro) et d'un Conseil des citoyens dont les 138 membres sont élus à la proportionnelle (ce qui accorde 108 représentants à la Serbie). Le système politique en vigueur au Monténégro reste quant à lui relativement inchangé avec une présidence composée de 4 vice-présidents (suffrage universel majoritaire) et une chambre de 78 députés élus à la proportionnelle. En janvier 1998, Milo Djukanović devient président du Monténégro. Sa coalition « Vivre mieux » qui regroupe les principaux partis dont le PDS remporte avec 42 sièges les élections à la Chambre de mai 1998.A la fin des années 1990 le Monténégro va prendre une certaine distance vis-à-vis de la politique menée par Slobodan Milošević, président de la fédération depuis juillet 1997. La rupture entre le président du Monténégro, Milo Djukanović, et Milošević sera consommée en 1998. Deux événements vont marquer une certaine prise de distance du Monténégro à l'égard de la Yougoslavie et de la Serbie. A la fin de l'année 1999, le Monténégro adopte le mark allemand comme monnaie officielle aux côtés du dinar serbe. Au passage à l'euro, la monnaie européenne sera adoptée par le Monténégro. Le second événement est le rejet en juillet 2000 d'une reforme fédérale voulue par la Serbie, qui aurait renforcé le pouvoir fédéral et autorisé le renouvellement du mandat du président fédéral.

L'indépendance et la marche vers l'UE

La chute de Slobodan Milosević en octobre 2000 ouvre des perspectives nouvelles dans les relations entre les deux républiques yougoslaves. En 2002, la Serbie et le Monténégro élaborent un nouveau projet constitutionnel sous l'égide de l'Union européenne. La dissolution de la Yougoslavie est entérinée le 4 février 2003 et ce nouvel Etat fédéral prend le nom de communauté des Etats de Serbie-et-Monténégro. Le régime est parlementaire avec, au niveau fédéral, une seule chambre de 126 sièges dont 35 accordés au Monténégro, le président est élu par cette chambre. Le Monténégro a obtenu une sur-représentation par rapport à son poids démographique dans ce nouvel Etat, par ailleurs une clause de revoyure prévoit que cette union fédérale pourra être remise en cause par référendum dans l'une ou l'autre des républiques à horizon de 2006. La question de l'indépendance ne s'est pas posée dans la population du Monténégro comme elle s'est posée dans les autres populations yougoslaves.

L'autonomie semble plus résulter d'une volonté de vivre mieux et d'une réaction aux mesures de coercition prises par Milosevic à l'égard du Monténégro et dont la population monténégrine a eu à souffrir. Cette volonté est aussi alimentée par la perspective d'une intégration plus rapide dans l'Union européenne, voire dans l'OTAN en suivant l'exemple de la Slovénie, alors que l'intégration de la Serbie reste suspendue à la question de sa coopération avec le Tribunal pénal international pour l'ex-Yougoslavie.

La vie de ce nouvel Etat fédéral sera donc relativement courte. Le référendum est organisé le 21 mai 2006, le taux de participation est de 85 % et 55,5 % des votes sont favorables à l'indépendance. Le choix de l'indépendance passe donc de justesse (il fallait plus de 55 % d'opinions favorables pour que l'indépendance soit entérinée). Le Parlement du Monténégro proclame l'indépendance le 3 juin 2006. A la mi-juin, la plupart des pays dont la France ont reconnu le Monténégro en tant que nouvel Etat, à la fin juin il est admis en tant que membre de l'OSCE, puis de l'ONU.

Le nouveau pays adopte sa constitution en 2007 et se projette instantanément vers une intégration à l'Union Européenne. Le 15 décembre 2008, le Premier ministre Milo Đukanovic remet la candidature de son pays à l'Union européenne au président Sarkozy, alors président en exercice du Conseil européen.

Suite aux élections, le 29 décembre 2010, le Parlement approuve le nouveau gouvernement du Premier ministre Igor Luksic qui devient, à 34 ans, le plus jeune Premier ministre d'Europe. Mais Milo Đukanović revient au pouvoir le 4 décembre 2012 pour faire face aux différents problèmes nationaux et internationaux : opposition de l'Allemagne à l'intégration européenne pour non-respect de la liberté de la presse, mandat d'arrêt Italien contre lui pour crime mafieux, destruction de preuve et activité illégales. Malgré tout le pays continue à se développer notamment grâce aux accords avec le Qatar : construction du plus grand terrain de golf dans la région, élargissement de Porto Monténégro aux bateaux de plus grande taille, augmentation du parc immobilier de luxe, réaménagement des stations de ski (Vučje et Turjiak)... Le Monténégro souhaite réellement devenir le Monaco de l'Adriatique. Comme dans un souci de continuité afin de mener à terme ces projets en cours, le président Vujanović est réélu en avril 2013 avec 51,21% des voix. Dans une certaine confusion et non sans avoir recompté les bulletins cependant, les deux candidats se proclamant chacun vainqueur du scrutin pendant plusieurs semaines...

Politique et économie

POLITIQUE

Indépendant depuis juin 2006, le Monténégro a adopté en octobre 2007 une nouvelle Constitution rendue nécessaire pour prendre en compte les attributions qui jusqu'alors étaient dévolues à la communauté des Etats de Serbie-et-Monténégro. L'adoption de cette nouvelle Constitution a soulevé de nombreux débats concernant l'hymne, le drapeau, l'indépendance de l'Eglise orthodoxe monténégrine, le nom de la langue parlée au Monténégro. La liste dite serbe, le groupe le plus important de l'opposition, a milité naturellement pour une référence à la Serbie. Certains représentants militent toujours, et c'est sans doute là, la véritable pierre d'achoppement, pour une représentation différenciée des ethnies alors que les autres militent pour une représentation et une citoyenneté uniques. Le principal sujet d'opposition, la langue, s'est soldé par l'adoption de la langue « monténégrine » comme langue officielle, tout en précisant que l'utilisation des langues serbes, croates, bosniaques et albanaise est acceptée. Cette Constitution reconnaît pour la première fois la primauté du droit international sur le droit local.

Structure étatique

Comme la précédente, cette Constitution prévoit que le président du Monténégro soit élu au suffrage universel direct pour cinq ans. Le régime accorde cependant des pouvoirs limités au président : représentation à l'étranger, promulgation des lois, convocation des élections parlementaires, proposition des référendums, proposition du candidat pour le poste de Premier ministre. Le président de la République est actuellement monsieur Filip Vujanović (Parti démocratique des socialistes), il a été réélu le 07 avril 2013. Le régime ne prévoit qu'une seule chambre. Cette chambre comprend 81 députés élus pour 4 ans. Le parlement nomme le Premier ministre et les ministres, vote le budget annuel, promulgue les lois, ratifie les traités internationaux. A la demande d'un de ses membres, le Parlement peut émettre un vote de méfiance envers le gouvernement. Le gouvernement est détenteur du pouvoir exécutif. Il adopte les décrets et les lois, gère la politique internationale et conclut les traités internationaux. Le Premier ministre dirige les travaux du gouvernement, soumet la liste des ministres et le programme du gouvernement à l'approbation du parlement. La démission du Premier ministre entraîne la chute du Gouvernement et la convocation de nouvelles élections législatives. Les élections législatives se déroulent au système proportionnel, sans circonscriptions électorales. Un quorum est fixé à 3 %. Le nombre de députés dépend de la population et augmente donc si la population croît. Ensuite viennent les communales, c'est le troisième type d'élection : le pays est divisé en 21 communes (Podgorica est divisée en deux subdivisions, Goluvboci et Tuzi). Les maires des communes sont désormais élus par les conseils communaux. Le droit de vote est accordé aux Monténégrins résidant dans le pays depuis plus de deux ans de façon continue. Cela interdit le droit de vote à la diaspora monténégrine, qui compte 800 000 personnes, rien qu'en Serbie, alors que le Monténégro est peuplé d'un peu moins de 700 000 habitants.

Partis

La vie politique au Monténégro est animée par les partis décrits ci-dessous. Au début des années 1980 c'est surtout le Parti démocratique socialiste, un parti d'inspiration social-démocrate qui en fut l'acteur principal. Actuellement, ils sont au moins sept à être représentés au parlement national.

- **Parti démocratique socialiste (DPS).** Fondé en 1991, le parti démocratique socialiste (DPS) est l'héritier de la Ligue communiste au Monténégro. C'est un parti politique social-démocrate, membre du Parti socialiste européen (PSE). Il dirige le gouvernement depuis 1990. Après avoir été favorable à l'indépendance du pays, le DPS est aussi pour son adhésion à l'Union européenne. Les élections législatives d'octobre 2012 ont confirmé la domination de cette coalition de centre-gauche formée autour du Parti démocratique des socialistes (DPS) de Milo Djukanović. Le DPS a remporté toutes les élections démocratiques du pays.
- **Parti Social-Démocrate (SDP).** Le Parti social-démocrate est fondé en 1991 comme

son allié DPS. Comme son nom l'indique, le SDP est un parti politique social-démocrate, membre du Parti socialiste européen et de l'Internationale socialiste. Le SDP participe à toutes les coalitions gouvernementales depuis son alliance avec le DPS depuis 1998.

- **Parti Socialiste Populaire (SNP).** C'est un parti politique fondé en 1997 qui représente essentiellement la minorité serbe du pays et possède 9 sièges. Le SNP est aussi social-démocrate et pro-européen, bien que plutôt favorable à l'union avec la Serbie.

- **Nouvelle Démocratie Serbe (le Front Démocratique).** C'est un parti politique monténégrin né en 2009 de la fusion de deux partis politiques proserbes. La Nouvelle démocratie serbe suit une ligne politique conservatrice et préconise toujours et encore l'union entre la Serbie et le Monténégro. Lors des élections législatives de 2009, la Nouvelle démocratie serbe n'obtient que 10 % des voix mais 20 mandats aux législatives de 2012.

- **Mouvement pour les changements (PzP).** Parti politique fondé en 2002 en tant qu'organisation, puis en 2006 comme un véritable parti politique. Le PzP suit une ligne politique conservatrice et promeut l'adhésion du Monténégro à l'Union européenne. Il n'a cependant pas pris position lors du référendum sur l'indépendance du pays en 2006 bien que nombre de ses représentants se sont prononcés pour le oui.

- **Parti Bosniaque (BS).** Le BS représente les intérêts de la minorité bosniaque du Monténégro depuis 2006, il est issu de quatre anciens partis politique et compte environ 50 000 personnes, soit près de 8 % de la population du pays. Aux législatives de 2009, le BS s'est allié au DPS au sein de la Coalition pour un Monténégro européen et a obtenu trois sièges au Parlement.

- **Initiative Civique Croate (HGI).** Le HGI défend les intérêts de la petite minorité croate du Monténégro depuis 2002. Localisé notamment autour des Bouches de Kotor, le HGI est une alliée au Parti démocratique socialiste, et possède un siège au Parlement lors des élections législatives 2009 et 2012.

Enjeux actuels

L'adhésion à l'Union européenne constitue une des priorités stratégiques du pays. Entamées en octobre 2005 dans le cadre de la communauté des Etats de Serbie-et-Monténégro, les négociations pour un accord de Stabilisation et d'Association (ASA) avec l'UE ont abouti en mars 2007. Cet accord, signé au Luxembourg le 15 octobre 2007 est entré en vigueur le 1er mai 2010. Il constitue l'une des étapes dans le processus d'intégration en tant que membre de l'UE et représentera un premier pas vers le statut de « pays candidat » confirmé par le Conseil européen le 17 décembre 2010. Cet accord prévoit notamment l'établissement d'une zone de libre-échange, une libéralisation importante de plusieurs secteurs économiques et le renforcement des relations entre le pays et l'Union européenne par l'introduction des standards européens. Enfin, sous la pression des Européens, le Monténégro a fini par reconnaître le 9 octobre 2008 l'indépendance du Kosovo, provoquant l'ire de Belgrade et la déception des cousins serbes dont certains boycotteront temporairement cette destination durant leurs vacances. En tout état de cause, l'assistance financière communautaire apportée au Monténégro s'est élevée à 33,3 M€ en 2009. Mais le ralentissement des investissements russes, puis les nouveaux problèmes économiques et politiques de l'Europe qui visent à réduire l'entrée dans l'UE des candidats de l'Est forcent le Monténégro à trouver de nouveaux partenaires financiers comme le Qatar afin de satisfaire les besoins de la clientèle du tourisme de luxe (l'objectif principal de tout monténégrins). La réélection de Filip Vujanovic à la présidentielle du 7 avril 2013 constitue une forme importante de stabilité pour toute la région et il est à parier que les investisseurs étrangers y seront sensibles. Le message est clair : la voie au développement et à la négociation est à nouveau ouverte.

Le Monténégro en guerre contre le Japon depuis un siècle

De longue date allié de la Russie qui lutte contre les Ottomans, tout comme le Monténégro, ce dernier décide en 1904 de soutenir moralement la Russie en guerre (conflit russo-japonais de 1904/1905). La principauté décide alors de déclarer la guerre au Japon à son tour. Quelques soldats monténégrins seront enrôlés dans l'armée russe. Et puis tout le monde oublie cette déclaration de guerre et le Monténégro rejoint le royaume des Serbes, Croates et Slovènes en 1918 sans avoir signé de traité de paix avec le Japon. C'est ainsi que, techniquement, le Monténégro est toujours en guerre contre le Japon de nos jours. Mais il est fort à parier que personne ne le sait au Japon, contrairement au Monténégro ou tout le monde s'en amuse.

ÉCONOMIE

La population du Monténégro s'élève à 620 000 habitants avec une densité relativement faible de 45 hab/km² à comparer à une moyenne européenne de 128 hab/km². Cet écart reflète le niveau de développement du pays, une émigration non négligeable mais aussi la géographie du pays (montagnes).

La population en âge de travailler s'élève à près de 244 000 habitants, dont 39 % d'employés, 41 % de travailleurs indépendants et 20 % environ de chômeurs. Le chômage est bien plus élevé dans le nord (32 %) que dans le sud et le centre du pays. Cette division du pays en trois régions, Nord, Centre et Sud, correspond également à la répartition entre zones rurales et zones urbaines. En effet, un peu plus de 60 % de la région Nord du pays revêt un caractère rural tandis que 80 % du Centre et environ 60 % de la zone côtière sont urbanisés.

Parmi les autres grandes tendances de ces dernières années, il faut souligner la forte baisse de la population exerçant dans le secteur agricole : alors qu'en 1953, 61,5 % de la population travaillait dans ce secteur, cette part n'était plus en 1991 que de 7,4 %. Enfin, comme tous les autres pays autrefois sous un régime communiste, le Monténégro a connu une forte augmentation des inégalités depuis le changement de régime. Les écarts entre la population riche et le reste du pays deviennent flagrants. En 2011, on estimait à environ 6,6 % la part de la population vivant sous le seuil de pauvreté (c'est-à-dire avec moins de 170 € par mois) et selon les organisations internationales, la majorité de la population vit avec un salaire moyen mensuel très proche de ce seuil de pauvreté. Le revenu moyen mensuel par foyer, qui comprend en moyenne 3,5 personnes, tourne aux alentours de 484 € dont une part de 45 % doit couvrir les seules dépenses alimentaires du foyer.

Principales ressources

Le Monténégro a connu un taux de croissance annuel moyen de l'ordre de 6 % en volume en 2012 (source Banque Mondiale et Coface). La dernière estimation du FMI donne un PIB/habitant de 5 258 € en 2011. Les principaux partenaires économique du pays sont la Serbie, premier fournisseur et client, l'Italie, l'Allemagne et la Grèce. Le taux de chômage se situait à peu près à 12,1 % en 2011 contre 19,7 en 2010.

▶ **L'activité touristique** paradoxalement à la crise est en constante progression sans doute pas assez rapide mais elle contribue pour plus de 16 % au PIB monténégrin en 2012. (c'est la deuxième source de revenu après la métallurgie avec 1,3 million de visiteurs étrangers en 2011). Le Monténégro dispose en effet d'un important potentiel touristique avec un littoral exceptionnel (290 km sur l'Adriatique), un pays intérieur montagneux et des parcs nationaux. Le secteur hôtelier autrefois largement contrôlé par l'Etat yougoslave passe progressivement dans le secteur privé et vise les standards occidentaux grâce aux investissements de grands groupes étrangers du secteur mais aussi par le biais d'investissements en relation avec le réinvestissement d'argent sale (mafia russe). Aujourd'hui en 2013, c'est plutôt vers le Qatar que le pays fonde ses nouveaux espoirs, comme beaucoup d'autres.

Une discrète présence française

La présence économique de la France reste modeste. Le rachat par la Société générale de la Podgorička Banka constitue cependant un exemple visible de la présence française au Monténégro. Les besoins en matière d'infrastructures sont importants (réseau électrique, routes, réseau d'eau potable, assainissement), ce qui peut, si les financements se mettent en place, offrir des perspectives aux entreprises françaises des biens d'équipement. À noter que le Club des affaires franco-monténégrin a été créé en décembre 2011, avec le soutien de l'ambassade de France au Monténégro et de la Mission Economique française à Belgrade. Il regroupe des décideurs dans les petites et moyennes entreprises monténégrines désireux de développer des relations économiques entre la France et le Monténégro et d'approfondir les liens d'amitié entre les deux pays.

© STÉPHANE SAVIGNARD

Souvenirs du Monténégro.

L'agriculture représente 10 % du PIB en 2010 selon la dernière source de la Banque Mondiale. Les exportations dans le secteur sont concentrées sur deux entreprises (Plantaže producteur de vin de Podgorica et la brasserie Trebjesa détenue par des intérêts belges). Les données globales concernant ces secteurs traditionnels sont cependant peu fiables en raison de modes de production familiaux qui ne favorisent pas la comptabilisation et il est vraisemblable que ces secteurs fassent vivre une partie de la population plus importante que les statistiques ne le montrent. La production de mandarine, figues, kiwi, orange, huile d'olive... ne sont pas à négliger.

Le transport maritime, avec le port de Bar, seul débouché maritime d'importance du pays, reste pénalisé par des infrastructures inadaptées et une interconnexion insuffisante avec le reste des Balkans (mais c'est aussi le cas de ses concurrents notamment albanais de ce côté de l'Adriatique). Le port de Bar doit cependant une bonne partie de son activité aux flux liés à la production d'aluminium et à l'importation de petrol et ses dérivés.

Globalement le Monténégro reste pénalisé par un marché intérieur limité. Le pays compte aujourd'hui sur son indépendance et la perspective d'une intégration plus rapide dans l'Union européenne pour accéder à des débouchés plus importants ainsi qu'à des financements qui permettront son désenclavement.

Place du tourisme

Le tourisme représente 15 % du PIB au Monténégro qui possède à la fois une côte pittoresque et une région montagneuse au Nord. Le pays était une destination touristique prisée dans les années 1980, cependant les guerres de Yougoslavie au cours des années 1990 ont détruit l'image touristique du Monténégro et de tous ses pays voisins. La côte adriatique du Monténégro s'étire sur 295 km dont 72 km de plages et comporte de nombreux anciens villages préservés. La région côtière est considérée comme une des grandes « découvertes » touristiques depuis ces dernières années. Ce n'est qu'à partir des années 2000 que le secteur du tourisme a recommencé à prospérer. Depuis, le pays enregistre de fortes hausses du nombre de touristes et de nuitées. Le gouvernement du Monténégro a fait du développement du tourisme une priorité et veut faire du tourisme un des secteurs majeurs de l'économie du pays. Plusieurs mesures ont notamment été prises pour attirer les investisseurs étrangers et certains projets sont déjà en cours comme c'est le cas de Porto Montenegro.

Population et langues

Au même titre que les Serbes, Croates, Bulgares, Slovènes et Macédoniens, les Monténégrins sont essentiellement des Slaves méridionaux. Ces derniers sont arrivés d'Ukraine et se sont installés entre le Danube et la côte Adriatique au VIIe siècle. Ils ont été évangélisés par la mission des moines grecs Cyrille et Méthode qui, partant du mont Athos, remontèrent à la fin du IXe siècle toute la vallée de la Morava jusqu'au Danube. Aujourd'hui, le pays compte aux alentours de 650 000 habitants (ce nombre diffère d'une source à l'autre, certaines avançant le nombre de 620 000, d'autres de 670 000), auxquels il faut ajouter un peu plus de 140 000 Monténégrins vivant en Serbie.

Au cours de ces dernières années, les conflits régionaux de l'ex-Yougoslavie ont provoqué dans le pays un afflux important de réfugiés (surtout Albanais du Kosovo ou des bosniaques) dont le taux atteignait, en 1999, 10 % de la population. Podgorica avec 185 000 habitants, Nikšić avec 75 000 habitants et Pljevlja avec 31 000 habitants regroupent à elles seules plus de la moitié de la population.

La nationalité musulmane

Le mot « Musulman » avec un « M » majuscule désigne la nationalité créée à la fin des années 1960 par les autorités yougoslaves de l'époque pour désigner les habitants de Bosnie-Herzégovine dont les ancêtres s'étaient convertis à l'islam durant l'occupation turco-ottomane. La *nationalité musulmane* a été reconnue en 1971 par le maréchal Tito. Avant cela, les Musulmans des Balkans souffraient d'un manque de reconnaissance. Cette nouvelle nationalité a ensuite été adoptée par les musulmans de Serbie, du Monténégro et de Macédoine (à l'exception de ceux se reconnaissant dans la nationalité albanaise). Aujourd'hui, les Musulmans de nationalité sont surtout nombreux dans la région du Sandjak, une circonscription administrative de l'ancien Empire ottoman aujourd'hui à cheval sur la Serbie et le Monténégro. Au Monténégro, les Musulmans sont considérés comme une ethnie à part entière depuis 1996.

Composition

Comme les autres pays de l'ex-Yougoslavie, le Monténégro est un pays multi-ethnique et multi-confessionnel. Outre les Monténégrins et les Serbes, y cohabitent une importante minorité d'origine albanaise, rom, bosniaque (musulmans originaires de Bosnie) et de petites communautés de Croates, de Macédoniens et de Slovènes (en un mot, tous les peuples des pays de l'ex-Yougoslavie).

La répartition de ces différentes communautés au sein de la population monténégrine est difficile à évaluer avec exactitude, celle-ci ayant beaucoup fluctué au cours de ces dernières années, en raison d'une part de l'afflux de réfugiés lors des conflits des années 1990, d'autre part parce que chaque nouveau pays issu de l'ex-Yougoslavie essaie de présenter des statistiques favorables à sa politique et sa composition ethnique. Ainsi, la présentation de la répartition des Serbes-Monténégrins a été très fluctuante dans le temps, non pas tant à cause des mouvements de population mais parce que les gens peuvent se déclarer successivement Serbes ou Monténégrins principalement selon leurs options politiques (souverainiste/fédéraliste) : selon les partisans du rattachement du Monténégro à la Serbie, les Monténégrins sont en réalité des Serbes, selon les pro-indépendantistes, les Monténégrins sont au contraire un peuple à part entière. On peut cependant dire qu'il existe deux régions où les Serbes sont plus nombreux que les Monténégrins : la région proche du Sandžak et la région côtière proche de la Croatie. Lors du recensement de 2011, 45 % des habitants se sont déclarés comme Monténégrins et 29 % comme Serbes. Jusqu'à présent, les différentes ethnies présentes sur ce territoire ont cohabité dans une relative harmonie. La Constitution adoptée en 1992 et celle de 2007 reconnaissent des dispositions locales particulières à l'égard des minorités. Ainsi, dans les municipalités où la majeure partie de la population est constituée d'ethnies minoritaires au plan national, l'emploi de leurs alphabets et langues respectives est reconnu officiellement. De même, cette Constitution garantit à ces minorités le droit à l'éducation et à l'information dans leur langue maternelle.

▸ **Les Albanais.** Le nombre de Monténégrins d'origine albanaise oscille selon les sources entre 5 et 10 % de la population. Ces « Albanais » du Monténégro sont principalement implantés à Tuzi (au nord de Podgorica), à Ulcinj (ville annexée par le Monténégro en 1881 aux dépens des Albanais), à Plav, Gusinje et Rožaje. La région de Malesija, une plaine entourée de collines au bord du lac de Skadar, compte environ 15 000 Albanais qui représentent 75 % de la population de cette petite région.
Installés dans la région depuis des siècles, ils se considèrent comme un peuple « constitutif » du pays. L'une de leurs caractéristiques est d'ailleurs de militer dans des partis politiques classiques et non ethniques.
Deux partis les représentent dans la législature actuelle : FORCA et la Coalition albanaise. Enfin, il est à noter que le gouvernement monténégrin a mis en place en 2004 le premier département universitaire en langue albanaise du Monténégro, spécialisé dans la formation des maîtres.

▸ **Les Bosniaques.** Les Bosniaques (ou Slaves musulmans, à ne pas confondre avec le terme Bosnien, qui désigne les habitants de Bosnie-et-Herzégovine) représentent 9 % de la population (recensement 2011). Ils vivent principalement dans la région du Sandžak monténégrin (près de la frontière de la Serbie et du Kosovo). A Plav et Rožaje, ils constituent près de 90 % de la population.

▸ **Les Roms.** Selon le recensement de 2011, les Roms étaient environ 6 251 (ce chiffre a triplé depuis le recensement de 2003). Selon certains experts, ce chiffre est cependant sous-évalué et le nombre de Roms présents dans le pays tournerait plutôt aux alentours de 20 000 (ce qui en ferait alors la quatrième minorité du pays). La majeure partie de cette communauté est de confession musulmane et vit dans la partie centrale du pays.

▸ **Autres.** Les petites minorités telles que les Croates, les Macédoniens et les Slovènes sont généralement concentrées dans la capitale, Podgorica. Selon le recensement de 2011, il y a environ 1 000 Russes qui habitent au Monténégro (ce chiffre aussi est sous-évalué). 30 000 d'habitants (ou 5 % de la population) n'ont pas déclaré des origines ethniques lors du dernier recensement.

Un pays, deux alphabets

Les Monténégrins utilisent les alphabets cyrillique et latin avec la même facilité. Dans la nouvelle Constitution de 2007 (comme dans celle de 1992), les deux alphabets sont d'ailleurs considérés comme égaux. Créé au IXe siècle par des disciples du frère Cyrille, un moine originaire de Thessalonique, le cyrillique est un alphabet inspiré de l'alphabet grec et modifié pour les besoins des langues slaves. Outre le serbe, il sert à transcrire le russe, le bulgare, l'ukrainien et un certain nombre de langues non slaves de l'ex-URSS. L'une de ses particularités est de comporter trente-trois lettres. Aujourd'hui, les milieux économiques et les médias utilisent plus largement les caractères latins. De même, la plupart des panneaux routiers et des plaques indiquant le nom des rues sont désormais en lettres latines. Ce qui facilite bien évidemment la vie des touristes, le cyrillique étant difficile à s'approprier en quelques jours seulement…

Langues

La langue parlée par les Monténégrins et la langue officielle du pays (depuis la Constitution adoptée en 2007) est la langue monténégrine issue du dialecte iékavien, c'est-à-dire la variante monténégrine du serbe. La construction d'identité nouvelle a porté le débat politique dans le champ linguistique autour de l'idée de « langue monténégrine ». En 2004, le gouvernement a modifié les programmes d'enseignement, utilisant le terme « langue maternelle (serbe, monténégrin, croate, bosniaque) » au lieu de « langue serbe ». En 2010, le gouvernement a approuvé la grammaire officielle du monténégrin. Comme pour le croate, la tendance dans la standardisation du monténégrin a accentué les différences par rapport au serbe standard. La différence entre la langue parlée par les Monténégrins et la langue littéraire serbe provient notamment de l'alphabet, qui comprend deux lettres supplémentaires (ś et ź), et de l'accentuation (on n'y place pas les accents aux mêmes endroits). Il faut toutefois noter que cette variante monténégrine est au cœur d'une polémique politique depuis quelques années. Les souverainistes ont obtenu en effet que la langue officielle du pays soit baptisée le « monténégrin » alors que jusqu'à présent il était communément admis que les Monténégrins parlaient la même langue que les Serbes. Toutefois, selon le recensement de 2011, 43 % de la population déclarent comme langue maternelle le serbe alors que 37 % des habitants du Monténégro se considèrent comme des locuteurs du monténégrin. Cette tendance actuelle, qui consiste à parler du monténégrin en tant que langue distincte du serbe, peut être rapprochée de ce qui s'est passé en Croatie et en Bosnie. La langue parlée par les Monténégrins et les Serbes a pour proches parents le Macédonien et le Croate avec lequel, avant que la politique ne s'en mêle, elle constituait une seule langue, le serbo-croate. Lors du démantèlement de la Yougoslavie au début des années 1990, les Croates ont cherché à accentuer les différences entre le croate et le serbe. Aujourd'hui, on ne parle plus le serbo-croate comme langue mais le croate, le bosniaque, le serbe et le monténégrin comme langues distinctes. En réalité, que l'on parle le serbe, le serbo-croate, le bosniaque ou le monténégrin, il s'agit bel et bien de la même langue puisque toutes ses variantes possèdent, à quelques exceptions près, les mêmes formes, les mêmes fonctions et la même histoire. Bref, toutes ces langues constituent un même domaine linguistique et sont des variantes d'une même langue.

Autrement dit : tous parlent à peu près la même langue dans la région des Balkans et ça arrange tout le monde économiquement. Simplement aujourd'hui après la guerre, certains ex-Yougoslaves originaires des différents Etats nés de son effondrement tentent d'accentuer encore plus cette liberté gagnée en inventant tous les jours des mots ou des intonations visant à se différencier davantage du cousin serbe. Bien dommage d'ailleurs car cette langue commune est bien une des dernières choses qui les liera encore pour longtemps.

Mode de vie

VIE SOCIALE

Naissance et âge

Selon le recensement officiel de 2014, le pays compte environs 650 039 habitants (source www.statistiques-mondiales.com). Selon l'Organisation mondiale de la santé (OMS), l'espérance de vie à la naissance en 2013 était de 74 ans pour les hommes et 78 pour les femmes. Le pays connaît depuis quelques années une baisse significative du nombre de naissances. En 2011, il y avait 7 215 nouveau-nés, alors que 5 847 habitants sont morts la même année. Ainsi, alors que le taux de natalité en 2011 était de 11,6 %, le taux de mortalité n'a cessé de baisser, passant de 11 ‰ en 2005 à 9,4 % en 2011. Il en résulte un ralentissement notable de l'accroissement naturel : il baissait pour 60 % alors que le nombre des nouveau-nés baissait pour 25 % durant les cinq dernières décennies. Taux de croissance annuel = 2,2 %.

Education

Selon l'Unicef, le taux d'alphabétisme du pays dépasse les 95 %. L'école primaire est gratuite et obligatoire pour tous les enfants de 6 à 14 ans. L'apprentissage de la première langue étrangère s'effectue dès l'âge de 6 ans et à partir de 11 ans, les différentes matières ne sont plus enseignées par un seul professeur mais par plusieurs professeurs spécialisés chacun dans une matière. Selon la Constitution adoptée en 2007, les membres de groupes nationaux et ethniques, tels que les Monténégrins d'origine albanaise, ont le droit à l'éducation dans leur langue maternelle. Dans le cas où l'enseignement est dispensé dans la langue des groupes ethniques, la langue officielle du pays constitue une matière obligatoire. Jusqu'à présent, les élèves décidant de poursuivre leurs études devaient choisir entre un enseignement général, scientifique ou de sciences sociales et langues. Une réforme en cours d'application vient de changer ce système. Désormais, tous les lycées ne dispensent plus qu'un enseignement général (avec des matières obligatoires pour tous et des options). A la fin de leurs études secondaires, qui durent quatre années, les élèves doivent passer un examen de fin d'études (matura) qui leur permet de poursuivre à l'université ou en école supérieure. L'accès à l'université est conditionné par un examen d'entrée. Le nombre d'étudiants étant limité chaque année, ceux-ci sont sélectionnés selon leurs résultats à cet examen d'entrée. L'université du Monténégro, dont le siège est situé à Podgorica, a été fondée en 1974. Elle est répartie en quinze sites, dans la capitale et également à Cetinje, Kotor, Herceg Novi et Nikšić. Environ 25 000 élèves y sont inscrits. Pour les sciences spécialisées, les étudiants monténégrins partent toujours étudier à Belgrade ou Novi Sad, en Serbie. De plus en plus, les jeunes Monténégrins décident de faire leurs études en Italie.

MŒURS ET FAITS DE SOCIÉTÉ

Clans et tribus

Traditionnellement, la société monténégrine était organisée en familles, clans et tribus. Si pour les questions de subsistance la famille élargie était le lieu privilégié de la décision, l'arbitrage politique, social ou moral, lui, était entre les mains du clan seul. Basés sur le patriarcat et la décision collective, ces clans avaient chacun leurs chefs qui se réunissaient régulièrement en assemblée pour solutionner les conflits entre tribus et décider des relations avec leurs voisins. Jusqu'à l'apparition de la dynastie des Petrović-Njegoš, à la fin du XVIIe siècle, cette « assemblée des aînés » était l'unique corps gouvernemental du Monténégro. Sous le règne des princes-évêques, les chefs de ces tribus continuèrent à exercer une influence politique importante et nombreux sont ceux qui restèrent des figures politiques actives jusqu'à l'intégration du Monténégro au royaume des Serbes, Slovènes et Croates en 1918.

Le phénomène des jeunes vierges jurées

En vertu d'une tradition vieille de plusieurs siècles, ces femmes ont décidé de devenir des hommes afin d'être chefs de familles en l'absence d'héritier mâle ou lorsque les hommes décédaient ou quittaient leur foyer. Toute leur vie, les « Vierges Jurées » se comportent en hommes. La transformation se fait dès l'enfance. La nouvelle identité masculine passe par la tenue vestimentaire, le fait de pouvoir boire de l'alcool ou fumer en public, le port d'armes, la participation aux guerres... La sexualité et le mariage sont interdits. Elles ne changent pas de sexe et ne sont pas lesbiennes. Elles sont toujours acceptées et respectées par leurs proches et le reste de la société.

Toutefois cette tradition s'éteint. Les « Vierges Jurées » ne sont plus qu'une poignée. Au Monténégro on les appelle des « virdžine » mais on les rencontre aussi au nord de l'Albanie, au Kosovo et dans d'autres sociétés patriarcales.

La dernière « virdžina » monténégrine vivante habite à Šavnik et s'appelle Stana Cerović. Elle est née dans les années 30 du siècle dernier, aînée de quatre sœurs et deux frères, tous décédés enfants. Enfant, elle a fait la promesse à son père de garder le nom de famille et de ne jamais se marier. Et c'est exactement ce qu'elle a fait...

▶ **Pour des photos**, rendez-vous sur le site du photographe américain : www.jillpetersphotography.com/swornvirginsofalbania

Selon le géographe serbe Jovan Cvijić (1865-1927), il existait au XIXe siècle 21 tribus (*plemena*) sur le territoire du Monténégro, auxquelles il faut ajouter 25 tribus qui vivaient dispersées sur des territoires qui ne faisaient alors pas encore partie du Monténégro. Aujourd'hui, le système des clans existe toujours, même s'il s'est édulcoré et est devenu plus informel. Ainsi, il est communément admis qu'une vingtaine de familles se partage le pouvoir réel sur le pays.

La vendetta

Comme leurs voisins albanais, les Monténégrins ont pendant longtemps pratiqué la loi du sang (« *krvna osveta* »), plus connue sous le nom de vendetta, un terme qui désigne dans les régions méditerranéennes la vengeance d'un meurtre ou d'une simple offense qui implique tous les parents et engendre l'affrontement de deux familles sur une longue période. Cette pratique, qui jouait une importante fonction sociale en permettant le renforcement des liens familiaux, était impossible au sein d'un même clan.

RELIGION

Le Monténégro est un pays multiconfessionnel où cohabitent, sans heurts apparents, trois religions principales. Celle qui est prédominante est la religion orthodoxe, suivie de l'islam et du catholicisme. Traditionnellement, on estime à environ 72 % le nombre de Monténégrins de confession orthodoxe, à 19 % le nombre de musulmans et à 3 % le nombre de catholiques. Pour des raisons historiques, les catholiques se trouvent en majorité sur le littoral tandis que les orthodoxes sont principalement dans le nord. La majorité des Monténégrins musulmans sont des sunnites. On les trouve essentiellement près de la frontière albanaise et dans la zone du Sandžak, cette région historique du nord du pays partagée entre la Serbie et le Monténégro depuis 1913. L'orthodoxie (ou

Le chêne de Noël

La tradition veut que la veille du Noël orthodoxe (le 7 janvier), en fin d'après-midi, les fidèles défilent devant un grand brasier afin d'y déposer une branche de chêne préalablement bénie par un prêtre. Ces branches de chêne portent le nom de *badnjak*. Autrefois et toujours de nos jours, il est de coutume que les chefs de famille aillent couper eux-mêmes ces branches dans les bois au petit matin.

Église dans la région du lac de Skadar à la frontière avec l'Albanie.

christianisme orthodoxe) représente dans le monde la deuxième plus grande confession chrétienne par le nombre de fidèles après l'Eglise catholique romaine. On estime à environ 200 millions le nombre de personnes baptisées dans le monde. Elle est organisée en de nombreuses églises territoriales qui forment ensemble « l'Eglise orthodoxe ». Séparée de l'Eglise catholique romaine depuis le Grand Schisme d'Orient (1054), cette Eglise orthodoxe se compose de 14 églises autocéphales (c'est-à-dire complètement indépendantes), de 12 églises autonomes et de 7 églises non canoniques. Au Monténégro, la majorité des orthodoxes dépendent de l'Eglise orthodoxe serbe (fondée en 1219), pour qui le Monténégro n'est qu'une de ses nombreuses métropoles. Depuis des années, et de façon encore plus importante depuis l'indépendance du pays, la vie religieuse du pays est marquée par la lutte que se livrent cette Eglise orthodoxe serbe et l'Eglise orthodoxe du Monténégro, autoproclamée autocéphale (c'est-à-dire ne dépendant plus de l'Eglise d'un autre pays) mais non reconnue par les autres Eglises, contrairement à l'Eglise serbe. Restaurée dans les années 1990 comme un projet politique autant que spirituel, cette Eglise orthodoxe du Monténégro fonde sa prétention à l'autocéphalie sur l'autonomie dont elle jouissait à l'époque turque lorsque le Monténégro, conduit par ses princes-évêques, résistait seul contre la menace ottomane. S'estimant spoliée par l'Eglise orthodoxe proserbe, qui dispose juridiquement des Eglises orthodoxes du pays, elle s'est naturellement prononcée en faveur de l'indépendance du pays. L'Eglise serbe orthodoxe doit faire face à un conflit territorial similaire en Macédoine, où il existe une Eglise orthodoxe macédonienne autocéphale mais elle aussi non reconnue par les autres Eglises.

Stèles, les uniques traces de la civilisation Bogomile

Vestiges d'une culture médiévale spécifique d'influence chrétienne, ces tombes en forme de blocs de pierres taillées sont apparues dans certains pays de l'ex-Yougoslavie, et notamment en Bosnie-Herzégovine, entre le XIIe et XIVe siècle avant de disparaître pendant l'occupation ottomane. Les stèles (en monténégrin : *stećak*, au pluriel : *stećci*) sont presque les seules traces des Bogomiles (dont la religion aurait inspiré les Cathares de France) car ils refusaient tous les sacrements. Ornés de divers motifs que les Bogomiles sculptaient en bas-reliefs magnifiques, leurs messages révèlent une doctrine singulière mais restent énigmatiques encore aujourd'hui. Au Monténégro on trouve les stèles dans la partie ouest du pays : à Durmitor, Piva et Golija, où les bogomiles se mettaient à l'abri de leurs persécuteurs.

Arts et culture

Alors que les Bulgares et les Macédoniens sont demeurés jusqu'à l'époque la plus récente dans le sillon de la culture byzantine, et que les Croates et les Slovènes ont adopté les formes de civilisations occidentale et européenne, les Monténégrins et les Serbes occupent un territoire qui, dès 395, constitua une frontière entre l'est et l'ouest, séparant l'Empire romain d'Occident de celui d'Orient. Cette division historique qui passe par le territoire actuel du Monténégro a engendré la coexistence et parfois la superposition de mentalités et d'arts différents. Le patrimoine culturel du Monténégro, en particulier architectural et pictural, est le reflet de ce mélange d'influences, même si l'empreinte culturelle de Byzance fut la plus forte. Sous influence vénitienne, les miniatures des premiers livres religieux imprimés dans le pays adoptèrent ainsi un style gothique. Comme à Venise, on peut voir sur le littoral des associations de formes byzantines et gothiques. Autre exemple : le plus ancien manuscrit enluminé serbe, l'Evangile de Miroslav, qui fut réalisé à Bijelo Polje, est imprégné d'influences artistiques à la fois orientales et occidentales.

ARCHITECTURE

Trois empreintes culturelles fondamentales ont eu une influence dans les Balkans et donc le Monténégro : celle de Byzance et du christianisme orthodoxe, celle de l'Italie, sensible dans l'architecture des villes du littoral longtemps dominées par Venise, puis, dans une moindre mesure, du moins en ce qui concerne le Monténégro, celle d'Istanbul et de l'Islam.

L'influence byzantine a été la plus forte dans le cœur du pays comme en témoignent les monastères de Piva (XVIe), de Morača (XIIIe), de Berane (Djurdjevi Stupovi, XIIe), de Pljevlja (Sveti Trojica, XVIe siècle). En raison de la présence vénitienne pendant plus de trois siècles, les bouches de Kotor ont en revanche connu une forte influence de l'Europe occidentale. Les palais construits par les riches familles de Kotor, de Perast, de Dobrota et de Prčanj constituent ainsi de superbes exemples de l'architecture de type Renaissance ou baroque.

De nombreux artistes étrangers, le plus souvent venant de Dubrovnik, de Venise et d'autres villes italiennes, y ont exercé leurs talents, faisant de cette partie du littoral monténégrin un véritable musée à ciel ouvert, où cohabitent et parfois se superposent divers courants artistiques. Les décorations du palais Drago à Kotor, le portail du palais de Bizanti ou encore du palais Buća, l'église Saint-Eustache de Dobrota, l'église de Prčanj et celle de Perast ont toutes été réalisées par des étrangers. Cette influence étrangère ne s'est pas arrêtée à cette partie du Monténégro puisque le dirigeant médiéval, Ivan Crnojević en personne, demanda à des artistes de Dubrovnik de décorer de sculptures sa cour à Cetinje.

A l'est et au nord-est, sur des territoires qui ne faisaient alors pas encore partie du Monténégro tel qu'on le connaît aujourd'hui, le pays a conservé quelques vestiges de l'occupation turco-ottomane. Ainsi, on peut trouver quelques mosquées anciennes à Ulcinj, Plav (mosquée impériale), Rožaje et Pljevlja (mosquée Hussein Pasha, fin XVIe siècle). Avec son minaret élancé, son porche couvert de trois dômes et ses peintures murales aux couleurs vives, ce dernier édifice constitue le plus beau témoignage de cette présence ottomane (les autres mosquées présentent une architecture bien plus modeste). Les Turcs ont également laissé en héritage quelques tours-horloges, un bain public (à Ulcinj) et quelques maisons à l'architecture marquée par la culture orientale à Rožaje et à Plav (par exemple la maison-donjon « Redžepagića » érigée à Plav au XVIIe siècle par une famille musulmane influente de la région). Enfin, on ne peut parler de l'héritage ottoman sans mentionner les nombreuses églises orthodoxes qui furent transformées en mosquées par les autorités turques. D'autres occupants étrangers ont également laissé leur empreinte architecturale dans le sud du pays : les Austro-Hongrois. Ces vestiges sont essentiellement des constructions à vocation

Que ramener de son voyage ?

Le Monténégro n'est, hélas, pas très riche en produits artisanaux et les boutiques de souvenirs y sont par conséquent peu nombreuses mais l'amateur photographe de paysages se régalera. Comme dans tous les Balkans, l'artisanat au Monténégro est constitué de tapis tissés dont la composition, l'originalité et les couleurs en font une véritable œuvre d'art. Des objets en bois sculpté sont très courants (boîtes, gobelets, statuettes...). La plupart de ces objets sont réalisés en bois d'oliviers ou en cuivre. Voici néanmoins quelques idées de cadeaux :

- **Du café frais finement moulu** et une *džezva* (petit récipient métallique) pour la préparation du café turc.
- **Une *guzla*** (gusle en monténégrin, vièle à une corde), l'instrument traditionnel du pays.
- **Du jambon fumé** de Njeguši.
- **Du fromage fumé** de Njeguši.
- **De la rakija,** l'eau-de-vie locale (en vente dans toutes les épiceries).
- **Des copies d'icônes** (dans les monastères ou à Podgorica).
- **Des objets et ustensiles en bois** (dans les marchés des villes du nord comme Rožaje, ou sur la côte si ceux-ci sont faits en bois d'olivier).
- **Des bijoux,** costumes et armes traditionnelles dans les boutiques d'antiquités de Kotor et de Prčanj notamment.
- **Des figues sêchés** (Suve Smokve).
- **Des chaussettes en laine** faites à la main (dans le nord, à Pljevlja)
- **De l'huile d'olive et des olives** de très bonne qualité (à Bar et ses environs).
- **Džezva** (récipient traditionnel en cuivre avec une longue tige pour faire du café à la turque).
- **Produits d'artisanat monastique** comme miels, confitures, huile d'olive, eau-de-vie, vin doux, cosmétiques naturels (dans les monastères).

militaire telles que la forteresse de Mamula, au large d'Herceg Novi ou encore la citadelle de Budva. Enfin, le pays a conservé de l'Antiquité quelques rares vestiges romains.
Parmi ceux-ci on trouve une belle mosaïque issue d'une villa patricienne à Risan, et puis les ruines d'une ville près de Pljevlja connue sous le nom de Municipium S. et, enfin et surtout, Doclea, l'ancêtre de l'actuelle Podgorica, fondée au Ier siècle av. J.-C. et puissante cité de l'ancienne province romaine de Dalmatie.

CINÉMA

Les meilleurs moments du cinéma national, comme pour la plupart des pays ex-yougoslaves, datent de l'époque de la grande fédération. Un des plus grands noms parmi les réalisateurs monténégrins est sans doute Živko Nikolić. Son excellent film *La Beauté du péché* (1987) montre un Monténégro reculé et archaïque où une femme infidèle peut être tuée par son mari.
Dans la nouvelle génération, Nikola Vukčević, professeur de mise en scène et de réalisation, à la Faculté nationale des arts dramatiques de Cetinje, a réalisé en 2005 le premier film monténégrin après la longue pause imposée par la guerre : *Pogled sa Ajfelovog tornja* (Vue de la tour Eiffel). C'est l'histoire d'un jeune couple cherchant le sens de sa vie dans le Monténégro d'aujourd'hui. En 2014, Vukčević a réalisé son deuxième long-métrage, *Dječaci iz ulice Marksa i Engelsa* (*Les enfants de la rue Marx et Engels*).
En 2013, *As Pik (Ace of Spades : Bad Destiny)* de Draško Đurović a été le premier film monténégrin candidat à l'Oscar du meilleur film étranger.

Žarko Laušević ou le tragique destin de LA star du cinéma yougoslave

En 1992, à l'aube des événements tragiques qui ont provoqué l'éclatement de la Yougoslavie, au cours d'une dispute dans un bar de Titograd (aujourd'hui Podgorica, la capitale monténégrine), Žarko Laušević, originaire de Cetinje, un des acteurs les plus talentueux et préférés du pays, a sorti son revolver et a abattu deux personnes. En cette soirée du 30 juillet 1992, une bande de « jeunes » chahutaient bruyamment. L'acteur qui était en compagnie de son frère s'était levé pour passer une commande au bar. L'un d'eux, après l'avoir reconnu lui a demandé si quelque chose n'allait pas. L'acteur a immédiatement compris que l'affaire risquait de mal tourner et avait tenté de calmer le jeu, mais en vain. Le tandem local, avec un taux d'alcoolémie important, a continué de le provoquer. Après avoir vu qu'ils ont attaqué son frère, Žarko sort son revolver et tire. Deux jeunes provocateurs sont morts.Pour comprendre pourquoi cet acteur portait une arme, il faut savoir que Laušević, acteur de théâtre important, se sentait menacé à cette époque, notamment par les partisans de Šešelj, extrémiste national, qui, accompagnés de leur chef, avaient même interrompu la pièce iconoclaste sur saint Sava, patron de l'église orthodoxe, incarné par Laušević. Très populaire au cinéma, il a joué le rôle principal dans le film « La Bataille de Kosovo », une fresque nationaliste à grand spectacle commanditée par Milošević pour les fastes de la commémoration de 1989. Le procès de Laušević était suivi de très près par tout le pays, en pleine guerre. L'acteur a été condamné à la peine maximale pour un meurtre sans préméditation, quinze ans de prison, et son frère à deux ans. Le Monténégro se veut pays de vendetta, l'acteur a choisi d'immigrer aux Etats-Unis après sa détention (qui n'a finalement duré que 4 ans et demi, après de nombreuses péripéties juridiques dont un accord de pardon de la part du président serbe de l'époque, Boris Tadić et la livraison du passeport serbe). Le monde du cinéma et ses fans ont dû attendre avec impatience de le voir en mai 2014 en Serbie, mais aussi au Monténégro où il ne s'arrêta pas pour longtemps. Quelques années auparavant, en 2011, il avait publié ses mémoires de prison et de cette nuit noire en deux tomes, « Godina prođe dan nikad » et « Druga knjiga ». Sur sa vie, un film a été tourné en 2014, « Lauš », de Branka Bešević Gajić.

Le pays dont l'atout touristique principal est la nature sauvage d'une beauté exceptionnelle, a été assez attirant pour les cinéastes du monde entier, surtout dans les années 60-70. En 1960, un film en coproduction franco-yougoslavo-liechtensteinoise réalisé par Claude Autant-Lara a été tourné au Monténégro (sorti en 1963). L'année d'après, un autre film français y a été tourné : *Le goût de la violence* de Robert Hossein. *Les Drakkars* (titre original : *The Long Ships*) réalisé par Jack Cardiff, avec Sidney Poitier et Richard Widmark, a été filmé à Budva, Petrovac et Ulcinj durant la même période (1964). Le rôle principal de *L'Ouragan vient de Navarone* (*Force 10 From Navarone*), un film de guerre britannique de Guy Hamilton (1978), lui aussi tourné dans cette petite république yougoslave à l'époque, a été confié au star américain Harrison Ford. C'est un réalisateur monténégrin, Božidar Bota Nikolić, qui a découvert Brad Pitt lors du casting à Hollywood pour son film *The Dark Side of the Sun* (1988). Cela a été le tout premier expérience du film de l'acteur, jeune et encore anonyme à l'époque : son honoraire était seulement de 1 000 dollars par semaine. Le tournage ayant été interrompu par la guerre, le film n'a été sorti qu'en 1997. Plus récemment, dans la série des James Bond, l'histoire de *Casino Royal* de Martin Campbell (2006) se déroule au Monténégro et même s'il n'a pas été tournée là-bas, il va sans dire que ce film a largement contribué au développement du tourisme du pays.

L'homme qui voulait vivre sa vie est un film d'Éric Lartigau inspiré du livre du même nom de Douglas Kennedy, sorti en 2010. Les extérieurs sur la mer Adriatique ont été en partie filmés dans les bouches de Kotor. Avec Catherine Deneuve et une actrice serbe Branka Katić.

DANSE

Connue sous le nom d'oro, la danse traditionnelle du pays est autant un rassemblement et un jeu qu'une danse au sens strict du terme. Elle consiste en un rassemblement de jeunes femmes et jeunes hommes qui forment un cercle (*kolo*) puis commencent à chanter tandis qu'une ou deux personnes, généralement un couple, dansent au milieu du cercle. Parfois, les hommes grimpent sur les épaules de leurs camarades, formant ainsi un deuxième cercle au-dessus du premier. Traditionnellement, aucun instrument n'accompagne cette danse.

LITTÉRATURE

Le pays possède une longue tradition littéraire remontant à près à 1 000 ans mais celle-ci fut principalement orale jusqu'au milieu du XIXe siècle. Le plus ancien ouvrage du pays a été écrit au XIIe siècle par un prêtre anonyme bénédictin de Bar. Il s'agit du Royaume des Slaves (Kraljevstvo Slavena), aussi connu sous le nom de Chroniques d'un prêtre de la Dioclée.

C'est également à cette époque que l'un des livres les plus importants du Moyen Age a été réalisé : l'Evangile de Miroslav. Ce manuscrit, datant de 1180 environ et actuellement conservé au Musée national de Belgrade, est le plus ancien manuscrit enluminé serbe conservé. Réalisé pour l'église Saint-Pierre, à Bijelo Polje, et illustré de près de 300 miniatures d'une finesse d'exécution exceptionnelle il constitue un témoignage important des échanges d'influences artistiques entre l'Orient et l'Occident. Son authenticité a toutefois été récemment contestée par une étude historique tendant à démontrer qu'il aurait été écrit au XVIIe siècle.

Les monastères et les bibliothèques du pays abritent un certain nombre d'ouvrages du XIIIe siècle mais la production de livres dans le pays trouve réellement son origine à Cetinje (ou plus exactement dans ses environs), avec l'ouverture en 1494 de la première imprimerie cyrillique des Slaves du Sud (et la première presse d'Etat au monde). Le premier livre à sortir de cette presse, l'Octoèque, premier ton (dans l'Eglise orthodoxe, l'Oktoih est un livre de chants liturgiques), fut imprimé la même année. Cette presse, fermée en 1496 à la suite d'attaques turques, joua un rôle majeur dans la diffusion de la littérature et de la culture dans la région, l'impression de livres liturgiques revêtant une importance cruciale pour que les Monténégrins puissent préserver leur identité spirituelle et donc leur identité nationale menacées par les Ottomans. Cinq incunables (ouvrages antérieurs à 1500) en cyrillique y furent imprimés durant sa courte existence. Il est intéressant de noter, à cet égard, que les ornements de ces livres adoptèrent, sous l'influence de Venise, un style gothique ou Renaissance.

Après la chute de la dynastie des Crnojević (fin XVe siècle) et mis à part l'ouverture au début du XVIe siècle d'une imprimerie à Venise par un Monténégrin originaire de Podgorica, Božidar Vuković, les activités littéraires furent limitées à la retranscription de vieux manuscrits. Celles-ci reprirent à la fin du XVIIIe siècle avec notamment Petar Ier Petrović Njegoš qui écrivit l'histoire du Monténégro (publiée après sa mort en 1835) et rédigea de nombreuses poésies afin d'unir les différentes tribus du pays autour d'un noyau étatique monténégrin. Son successeur, le prince-évêque Petar II Petrović Njegoš, ouvrit quant à lui une nouvelle imprimerie en 1834, principalement pour imprimer ses propres ouvrages. Malheureusement, les lettres de celle-ci furent fondues par les soldats monténégrins pour en faire des balles lors d'un siège turc en 1852. Après une courte pause, causée par la défense du pays contre les attaques des Turcs, l'activité littéraire reprit sous la houlette du prince Nicolas Ier qui fut un auteur prolifique, un grand mécène et promoteur de la culture de son pays. Ses poèmes (parmi lesquels *Onamo, 'namo*, hymne populaire du pays à la fin du XIXe siècle), ses ballades et ses drames historiques occupent une place reconnue dans la littérature des Slaves du Sud.

Le Monténégro, source d'inspiration

Considéré comme une contrée exotique et exaltante, en particulier en raison de ses victoires sur les Turcs, le Monténégro a attiré et inspiré de nombreux artistes, et plus particulièrement des écrivains, à la fin du XIXe siècle. Bien qu'il n'ait jamais mis les pieds au Monténégro, Rex Stout (1886-1975), l'un des auteurs américains de romans policiers les plus populaires des années 1930-1960, donna à son détective, Nero Wolf, une origine monténégrine. Dans le roman *Gatsby le Magnifique* (1925), de Francis Scott Fitzgerald, le jeune millionnaire Gatsby se vante de sa Croix de Danilo, créée en 1852 par le prince Danilo Ier pour récompenser des services militaires et civils exceptionnels. L'opérette *La Veuve joyeuse* (1905), du compositeur hongrois Franz Lehár, est inspirée de la cour du prince Danilo à Cetinje. Dans *Tartarin de Tarascon* (1872), Alphonse Daudet fait intervenir un prince monténégrin dénommé Grégory. En 1850, l'Opéra comique de Paris accueillit l'œuvre *Les Monténégrins* (1849), un drame lyrique en trois actes de Gérard de Nerval. L'écrivain-voyageur Pierre Loti (1850-1923) écrivit, à la suite d'un court séjour dans le pays, deux nouvelles, *Voyage de quatre officiers de l'escadre internationale au Monténégro* et *Pasquala Ivanovitch*, parues en 1882. Le Premier ministre britannique William Ewart Gladstone (1809-1898) consacra un livre au pays en 1879. Enfin, et plus étonnant, Hergé, l'auteur de la bande dessinée Tintin, se serait inspiré du Monténégro pour dessiner son album *Le Sceptre d'Ottokar* !

Quelques noms de la littérature locale

Le patriotisme et l'histoire furent pendant longtemps les deux thèmes majeurs de la production littéraire du pays et les poèmes épiques la forme la plus répandue. La plus ancienne histoire du Monténégro, écrite par le prince-évêque Vasilije, fut publiée à Moscou au milieu du XVIIIe siècle.

Andrija Zmajević (1628-1694)

Né à Perast, d'une famille originaire de Njeguši, Andrija Zmajevis fut un poète baroque et un théologien de renom. Archevêque de Bar, puis plus tard primat du royaume serbe, il a écrit six ouvrages dont un seul fut publié (ses autres ouvrages sont restés à l'état de manuscrits). Tolérant, il était respecté aussi bien par les catholiques que par les orthodoxes, il est également connu pour avoir supervisé la construction de nombreux palais dans la région de Kotor. Décédé à la fin du XVIIe siècle, il repose aujourd'hui à Perast, dans la petite chapelle adjacente à ce qui était alors son palais.

Petar II Petrović Njegoš (1813-1851)

Prince-évêque du Monténégro pendant plus de vingt ans mais également poète et philosophe, Petar II Petrović Njegoš est indéniablement la figure la plus illustre du Monténégro. Né à Njeguši, sur les pentes du Lovćen, Radivoje Tomov (son nom de baptême) reçut sa première éducation au monastère de Cetinje puis au monastère de Savina, dans les environs de Herceg Novi. Il devint prince-évêque à l'âge de 17 ans. D'une beauté et d'une intelligence peu commune, polyglotte et d'une grande curiosité, il s'illustre par ses qualités d'homme d'Etat. Habile diplomate, son règne se caractérise par une politique de modernisation du pays et de renforcement du pouvoir central. Mais Petar II Petrović Njegoš est plus connu encore pour ses écrits. Ecrivain, comme quasiment tous les princes de la dynastie des Petrović Njegoš, il est l'auteur de treize œuvres parmi lesquelles une œuvre majeure de la littérature slave : *Gorski Vijenac* ou en français, *La Couronne des montagnes* (parfois traduit par *La Guirlande des montagnes*). Imprimé en 1847, ce récit épique où la nation serbe et la foi sont fortement exaltées fut traduit dans le monde entier dès sa parution. Entièrement écrit en vers et découpé en quatre scènes, telle une pièce de théâtre, il mêle histoire et poésie dans une ode à la justice, à la dignité et à la lutte contre l'oppression étrangère et pour la liberté, des thèmes qui en font un ouvrage universel. Parmi les autres œuvres du poète, citons *Le Miroir serbe* (1846), une anthologie de poèmes épiques, *La Lumière du microcosme* (1845), une œuvre philosophique, *L'Hermite de Cetinje* (1834), *Svobodijada* (1835) et *Le Faux Tsar Stéphane le Petit* (1851), son dernier ouvrage majeur. Mort à l'âge de 38 ans, Petar II Petrović Njegoš a été enterré, comme il l'avait exigé dans son testament, au sommet du Lovćen. Avec lui, s'éteignit la théocratie. Son neveu et successeur, Danilo, tombé amoureux d'une jeune fille dalmate d'origine serbe, décida en effet de laïciser la charge de prince.

Stefan Mitrov Ljubiša (1822-1878)

Originaire de Budva, cet homme politique qui fut notamment député au Parlement de Vienne, a écrit de nombreux recueils de nouvelles encore très populaires aujourd'hui. Issu d'une famille modeste et paysanne, il s'est toujours senti très proche du monde paysan. Ses écrits, dans lesquels il dépeint de façon la plus réaliste qui soit la vie des Monténégrins au XIXe siècle, rassemblent de nombreux proverbes et éléments folkloriques des habitants du littoral. Parmi ses œuvres les plus importantes, citons *Récits du Monténégro et du littoral* paru en 1875, *Récits par Vuk Dojčević 1877-1879 et Kanjoš Macedonović*. Décédé à Vienne, Stefan Mitrov Ljubiša repose à Budva depuis 1885.

Marko Miljanov Popović (1833-1901)

Né à Medun, dans les environs de Pogorica, ce chef de tribu renommé pour ses qualités militaires et son patriotisme est l'auteur de nombreux contes et poèmes épiques célèbres dans la littérature nationale et d'autant plus remarquables que leur auteur n'a appris à lire et à écrire que tardivement, la cinquantaine passée ! Outre ses poèmes épiques, il a écrit trois œuvres importantes, toutes trois publiées après sa mort. La plus célèbre et la première à être publiée fut *Exemples d'humanité et de bravoure* (1901). Son deuxième ouvrage, publié en 1904, est un recueil de données historiques et ethnographiques sur le clan des Kući dont il était issu. Enfin, *Vie et coutumes des Albanais*, publié en 1908, offre une description de la vie quotidienne des Albanais catholiques qui habitaient non loin de sa tribu.

DÉCOUVERTE

MUSIQUE

Les deux instruments traditionnels du pays sont la flûte, jouée par les habitants des montagnes (les bergers) et surtout une vièle à une corde appelée gusle. Ce dernier instrument, à la technique de jeu rudimentaire et au son très mélancolique, est présent dans quasiment tous les pays des Balkans. Lors de la création de la Yougoslavie, il fut souvent évoqué dans les discours politiques comme élément rassemblant les Slaves du Sud pour construire une identité commune à tous les habitants de la région. Cependant, si une multitude d'Etats s'en sont approprié l'origine, le gusle est l'instrument du Monténégro par excellence.
Le Monténégro possède une riche tradition de chants épiques rapportant des faits d'armes glorieux face aux Ottomans et transmis oralement de génération en génération depuis le haut Moyen Age par des interprètes anonymes. La plupart de ces chants ont été rassemblés par le linguiste et ethnologue serbe Vuk Karadžić au XIXe siècle. Traditionnellement accompagnés du violon local (*gusle*), ces chants sont intimement liés à la longue lutte des Monténégrins pour leur liberté et leur indépendance et ont joué un rôle primordial dans la préservation d'une identité commune. L'un des interprètes les plus doués et les plus illustres de ces chants fut Petar Perunović Perun qui, au début de la Première Guerre mondiale, se rendit aux Etats-Unis afin de motiver le patriotisme de ses compatriotes émigrés.

PEINTURE ET ARTS GRAPHIQUES

Hormis quelques peintres baroques qui peignirent essentiellement des navires et des portraits dans les bouches de Kotor, la peinture monténégrine s'est principalement inspirée des traditions religieuses jusqu'à la fin du XIXe siècle. Les monastères de Piva et de Morača, notamment, abritent les joyaux de cet art religieux. Les œuvres des plus grands artistes monténégrins et yougoslaves des XIXe et XXe siècles sont quant à elles exposées au Musée national d'Art de Cetinje.

La peinture religieuse

Les fondements de l'expression picturale nationale remontent à la grande tradition médiévale de la peinture d'icônes et de fresques religieuses qui connut son âge d'or au Monténégro au XVIIe siècle. L'une des premières grandes figures de la peinture religieuse à avoir exercé dans le pays fut Georgije Mitrofanović (XIe siècle), un frère originaire du monastère de Chilandari (ou Hilandar), au mont Athos (nord de la Grèce).

A l'origine d'une partie des peintures du monastère de Morača, il eut une influence sur ses successeurs, en particulier Kyr Kozma. Originaire des environs de Berane, le prêtre Strahinja (fin XVIe-début XVIIe) figure également parmi les peintres illustres du pays. Particulièrement actif, il avait pour habitude de signer ses œuvres et on a ainsi pu retracer ses quarante années d'activités à travers l'ensemble du pays. Il a notamment travaillé au monastère de Piva, de Pljevlja, de Morača, de Gradište et dans l'église Saint-Nicolas de Podvrh. Considéré comme le peintre le plus doué du XVIIe siècle, Kyr Kozma commença sa carrière au monastère de Gradište. Là, il travailla, aux côtés du père Strahinja, sur les fresques de l'église Saint-Nicolas. On peut aujourd'hui voir ses plus belles œuvres dans les monastères de Piva et de Morača. A l'origine des peintures ornant l'intérieur de l'église Notre-Dame de Škrpjela, au large de Perast, Tripo Kokolja (1661-1713) marqua l'apogée du baroque dans la peinture monténégrine. Enfin, pour être complet, il faut citer la famille des peintres Dimitrijević-Rafailović. Cette famille, qui donna onze peintres sur cinq générations, exerça de la fin du XVIIe siècle au milieu du XIXe siècle, principalement dans les bouches de Kotor. On estime qu'ils produisirent plusieurs milliers d'icônes et plusieurs dizaines d'iconostases, non seulement au Monténégro mais également en Herzégovine. Aujourd'hui on peut voir plusieurs de leurs icônes au Musée municipal d'Herceg Novi.

La peinture contemporaine

Ce n'est véritablement qu'au XXe siècle, et en particulier dans la période de l'entre-deux-guerres, que le Monténégro voit émerger des artistes locaux dont la renommée dépasse les frontières nationales. Le premier d'entre eux fut Anastas Bocarić (1864-1944). Formé en Grèce à Athènes, il exerça à Cetinje où il réalisa principalement des portraits de ses contemporains dans un style académique.
Après la Première Guerre mondiale, de jeunes talents monténégrins partent à Belgrade, le centre du nouvel Etat, où ils sont encouragés à se former, notamment à l'étranger. Parmi eux, Petar Lubarda (1905-1974), le peintre monténégrin le plus éminent, avec Branko Filipović, dont la renommée dépassa largement les Balkans. Né à Cetinje, il fit ses études à l'Ecole des beaux-arts de Paris où il gagna le Grand Prix de l'Exposition internationale de 1937. Après la guerre, il créa la première école d'art au Monténégro et, dès 1951, organisa deux expositions à Paris. Il donna aussi des cours d'art pictural dans les plus grandes institutions. Ses compositions oniriques, mêlant thèmes expressionnistes et images post-modernes, l'ont très vite distingué de ses pairs des années 1950. Deux autres peintres importants de cette génération furent Pero Poček (1878-1963) et Milo Milunović (1897-1967).
Parmi les peintres actuels, citons Vojo Stanić (1924, Podgorica), un peintre et sculpteur installé à Herceg Novi et dont les œuvres furent exposées à la Biennale de Venise de 1996, Dimitrije Popović (1951, Cetinje), dont les peintures sont fortement influencées par les maîtres de la Renaissance et enfin Miodrag-Dado Djurić (1933-2010), un artiste qui vécut en France dans les années 1950-60, qui fut très proche de Jean Dubuffet et dont les œuvres sont notamment exposées à Washington, Amsterdam, New York, Bruxelles et Paris (au Beaubourg). Le musée d'Art national de Cetinje abrite quelques-uns de ses premiers travaux. Pour plus d'info, rendez-vous sur le site en français du Syndrome Dado, son « anti-musée » virtuel : www.dado.fr

THÉÂTRE

Le développement du théâtre au Monténégro est en grande partie dû au roi Nicolas Ier. En 1883, il fonda en effet la première troupe de théâtre amateurs du pays. Quelques années plus tard, celle-ci interprétait *L'Impératrice des Balkans*, un drame en vers écrit par le roi en personne. Le premier théâtre du pays, installé à Cetinje, fut inauguré dans les années 1890. Au début du XXe siècle, onze troupes de théâtre œuvraient à travers le pays et après la Seconde Guerre mondiale, de nouveaux théâtres ouvrirent leurs portes à Kotor, Nikšić, Pljevlja, Podgorica et Berane. Aujourd'hui, le pays compte deux troupes professionnelles ainsi que quelques troupes d'amateurs.

Retrouvez le sommaire en début de guide

Festivités

Les dates données ici le sont à titre indicatif, les festivals et fêtes traditionnelles pouvant changer d'une année à l'autre. Pour connaître les dates précises, se renseigner auprès des offices du tourisme sur place, ou consultez les sites web des organisateurs.

Février

■ **CARNAVAL D'HIVER DE KOTOR**
KOTOR (КОТОР)
Concerts, bal masqué, carnaval et représentations théâtrales pendant dix jours. Vers mi-février.

■ **LASTOVSKI FESTIVAL**
DONJA LASTVA (ДОЊА ЛАСТВА)
Fêtes de Donja Lastva, près de Tivat avec représentations artistiques et danses folkloriques. C'est habituellement le deuxième samedi de mois.

Mars

■ **ŽUĆENICA FEST**
TIVAT (ТИВАТ)
Festival de la gastronomie monténégrine à Tivat.

Avril

■ **CARNAVAL DE BUDVA**
BUDVA (БУДВА)
Festivités pendant plusieurs jours, vers fin avril/début mai.

■ **JAZZ ART ASSOCIATION**
PODGORICA (ПОДГОРИЦА)
www.jazzartassociation.org
maja@jazzartassociation.org
Programmes divers durant tout le mois d'avril pour fêter le jazz : ateliers éducatifs, concerts, soirées littéraires, projections de films, expositions. La manifestation a lieu à Podgorica mais aussi dans d'autres grandes villes du pays.

Mai

■ **FÊTE DE LA CROIX DE VLADIMIR**
BAR (БАР)
Le 30 mai.
Cette croix est une précieuse relique conservée par la famille Androvič. Chaque année, elle est portée jusqu'au sommet du mont Rumija (près de Bar) à l'endroit où, selon la légende, se dressait autrefois une église et où se dresse depuis 2005 une église métallique (orthodoxe serbe) qui suscite de vives polémiques (voir l'encadré dans Bar).

■ **JOURNÉE DE LA JEUNESSE**
TIVAT (ТИВАТ)
Le 25 mai.
Concerts, bals et événements culturels. Une survivance de l'ex-Yougoslavie puisque c'est le jour de l'anniversaire de Tito, pour lequel on organisait des concerts et manifestations culturelles à destination de la jeunesse.

Juillet

■ **BIENNALE DE CETINJE**
CETINJE (ЦЕТИЊЕ)
Festival international d'art contemporain en juillet et août.

■ **FAŠINADA**
PERAST (ПЕРАСТ)
Le 22 juillet.
Procession rituelle de barques autour de l'île de Notre-Dame de Škrpjela à Perast. Et course de voiliers.

■ **FÊTE DES MYRTILLES**
PLAV (ПЛАВ)
Mi-juillet. Manifestation traditionnelle sportive et d'agriculture consacrée aux myrtilles, le produit phare de la région. Quelques jours de concerts, danses folkloriques, compétitions sportives, vente de miel, soirées littéraires...

■ **GRAD TEATAR**
BUDVA (БУДВА)
www.gradteatar.me
Représentations théâtrales, concerts de musique classique, chorales, soirées littéraires organisées à Budva durant tout le mois de juillet et une partie du mois d'août.

■ **MONTENEGRO TROPHY JEEP RALLY**
NIKŠIĆ (НИКШИЋ)
✆ +382 0 40 212 509
✆ 069 071 250
✆ 067 747 447
www.monttrophy.me
monttrophy@t-com.me
Annuellement es 25 et 26 juillet.
Course de Jeeps sur des routes de gravier à travers des régions les plus reculées de la montagnes monténégrines.

Août

■ NUIT DE LA PÊCHE (ULCINJSKA NOĆ)

ULCINJ (УЛЦИЊ)

A Ulcinj, danses folkloriques, concerts, dégustation de poisson et de vin.

■ NUIT DES BOUCHES (BOKELJSKA NOĆ)

KOTOR (КОТОР)

Annuellement fin août.

C'est un carnaval pendant lequel défilent les bateaux les mieux décorés. L'imagination du plus créatif est récompensée de 4 000 €. Durant toute la nuit, des effets de lumière, des éclairages spéciaux et des animations attendent les citoyens et les touristes pour que leur visite de Kotor soit un plaisir. Le feu d'artifice final est suivi de fêtes dans la vieille ville jusqu'à l'aube.

■ SONICA DANCE FESTIVAL

ULCINJ (УЛЦИЊ)

www.sonica-dance-festival.eu

info@sonica-dance-festival.eu

Un rassemblement transculturel annuel qui célèbre la paix, l'amour, la liberté, mais surtout la musique et l'art. Pour le 10e anniversaire du festival les organisateurs promettent 6 jours continus de musique entre les 12 et 17 août 2015.

Les amateurs de musique électronique (techno, chill-out, downtempo, dub...) trouvront leur bonheur pendant 4 jours sur la longue plage de sable fin Kopakabana, près d'Ulcinj. Des navettes sont organisées par le promoteur depuis l'aéroport de Podgorica et du port de Bar. Sonica est une organisation italienne « Reloaded ». Il s'agit d'une version plus modeste du fameux festival Exit en Serbie.

Novembre

■ RENCONTRES SOUS UN OLIVIER

BAR (БАР)

Annuellement en novembre depuis 1987.

Manifestation traditionnelle consacrée à la créativité des enfants.

Décembre

■ FESTIVAL DU VIN ET DES ABLETTES

VIRPAZAR (ВИРПАЗАР)

Fête gourmande fin décembre à Virpazar.

■ JOURNÉES DE LA CULTURE

PODGORICA (ПОДГОРИЦА)

Représentations théâtrales, concerts et soirées littéraires dans la capitale.

Cuisine monténégrine

La cuisine monténégrine, comme celle des pays voisins, est le reflet de l'histoire et de la situation géographique du pays. A la croisée des saveurs occidentales et orientales, influencée par la cuisine turque mais également italienne, elle est à la fois méditerranéenne et montagnarde. Ainsi, on y trouve aussi bien des plats rustiques, riches en calories pour l'hiver, que des préparations plus légères, typiquement méditerranéennes.

PRODUITS CARACTÉRISTIQUES

La cuisine monténégrine du littoral diffère de celle de l'intérieur du pays. Sur la côte Adriatique, les ingrédients entrant dans la préparation des plats sont ceux que l'on retrouve un peu partout dans les pays méditerranéens, c'est-à-dire les tomates, les courgettes, les aubergines, les poivrons, l'huile d'olive et le poisson. Le vin y est également un incontournable. De même, la cuisine « bocquaise » (des bouches de Kotor), beaucoup influencée par son passé vénitien, diffère de celle de Bar et Ulcinj, villes occupées par des Ottomans. Pour découvrir les spécialités des bouches de Kotor, vous pourrez lire « Pour votre plaisir » (15 €) de Dragan Peričić, le propriétaire francophone d'un restaurant de poisson, près de Tivat (068 541 788).

Dans les environs du lac de Skadar, la carpe, les anguilles et les ablettes (séchées) entrent fréquemment dans la composition des repas. Dans les régions montagneuses de l'intérieur et du nord du pays, les pommes de terre, les choux, les oignons et les produits laitiers figurent en tête des ingrédients les plus utilisés. Le kajmak, spécialité balkanique faite avec la crème du lait, est un ingrédient de nombreux plats (attention, c'est très calorique). Les produits phares du pays, originaires de la région de Cetinje (le village de Njeguši), ce sont le jambon séché à l'air libre puis fumé (pršut) et le fromage de chèvre (sir) dits « njeguški ». En saison, les champignons sauvages sont également appréciés, de même que les herbes et fleurs sauvages utilisées pour la tisane. Plus globalement, les habitudes alimentaires des Monténégrins sont marquées d'influences italiennes et turques. L'influence italienne se ressent notamment dans la préparation du pain, du vin, du fromage et des jambons fumés.

L'une des façons traditionnelles de cuire le pain, la viande et le poisson consiste à déposer un large couvercle de métal (connu sous le nom de *sač*) sur les ingrédients puis à recouvrir ce couvercle de charbon ardent.

D'une façon générale, les plats sont élaborés à partir de produits de qualité issus de petites exploitations, pour la plupart biologiques (rappelons que le Monténégro est proclamé pays écologique). Les animaux étant la plupart du temps élevés en plein air, les viandes servies dans les restaurants sont le plus souvent d'excellente qualité. Enfin, on peut dire que les Monténégrins sont de grands carnivores : dans les restaurants, par exemple, les côtelettes de porc sont fréquemment servies par lots de quatre, voire cinq tranches !

Plats typiques

- **Kaštradina :** bien que les voisins prétendent être une spécialité croate de l'île de Krk, le travers de mouton fumé est bien originaire du Monténégro. Dans les restaurants, elle est souvent servie avec diverses variétés de chou.
- **Raštan :** plante verte de la famille des choux que l'on mijote avec des saucisses, du lard fumé, des carottes et des pommes de terres. Un classique !
- **Popeci** : escalopes de veau ou de porc farcies au fromage (ou au kajmak) et au jambon fumé, roulées puis panées. Les Popeci sont habituellement servis d'une sauce préparée avec de la crème fraîche, de la mayonnaise, de la moutarde et du persil. C'est une spécialité de Podgorica.

▸ **Kajmak :** spécialité typique des Balkans faite avec la crème caillée du lait et entrant dans la composition de nombreux plats (on peut également le manger tout simplement sur une tartine). Il existe une version purement monténégrine : skorup.

▸ **Ajvar :** salade composée de poivrons cuits, pelés, débarrassés de leurs graines puis moulus et frits. Attention, l'ajvar peut être parfois très épicé (*ljuti*) !

▸ **Ćevapčići :** petits cylindres de viande (hachée plusieurs fois) mélangée avec des oignons et grillée. Généralement accompagnés de pain et d'un assortiment de tomates, de concombres et d'oignons crus ou de frites.

▸ **Kačamak :** une purée de pommes de terre, de farine de maïs, de kajmak et de fromage à pâte dure. Un plat consistant et rustique. Celui de Kolašin possède la meilleure réputation. Plat typique de la Serbie également.

▸ **Cicvara :** purée composée des mêmes ingrédients que le *kačamak* mais sans les pommes de terre.

▸ **Priganice :** beignets dorés servis avec du miel (en entrée, et pas en dessert).

▸ **Pljeskavica :** viande de bœuf et de porc présentée sous la forme d'un large et mince steak haché. Généralement servi avec un morceau de pain rond, des oignons crus et une salade de légumes frais. Peut être assaisonné de kajmak. On en mange aussi beaucoup en Serbie.

HABITUDES ALIMENTAIRES

Composition des repas

▸ **Les soupes :** elles sont généralement servies en entrée du principal repas de la journée, c'est-à-dire celui du midi. Les Monténégrins font la distinction entre les soupes légères de légumes, appelées supa et les soupes épaisses composées de morceaux de viande/poisson, de bouillon et de riz ou de pâtes, désignées par le terme de *čorba*. Dans les bouches de Kotor, c'est le brodet qui est à l'honneur (soupe de poisson moins épaisse que la čorba).

▸ **Les salades composées** sont pour l'essentiel composées d'un mélange de tomates, concombres, oignons, poivrons et olives ou alors de chou cru coupé en fines lamelles. Que ce soit au restaurant ou chez eux, les Monténégrins en consomment quasiment à chaque repas, en accompagnement du plat principal (et non en entrée, comme on en a l'habitude en France). Toutefois, dans certains restaurants, on vous demandera de préciser à quel moment vous souhaitez votre salade.

Le gâteau de Perast

C'est une spécialité aux amandes dont l'origine date du milieu du XVIIe siècle, liée à la cérémonie d'investiture lorsqu'un nouveau commandant était nommé à la tête de la ville de Perast. A la fin de la cérémonie, on présentait un bâton de commandement ainsi qu'un gâteau confectionné par les dames de la ville. C'est la plus belle fille, toute vêtue de blanc, qui offrait le gâteau au commandant, ainsi qu'un bouquet de fleurs sauvages cueillis par les plus jolies filles des bouches de Kotor.

▸ **Les fromages :** les Monténégrins n'ont pas l'habitude de manger des fromages « faits » comme en France. Ils consomment plus des fromages blancs de vaches en accompagnement ou des salades, alors qu'en entrée ou en apéritif ils savourent le fromage fumé Njeguški, un des deux produits phares avec le jambon du même nom (la version monténégrine du jambon de Parme). Dans la partie centrale et méridionale du pays, les fromages sont parfois baignés dans de l'huile d'olive avant d'être consommés.

▸ **Les desserts :** les baklavas (feuilletés aux noix et à l'huile) et les tulumbe (morceaux de pâte de forme cylindrique frits et baignés de sirop) figurent parmi les desserts les plus répandus dans le pays et les plus fréquemment proposés dans les restaurants. Les crêpes sucrées sont également appréciées.

Les boissons

▸ **Les vins.** Le pays produit à la fois des vins rouges et des vins blancs. Le vranac, un vin rouge robuste avec une belle couleur rubis, est le plus réputé. Il est produit sur les pentes du lac de Skadar (Crmnica). Le vranac pro corde, qui contient une plus grande concentration de proanthocyanidols, aurait une action bénéfique sur le cœur. Le vin blanc krstač, lui aussi produit à Crmnica, est également un classique.

Les bières. Les Monténégrins sont d'assez grands consommateurs de bières. La Nikšićko (de la ville de Nikšić), légère et ambrée, est la plus répandue. Elle est produite depuis 1896 et est servie, claire ou brune, en bouteille ou en pression.

Les alcools forts. L'un des alcools forts les plus consommés est la rakija, un terme générique qui désigne l'eau-de-vie traditionnelle des Balkans. Le plus souvent à base de prunes (šljivovica) ou de raisins (loza), cette eau-de-vie incolore est bien souvent préparée de façon artisanale, par les familles elles-mêmes. Les anciens la consomment généralement avec un café, voire le matin le ventre vide ce qui assurerait la longévité. Celle commercialisée sous le nom de kruna est un peu plus raffinée que la moyenne (elle est distillée dans un alambic en cuivre). Une autre est connue sous le nom de crnogorski prvijenac. Medovina est encore une eau-de-vie à découvrir. C'est une sorte d'hydromel très sucré et peu alcoolisé, consommé en apéritif ou en digestif. Živjeli (santé) !

Le café. Il se boit en fin de repas comme à toutes les pauses de la journée. Résultat : les terrasses sont presque toujours pleines. Dans les familles et les kafana (cafés traditionnels), il est généralement servi à la manière turque dans de toutes petites tasses (turska ou domaća). Dans les grandes villes, l'espresso et les capuccinos sont en revanche devenus la norme.

Jus de fruits. Le jus de grenade (*sok od šipka*) est répandu dans le sud du pays. Les familles ont l'habitude de le confectionner elles-mêmes.

Les restaurants

Les restaurants servent pratiquement non-stop et il est généralement possible de se restaurer à tout moment de la journée. Tous les villes et villages abondent en petits restaurants (*kafana*), des fast-food et grill (*roštilj*) où l'on peut manger sur le pouce et pour trois fois rien des plats roboratifs tels que pizzas, sandwichs, crêpes salées farcies, kebabs, ćevapčići, blanc de poulet grillé et pljeskavica. De plus en plus nombreuses, les *konoba* sont des tavernes typiques de la côte que l'on trouve de plus en plus à l'intérieur du pays, souvent construites traditionnellement en pierres et en bois, avec des bancs au lieu des chaises, avec une grande cheminée au milieu appelée *ognjište*. On y sert une cuisine traditionnelle « *ispod sača* » (mijoté sous couvercle). La capitale et l'ensemble du littoral comptent de très nombreux restaurants, mais peu sont haut de gamme (nous recommandons « Ćatovića Mlini » à Morinj et « Galion » à Kotor). Notons aussi deux autres découvertes gastronomiques : « Grand » à Ulcinj et « Vino Santo » près de Tivat.

La majorité des adresses du littoral et autour du lac de Skadar proposent sur leur carte des fruits de mer et du poisson frais. Celui-ci est en général frais et de bonne qualité. A l'intérieur du pays, et en particulier dans les zones montagneuses, les plats proposés par les restaurants sont généralement très simples mais élaborés à partir de produits locaux, frais et délicieux. Viandes grillées, truites, soupes, divers potages et assiettes de charcuterie et de fromage y forment l'essentiel des menus.

Les cafés traditionnels (*kafana*), qui se distinguent par leur décor souvent sommaire et où l'on sert le café à la turque, des alcools mais comme on l'a vu, parfois aussi de la nourriture, sont malheureusement en voie de disparition dans les villes car ils n'attirent plus les jeunes. Les cafés modernes sont en revanche très nombreux et toujours très fréquentés, surtout par les jeunes.

Les prix : si les restaurants du littoral sont un peu plus chers que ceux du reste du pays, leurs prix n'en restent pas moins raisonnables en comparaison de ceux pratiqués en Europe occidentale. Le prix moyen d'un repas avec boisson, plat et salade composée tourne aux environs de 10 € ! Il est à noter que le pain est quasiment toujours payant, si vous n'en souhaitez pas, il faut le préciser car il est servi automatiquement. Quant au pourboire, s'il n'est pas obligatoire, il est toujours apprécié.

Les Monténégrins ont l'habitude de laisser quelques pièces de monnaie, juste pour arrondir la note.

Étal de fruits sur un marché

RECETTES

Balšića tava

Ingrédients. 1 kg de veau (sans os), 100 g de carottes, 100 g d'oignons, ½ bouquet de persil, une feuille de laurier, une pincée de sel, 3 œufs, 200 g de crème aigre (on peut la remplacer par de la crème fraîche à laquelle on aura ajouté du jus de citron), 5 dl de lait.

Préparation. Couper la viande en morceaux (environ 2 morceaux par portion de 100 g) et la faire cuire avec les légumes. Saler et égoutter la préparation une fois cuite. La verser dans un plat beurré, puis la mettre au four pendant 8 à 9 minutes. Pendant ce temps, préparer la sauce avec les œufs, le lait et la crème. La verser sur la viande. Remettre la viande au four pendant 5 minutes. Enlever du four, parsemer de persil et servir dans des bols.

Ragoût de poisson à la mode de Kotor

Ingrédients. 1-1,5 kg de sprat (poisson proche du hareng) ou d'anchois, 500 g d'oignons, de l'huile d'olive, du vin blanc, du céleri, de l'ail, du persil, du sel, du poivre rouge.

Préparation. Couper les oignons en lamelles et les faire cuire dans une poêle avec 2 dl d'huile d'olive jusqu'à ce qu'ils deviennent moelleux. Ajouter le céleri, le persil, le poivre rouge et l'ail. Déposer le poisson sur cette préparation et arroser de vin blanc. Faire bouillir puis laisser cuire à feu très doux environ deux heures.

Kačamak

Ingrédients. 1 kg de farine de maïs, 2/3 kg de pomes de terre, kajmak, fromage à pâte dure, yaourt, sel.

Préparation. faire cuire des pommes de terre dans de l'eau salée. Une fois cuites, les laisser dans leur eau, verser de la farine de maïs (1 kg de farine environ pour 2-3 kg de pommes de terre) dans la casserole et laisser cuire à feu doux pendant 30 minutes environ. Remuer régulièrement. Une fois cette pâte cuite, retirer l'eau restante et écraser les pommes de terre à la main pour en faire une purée. Dans un autre récipient, mélanger du kajmak et du fromage à pâte dure préalablement réduit en morceaux. Verser cette préparation sur la purée chaude et bien mélanger. Servir avec du yaourt.

Carpe à la poêle

Ingrédients. Une carpe de 2,5-3 kg, 2 kg d'oignons, 250 g de prunes séchées, 1 pomme acide, un coing, une petite cuillère de poivre rouge, 125 g de purée de tomate, une petite cuillère de sucre en poudre, 4 petites cuillères de vinaigre de vin, 3 petites cuillères de farine, 2 verres d'eau, 50 cl d'huile.

Préparation. Couper la carpe en deux, la saler et la faire cuire à la poêle. Parallèlement, faire cuire les oignons coupés en lamelle dans de l'huile. Après environ 5 minutes de cuisson, ajouter l'un après l'autre la farine, le poivre rouge, la purée de tomates, les deux verres d'eau, les prunes (préalablement trempées dans de l'eau bouillante), la pomme et le coing coupés en petits morceaux, le sucre et le vinaigre. Saler autant que nécessaire. Quand la carpe est cuite, verser cette mixture dessus et mettre au four pendant environ une demi-heure.

Gastronomie nationale.

Jeux, loisirs et sports

A la fois pays de montagnes et bordé par la mer, le Monténégro bénéficie d'un énorme potentiel en matière d'activités de plein air et de sports extrêmes. Les agences de voyages spécialisées, les clubs et infrastructures y sont déjà bien développés et les amateurs de vacances sportives n'auront aucun mal à trouver leur bonheur.

DISCIPLINES NATIONALES

Le football, bien évidemment, mais également le water-polo, le basket-ball et le handball, figurent en tête des sports collectifs les plus populaires et les plus pratiqués du pays. Etant donné la taille moyenne des Monténégrins, il n'est pas vraiment étonnant que le basket-ball soit aussi apprécié des jeunes et, partout dans le pays, jusque dans les endroits les plus reculés, on peut voir des paniers de basket implantés au milieu d'un jardin ou d'un terrain vague.

Le water-polo est aussi très pratiqué dans le pays. Ce sport est non seulement inscrit dans les programmes scolaires mais aussi l'occasion de joutes aquatiques endiablées, dès le mois d'avril, entre garçons de deux ports de pêche différents. En water-polo, l'équipe nationale masculine remporte le championnat d'Europe de 2008 et la Ligue mondiale de 2009. De même que le club Primorac gagne l'Euroligue en 2009 et le Vaterpolo Akademija Cattaro le trophée LEN en 2010. En handball, la sélection monténégrine féminine remporte une médaille d'argent aux Jeux olympiques de Londres en 2012 et en décembre de la même année, elle est sacrée pour la première fois championne d'Europe, battant en finale la Norvège. Le club féminin de handball du ŽRK Budućnost Podgorica est vainqueur de la Ligue des champions en 2012.

Parmi les loisirs populaires, on peut citer la pêche, favorisée par de nombreuses associations locales. Quasiment toutes les villes de l'intérieur du pays possèdent leur association de pêche. Enfin, plus cocasse, les jeux de boule (*boćanje*) sont également appréciés dans les bouches de Kotor et dans les environs de Budva. Tivat, Herceg Novi, Budva, Kotor, mais également Podgorica, qui possèdent chacune leur propre terrain d'entraînement.

ACTIVITÉS À FAIRE SUR PLACE

Alpinisme

Bien que de dimension modeste, les montagnes du Monténégro présentent des terrains variés et peuvent faire l'objet de belles ascensions. Les alpinistes y trouveront de nombreux couloirs, cirques, aiguilles ainsi que des sommets aux formes parfois inhabituelles. Le massif du Durmitor, avec ses 48 sommets au-dessus de 2 000 m, constitue le centre de l'alpinisme monténégrin. C'est ici que s'élève le plus haut sommet du pays, le mont Bobotov Kuk (2 522 m). Les massifs du Prokletije et du Komovi, proches de l'Albanie, peuvent eux aussi être l'objet d'ascensions intéressantes. À Kolašin, vous pouvez allez chez Explorer, l'agence touristique dont le propriétaire est instructeur d'alpinisme : www.explorer.co.me.

- Principaux clubs d'alpinisme. PSK Durmitor à Žabljak, PK Gorica ou PSK Komovi à Podgorica (www.komovi.org.me), PSK Javorak à Nikšić, PK Subra à Herceg-Novi (www.pksubra.me), PK Pestingrad à Kotor, PK Bjelasica à Kolašin, PK Prokletije à Plav (www.psd-prokletije.org).

Équitation

Le Monténégro ne possède pas beaucoup de clubs d'équitation (www.kutak.t-com.me/konjicki_klub, SKK Monténégro près de Podgorica : ✆ +382 67 505 198, Konjički Centar Budva : ✆ +382 69 727 849, Etno Selo : ✆ +382 67 209 049) et rares sont les agences à proposer cette activité. Pour une découverte du pays à cheval, se renseigner auprès de l'agence Vila Jelka ou Explorer à Kolašin ou Anitra à Nikšić. Ces agences proposent chacune des randonnées à cheval à travers le pays. On pourra faire des promenades en cheval dans la montagne à Njeguši ou sur la plage de sable à Ada Bojana (site naturiste) où l'on pourra également faire une promenade en calèche (compter environ 10 € pour une demi-heure ; le même prix pour 1h d'équitation).

Kayaking

L'agence Adventure Montenegro de Kotor s'est spécialisée dans cette activité et propose des forfaits intéressants pour des petits groupes : www.adventuremontenegro.com. Depuis 2012, la pratique récréative du kayak (version en eau plate) est proposée même sur le Lac de Skadar. Embarquement possible à Vranjina, Virpazar et Rijeka Crnojevića. Pour une descente en kayak dans les eaux vives, contactez le club Morača de Podgorica : www.kkmoraca.webs.com

Parapente

La pratique de ce sport au Monténégro est assez récente puisque la première compétition officielle de parapente a été organisée dans la première moitié des années 1990. Aujourd'hui, quelques clubs spécialisés et agences de voyages proposent cette activité et les amateurs pourront envisager, de mars à fin octobre, de beaux vols en tandem. Le site de décollage le plus réputé est celui de Brajići, situé à 760 m d'altitude (avec atterrissage sur la plage de Bečići). Un autre site intéressant est celui de Vrmac (550 m), entre Kotor et Tivat. Il faut signaler aussi Dizdarica (850 m), au-dessus de Herceg Novi (atterrissages sur les plages d'Igalo ou de Zelenika), Vrsuta (1187 m), au-dessus de Sutomore, Buljarica (670 m) et, la cerise sur le gâteau, la montagne du Lovćen (1 660 m) avec atterrissage à Kotor (la vue sur les bouches est unique).

▶ Les agences spécialisées dans les sports de plein air Jelka Tours et Montenegro Explorer, toutes deux implantées à Kolašin, proposent également des vols en parapente.

Plongée sous-marine

La côte adriatique est bien évidemment propice à la pratique d'activités nautiques, notamment de la plongée. Les amateurs de plongée sous-marine pourront ainsi trouver une dizaine de clubs très actifs à Ulcinj, Sveti Stefan et Bijela, entre autres. Outre la richesse de la flore et faune marine, le littoral monténégrin contient de nombreuses épaves de bateaux. On peut y trouver notamment un navire autrichien non loin d'Ulcinj, un autre navire autrichien datant de la Première Guerre mondiale près de Bar et un destroyer de la Seconde Guerre mondiale (le *Zenta*) près de Petrovac. Les bouches de Kotor, avec ses nombreuses grottes dans les falaises de calcaire, offrent également un beau terrain d'aventures. La profondeur moyenne y est d'une trentaine de mètres, la température de l'eau 15 °C l'hiver, salinité 36 %.

Rafting

Avec ses nombreuses rivières et ses neuf canyons, le Monténégro offre un terrain idéal pour la pratique du rafting et cette activité est déjà bien implantée dans le pays. Quasiment toutes les agences de voyages locales proposent des excursions en rafting dans le canyon de la Tara et quelques agences en ont même fait une spécialité. La rivière de la Tara étant relativement paisible, ces excursions sont accessibles à tous, même aux débutants. Le canyon de la Piva figure également sur la plupart des brochures des agences locales. Réputé dangereux, celui de la Morača est plus rarement proposé. La meilleure période est avril et mai à cause de la fonte des neige, juin/juillet modéré, août/septembre : calme. L'agence Montenegro Adventures de Podgorica peut aider : www.montenegro-adventures.com ou encore Explorer ou Jelka Tours de Kolašin.

▶ Pour connaître les coordonnées des agences proposant cette activité, se référer au chapitre sur le parc national du Durmitor, Canyon de la Tara.

Randonnées

Essentiellement montagneux le Monténégro offre d'innombrables possibilités de randonnées, des plus faciles aux plus ardues. Le massif du Durmitor est la zone la plus fréquentée des randonneurs et aussi la plus facile d'accès. A partir de Žabljak, on peut y effectuer des randonnées d'une ou deux journées, dans de superbes paysages et ce, sans équipement particulier (du moins en juillet et en août). L'ensemble du massif est bien balisé et l'on peut trouver plusieurs cartes détaillées dans les boutiques et hôtels de Žabljak.

Le CT-1, sentier transversal reliant les principaux massifs montagneux du pays d'est en ouest, peut faire l'objet d'un beau trekking (moins d'une semaine). D'une longueur totale de 120 km, il part de Veruša, près de l'Albanie, traverse le massif du Komovi, de Bjelasica, le parc de Biogradska Gora, pour se terminer à Žabljak, dans le parc du Durmitor.

Enfin, la transversale Orjen-Lovćen-Rumija traverse les chaînes du littoral, de l'Albanie à la frontière croate. D'une longueur totale de 138 km et divisé en six sections, ce chemin de randonnée a été dessiné par l'Association monténégrine des montagnards avec le support des clubs locaux de montagne. Magnifiques chemins, presque toujours en altitude, cette « route » ne présente pas de difficultés importantes et, avec un peu d'entraînement, est accessible à tous.

D'une manière générale, tous ces chemins sont très bien balisés (ronds, rouges et blancs) signalés depuis les routes par des panneaux verts (« *planinska staža* ») pour les grands sentiers et de petits panneaux jaunes (avec les temps théoriques) depuis les petites routes en altitude. Très dynamiques, les associations locales de randonnée vous aideront et vous pourrez même les accompagner dans leurs sorties. Leurs coordonnées figurent dans les pages des localités concernées. Une agence familiale de Kotor propose de forfaites intéressants : www.adventuremontenegro.com. Une autre, Rams travel de Bijelo Polje, a traduit son site en français : www.ramstravel.co.me.

Ski

Les principales stations de ski du Monténégro sont situées dans le Durmitor et dans le massif de Bjelasica. La plus connue étant Kolašin, mais il y a aussi Lokve, sur la montagne de Cmiljevica à 15 km de Berane, qui vient d'être réaménagée, tout comme Vučje à 20 km de Nikšić sur le plateau de Krnovo ou encore Turjak, dans le nord du pays à quelques kilomètres de Rožaje. Si le nombre de pistes y est relativement limité, la neige n'y fait en revanche quasiment jamais défaut. Les plus expérimentés pourront pratiquer des randonnées à ski en hiver et parfois jusqu'au printemps dans le Durmitor, à Bjelasica ou encore dans le massif du Komovi. Le snowboard a fait son apparition récemment dans le Durmitor et les amateurs de ce sport trouveront un club à Žabljak (seconde station après Kolasin).

Vélo / VTT / Mountainbike

Le relief du pays, l'état des routes, leur étroitesse et l'imprudence de certains conducteurs locaux ne facilitent pas ce genre de déplacement. Malgré cela, ceux qui ne craignent pas les côtes interminables peuvent tout à fait parcourir le pays à vélo. Quelques agences de voyages, notamment à Žabljak (Summit) et Kolašin (Explorer et Vila Jelka), proposent par ailleurs des excursions en vélo tout-terrain.

- Certes, pratiquer le VTT au Monténégro suppose un peu d'entraînement et une bonne condition physique car étant donné le relief, c'est sportif ! Mais le jeu en vaut la chandelle. En plein développement, ce sport, plus que de la balade ici, se structure. Et si de plus en plus d'agences proposent la location de vélos, des circuits ont été créés et balisés. En l'occurrence 17 circuits, du nord au sud, pour un total de 1 700 kilomètres, que l'on peut tronçonner à sa guise. Pour en avoir un aperçu, un dépliant est disponible dans les offices de tourisme. Les départs sont signalés par les mêmes panneaux jaunes en montagnes que pour la randonnée à pied, avec des pictogrammes « vélo » lorsque celle-ci est accessible en vélo. Pour bien préparer son itinéraire, plusieurs sites s'y consacrent : www.biketours.com/montenegro
- www.spiceroads.com/tours/montenegro
- www.responsibletravel.com
- www.hookedoncycling.co.uk/cycling-montenegro
- www.balkansgeotourism.travel
- A noter que le site national du tourisme (www.montenegro.travel) propose les routes détaillées et même les points GPS des parcours. Avec cette technologie, plus possible de se perdre…

Voile et planche à voile

Presque toutes les villes du littoral possèdent au moins un club de voile et/ou de planche à voile. Ada Bojana, près d'Ulcinj, est connu pour ses conditions météorologiques particulièrement favorables à la pratique de la planche à voile et du kitesurf.

Enfants du pays

Marina Abramović

Artiste contemporaine faisant partie du courant artistique de l'Art corporel, d'origine monténégrine née à Belgrade. En 2011, elle a représenté le Monténégro à la Biennale de Venise avec un projet « Marina Abramović Community Centar Obod Cetinje ». Son idée c'est de réhabiliter le complexe de l'usine Obod, fermée il y a longtemps, et de le transformer en centre culturel multidisciplinaire couvrant des domaines variés : film, théâtre, danse, production vidéo, musique, opéra...

Rambo Amadeus

Né en 1963, ce musicien fait partie des figures emblématiques de la scène musicale alternative des Balkans. Installé depuis longtemps en Serbie mais originaire du Monténégro (Kotor), il est l'auteur de plus d'une dizaine d'albums au style éclectique combinant rock, jazz, rap et techno. Artiste complet, à la fois guitariste, auteur, chanteur, comédien, compositeur et leader de groupes des plus atypiques, il s'est rendu célèbre par ses paroles provocantes, souvent satiriques et ses actes imprévisibles, qui ont fait de lui un personnage culte. Rambo Amadeus, de son vrai nom Antonije Pušić, est également ambassadeur de l'Unicef pour le Monténégro.

Milo Đukanović

Né en 1962 à Nikšić dans une famille de la classe moyenne supérieure, Milo Đukanović est l'une des figures politiques les plus importantes de ces dernières années. Réformiste et pro-européen convaincu, il est considéré comme le père de l'indépendance du pays depuis le référendum du 21 mai 2006 qui a vu la victoire des indépendantistes. Membre dès 1979 du Comité central de la ligue communiste de la défunte Yougoslavie, il fait ses études à la faculté d'économie de Titograd où il obtient, en 1986, un diplôme en tourisme. Parallèlement à ses études, il progresse rapidement dans l'appareil du Parti et est nommé secrétaire de la présidence du Comité central en 1989. Elu député lors des premières élections législatives en 1990, il devient une année plus tard le plus jeune Premier ministre européen à l'âge de 29 ans. Président du Monténégro de février 1998 à novembre 2002, puis de nouveau Premier ministre de janvier 2003 à octobre 2006 et de nouveau de février 2008 à décembre 2010, Milo Đjukanović a longtemps soutenu Slobodan Milošević avant de rompre avec le président serbe en 1997. A partir de la chute de Milošević et jusqu'à l'indépendance du Monténégro, reconnue en juin 2006, il bataille pour l'indépendance au détriment de la Serbie. En juin 2006, il se nomme ministre de la Défense, ce qui lui vaut un concert de critiques de la part de différentes ONG. Homme d'affaires et politicien, considéré comme l'homme fort du Monténégro (même s'il n'est pas seul) ses détracteurs l'accusent d'avoir fait du pays sa propriété privée. Mais fin politicien, il est incontournable et après avoir abandonné Milošević, il a accueilli les réfugiés albanais chassés par l'armée serbe au Kosovo en 1999, geste apprécié des Européens. Le 4 décembre 2012, il devient de nouveau le président du gouvernement monténégrin. C'est le dirigeant européen demeuré le plus longtemps au pouvoir après le président de la Biélorussie Alexandre Loukachenko.

Dado Đurić

Peintre né à Cetinje en 1933, il fut l'un des plus importants représentants de la peinture figurative contemporaine. Installé en France depuis l'âge de 23 ans, il mourut en 2010 à l'hôpital de Pontoise. Il est enterré à Košćele, près de Rijeka Crnojevića. Comparé par de nombreux critiques à Dali et à Chagall pour sa contribution au surréalisme, il fut très proche de Jean Dubuffet. Il existe une monographie sur son œuvre : *Dado, l'univers sans repos* publié par l'historien d'art Alain Bosquet. Dans son pays natal, on peut voir quelques-uns de ses premiers travaux au musée d'Art national de Cetinje et dans la galerie Atelier Dado.

Pedrag Mijatović

Pedrag Mijatović est l'un des footballeurs monténégrins les plus connus. Joueur essentiel des années 1990, il a notamment donné la Coupe d'Europe des Champions au Real Madrid en marquant le but de la victoire. Né à Podgorica en 1969, il a entamé sa carrière dans l'équipe de Podgorica avant de rejoindre la fameuse équipe du FK Partizan de Belgrade en 1989. Au Valence FC de 1993 à 1996, puis au Real Madrid de 1996 à 1999, il a achevé sa carrière de joueur professionnel en 2002 dans l'équipe italienne de Fiorentina. Après avoir occupé les fonctions de directeur sportif du Real Madrid de 2006 à 2009, il a travaillé pour le club anglais de Chelsea et conseille le club d'Anzhi Makhachkala (il est notamment très impliqué dans le transfert de Samuel Eto'o chez le nouveau russe daghestanais).

Ljiljana Raičević

Ancienne conseillère municipale indépendantiste de la capitale monténégrine, Ljiljana Raičević est une féministe d'une cinquantaine d'années très connue dans le pays. Après avoir créé une ligne de SOS téléphonique pour les femmes victimes de violences domestiques en 1995, puis un foyer d'accueil pour ces femmes, elle a ouvert en 2000 une maison sécurisée destinée aux femmes victimes de trafic sexuel. En 2002, elle réussit à faire trembler le pouvoir monténégrin lorsqu'une jeune femme moldave, qui avait trouvé refuge dans son foyer, décide de témoigner. Ce témoignage conduira, en novembre 2002, à l'arrestation de l'adjoint au procureur de la République accusé de participer à un vaste réseau de proxénétisme. Depuis, elle ne cesse d'œuvrer pour la protection des femmes victimes de violences conjugales ou de réseaux de proxénétisme. Outre une aide médicale et juridique, elle sensibilise l'opinion et les pouvoirs publics au sort de ces jeunes femmes. Première femme du Monténégro à se voir décerner le titre de « Personnalité de l'année » par le magazine serbe *Vreme* en 2003, elle a reçu en 2006 le prix Ginette Sagan attribué par la branche américaine d'Amnesty International.

Dejan Savićević

Né le 15 septembre 1966 à Podgorica, Dejan Savićević est considéré comme l'un des plus grands footballeurs yougoslaves des années 1990. Il entame sa carrière professionnelle en 1982 au club Budućnost, l'un des deux clubs de la capitale monténégrine, Podgorica, avant d'intégrer le prestigieux club serbe « L'étoile rouge de Belgrade » en 1988 avec lequel il remporte une Coupe Intercontinentale, trois championnats de Yougoslavie consécutifs et la Ligue des Champions de 1991. Cette même année, il est élu deuxième Ballon d'Or (meilleur joueur européen) derrière Jean-Pierre Papin puis entre dans l'équipe italienne du Milan AC où il restera jusqu'en 1999. Vice-président de la Fédération de football de Serbie-et-Monténégro pendant plusieurs années, il est, depuis 2006, c'est-à-dire l'indépendance de son pays, le président de la Fédération de football du Monténégro.

Ivo Vizin

Le plus célèbre des marins, né à Prčanj dans une famille d'Istra (Croatie). Il a été le premier Slave à avoir traverser le monde avec son voilier *Splendido*, long de 30 m. En 1852 il partit du port d'Antverpen et arriva en Extrême-Orient l'année suivante. Pendant neuf ans, il traversa les 100 miles nautiques. A son retour, il reçut des mains mêmes de l'empereur Franz Joseph la plus haute décoration navale autrichienne, un drapeau blanc orné d'un aigle noir. Ivo Vizin est le seul marin à avoir reçu cette distinction. Celle-ci est visible dans la sacristie de l'église Bogorodičin Hram à Prčanj.

Filip Vujanović

Né à Belgrade en 1954 mais se considère comme un enfant de Nikšić. Il fut élu président du Monténégro en mai 2003. Après des études secondaires dans cette ville, il a achevé des études de droit à l'université de Belgrade en 1977. Juriste auprès de la première Chambre du tribunal de Belgrade puis conseiller technique auprès du parquet de Belgrade, il décide de rentrer au Monténégro en 1980 où il devient, deux années plus tard, le plus jeune avocat du pays. En 1989, il est élu à la tête de la Chambre des avocats du Monténégro. Il se consacre intensivement à son métier d'avocat jusqu'en 1993, date à laquelle il est nommé ministre de la Justice par le président d'alors, Momir Bulatović. Resté ministre de la Justice jusqu'en 1995, puis nommé ministre de l'Intérieur en 1996 et 1998, il devient Premier ministre en 1998 et est reconduit à cette charge en 2001. En mai 2003, il devient président du pays avec 63 % des suffrages. Il demeure en fonction après l'indépendance du pays en 2006 et est réélu à ce poste le 6 avril 2008. Il a remporté la nouvelle élection présidentielle le 7 avril 2013.

PODGORICA

Chevet de la cathédrale de Podgorica.

Podgorica (Подгорица)

Histoire

Située au croisement de plusieurs routes importantes, la région de Podgorica fut habitée dès la Préhistoire. La tribu illyrienne des Labeati y fonda une forteresse (Medun) à une dizaine de kilomètres de l'actuelle capitale aux IIIe et IV^esiècles av. J.-C puis, plus tard, une autre tribu illyrienne, celle des Docleati, s'y établit à son tour et fonda la cité de Duklja. Située à un peu moins de 4 km de la ville actuelle, cette cité est considérée comme l'ancêtre de Podgorica. Lorsque les Romains arrivent dans la région, ils décident d'y établir une nouvelle ville, Birziminium. Erigée au confluent de deux rivières (Ribnica et Morača), cette ville devient un centre d'échanges commerciaux sur la route caravanière reliant l'actuelle Shkodra, au nord de l'Albanie, et Neroni (aujourd'hui Vid), en Croatie. La découverte des ruines d'un aqueduc romain long de 6 km témoigne de l'importance du site : cet aqueduc partait des sources de la Ribnica pour se diriger vers la ville d'aujourd'hui. Après la chute de l'Empire romain, le destin de la ville est inconnu. On sait seulement que la région fut frappée par un tremblement de terre au VIe siècle apr. J.-C, puis ravagée par les barbares et les tribus slaves. Ces derniers finissent par s'établir dans la région et nomment leur ville Ribnica, d'après la rivière du même nom. Le nom de Podgorica (littéralement « sous la colline de Gorica ») n'est mentionné pour la première fois qu'en 1326.

Les Turcs, qui occupent la ville à partir des années 1470, en font une place forte et un centre de commerce important. Délivrée des Turcs en 1878, la ville est cédée au Monténégro à la suite du congrès de Berlin. Elle se développe alors à vive allure et accueille ses premières entreprises d'envergure nationale. Entre les deux guerres, la ville compte quelque 13 000 habitants. Occupée par les Autrichiens pendant la Première Guerre mondiale (de 1916 à 1918), elle est quasiment rayée de la carte durant la Seconde Guerre mondiale. Bombardée à plus de 70 reprises, elle paie un lourd tribut avec plus de 4 000 victimes. Libérée en décembre 1944, elle devient, deux ans plus tard, la capitale du pays et prend le nom de Titograd (la ville de Tito). Elle reprendra son nom originel, Podgorica, en avril 1992.

Les immanquables de Podgorica

- **Stara Varoš,** avec sa tour-horloge du XVIIIe siècle (Sahat-Kula) et ses mosquées.
- **L'église de Sveti Djordje** (IXe siècle).
- **Le pont Vezirov** (le plus vieux de la ville) sur la rivière Morača.
- **Les bains turcs**, au bord de la rivière Ribnica.
- **Kuslevova Kuća** (début du XXe siècle) au bord de la Ribnica, la maison appartenant à Kuslev (un dentiste royal, le tout premier de la ville), aujourd'hui transformée en musée.
- **La résidence du Roi Nikola** (musée et galerie Petrović).
- **Les ruines de Duklja**, une ancienne cité romaine située à quelques kilomètres seulement de la capitale.
- Le monastère Dajbabe (datant de 1897).
- Medun, la forteresse illyrienne.
- Embarquer à bord du train Podgorica-Bijelo Polje et s'offrir une balade vertigineuse à travers les montagnes du pays.

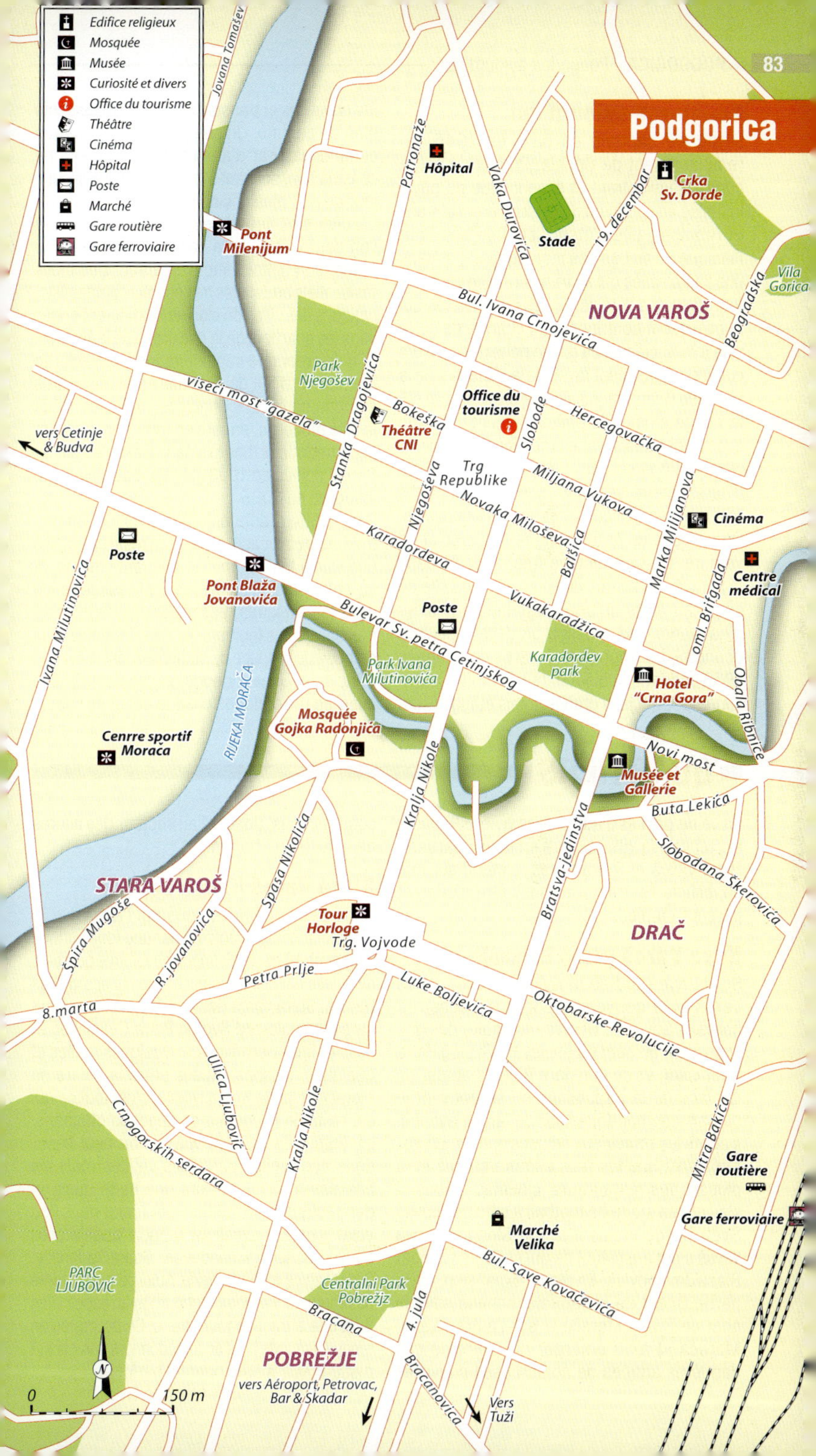
Podgorica
Edifice religieux
Mosquée
Musée
Curiosité et divers
Office du tourisme
Théâtre
Cinéma
Hôpital
Poste
Marché
Gare routière
Gare ferroviaire
Jovana Tomašev
Patronaže
Hôpital
Vaka Durovića
Stade
19. decembar
Crka Sv. Dorde
Vila Gorica
Pont Milenijum
Bul. Ivana Crnojevića
NOVA VAROŠ
Beogradska
Park Njegošev
Stanka Dragojevića
viseći most "gazela"
Bokeška
Théâtre CNI
Office du tourisme
Slobode
Hercegovačka
vers Cetinje & Budva
Trg Republike
Njegoševa
Miljana Vukova
Novaka Miloševa
Marka Milijanova
Cinéma
Karadordeva
Balšića
Poste
Pont Blaža Jovanovića
Centre médical
Ivana Milutinovića
Poste
Vukakaradžica
oml. Brigada
Bulevar Sv. petra Cetinjskog
Park Ivana Milutinovića
Karadordev park
Hotel "Crna Gora"
Obala Ribnice
Mosquée Gojka Radonjića
RIJEKA MORAČA
Cenrre sportif Moraca
Kralja Nikole
Novi most
Musée et Gallerie
Buta Lekića
Bratsva-jedinstva
Slobodana Škerovića
Spasa Nikolića
STARA VAROŠ
Tour Horloge
Trg. Vojvode
DRAČ
Špira Mugoše
R. jovanovića
Petra Prlje
Luke Boljevića
Oktobarske Revolucije
8.marta
Ulica Ljubović
Crnogorskih serdara
Kralja Nikole
Mitra Bakića
Gare routière
Gare ferroviaire
Marché Velika
PARC LJUBOVIĆ
Centralni Park Pobrežjz
Bul. Save Kovačevića
Bracana
4. jula
POBREŽJE
Bracanovica
vers Aéroport, Petrovac, Bar & Skadar
Vers Tuži
N
0
150 m

Podgorica aujourd'hui

Désignée capitale du pays en 1946, en remplacement de Cetinje, Podgorica est le centre administratif et économique du pays. Installée au confluent de deux rivières (Morača et Ribnica), elle s'étend, comme son nom l'indique, « au bas des montagnes », et dans une vaste vallée qui se transforme en véritable fournaise dès l'été venu. Les cinq rivières qui la traversent contribuent au charme de cette ville très ancienne, au passé riche de plusieurs cultures. Quasiment rayée de la carte lors de la Seconde Guerre mondiale, elle offre aujourd'hui le visage d'une ville principalement moderne avec ses larges avenues rectilignes, ses blocs d'habitations en béton typiques des années d'après-guerre, ses ponts, ses restaurants, ses hôtels et ses quelques galeries commerciales. On y trouve un grand nombre de parcs et de verdure. De taille encore très modeste dans la période de l'entre-deux-guerres, où elle ne comptait alors qu'une vingtaine de milliers d'habitants, elle a connu un développement économique important à partir des années 1950 et continue aujourd'hui de croître à vive allure. Ses anciens grands hôtels étatiques ont été privatisés et transformés en établissements haut de gamme. Un peu partout, des centres commerciaux et d'affaires sont en cours de construction, donnant à la ville un visage chaque jour un peu plus occidental.

La diversité des styles architecturaux que l'on peut voir dans la capitale monténégrine reflète son histoire mouvementée. Des blocs résidentiels brutalistes de l'époque communiste, typiques des villes du bloc de l'Est, furent érigés dans les quartiers de la rive droite de la Morača. Afin de créer une capitale moderne, la ville se dote aujourd'hui de nouveaux squares, parcs et monuments. Les principaux monuments de la ville moderne, encore en mutation, incluent la cathédrale orthodoxe de la Résurrection du Christ, édifiée en 1993 et le pont du Millenium, inauguré en 2005.

Bien qu'étouffante en été et d'aspect un peu froid au premier abord, elle n'en reste pas moins une ville à taille humaine, avenante même, et où il est agréable de déambuler la soirée venue dans les quelques rues piétonnes bordées de multiples cafés toujours bondés. Toutefois, il lui manque de l'espace de stationnement. L'avenue principale, Ulica Slobode, se transforme elle aussi en rue piétonne chaque début de soirée.

QUARTIERS

Situé de part et d'autre de la rivière Ribnica, le cœur de la ville, séparé en deux quartiers, Nova Varoš et Stara Varoš, s'étend sur une superficie restreinte et peut être aisément parcouru à pied.

Nova Varoš (Нова Варош)

Sur la rive nord de la rivière Morača, Nova Varoš (« le nouveau faubourg », construit après la Seconde Guerre mondiale) désigne le quartier au nord du boulevard Svetog Petra Cetinjskog et de la rivière Ribnica autour de la place de la République où se trouvent la plupart des boutiques sur de larges avenue. Il abrite les principaux édifices gouvernementaux ainsi que les rues commerçantes et la plupart des restaurants, cinémas, hôtels. Il s'arrête au stade de football à côté de l'église Sveti Đorđe incluant la rue Slobode. Nova Varoš c'est aussi tout ce qui est après le pont Blaža Jovanovića. En pleine expansion, cette partie Ouest de la capitale, connue sous le nom de Preko Morače (« sur l'autre rive de Morača ») a vu émerger au cours de ces dernières années de nombreuses nouvelles constructions, donnant au secteur des allures de quartier d'affaires.

Stara Varoš (Стара Варош)

Juste en face de Nova Varoš, sur l'autre rive, le « vieux faubourg », dominé par une tour-horloge longue de 16 m, se distingue des autres quartiers de la ville par ses maisons basses et ses vieilles ruelles. Stara Varoš désigne le quartier au sud après le boulevard Svetog Petra Cetinjskog et de la petite rivière Ribnica. Quelques ruelles et quelques maisons situées entre la rivière de Morača et la rue Kralja Nikole, c'est tout ce qui est resté de Podgorica de l'époque ottomane. Ici, autour de la place Vojvode on peut flâner dans des ruelles parmi les vieilles maisons basses en pierre et faire une halte dans un des restaurants traditionnels (celui de « Pod Volat » est un excellent rapport qualité/prix) ou bien visiter les mosquées : Gojka Radonjića, Osmanagića et Glavatovića. Aujourd'hui on tente de réhabiliter ce vieux faubourg avec espoir d'en faire une attraction touristique. Ce pourquoi, on rénove à tour de bras en lui redonnant son cachet rustique voir même oriental parfois.

SE DÉPLACER

L'arrivée

Avion

■ ADRIA AIRWAYS / OKI AIR
Ivana Vujoševića 46
✆ +382 20 241 154 / +382 20 201 201
www.adria-airways.com
adr.podgorica@adria.si
Horaires d'ouverture : lundi, mardi et jeudi de 9h à 16h ; mercredi et vendredi de 9h à 17h et samedi de 9h à 12h.

► **Autre adresse :** A l'aéroport de Podgorica. Tél & Fax : +382 20 653 074, Portable : +382 67 241 154. 2 heures avant le départ et 30 minutes après le départ.

■ AÉROPORT DE PODGORICA
Aerodrom Podgorica
✆ +382 20 444 244
www.montenegroairports.com
info@apm.co.me
Inauguré en 2006, le nouvel aéroport international de Podgorica, aussi connu sous le nom d'aéroport de Golubovci, est situé à une dizaine de kilomètres de la ville. Il possède, entre autres commodités, un guichet de retrait automatique bancaire ainsi que plusieurs bureaux de location de voitures.

► **S'y rendre.** En voiture du centre-ville, prendre la direction de Petrovac Na Moru et du lac de Skadar (l'aéroport n'est pas indiqué depuis le centre-ville). Aucun transport public ne desservant l'aéroport, les voyageurs non véhiculés n'ont d'autre choix que de s'y rendre en taxi. Compter environ 20 € avec les taxis non équipés de compteur, environ 5-10 € avec les taxis équipés de compteur.

■ AIR SERBIA
Vuka Karadžića BB
✆ + 382 20 664 740
✆ + 382 20 664 750
✆ + 382 20 653 050
www.airserbia.com
PodgoricaTO@airserbia.com
Bureau ouvert du lundi au vendredi de 9h à 17h et les samedis de 9h à 14h. Fermé les dimanches. Le bureau à l'aéroport est ouvert 2h avant les départs. ✆ + 382 20 653 050. Tarifs AR : à partir de 140 € avec transit par Belgrade mais les horaires sont plus sympas qu'avec Monténégro airlines.

► **Autre adresse :** Guichet à l'aéroport de Podgorica ouvert 2h avant les départs : ✆ + 382 20 653 050.

■ AUSTRIAN AIRLINES
Golubovci Airport Podgorica
✆ +382 20 653 350
www.austrian.com
office.tgd@austrian.com
Bureau ouvert de 6h à 16h les lundis, mercredis et samedis. Et de 8h à 16h les mardis, jeudis et vendredis de 12h à 16h les dimanches.
Vols de Paris à Podgorica via Vienne.

■ MONTENEGRO AIRLINES
Bulevar Ivana Crnojevića 55
✆ +382 20 664 411 / + 382 20 664 433 / +382 19804
www.montenegroairlines.com
booking@mgx.me
Départs les mardis et les samedis à 14h pour les vols directs.

► **Autre adresse :** Guichet à l'aéroport de Podgorica : ✆ + 382 20 445 105 et ✆ + 382 67 624 524.

Train

■ GARE FERROVIAIRE
Trg golootočkih žrtava br.13
✆ +382 20 44 14 03 / +382 20 44 12 50
www.zicg.me
Site internet en anglais et allemand. Pour les horaires des trains, chercher « red vožnje ».
La gare ferroviaire (železnička stanica) est située à 15-20 minutes de marche de la place de la République, au bout de la rue faisant face à la vieille tour-horloge. Des bus urbains vont dans le centre. La principale voie de chemin de fer du Monténégro relie Bar, sur la côte, à Belgrade en Serbie, sur une longueur de 476 km. Les villes desservies sont : Bar, Sutomore, Podgorica, Kolašin, Mojkovac, Bijelo Polje (des trains locaux s'arrêtent aussi à Virpazar et encore quelques villages dont une station Aerodrom à 800 m de l'aéroport), tout comme Danilovgrad et Nikšić sur la nouvelle ligne. Le trajet du train Podgorica-Bijelo Polje est l'occasion d'un circuit vertigineux à travers les magnifiques montagnes monténégrines.

► **Bar :** 5h15, 6h30, 8h20, 11h30, 12h50, 15h20, 15h20, 16h31 (sauf le week-end), 18h, 19h29 et 21h10.

- **Bijelo Polje :** 6h25, 10h, 15h50 et 20h05.
- **Nikšić :** 5h05, 7h, 14h30, 16h10 et 18h10.
- **Belgrade :** 10h et 20h05.
- **Subotica (Novi Beograd, Novi Sad) :** 20h05.

Bus

■ GARE ROUTIÈRE

Trg Golootočkih žrtava 1
✆ +382 20 620 430
www.busterminal.me
busterminal@t-com.me
Site internet traduit en anglais.

Située juste à côté de la gare ferroviaire, la gare routière de Podgorica est dotée d'une consigne à bagages (*garderoba*), ce qui peut être utile si l'on souhaite ne passer que quelques heures dans la capitale. L'achat des billets se fait aux guichets juste avant l'embarquement. Distributeur Visa/Maestro/Master et American Express.

- Pour Bar : une vingtaine de bus de 2h40 à 19h50.
- Pour Budva : 50 bus de minuit à 22h30.
- Pour Cetinje : 40 bus jusqu'à 22h35.
- Pour Dubrovnik (Croatie) : 6h. Prix : 19,50€.
- Pour Kotor : 30 bus de minuit à 22h35.
- Pour Rožaje : 15 bus de minuit à 23h00.
- Pour Žabljak (Durmitor) : 5h45, 09h58, 13h55 et 14h38.

Voiture

■ D&T COMPANY

Njegoševa 198
HERCEG NOVI (ХЕРЦЕГ НОВИ)
✆ +382 69 076 056
Voir page 24.

■ IDEAL RENT A CAR

Aéroport de Podgorica
✆ +382 69 888 777
www.idealcar.me – idealcar@t-com.me
Bureau à l'aéroport de Podgorica ouvert de 8h à 20h mais livraison gratuite 24h/24. Pour info, la compagnie a des succursales aux aéroports de Tivat et de Dubrovnik.

Location de voitures en excellent état (âge moyen un an et demi) depuis 2007. Une quinzaine de modèles aux prix attractifs à partir de 19 € pour une Toyota IQ selon la période de location. Assurance tout risque comprise, kilométrage illimité. Adresse fiable.

- **Autre adresse :** Bureau principal : Bulevar Ivana Crnojevića 49.

■ MERIDIAN

Bulevar Džordža Vašingtona 85
✆ +382 20 234 944
www.meridian-rentacar.com
officemeridian@meridian-rentacar.com
A une petite demi-heure de marche du centre-ville, dans le quartier d'affaires. Ouvert toute l'année de 8h à 20h (à l'aéroport sur demande). Réservation en ligne conseillée.

Vous trouverez certainement ici des véhicules adaptés à votre budget car ce loueur, le plus grand du pays, propose en plus des prix compétitifs (de 37 € par jour pour un Hyundai Atos à 140 € pour un Hyundai Santa Fé). Le prix de la location comprend un kilométrage illimité et la TVA est incluse. Siège bébé sur demande. Prix attractifs au-delà de 7 jours de location.

- **Autre adresse :** Aéroport de Podgorica : +382 69 316 666

En ville

Bus

La ville de Podgorica dispose d'un réseau de transports en commun. Le prix d'un ticket de bus que l'on achète dans le bus est de 0,40 € (une des rares villes où le prix du ticket de transport a baissé).

Taxi

Les taxis à Podgorica sont plutôt bon marché (0,40 €/km) par rapport au prix des tickets de bus. (tarif minimum = 1€). Ils sont principalement stationnés entre la poste centrale et l'hôtel Hilton, près de la gare ferroviaire et près de la place de la République. Pour éviter des arnaques, voici à titre indicatif les principales compagnies (24h/24) :

■ ALO TAXI

✆ 19700

Voiture

■ STATION ESSENCE PETROL 24/24

Mitra Bakića
✆ +382 20 624 978
Non loin de la gare ferroviaire pour ne pas dire en face.
Distributeur de billets, lavage manuel, service fax, bar, snack, aire de jeux pour les enfants, accès handicapés, toilettes.

PRATIQUE

Tourisme – Culture

■ CENTRE D'INFORMATION DES PARCS NATIONAUX DU MONTÉNÉGRO (NACIONALNI PARKOVI CRNE GORE)

16 Trg Vojvode Bećir-Bega, Osmanagića 16
✆ +382 20 601 015
Voir page 34.

■ EASTWEST VOYAGE

Pilota Cvetkovica i Milojevica 14
✆ +382 20 657 446
Voir page 18.

■ GRAND TRAVEL AGENCY

5 19. decembra
Tribune sud du stade municipal
✆ + 382 20 667 671 / +382 20 664 666
www.grand.me – grand@grand.me
Ouvert de 8h à 17h, du lundi au vendredi, de 9h à 13h le samedi. Bureau à Delta City est ouvert tous les jours de 10h à 22h.
Ici, on parle français (demander Sreten). Agence réceptive située au bout de la rue Slobode et puis à gauche jusqu'au stade municipal. Organise des excursions, fournit des hébergements. La location de véhicules et les transferts font partie des activités de la maison. Ses partenaires à l'étranger lui donnent une certaine renommée dans la région.

◗ **Autre adresse :** Delta city (centre commercial), Cetinjski put bb

■ MONTENEGRO ADVENTURES

35 Jovana Tomasevica
✆ +382 20 202 380 / +382 69 315 601
www.montenegro-adventures.com
info@montenegro-adventures.com
A partir du Trg Republike de l'autre côté du pont suspendu en direction de Cetinje ou Budva. A l'angle de l'immeuble sur la gauche juste après le nouveau pont (viseći most Gazela).
Si vous aimez la nature, la culture, le tourisme actif, le contact avec la population locale, cette jeune agence qui a le vent en poupe est pour vous. Cette équipe compétente propose des hébergements, des excursions, du sport extrême sur mesure dans tout le pays. A voir les forfaits proposés, on ne risque pas de s'ennuyer !

■ MOUNTAINEERING ASSOCIATION OF MONTÉNÉGRO (PLANINARSKI SAVEZ CRNE GORE)

Bracana Bracanovića 68/a
✆ +382 20 622 220
Voir page 18.

■ OFFICE DU TOURISME

Slobode 47
✆ +382 20 667 535
www.podgorica.travel
info@podgorica.travel
Ouvert de 8h à 20h en période estivale (de la mi-juin à la fin septembre) et de 8h à 16h en basse saison.
Situé à deux pas de la place de la République et juste à côté du centre commercial « Carine ». L'office du tourisme de Podgorica dispose d'un nouveau site Internet sur Podgorica.

◗ **Autre adresse :** Office du tourisme national : Bulevar Svetog Petra Cetinjskog 130 ✆ +382 077 100 001. www.montenegro.travel

■ YOUR MONTENEGRO

Serdara Jola Piletica 11
✆ +382 67 580 295
Voir page 19.

Représentations – Présence française

■ AMBASSADE DE FRANCE

Atinska 35
✆ +382 20 655 344 / + 382 20 655 348
www.ambafrance-me.org
ambafrance@ambafrance.co.me
Les bureaux sont ouverts de 8h30 à 13h et de 14h à 16h30, du lundi au vendredi. Il est toutefois conseillé de téléphoner avant de s'y rendre.
Bureaux situés au numéro 35 de la rue Atinska (nord-est du centre-ville, petite rue située à gauche de la nationale en direction de Kolašin, avant la voie de chemin de fer).

■ INSTITUT FRANÇAIS DU MONTÉNÉGRO

26 Njegoševa
✆ +382 20 667 000 / +382 69 345 305
✆ +382 69 276 181
www.ambafrance-me.org
contact@ccf.co.me
Administration : du lundi au vendredi de 8h à 12h et de 14h à 18h.Médiathèque : du mardi au vendredi de 9h15 à 18h15 et samedi de 10h à 13h.
Situé en plein centre-ville (près de la place de la République), il participe à la vie culturelle par des projets propres ou en association. Médiathèque, journaux et magazines, projection de films et tous supports numériques.

Argent

■ **SOCIÉTÉ GÉNÉRALE**
Trg Republike 35
✆ +382 20 664 778
www.societegenerale.me
Agence ouverte du lundi au vendredi de 8h à 21h, le samedi de 8h à 17h.
Banque du groupe français « Société générale ». Il y a six agences dans la ville.

Santé – Urgences

■ **PHARMACIE LIJEK**
Ul. Novaka Miloševa br. 8
Ouverte 7j/7. Pharmacie située à côté de l'entrée de l'hôtel Kerber, dans une galerie commerciale.

SE LOGER

L'offre hôtelière de la capitale est essentiellement orientée vers le tourisme d'affaires et les prix y sont donc élevés pour un touriste de passage. Les établissements les moins coûteux sont légèrement excentrés. Il y a des appartements à louer, très bon marché, à partir de 30 € la nuit, mais les propriétaires ne déclarent pas leurs activités, c'est souvent du travail au noir, alors soyez prudents.

Nova Varoš (Нова Варош)

Bien et pas cher

■ **HOTEL IDEAL****
Avda Medjedovica 15
Stari Aerodrom
✆ +382 20 627 067 / +382 67 37 87 47
www.hotelideal.me
hotelideal@t-com.me
A 1,2 km du centre, dans le quartier de Stari Aerodrom (compter 1,50 € pour le taxi depuis le centre). Arrêt de bus, skola Marko Miljanov, ligne n°5 à proximité.
Ouvert toute l'année. Chambre simple 20 €, double 30 € et triple 45 €, petit déjeuner inclus. Demi-pension possible pour 7 € en plus par personne. Internet sans fil gratuit. Parking surveillé 24h/24 gratuit. Transfert de l'aéroport qui est à 10 km proposé. Check-in de 11h à 23h. Check-out : 12h30 maxi.
Un des premiers hôtels privés de la capitale depuis 1981, situé dans une grande maison familiale de trois étages. Les 20 chambres, récemment rénovées, sont propres et toutes équipées d'air conditionné, TV satellite, téléphone, salle de bains dans toutes les chambres. Certaines ont un balcon et le jardin de l'établissement est très calme et agréable. Les propriétaires gèrent aussi un restaurant traditionnel « Pod Orah » dans le coin. Bonne adresse à petits prix pour une étape à Podgorica.

■ **HOTEL LAGUNA*****
72 Vojislavljevića
✆ +382 20 641 777 / +382 67 614 777
www.hotel-laguna.me
info@hotel-laguna.me
Situé à l'entrée de la ville en venant du littoral ou de Cetinje, à 5 km du centre-ville (compter 2 € pour le taxi) et à 2 km du nouveau centre d'affaires et du centre commercial Delta City.
Chambre simple 35 €, double 50 €, petit-déjeuner à la carte inclus dans le prix. Ouvert toute l'année. Restaurant avec menu différent au quotidien pour 6 €, plats à la carte de 6 à 9 €. Toutes les cartes acceptées.
Si son emplacement excentré ne séduit pas au premier coup d'œil, on est très vite rassuré dès qu'on entre dans ce petit établissement familial très bien tenu. Tout est propre et extrêmement bien entretenu. Les chambres sont classiques, confortables, climatisées et équipées d'une télévision câblée à écran plat, minibar, sèche-cheveux et d'un coin-salon avec un canapé. Connexion Internet wifi et parking privé gratuits. Transfert en option sur réservation. Réception

24h/24. Atmosphère amicale et accueil chaleureux. Mention spéciale pour le restaurant du type taverne très bon marché doté d'une agréable terrasse ombragée, proposant une cuisine nationale et internationale délicieuse. Excellent rapport qualité/prix. En prime les propriétaires sont spécialistes du tourisme au Monténégro et pourront vous proposer toute sorte de circuit (cf. YOUR MONTENEGRO dans «Comment partir ? / Partir en voyage organisé / Réceptifs»).

Confort ou charme

■ HOTEL AMBASADOR

Vaka Đjurovića 5
✆ +382 20 272 233
receptionambasador@gmail.com
Sur les berges de la rivière Morača.
Ouvert toute l'année. Compter 50 € la nuit avec petit déjeuner pour une personne, 80 € pour 2 personnes. Repas complet pour une dizaine d'euros.
Selon nous, le meilleur établissement de la ville. Un petit hôtel-restaurant au calme le long de la rivière Morača, à 5 minutes du centre-ville, bien différent des hôtels sans âme que l'on a l'habitude de voir dans la capitale monténégrine. En plus de son emplacement idéal et de son environnement particulièrement bucolique, le style de l'hôtel, rétro contemporain des années 1980/90 est particulièrement réussi. La capacité d'accueil est à taille humaine avec seulement 9 chambres, toutes différentes et toutes aussi positivement surprenantes que le bâtiment. La table de l'établissement propose de déguster les truites fraichement pêchées du jour dans la rivière Morača en contrebas. Rivière que l'on pourra contempler en toute quiétude aux beaux jours depuis l'agréable terrasse du restaurant. Un endroit unique à Podgorica et à des tarifs tout à fait abordables.

Luxe

■ BEST WESTERN PREMIER HOTEL MONTENEGRO****

Svetog Petra Cetinjskog 145
✆ +382 81 406 500
www.bestwestern-ce.com/montenegro
montenegro@bestwestern-ce.com
48 chambres (dont 7 suites). Simple de 135 à 150 €, double 205 €. Petit déjeuner inclus.
Cet établissement de la célèbre chaîne américaine a ouvert ses portes durant l'été 2006. Construit au milieu du nouveau quartier d'affaires de la ville, il offre toutes les prestations et le confort d'un hôtel 4-étoiles international : wi-fi, parking gardé, petit déjeuner servi sous forme de buffet, chambres équipées d'écrans plasma, de baignoires avec hydro-massages, minibar, etc.
Cependant il a considérablement augmenté ses tarifs depuis son ouverture.

■ **HOTEL PODGORICA******

Ulica Svetlane Kane Radević 1
✆ +382 20 402 500
✆ +382 20 402 501
www.hotelpodgorica.co.me
recepcija@hotelpodgorica.co.me

44 chambres. Compter de 125 à 155 € pour une personne et de 170 € à 180 € pour deux personnes selon le type de chambre et l'orientation (côté rivière ou côté rue). Suites junior de 190 à 200 € pour deux personnes. Petit déjeuner sous forme de buffet inclus (excellent).

Belle situation sur les rives de la rivière Morača, à gauche du pont lorsque l'on arrive du centre-ville. Cet établissement compte parmi les plus luxueux de la capitale. Vous reconnaîtrez facilement ce bâtiment original orné de cailloux de la rivière, construit en 1967 par un architecte de renom. Grâce à cela le bâtiment vient d'être classé « Monument Historique » par l'Etat en 2015. Ses 44 chambres, vraiment spacieuses, ont été rénovées avec goût, dans un style sobre et minimaliste (tons marron glacé, blanc et orange). Excellent restaurant à la carte. Mention spéciale pour la terrasse donnant sur la rivière. On est au calme bien qu'à seulement 10 minutes à pied du centre. Avantage d'un hôtel d'affaires : les tarifs sont presque divisés par deux les week-ends.

Stara Varoš (Стара Варош)

■ **CITY HÔTEL******

Crnogorskih serdara 5
✆ +382 20 441 500
www.cityhotelmn.com
recepcija@cityhotelmn.com

Au pied du mont Ljubović. De 88 à 98 € pour une personne, de 113 à 133 € pour deux personnes, avec petit-déjeuner. Suites de luxe 170 € pour 4 personnes.

70 chambres, 3 suites de luxe avec deux pièces et 6 suites junior. Hôtel de haut standing entièrement rénové en 2008. Il est bien situé près du parc Ljubović, non loin du centre-ville. Les chambres minimalistes sont claires, confortables et équipées de mini-bar, TV, air conditionné, téléphone. Il propose même des excursions attractives. Salle de gym, 3 salles de conférence (jusqu'à 70 personnes), boutique de souvenirs, restaurant, apéritif bar. Ne manquez pas de goûter le vin du propriétaire, Plato Burić. Transfert de l'aéroport proposé. De plus : ici, les chaleurs d'été sont plus supportables qu'en plein centre-ville à cause du parc. Un excellent rapport qualité/prix.

■ **HOTEL BOJATOURS**

Ulica Kralja Nikole 10
✆ +382 20 621 223
www.bojatours.me
autoboja@t-com.me

Chambre simple : 40 €, double 60 €, petit déjeuner inclus. L'hôtel est passé à une catégorie supérieure sans hausser ses tarifs. Ne pas se fier à sa réception un peu désuète, elle devrait sans tarder subir également un rafraîchissement.

Situé entre la poste principale et la vieille tour-horloge du centre-ville, dans un petit immeuble de trois étages, cet hôtel très central propose des chambres sans véritable cachet mais spacieuses et propres. Connexion Internet gratuite. Une bonne adresse pour les voyageurs de passage dans la capitale. Un grand appartement pour six personnes est disponible au dernier étage avec une gigantesque terrasse, idéal pour les familles.

■ **HOTEL M. NIKIĆ******

Kralja Nikole bb
✆ +382 78 115 550 / +382 78 115 551
www.hotelmnikic.com
info@hotelmnikic.com
juste après le pont en venant du centre, côté gauche.

Simple : 49 €. Personne seule dans une chambre double : 59 €. Chambre pour deux à partir de 79 €. Possibilité de demi-pension pour 15 € par personne en plus.

Nouveau 4* ouvert en février 2013. Bien situé dans la vieille ville au bord de la Ribnica, il propose 71 chambres modernes, spacieuses (28 m^2) avec une salle de bains privative dotées de peignoirs, chaussons et sèche-cheveux. Elles sont équipées toutes d'A/C, d'une télévision par câble à écran LED, d'un coffre-fort et d'un minibar. Favorisez celles donnant sur le fleuve, plus calmes. Connexion Internet sans fil gratuite. Restaurant à la carte et centre de remise en forme. Un luxe à Podgorica : garage gratuit en souterrain pour votre véhicule. L'hôtel dispose de salles de conférence et de réunions. Dans le vestibule se trouve une boutique de souvenirs. Un arrêt de bus est juste devant. L'hôtel propose un service rare au pays : le transfert de l'aéroport est offert !

■ **HOTEL ZIYA*****

Beogradska 10
✆ +382 20 230 690
reception@hotelziya.me
Au nord de la ville près de Gorica.
Tarifs 2015 : 109 € par nuit dans une chambre simple. 129 € pour une chambre double. Les prix inclus un petit déjeuner par personne et l'utilisation de : centre de remise en forme, piscine, spa, sauna. En 2015 c'était le seul cinq étoiles de la ville en attendant le Hilton toujours en finition. Silla est un « boutique-hôtel » d'une vingtaine de chambres comprenant studios, appartements, spa wellness et un restaurant libanais.
Le tout dans une immense villa élégante plantée dans un parc gardé. Confort et charme assurés à ce prix.

SE RESTAURER

Nova Varoš (Нова Варош)

■ **SEMPRE**

Stanka Dragojevića 14
✆ +382 69 551 661
Ouvert de 12h à 23h. Compter 7-14 € pour un plat sans boisson.
Un bon restaurant italien aux plats copieux et au service attentionné.
Amuse-gueules offerts. Notre suggestion : les pâtes « tris ».

Stara Varoš (Стара Варош)

■ **LATERNA**

Ulica Marka Miljanova 41 ✆ +382 20 232 331
Compter 10 € pour un plat accompagné d'une salade composée. Un restaurant de type taverne avec pierres et poutres apparentes, tables et bancs en bois. Sur la carte : pizzas petites ou grandes, salades composées, pâtes, viandes grillées et une longue carte de poissons. Portions généreuses, belle présentation et personnel avenant.

PODGORICA

Pod volat (traduisez : « sous les voûtes »)

Notre adresse incontournable à Podgorica !

■ **RESTAURANT «POD VOLAT»**

Trg Vojvode Bećira Osmanagića 1
PODGORICA (ПОДГОРИЦА)
✆ +382 69 666 622 / 069 618 633
Face à la Tour-horloge, à Stara Varoš.
Bistrot le plus populaire du vieux quartier (depuis 1993) s'est récemment enrichi d'une salle intérieure plus chic et d'une véritable cave à vins avec plus de 100 différentes sortes. Situé à l'emplacement d'une vieille maison ottomane, c'est un bel exemple du folklore de la vieille Podgorica. Le style de l'époque a été respecté dans la décoration et dans le nom du restaurant (« sous les voûtes »). Plats du jour (sarma, goulasch) aux prix imbattables de 3 à 5,80 €. On y vient surtout pour les spécialités de viande (sauf le porc) sous le « sač » (tajine) ou pour les rôtis tout aussi bon marché et pour les desserts faits maison (baklava, tufahije). On apprécie la terrasse extérieure à l'étage. Une excellente adresse.

SORTIR

La vie nocturne de Podgorica se concentre dans un mouchoir de poche sur et autour de l'avenue Hercegovacka, notamment la rue Njegoševa, parallèle et au charme certain. Fermée aux voitures de 17h jusqu'au petit matin, celle-ci se transforme en véritable rambla les longues soirées d'été. Elle regorge de bars et pubs chaleureux qui pour certains sont aménagés dans du vrai ancien. Sachez que les bars en plein air ne peuvent offrir de la musique que jusqu'à 1h du matin, par décret.

Cafés – Bars

Nova Varoš (Нова Варош)

■ ALAN FORD
Ulica 8.marta
✆ 069 112 112
Il y a souvent des soirées animées par de très bons DJ locaux et internationaux.

■ CHEERS
Njegoševa 33
Ouvert de 8h à 01h.
Ambiance garantie dans ce petit bar central. Musique rock et pop en public même en semaine. C'est le seul bar du pays servant des mojitos avec arôme fraise et framboise (3 €). Il est ouvert aussi pendant la journée, idéal pour une pause café.

■ COCO
Rimski trg
Récemment ouvert dans le quartier des affaires, ce petit bar à la décoration à la fois baroque et moderne offre une atmosphère intimiste. Soirées avec DJ. Une adresse sympa.

■ OD SUMRAKA DO SVITANJA
Vaka Djurovica
✆ 068 802 888
Pour les amateurs de tubes house, pas de musique turbo-folk comme dans la plupart des clubs de Podgorica.

Stara Varoš (Стара Варош)

■ BLUES BAR
Novaka Miloševa 44
Un bar à l'esprit mexicain, dans un décor ancien et de bois et qui propose quelques plats mexicains justement. Petite terrasse très agréable et ambiance jeune mais pas branchée.

■ BUDHA BAR
Stanka Dragojevića 26
✆ +382 67 344 944
Situé non loin de la rue piétonne Hercegovačka, ce bar est l'un des plus branchés de la capitale. Ambiance jeune et « lounge » avec lumières tamisées et mobilier contemporain. Très agréable terrasse ombragée avec fontaines.

■ CAFFE BERLIN
Bokeska 24
Ce bar propose des expos et des concerts.

■ THE NAG'S HEAD
Bokeška 12
✆ +382 69 67 16 68 / +382 68 23 38 13
Ouvert de 7h30 à 1h, prolongation fréquente les week-ends.
C'est un pub élégant nommé en référence à la série anglaise *Only Fools and Horses* (c'est le pub de deux personnages principaux), inconnue au bataillon en France mais très populaire au Monténégro ! L'endroit est assez en vue et peut se transformer en petit club en fin de semaine.

■ TITOGRAD
Njegoševa 41
Ouvert du lundi au jeudi de 8h à 1h, vendredi et samedi de 8h à 2h et dimanche de 8h à minuit.
Comme son nom l'indique, ce bar rétro passe des vieux tubes sur lesquels tout le monde danse. L'ambiance bat son plein en fin de semaine.

Clubs et discothèques

■ CRUISER
85 Bratstva i jedinstva
✆ +382 69 02 50 28
Le plus récent club de Podgorica, un grand espace bleu où se mélangent de grands hits mondiaux avec des fêtes typiquement balkaniques.

■ OD SUMRAKA DO SVITANJA
Vaka Djurovica
✆ 068 802 888
Voir page 92.

■ STARA PODGORICA
3 Omladinskih brigada
✆ +382 68 80 70 40

Un bar et un club situé dans une rue tranquille du quartier Nova Varoš. Divertissement pour les jeunes jusqu'au petit matin. Des vedettes populaires des Balkans viennent y chanter deux fois par mois.

■ **VELVET**
10 Bokeška
✆ +382 69884884
Quand il s'agit de clubs de qualité à Podgorica, la taille n'a pas d'importance. Velvet est le plus élégant des clubs locaux et est un vrai bijou, avec un intérieur blanc brillant et un bar central comme une île. S'habiller pour impressionner est une des règles.

Spectacles

■ **CINEPLEXX**
Cetinjski put bb
✆ +382 20 414 424
Dans le centre commercial Delta city.
Billet à partir de 3€.
Films principalement en anglais sous-titrés en serbo-monténégrin.

Coquin

La ville Podgorica n'est pas épargnée par l'industrie du « sex » qui prolifère en souterrain. Une enquête de l'institut Européen sur le HIV affirme que la ville de Bar et Podgorica sont les plus touchées. Bien que la prostitution ne soit pas légale dans le pays, on compte pas loin de 200 personnes de tous âges qui « travaillent » rien qu'à Podgorica. 75 % d'entre elles n'ont pas d'autres activités professionnelles.

■ **VENERA EROTIC SHOP**
Vaka Đurovića 1
✆ 067 234 526
▶ **Autre adresse :** Južna tribina stadiona Budućnosti, 1er étage. De 12h à 21h. ✆ +382 68 755 125.

À VOIR – À FAIRE

Quasiment rayé de la carte lors de la Seconde Guerre mondiale, Podgorica n'a malheureusement conservé que très peu de vestiges du passé. De la période ottomane n'ont subsisté qu'une tour-horloge (Sahat-kula, érigée au XVIIIe siècle) et deux mosquées (Osmanagic et Starodoganjska). De la période royale du Monténégro, la ville a conservé le château du roi Nicolas situé dans le parc Kruševac et reconverti en centre d'art moderne. Aujourd'hui, l'empreinte architecturale la plus forte est celle laissée par le régime communiste avec ses grands bâtiments d'aspect austère et ses nombreux immeubles de béton.

Nova Varoš (Нова Варош)

■ **ÉGLISE DE SV. DJORDJE (CRKVA SV. DJORDJA – ЦРКВА СВ. ЂОРЂА)**
Datant du Xe siècle, cette belle église a été érigée sur le flanc de la colline qui donna son nom à la ville, Gorica. C'est l'édifice religieux le plus ancien du pays.

■ **PONT VEZIROV (VEZIROV MOST – ВЕЗИРОВ МОСТ)**
Situé à droite après le pont Milenijum sur la Morača, le dos au centre-ville, c'est le pont le plus vieux de la ville. Bâti à l'origine par la célèbre famille turque « Bušatlija » au XVIIIe siècle, il a été détruit lors de la Seconde Guerre mondiale et reconstruit à plusieurs reprises. En août, on y organise des concours de plongeons.

■ **SABORNI HRAM HRISTOVOG VASKRSENJA (САБОРНИ ХРАМ ХРИСТОВОГ ВАСКРСЕЊА)**
La cathédrale de la Résurrection du Christ, appelée plus couramment Hram par des locaux, est une cathédrale orthodoxe serbe, la plus grande de la capitale. Elle est située dans le quartier de Momišići, non loin du centre-ville.
En cours de construction depuis 1993 et toujours inachevé, l'édifice est un des principaux monuments de Podgorica moderne.

Stara Varoš (Стара Варош)

Dominé par une tour-horloge en pierres apparentes (XVIIe siècle), le « vieux faubourg », situé sur la rive gauche de la Ribnica, se distingue des autres quartiers de la ville par ses maisons basses et ses petites rues aux tracés capricieux où règne une ambiance encore villageoise.

■ **BAINS TURCS**
Situées au bord de la rivière Ribnica, sous le « Nouveau Pont » (Novi Most). Sans toit, avec un intérieur non conservé, elles sont aujourd'hui transformées en centre culturel.

© STÉPHANE SAVIGNARD

Tour horloge Sahat Kula.

■ **KUSLEVOVA KUĆA (КУСЛЕВОВА КУЋА)**

Vuka Karadžića 8

✆ +382 20 242 605

Ouvert de 9h à 20h, fermé le lundi. Entrée de 1 € à 5 € pour les adultes et 0,50 € pour les enfants.

Située au bord de la Ribnica, cette maison du début XXe siècle appartenait à Kuslev, un dentiste de la famille royale (le tout premier de la ville). Elle est aujourd'hui transformée en musée.

■ **MOSQUÉE OSMANAGICA (OSMANAGIĆA DŽAMIJA – ОСМАНАГИЋА ЏАМИЈА)**

Petra Prlje

Bâtie par le même constructeur (Mehmed-paša Osmanagić, qui y est enterré) et à la même époque que la Tour-Horloge (fin du XVIIIe siècle), elle a été gravement endommagée lors du bombardement fatal durant la Seconde Guerre mondiale. Elle n'a été rénovée qu'en 1997.

■ **MOSQUÉE STARODOGANJSKA (STARODOGANJSKA DŽAMIJA – СТАРОДОГАЊСКА ЏАМИЈА)**

Gojka Radonjića 42

Cette mosquée, appelée aussi Skender Čauševa džamija (XVe siècle), a été restaurée à plusieurs reprises. La plus importante restauration date de 1985.

■ **MUSÉE DE LA VILLE (MUZEJ GRADA PODGORICE – МУЗЕЈ ГРАДА ПОДГОРИЦЕ)**

Ulica Marka Miljanova 4

✆ +382 20 242 605

✆ +382 20 242 543

pgmuzej@t-com.me

Ouvert de 9h à 20h. Fermé le lundi. Entrée 3 € pour les adultes et 0,50 € pour les enfants.

Installée au premier étage du bâtiment, la collection du musée comprend notamment quelques tableaux du célèbre peintre Petar Lubarda, des poteries, vases et bijoux trouvés lors des fouilles effectuées sur le site de la ville antique de Doclea, des icônes orthodoxes, ainsi que quelques costumes et armes traditionnels luxueusement ornés.

■ **MUSÉE ET GALERIE PETROVIĆ (DVORAC KRALJA NIKOLE – ДВОРАЦ КРАЉА НИКОЛЕ)**

Kruševac bb

✆ +382 20 243 513

✆ +382 20 224131

www.csucg.co.me

csucg@t-com.me

Au parc Kruševac.

Ouvert du lundi (de 8h à 20h) au samedi (de 10h à 14h). Visites sur rendez-vous.

Installé au milieu d'un parc ombragé, l'ancienne résidence d'hiver de la famille Petrović (bâtie en 1891) fait partie, depuis 1995, du Centre d'art contemporain. Transformée en galerie d'art des pays non alignés en 1984, la résidence a accueilli pendant plusieurs années de nombreux artistes étrangers dont quelques tableaux sont aujourd'hui exposés au 3e étage du bâtiment. La petite chapelle du palais et l'ancienne « Maison des Gardes du roi », érigées juste à côté du palais, ont aussi été transformées en espaces d'exposition. Bien tenu, rafraîchissant et très calme, le parc fait partie des lieux de promenade les plus agréables de la ville.

■ **TOUR-HORLOGE (SAHAT KULA – САХАТ КУЛА)**

Trg Vojvode Bećir-bega Osmanagića

Le symbole du « vieux faubourg », situé sur la rive gauche de la Ribnica, cette tour-horloge en pierres apparentes date du XVIIIe siècle. Haute de 16 mètres, c'est un des rares vestiges de l'époque ottomane à Podgorica, épargné par les bombardements durant la Seconde Guerre mondiale.

SHOPPING

DELTA CITY
Cetinjski put
www.deltacity.me
Ouvert tous les jours de 10h à 22h.
Le plus grand centre commercial du pays depuis 2008 : boutiques, cinéma, restauration rapide...

GALERIE CENTAR
Njegoševa 2
✆ +382 20 665 409
galerijacentar@t-com.me
Ouvert de 9h à 14h et de 17h à 21h, le samedi de 10h à 14h. Fermé le dimanche.
C'est la galerie du Centre d'Art Contemporain.

GALERIE SAINT-GEORGES
Njegoševa 27
Ouvert du lundi au samedi de 8h à 20h.
Une boutique spécialisée dans l'art religieux (vente d'icônes et de reproductions de peintures).

GRADSKA KNJIZARA
40 Slobode
Face à la place de la République.
Ouverte du lundi au samedi de 8h à 23h.
Quelques livres en anglais sur l'histoire et le patrimoine culturel du pays ainsi que des cartes routières (dont la carte publiée par Eko, l'une des plus détaillées du pays à ce jour).

KAFA MMS
Miljana Vukova br. 19
Vente de café frais. Boutique située à deux pas de la place de la République, entre la rue Slobode et la rue Marka Miljanova.

SPORTS – DÉTENTE – LOISIRS

AQUANAUT
Cetinjski put 36
✆ +382 20 511 646
✆ +382 20 290 425
www.aquanaut.co.me
mdiving@t-com.me
Ce club de plongée propose, outre des cours de plongée, l'exploration des meilleurs spots sous-marins du littoral monténégrin ainsi que des séjours d'une semaine combinant rafting sur la Tara et plongée sous-marine.

CENTRE SPORTIF MORAČA – PISCINES EXTÉRIEURES
Ivana Milutinovića bb
Près de l'hôtel Podgorica, sur la rive droite de la rivière. Ce centre sportif (4 200 places) est le principal du pays. Sauna, solarium, terrains de tennis, de basket-ball, de volley-ball, etc. Partiellement rénové, il a été enrichi de deux piscines extérieures, ouvertes au grand public du 15 juin au 15 septemebre (entrée 2,5 € le matin et 3 € l'après-midi).

PATINAGE SUR GLACE
Une activité récente dans la capitale : le patinage sur glace près de l'église (appelée Hram). 3 €/l'heure, équipement compris. Tous les jours de 9h à 23h uniquement en hiver.

PATINAGE SUR GLACE
Une activité récente dans la capitale : le patinage sur glace près de l'église (appelée Hram). 3 €/l'heure, équipement compris. Tous les jours de 9h à 23h uniquement en hiver.

SPORTSKI KONJIČKI KLUB « MONTENEGRO »
Vranići
✆ +382 67 505 198 / +382 68 719 404
Prenez la rue Dalmatinska et poursuivez jusqu'au croisement avec Boška Buha, puis à droite en empruntant le périphérique menant à la vieille route pour Danilovgrad.
Club d'équitation situé à 3 km du centre. Ecole d'équitation pour les adultes comme pour les enfants, écurie de compétition...

SPORTSKI KONJIČKI KLUB « MONTENEGRO »
Vranići
✆ +382 67 505 198 / +382 68 719 404
Prenez la rue Dalmatinska et poursuivez jusqu'au croisement avec Boška Buha, puis à droite en empruntant le périphérique menant à la vieille route pour Danilovgrad.
Club d'équitation situé à 3 km du centre. Ecole d'équitation pour les adultes comme pour les enfants, écurie de compétition...

DANS LES ENVIRONS

Il est possible de faire quelques jolies escapades dans les environs directs de la capitale monténégrine, notamment pour aller voir les ruines de Duklja, une ancienne cité romaine située à quelques kilomètres seulement de Podgorica. Dommage que le site n'a été pas aménagé : pas de café, ni boutique... Le monastère Dajbabe (datant de 1897) et Medun, la forteresse illyrienne, valent également un détour.

MONASTÈRE DE DAJBABE (МАНАСТИР ДАЈБАБЕ)

L'édifice se trouve à proximité de la route en direction de Petrovac et de Virpazar (un panneau indique la direction à partir de cette route). Une fois sorti de la route nationale en direction de Virpazar, l'édifice n'est plus indiqué. Voici donc quelques indications : prendre tout d'abord la première route à gauche, puis, après quelques mètres, prendre la première route à droite. Tournez ensuite à droite (juste avant l'entrée principale du site industriel). Une fois la voie de chemin de fer traversée, tournez à gauche puis prenez la première à droite. Le monastère est installé sur les flancs d'une petite colline.

Situé à 4 km au sud-ouest de Podgorica, ce petit monastère fut érigé en 1897 par le père Simeon Popović. Si l'architecture du bâtiment en elle-même ne présente pas d'intérêt particulier, l'intérieur de l'édifice, en revanche, mérite une visite. Au cœur du bâtiment se cache en effet une curieuse grotte recouverte de peintures religieuses. Réalisées par le père Simeon Popović, ces « fresques » ont été peintes directement sur la surface irrégulière de la roche. Bien que l'humidité ambiante ait provoqué la perte de nombreux détails, la visite du lieu n'en reste pas moins une expérience singulière.

DUKLJA (ДУКЉА)

Transports

Duklja se trouve à environ 4 km au nord-ouest de Podgorica. Pour s'y rendre en voiture du centre-ville, emprunter le boulevard Ivana Crnojevića en direction du nouveau pont « Millenijum ». Une fois le pont traversé, prendre l'avenue Jola Piletića immédiatement à droite après le pont.

À voir – À faire

SITE ARCHÉOLOGIQUE DE DUKLJA (ДУКЉА)

Le site n'étant ni exploité ni protégé, son accès est pour le moment gratuit. Accès libre.

SIte archéologique de Duklja

Ce site archéologique abrite les ruines de l'ancienne cité de Duklija (nom latin, Doclea), l'ancêtre de l'actuelle Podgorica. Il s'agit de la ville romaine la mieux préservée et la plus intéressante du pays. Erigée au croisement de trois rivières (Morača, Zeta et Širalija), cette cité fut fondée au tout début du Ier siècle apr. J.-C, lorsque les Romains battirent la tribu illyrienne des Docleati. Centre puissant de la province romaine de la Dalmatie au cours des Ier et IIe siècles, elle devint, avec le nouveau découpage administratif de l'Empire romain en 297, la capitale de la province Prevalitania. Son influence commença à décliner au cours des IVe et Ve siècles en raison des invasions barbares. Des recherches, menées par l'archéologue anglais sir Arthur Evans entre 1875 et 1882, permirent de mettre au jour une vaste nécropole. Cette découverte confirma l'importance qu'eût la ville autrefois puisqu'elle montra qu'entre 8 000 et 10 000 personnes au moins vécurent dans cette cité. Par ailleurs les ruines suggèrent la présence d'un grand forum, d'une basilique et de plusieurs bâtiments publics (temples, villas, thermes) le long de la rue principale. Peu ou mal protégé par le passé, ce site a malheureusement été pillé à de nombreuses reprises et beaucoup de ses vestiges ont aujourd'hui définitivement disparu.

MEDUN (МЕДУН)

Accès libre. Situé à environ 13 km au nord-est de Podgorica, sur la route en direction d'Orahovo (dans la plaine de Kukla).

Medun fut d'abord une forteresse avant d'être une ville. Fondée entre le IVe et le IIIe siècle av. J.-C. par les tribus illyriennes Labeati et Medeati, elle tomba entre les mains des Romains en 167 apr. J.-C. Peu fouillé par les archéologues, le site a sans doute encore bien des secrets à révéler. Ainsi, des reliefs qui prouveraient l'existence de rituels relatifs au culte du serpent y ont été mis au jour. Parmi les vestiges actuellement visibles signalons les colonnes d'une basilique gothique, des sarcophages, les restes d'un pont au-dessus de la rivière Morača et les ruines d'une nécropole, située au nord de la cité supérieure et érigée durant la période illyrienne.

DANILOVGRAD (ДАНИЛОВГРАД)

Située à une quinzaine de kilomètres de la capitale, dans la vallée fertile de la rivière Zeta, cette petite ville récente de quelque 5 000 habitants doit son origine à la volonté de Petar II Petrovic Njegoš de créer une nouvelle capitale pour remplacer Cetinje. Après la mort prématurée de Njegoš, le prince Danilo poursuivit le projet. Il y fit construire un nouveau bazar sur les rives de la Zeta. Petit à petit, une ville prit forme et, après l'assassinat du prince à Kotor en 1861, le prince Nicolas Ier, qui lui succéda, prit la relève. Il fit dessiner un plan urbain sophistiqué. Malheureusement, les turbulences de l'époque mirent fin au projet et Danilovgrad ne devint jamais la capitale tant rêvée.

■ HOTEL PERJANIK

Bralenovica bb
✆ +382 20 813 130
✆ +382 20 813 140
www.perjanik.me
hotelperjanik@t-com.me
À 2 km de Danilovgrad.
Chambre double 49 €, appartement pour 1-3 personnes 54-104 €. Petit déjeuner inclus. Demi-pension possible avec supplément.
Situé le long de la route Podgorica-Nikšić en direction du monastère Ostrog, cet hôtel se dresse comme un vrai gardien dans la vallée de Zeta comme son nom l'affirme (« perjanik » désigne la garde royale monténégrine). Récemment ouvert (2010), l'hôtel dispose de 14 chambres et 3 appartements modernes et claires, équipés de climatisation, de TV satellite, d'Internet sans fil, d'un balcon et d'un très bon restaurant de cuisine continentale avec une belle carte des vins. Sauna, salle de gym, aire de jeux, parking font partie de l'offre. Les chambres 27 et 37 sont un peu plus grandes que les autres, celles donnants sur la montagne derrière sont plus calmes. Un excellent rapport qualité/prix.

RÉGION DE CETINJE

Lac de Skadar.

Région de Cetinje (Цетиње)

Des paysages arides et karstiques du parc national du Lovćen à la végétation exubérante du lac de Skadar, les montagnes noires du Monténégro offrent un condensé de richesses naturelles et culturelles sur une étendue très restreinte. Cœur historique du Monténégro, cette région fut le siège des dynasties médiévales de la principauté de la Zeta puis celle des monarques du Monténégro. Les villages et îlots du lac de Skadar, au pied du massif, conservent de nombreux vestiges de cette époque tout comme le village de Rijeka Crnojevića, qui fut l'éphémère refuge de la cour d'Ivan Crnojević dans la seconde moitié du XVe siècle. Cetinje, fondé au XVe siècle, fut le centre politique du pays jusqu'en 1946, année au cours de laquelle la ville fut remplacée dans ce rôle par Podgorica. Ancienne ville de résidence des monarques monténégrins, Cetinje vit, au lendemain de la reconnaissance de l'indépendance du pays par les grandes puissances (1878), s'installer une dizaine de représentations diplomatiques. Ces anciennes ambassades qui cohabitent avec les palais résidentiels des différents princes en font une ville à part et au charme suranné rappelant la vieille Europe.

CETINJE (ЦЕТИЊЕ)

Nichée au fond d'une cuvette pierreuse, cette petite ville de moyenne montagne occupe une place à part dans le cœur des Monténégrins. Surnommée « la vallée des Dieux » par ses habitants, patriotes convaincus, elle a de tout temps constitué le principal centre culturel et spirituel du pays. Fondée à la fin du XVe siècle, centre du royaume médiéval de la Zeta, elle acquiert son visage actuel dans la seconde moitié du XIXe siècle et plus particulièrement à la suite de la reconnaissance officielle de l'indépendance du Monténégro en 1878. Plusieurs ambassades y sont alors installées, ainsi qu'un théâtre national, un luxueux hôtel et la première salle de lecture publique du pays. Fréquentée par de nombreux étrangers, elle compte entre les deux guerres pas moins de six hôtels et une cinquantaine de cafés. Capitale du Monténégro jusqu'à la fin de la Première Guerre mondiale, la ville perd ce statut avec le royaume unitaire des Serbes, Croates et Slovènes qui n'a qu'une seule capitale, Belgrade – royaume auquel le Monténégro est annexé en 1918. Cetinje reste cependant le centre administratif et politique du pays jusqu'en 1946, année au cours de laquelle le Monténégro retrouve un statut d'Etat au sein de la fédération yougoslave. Elle fut remplacée dans ce rôle par la nouvelle capitale Podgorica. La perte de ce statut met fin, pendant un temps, à son essor urbain sans pour autant affecter son statut de capitale historique et culturelle du pays.
Aujourd'hui, Cetinje est une ville d'environ 15 000 habitants qui a gardé de son passé royal un charme désuet. Ici on a l'impression que le temps s'est arrêté vers la fin du XIXe siècle. Cinq institutions nationales, la Bibliothèque nationale, le Musée national du Monténégro, les Archives du Monténégro, l'Institut de protection des monuments culturels et le Théâtre national royal de « Zetski Dom » y sont établis, auxquels il faut ajouter, depuis décembre 2005, la résidence officielle du président de la République du Monténégro précédemment installée à Podgorica.
Disposant d'une école des beaux-arts et d'une école de musique, Cetinje accueille également, depuis 1991, une Biennale d'art contemporain.

Cetinje

Edifice religieux
Musée
Monument et curiosité
Théâtre
Hôtel de Ville
Poste
Marché
Hôpital
Gare routière
N
0
200 m
Légation Austro-hongroise
Ulica Pivljanina
Ulica Vojvode Boza
Ulica IV Proleterske
Ulica Provinskog
Ulica Hercegovaka
Bulevar Lenjina
Ulica Peka Pavlovica
Ulica Lovcenska
Ancienne légation italienne
Ancienne légation française
Résidence présidentielle
Eglise de Vlaška
Bus
Marché
Ulica Ivana Crnojevica
Ulica P. proleterske
Hôpital
Hôtel de Ville
Théâtre Zetski dom
Ancienne légation russe
Ancienne légation turque
Poste
Musée national d'art & d'histoire
Musée Ethnographique
Monumet d'Ivan Crnojević
Ancienne légation bulgare
Billard
Palais du Roi Nicolas I
Ecole de Musique
Ulica Njegoševa
Palais bleu
Monastère de Cetinje
Eglise de la Naissance de la Ste-Vierge à Čipur
Ulica Novice Cerovića
Hôtel "Grand"
Mausolée du vladika Danilo
Théâtre d'été

Les immanquables de Cetinje et de sa région

- **Flâner** dans les rues au charme désuet de Cetinje, capitale historique du pays.
- **Visiter** le palais du roi Nicolas et le musée des Arts du Monténégro, à Cetinje.
- **Se promener** dans le parc national du Lovćen et grimper jusqu'au mausolée de Petar II Petrović Njegoš, à 1 657 m d'altitude.
- **Déguster** la charcuterie locale dans l'une des tavernes de Njeguši.
- **Se promener** à Rijeka Crnojevića, ancien siège médiéval du souverain de la Zeta et aujourd'hui une paisible bourgade de pêcheurs.
- **S'attabler** devant un poisson grillé sur les rivages du lac de Skadar.

Histoire

Cetinje tire son nom de la petite rivière Cetina qui autrefois traversait le site. Elle a été fondée en 1482 lorsque Ivan Crnojević, alors chef du royaume de la Zeta (ancêtre du Monténégro actuel), y déplace sa cour précédemment installée sur le lac de Skadar pour échapper à l'invasion ottomane. Il y fait construire une nouvelle résidence ainsi qu'un monastère où travailla, au début des années 1490, la première imprimerie (en alphabet cyrillique) du pays. Après la perte de l'indépendance de la principauté de la Zeta, en 1499, Cetinje connaît une longue période de stagnation et ce n'est qu'à la fin du XVIIe siècle, en 1697, que la ville recommence à se développer Danilo Petrović, premier de la dynastie des Petrović, devient prince évêque. Lors du règne du prince-évêque Petar II (1830-1851), la ville s'enrichit d'un nouveau bâtiment, le « Billard », qui devient, jusqu'en 1868, la résidence des souverains et sert de siège aux organes de l'État (l'assemblée des tribus et la Garde). Le court règne du successeur de Petar II, le prince Danilo I (1851-1860), empreint de conflits permanents avec les Turcs, ne permet pas de poursuivre le développement urbain de la ville (une trentaine de nouvelles maisons sont toutefois construites). Cetinje n'acquiert le visage qu'on lui connaît aujourd'hui qu'avec le début du règne du prince Nicolas I (1860-1918). En plus d'un accroissement sensible du nombre d'habitants et de la construction de nouvelles maisons d'habitation, on commence à y ériger les premiers édifices importants : la résidence royale de Nicolas I, à côté du Billard, le premier hôtel moderne Lokanda (1864), le pensionnat des jeunes filles (1869) et l'hôpital public Danilo I. La reconnaissance officielle de la souveraineté étatique du Monténégro en 1878 et la « longue » période de paix qui suivit permirent à la ville de poursuivre son développement. C'est à cette époque que sont édifiés le Théâtre royal de la ville, la chapelle de la cour près du palais du roi, les deux parcs municipaux, la caserne militaire, le mausolée du vladika Danilo, les différentes ambassades et le palais Bleu. Une patinoire municipale est même ouverte en 1891. Enfin, la ville est reliée à Kotor, à Podgorica via Rijeka Crnojevića et, par un chemin carrossable, à Danilovgrad. Ces développements s'accompagnent d'un accroissement du nombre d'habitants (environ 5 000 d'après le recensement de 1909). Interrompu par les guerres balkaniques (1912-1913), puis par la Première Guerre mondiale, cet essor reprend à partir de 1929 avec notamment la construction d'une voie moderne de communication reliant la ville à Budva. Après la Première Guerre mondiale, le Monténégro est annexé au royaume des Serbes, des Croates et des Slovènes (qui devint plus tard la Yougoslavie), il perd son statut d'Etat et Cetinje, son statut de capitale. En 1946, quand il apparaît que le site de Cetinje ne peut assumer le rôle de capitale nationale, la capitale du Monténégro est recréée à Podgorica (alors connue sous le nom de Titograd). Malgré cela, Cetinje est toujours restée le cœur historique et culturel du pays.

Géographie

Situé à 670 m d'altitude, Cetinje occupe une petite plaine karstique entourée de montagnes calcaires dont le mont Lovćen, culminant à plus de 1 700 m d'altitude et couronné par le mausolée de Njegoš. Jouissant d'un climat continental tempéré, la ville et ses environs connaissent des étés secs et relativement frais et des hivers marqués de chutes de neige abondantes. Il est donc très agréable de se loger à Cetinje pendant les mois de juillet/

août si l'on veut éviter la canicule, tout en restant très proche des plages de la rivière de Budva (bus fréquents).

Transports

▶ **En voiture.** Cetinje est reliée à Podgorica et Budva par des routes en excellent état (compter 30-45 minutes de trajet). Une superbe route de montagne, connue sous le nom de « Serpentines », relie Cetinje à Kotor. Elle était autrefois la seule voie reliant l'ancienne capitale au littoral (construction dans les années 1879-1881). Bien qu'extrêmement sinueuse et très étroite, elle offre les plus beaux panoramas du pays sur les bouches de Kotor et mérite largement quelques heures de trajet supplémentaire…

▶ **En bus.** La gare routière est située à l'extrémité est de la ville et à 10 minutes de marche des principaux centres d'intérêt. Elle est actuellement en pleine réconstruction. Liaisons régulières avec Podgorica, Budva et Herceg Novi. Pour le trajet Podgorica-Cetinje, compter moins de 1 heure de route.

■ **EXIM CAR**
Balšića Pazar bb
✆ +382 41 230 830
✆ +382 41 232 388
office@eximcar.me
40 € pour une Toyota Yaris ou Fiat Bravo, tarifs régressifs au-delà de 3 jours de location.
Loueur de voitures local. Des modèles attractifs comme Mercedes 330d ou 325i font partie de leur offre, tout comme des yachts.

Pratique

Tourisme – Culture

■ **OFFICE DU TOURISME**
39 Njegoševa
✆ +382 41 230251 / +382 41 230 250
www.cetinje.travel/en/
ana.ivanovic@cetinje.travel
Ouverte de 8h à 18h tous les jours. Bureau situé sur le parking réservé aux cars de touristes, à deux pas de la chapelle Cipur-Crnojević, en contrebas.
Vente de souvenirs, cartes postales et livres. L'office peut vous indiquer les rares chambres chez l'habitant de Cetinje et vend un plan de la ville, très bien fait pour trouver facilement tous les musées et monuments à voir.

▶ **Autre adresse :** Deuxième point info se trouve à Ćipur : ✆ +382 67 265 408

Représentations – Présence française

■ **COIN FRANÇAIS « FRÉDÉRIC ROSSIF »**
Njegoševa
Ce club francophone nommé Frédéric Rossif, à la mémoire du cinéaste français né à Cetinje en 1922, a été ouvert en 2013. Il est installé dans les salons de l'ancienne légation française qui abrite aujourd'hui les archives de la bibliothèque Nationale du Monténégro. Son but est de promouvoir la langue et la culture française à travers diverses activités comme des cours de français, des projections de films et des soirées littéraires, des expositions et des conférences sur l'art français, l'architecture, des ateliers ludiques pour les enfants, des ateliers dédiés à l'art de la cuisine française... On y trouve une bibliothèque et médiathèque en français, alors que tous les jeudis y sont organisés des projections de films français.

Argent

Deux banques (CKB et Société générale) situées dans la rue piétonne (Njegoševa). La première au milieu de la rue, la seconde à côté de la poste.

Moyens de communication

■ **INTERNET**
Ivan begova
Ouvert de 9h à 20h.
Dans le centre.

■ **POSTE**
Ul. Njegoševa br. 28
✆ +382 41 231 026
Ouvert de 7h à 20h sauf le dimanche.
Bureau situé à proximité des musées (ethnographique et du roi Nicolas) mais peu visible en façade.

Santé – Urgences

■ **HÔPITAL**
Ul. Vuka Mićunovića bb
✆ +382 41 231 336
Dans la rue située derrière l'hôtel de ville. A coté, la « Dom Zdravlja », le dispensaire pour toutes consultations.

■ **PHARMACIE – APOTEKA 'MONTEFARM**
Njegoševa 46
✆ +382 41 231 159
www.apoteke-cg.com

Orientation

Toute en longueur, Cetinje se parcourt à pied sans problème pour découvrir ses trésors. Si vous venez de Budva ou de Podgorica, il faudra remonter le boulevard principal sur plusieurs kilomètres pour trouver les indications vers le mont Lovćen et la route de Njeguši/Kotor. Le stationnement est gratuit, mais c'est pratiquement impossible de trouver une place libre. Le parking municipal (payant) se trouve près du parc Njegošev, face à l'église de Ćipur (rue Novice Cerovića).

Se loger

Locations

■ KONAK

le long de la route en direction de Budva (à 4 km de Cetinje)
Zabrđe bb,
✆ +382 41 761 011 / +382 67 292 292
www.konak.me
restorankonak@t-com.me
20 € par personnes avec petit-déjeuner et un frigo rempli de bouteilles d'eau, de fruits, de jus de fruits, le tout compris dans le prix.
Les 14 appartements jouxtant le restaurant du même nom sont tous neufs (datant de 2013), confortables et bien équipés, avec pierres apparentes. Des transferts et des excursions touristiques peuvent également être organisés. Camping équipé et un point info.

Bien et pas cher

■ HÔTEL SPORT-IN

Obilića bb ✆ +382 41 231177
sportinct@t-com.me
Chambre double 50 €, triple 69 €. Petit déjeuner inclus. Visa et Master acceptées.
Aussi appelé « Motel Zicer » sur les brochures de la ville, rien n'est indiqué sur sa façade et il faut être motivé pour le trouver. Il se trouve en fait au bout du grand bâtiment en pierre, construit en 1896, et qui abrite aujourd'hui le centre sportif de Cetinje, après la gare routière. Les 13 chambres sont très simples mais grandes et récemment rénovées. Connexion wi-fi gratuite. Restaurant de cuisine italienne.

■ PANSION 22

22 Ivana Crnojevića ✆ +382 69 055473
www.pansion22.com
pansion22@t-com.me
20 € par personne, 23 € avec petit déjeuner. Paiement en espèces seulement.
Dans une rue perpendiculaire à la piétonne Njegoševa et à deux pas des musées, une récente pension de 7 chambres, neuves et assez grandes, bien que très simples et 1 appartement plus moderne pour 3 personnes avec une cuisine complètement équipée (50 € l'appartement). Les lits sont toutefois individuels et les petits déjeuners sont à prendre dans un bar proche, ce qui déclasse l'établissement d'hôtel à pension. wi-fi gratuit. Reste que les prix sont très raisonnables.

■ LA VECCHIA CASA

Vojvode Batrića 6
www.lavecchiacasa.com
lavecchiacasa@t-com.me
15 € par personne sans petit déjeuner. Juste à côté de l'ambassade russe.
Une des plus vieilles maisons de Cetinje (plus de 120 ans, d'où le nom en italien) avec énormément de charme. C'est un petit paradis caché où l'on a le sentiment que le temps s'est arrêté. Seulement 4 chambres du style ancien avec salle de bains commune et une cuisine à disposition. Le jardin est un endroit fort agréable, au calme. Le petit déjeuner n'est pas inclus mais le frigo est en réalité bien rempli par les deux sœurs propriétaires qui sont d'une gentillesse rare (une d'entre elles parle un peu le français). A conseiller fortement.

Confort ou charme

■ GRAND HÔTEL

Njegoševa 1
✆ +382 67 312 295
www.hotelgrand.me
cetinjeturist@t-com.me
Chambre simple 40 €, 32 € par personne en double, petit-déjeuner inclus. Demi-pension 39 € par personne en double. Ouvert d'avril à fin décembre.
Situé à 5 minutes de marche du centre-ville, construit sur l'emplacement de l'ancien hôtel Park, autrefois l'un des plus réputé du pays (il fut détruit lors du tremblement de terre de 1979), cet hôtel offre des prestations de qualité (piscine couverte, courts de tennis, baignoires, téléphone, minibar, télévision et balcons). Pas de climatisation car nul besoin à Cetinje. Certes, le mobilier des halls et de la réception montre des signes d'usure mais les nouvelles chambres sont confortables et désormais au-dessus de tout soupçon. Garage souterrain sur réservation. Dans l'ensemble, l'établissement, avec son charme typique

d'hôtel « socialiste de luxe », est bien tenu et d'une propreté irréprochable. Son emplacement, face au grand parc, est un must.

Se restaurer

Si le choix est plutôt restreint en centre-ville, les environs de Cetinje comptent en revanche plusieurs restaurants réputés, parmi lesquels le restaurant Konak, l'un des meilleurs du pays si l'on souhaite goûter aux charcuteries et fromages locaux.

Sur le pouce

■ **MALA KUŽINA**
bb Bulevar Crnogorskih junaka
Un petit restaurant de type fast-food sympathique où l'on ne vient pas pour le décor mais pour ce qu'il y a dans l'assiette, à bas prix.

Bien et pas cher

■ **HOGAR**
Ul. Njegoševa 52
✆ +382 69 477 456
Compter 10 € par personne (pizza, salade et boisson).
Ce restaurant sans prétention présente l'avantage d'être bien situé, au beau milieu de la rue piétonne du centre-ville et à deux pas des musées. La cuisine y est simple mais peu onéreuse (pizzas, pâtes, risottos et salades composées). Par beau temps, quelques tables sont généralement installées en terrasse. Bref, une adresse pratique et pas chère lorsque l'on souhaite faire une pause-déjeuner sans trop s'éloigner des musées !

■ **KONAK**
le long de la route en direction de Budva (à 4 km de Cetinje)
Zabrđe bb,
✆ +382 41 761 011 / +382 67 292 292
www.konak.me
restorankonak@t-com.me
Ouvert de 8h à 23h tous les jours. Grand parking assuré. Plats cuisinés ou assiettes de spécialités locales de 7 à 15 €.
Dans un décor rustique, avec poutres apparentes, grande cheminée, vous mangerez des plats typiques du pays. Grand choix de charcuteries, de grillades, de fromages et de salades composées. La carte fait également la part belle aux poissons de mer et d'eau douce. Le menu généreux rassasiera les plus gourmands. La carte des vins propose un choix plutôt large de cuvées locales et internationales. Service impeccable. L'été, une grande terrasse permet de manger dehors. Pour la petite histoire, sachez que Kadhafi comptait parmi les clients de ce restaurant ! On peut désormais loger dans les 14 appartements, tous neufs et bien équipés (voir Hébergement). Des transferts et des excursions touristiques peuvent également être organisés. Camping équipé et un point info.

■ **NYC CAFÉ RESTAURANT**
Place Balšića pazar
Ouvert de 7h30 à minuit.
Un établissement agréable avec une grande terrasse à l'ombre des tilleuls, très fréquentée par les locaux. Petits déjeuners, pizzas, pâtes, salades composées, le tout à des petits prix.

■ **RESTAURANT CETINJE**
27 Bajova
Ce restaurant pizzeria est un endroit qui ne paie pas de mine mais dont la nourriture est bonne pour pas cher.

Sortir

■ **VINOTEKA**
Ul. Njegoševa
Récemment ouvert, ce petit café installé dans une maison de couleur jaune vif possède une minuscule mais agréable terrasse avec tables et chaises en osier. L'intérieur du café est également confortable et décoré avec goût dans des tons chauds conférant au lieu une ambiance chaleureuse, particulièrement son étage sous le toit. Etablissement situé entre l'ancienne ambassade de France et le musée national d'Histoire (le nom du café n'est pas indiqué).

À voir – À faire

Bien que de dimensions modestes, Cetinje est riche en monuments, musées et curiosités et, à ce titre, peut mériter une visite approfondie. Outre les quelques sites décrits ci-dessous, le charme de la ville réside dans ses allées bordées de tilleuls et ponctuées de demeures patinées par le temps.
Un conseil donc : garez votre véhicule à l'entrée de la ville et prenez le temps de flâner à travers ses larges avenues au calme si reposant après la cohue de Kotor !

▶ **A savoir** : il est possible d'acheter un ticket permettant d'accéder à l'ensemble des musées de la ville, à savoir le Musée national d'art et d'histoire, le palais du roi Nicolas, le Musée ethnographique et le « Billard ». Vendu 10 € (ou 5 € pour les étudiants), il s'achète directement dans les musées. Informations au : ✆ +382 41 230 555 et sur www.mnmuseum.org

▶ **Marina Abramović,** originaire de Cetinje, est une artiste contemporaine de renommée mondiale et auteur du projet « Marina Abramović Community Centar Obod Cetinje » (MACCO). Son idée est de réhabiliter le complexe de l'usine des frigos Obod, fermée il y a fort longtemps, et de le transformer en centre culturel économique multidisciplinaire couvrant des domaines variés : film, théâtre, danse, production vidéo, musique, opéra... Le projet a été présenté à la Biennale de Venise en 2011 où l'artiste a représenté le Monténégro. Pour plus d'infos, rendez-vous sur des sites d'hébergement de vidéos où vous pouvez visualiser la vidéo intitulée : Marina Abramovic Presents MACCO Cetinje.

■ ANCIENNES AMBASSADES ET MISSIONS DIPLOMATIQUES

Cetinje a accueilli, au début du XXe siècle, onze représentations diplomatiques (Russie, France, Serbie, Allemagne, Etats-Unis, Grèce, Bulgarie, Grande-Bretagne, Italie, Autriche-Hongrie, Turquie). Celles-ci commencèrent à s'établir dans la ville après le congrès de Berlin (1878), qui reconnut formellement et juridiquement la souveraineté et l'Etat du Monténégro. La plupart de ces ambassades Art nouveau sont encore visibles aujourd'hui (sauf celle des Etats-Unis détruite lors du tremblement de terre de 1979) et occupent une place importante dans le patrimoine architectural de la ville. L'ambassade britannique, située à quelques mètres du palais Bleu, est aujourd'hui occupée par l'Académie de musique. Non loin de là, l'ambassade russe, érigée dans le plus pur style pétersbourgeois, abrite aujourd'hui la faculté des beaux-arts. Achevé en 1903, le bâtiment fut le siège du personnel de la légation russe jusqu'en janvier 1916. L'ambassade

La mystérieuse Notre-Dame-de-Philerme

L'icône « Notre-Dame-de-Philerme » exposée dans la chapelle Bleue du Musée national des arts du Monténégro est l'une des plus vénérées du monde orthodoxe. Traditionnellement attribuée à saint Luc l'Evangéliste, elle doit son nom au petit mont situé à quelques kilomètres au sud de la ville de Rhodes. Acquise à Jérusalem par les chevaliers de l'ordre de Saint-Jean, elle fut tout d'abord transférée sur l'île de Rhodes (mer Égée) en même tant que d'autres reliques en possession des chevaliers. Après la conquête de Rhodes par les Turcs, en 1522, les chevaliers cherchèrent refuge dans divers abris de la Méditerranée dont la Crète et Malte (l'Ordre prit par la suite le nom des chevaliers de Malte). Exposée dans une chapelle de Malte jusqu'en 1798, année où Bonaparte s'empara de l'île, elle voyagea ensuite jusqu'à Rome avant d'être placée dans un couvent en Russie. A la suite de la révolution de 1917, la mère du tsar assassiné (née princesse du Danemark) la prit sous sa protection et l'emporta avec elle à Copenhague. L'icône fut ensuite confiée au chef de l'Eglise orthodoxe russe qui la déposa en lieu sûr à Belgrade, dans la chapelle du palais royal. Lors de l'arrivée des troupes allemandes dans la ville, en 1941, l'icône fut envoyée au Monténégro, au monastère d'Ostrog, avant d'être finalement confiée au musée national de Cetinje au début des années 1950. Aujourd'hui exposée au musée national de la ville, elle est visible du grand public depuis 1978 seulement.

française, située en haut de la rue Njegoševa, fut inaugurée en 1910. Elle abrite dorénavant les fonds particuliers de la bibliothèque centrale Đurđe Crnojević et, depuis 2013, le Coin français « Frédéric Rossif ». La construction de l'ambassade d'Autriche-Hongrie fut entamée en 1896. Le bâtiment, doté d'une petite chapelle, fut utilisé jusqu'en 1914. De nos jours, il abrite l'Institut national pour la protection des monuments. Près de la route menant à Njeguši, le bâtiment de l'ancienne légation italienne fut quant à lui dessiné par l'architecte italien Corradini, également à l'origine de l'édifice de l'ambassade russe et de la décoration intérieure de l'ambassade austro-hongroise. Contrairement aux pays mentionnés ci-dessus, la Grèce, l'Allemagne, les Etats-Unis, la Serbie, la Turquie et la Bulgarie ne firent pas construire de bâtiments pour installer leur légation étrangère mais choisirent d'acheter des édifices déjà existants. Enfin, et depuis décembre 2005, la présidence du Monténégro s'est installée de nouveau à Cetinje, dans un immeuble du XIXe siècle à l'allure pompeuse, non loin de l'ancienne ambassade de France. 4 soldats, de rouge vêtus et au style proche de ceux de Buckingham Palace, la coiffe en moins, en assure la garde en permanence. Mais ils sont beaucoup moins immobiles que leurs homologues anglais…

■ ATELIER DADO

Dvorski trg

www.ateljedado.wordpress.com

mirjana.dabovic@gmail.com

Ouvert en 2002 dans une ancienne maison du centre-ville sur la place Dvorski trg, l'atelier de Dado Djurić fait partie du Musée Des Arts. L'atelier du grand peintre (1933-2010) est aujourd'hui dédié à la promotion d'autres artistes contemporains du pays et plus largement des arts dans son ensemble grâce aux expositions d'œuvres d'artistes régionaux.

■ CHAPELLE DE LA NAISSANCE DE LA SAINTE VIERGE (CRKVA NA ĆIPURU – ЦРКВА НА ЋИПУРУ)

Trg Novice Cerovića

Cette petite chapelle (plus couramment : l'église à Ćipur), située à côté du monastère, fut élevée en 1886 à la demande du roi Nicolas afin d'y accueillir les cérémonies religieuses de la cour. De construction simple, elle repose sur les fondations de l'église centrale du monastère originel de Cetinje, érigé par les Crnojević (XVe siècle). C'est ici que le corps du roi Nicolas ainsi que celui de sa femme, la reine Milena, furent déposés en 1989 lors d'une cérémonie en grande pompe (leurs dépouilles étaient auparavant à l'église russe de San Remo, en Italie).

■ ÉGLISE VALAQUE (VLAŠKA CRKVA – ВЛАШКА ЦРКВА)

Face au stade municipal

Trg Slobode

Cette petite église, la plus ancienne de la ville, aurait été construite par des éleveurs de bétail, les Valaques, vers l'an 1450, quelques années seulement avant la fondation de la ville. Reconstruite et restaurée à plusieurs reprises, elle acquiert son apparence définitive en 1864, ce dont témoigne l'inscription gravée au-dessus de la porte d'entrée. La clôture encerclant le bâtiment a été fabriquée avec les canons de fusils saisis aux Turcs lors de la bataille de Grahovo (1858) et de la guerre monténégro-turque de 1876-1878.

► **En face de l'édifice se trouvent deux tombes** dont l'une, selon la légende, abriterait le corps d'un bandit monténégrin mort en défendant la ville des assauts turcs. Juste à côté, se dresse une imposante statue d'une femme tenant dans sa main droite une épée et dans son autre main une branche de laurier. Erigée en 1939, ce monument commémore les Monténégrins exilés aux Etats-Unis qui se sont portés volontaires pour défendre leur pays d'origine au tout début de la Première Guerre mondiale. Malheureusement, ces derniers ne parvinrent jamais à destination, leur bateau ayant coulé au large du petit port de Shëngjïn, au nord de l'Albanie.

■ GALERIE D'ART MONTÉNÉGRIN (CRNOGORSKA GALERIJA UMJETNOSTI) « MIODRAG DADO ĐURIĆ »

Balšića Pazar

Inaugurée en 2012, cette vaste galerie d'allure moderne s'étend sur 1 600 m² et quatre niveaux. Faisant partie du musée National du Monténégro, cette galerie est conçue pour promouvoir les arts graphiques, plastiques, sculptures mais aussi de diverses formes d'art comme l'art digitale, performance, art conceptuel, art sonore sous forme de concert, soirées littéraires, séminaires... Exposition d'artistes monténégrins et internationaux.

■ MONASTÈRE DE CETINJE (CETINJSKI MANASTIR – ЦЕТИЊСКИ МАНАСТИР)

A savoir : Entrée payante (au musée dit le trésor et à la sainte chapelle) : compter 2,50 € par personne pour un groupe d'au moins 10 personnes, sinon 20 € « tarif collectif » pour un groupe de moins de 10 personnes. Un conseil : il est préférable de venir en groupe avec un guide francophone indépendant car les explications affichées sont uniquement traduites en anglais. Accès au musée de 9h à 17h (il est parfois possible d'y accéder après 17h à des tarifs doubles). Demandez l'autorisation avant de prendre des photos.

Situé derrière le « billard », ce monastère aux lignes robustes si caractéristiques de l'architecture religieuse monténégrine fut érigé au tout début du XVIIIe siècle sur ordre du prince-évêque Danilo Ier et sur l'emplacement de l'ancien palais d'Ivan Crnojević (Ivan le Noir), fondateur de la ville. Le monastère originel (celui édifié par Ivan Crnojević au XVe siècle) était situé à quelques mètres de là, à l'emplacement de l'actuelle chapelle de la Naissance de la Sainte Vierge. Il fut complètement détruit par les Turcs en 1692. Plusieurs fragments de ce monastère plus ancien ont été utilisés lors de la construction du nouvel édifice religieux. Notamment les six chapiteaux dans la galerie à l'étage du gîte et une plaque de parapet sur l'abside de l'église monastique restent comme les témoignages d'une existence ininterrompue du monastère.

Dressée au centre du complexe monastique, la petite chapelle dédiée à la naissance de la Vierge renferme deux reliques majeures : la main droite de saint Jean le Baptiste et un fragment de la croix du Christ. L'édifice, décoré d'une iconostase peinte par des artistes grecs, abrite également les tombes du prince Danilo et du grand voïvoda (commandant) Mirko Petrović (le père du roi Nicolas). Dans la cour de l'église, reposent Darinka et Olga, respectivement l'épouse et la fille du prince Danilo Ier. La résidence du métropolite, située juste à côté, abrite le trésor du monastère : le sceau d'Ivan Crnojević, le fondateur de la ville, des croix de métropolites, des mitres (coiffures liturgiques de cérémonie) ornées de bijoux, de nombreuses icônes, de très anciennes chasubles (vêtements liturgiques), ainsi qu'une remarquable collection d'ouvrages anciens dont le premier écrit en lettres cyrilliques du Sud, L'Octoèque, premier ton, imprimé en 1494 dans la presse de Djurdje Crnojević, fils d'Ivan Crnojević. Véritable chef-d'œuvre de l'imprimerie du XVe siècle, cet ouvrage eut une influence dans les pays orthodoxes des Balkans et même au-delà. Imprimé en de nombreux exemplaires afin d'être diffusé dans les régions voisines occupées par les Turcs, il se caractérise par une impression en deux couleurs et des enluminures de style Renaissance. Aujourd'hui, il en reste 105 exemplaires dont l'un des mieux conservés se trouve à la bibliothèque du Musée national de Cetinje.

■ MONUMENT À IVAN CRNOJEVIC (SPOMENIK IVANU CRNOJEVIĆU – СПОМЕНИК ИВАНУ ЦРНОЈЕВИЋУ)

Trg Novice Cerovića

Œuvre du sculpteur académique Ante Gržetić, cette imposante statue a été érigée à l'occasion de la célébration du 500e anniversaire de la fondation de Cetinje. Située entre le palais du roi Nicolas et le musée national d'Histoire, elle représente Ivan Crnojević (littéralement, Ivan le Noir), le souverain de la Zeta, fondateur de la ville.

■ MUSÉE DE L'ARGENT (MUZEJ NOVCA – МУЗЕЈ НОВЦА)

Njegoševa 122

✆ +382 41 233 573 / +382 41 233 570

muzej.novca@cbcg.me

De 9h à 15h, fermé les week-ends. Entrée : 2 €, gratuit pour les enfants, les étudiants et les seniors.

C'est en avril 2012 que la Banque Centrale du Monténégro a ouvert ce musée dans un bâtiment en pierre datant de 1906. Vous y verrez les diverses monnaies depuis la toute première monnaie monténégrine appelée Perper, utilisée entre 1906-1916, en passant par le Dinar utilisé durant différentes périodes au Royaume des Serbes, Croates et Slovènes, pendant et après la Seconde Guerre mondiale jusqu'en 1999. Ensuite le pays introduit le Deutsche Mark avant d'adopter finalement l'Euro en 2002, la devise actuelle du pays.

■ MUSÉE DE PETAR II PETROVIC NJEGOS (BILJARDA – БИЉАРДА)

Trg Kralja Nikola

✆ +382 41 231 050

Ouvert tous les jours en été de 9h à 17h (en hiver, fermé les week-ends). Entrée 3 €.

Ce musée, inauguré en 1951, occupe l'ancienne résidence fortifiée de Petar II Petrović Njegoš érigée en 1838 juste à côté du monastère. Surnommé « le Billard » en raison de la table de billard que le prince avait, dans les années 1830, fait monter de Kotor par un sentier muletier, ce vaste bâtiment de plus de 25 pièces était à l'origine recouvert d'un toit en plomb (celui-ci fut retiré et fondu pour fabriquer des balles destinées à lutter contre les assauts des soldats ottomans). Outre divers objets ayant appartenu au dirigeant et poète monténégrin, le musée abrite de nombreux ouvrages anciens imprimés entre 1594 et 1851 et issus de la bibliothèque personnelle du prince. Ce dernier, féru de littérature, était aussi un véritable polyglotte (il parlait quatre langues étrangères) et l'on peut voir parmi les ouvrages présentés de nombreuses œuvres d'auteurs étrangers (Montesquieu et Voltaire, entre autres). Dans la première salle du premier étage du bâtiment, celle où se trouve le fameux billard, on peut également contempler le siège du prince. Fait sur mesure, il comporte des petites élévations sous ses pieds (Pierre II Petrović était un géant de près de 2 m !). Dans le jardin adjacent au bâtiment, une construction récente abrite une immense carte en relief du pays. Très détaillée, celle-ci a été réalisée par les occupants austro-hongrois lors de la Première Guerre mondiale à des fins militaires. Elle permet de mieux se rendre compte du relief extraordinairement escarpé du pays et de son enclavement. On peut même, en l'observant, s'amuser à tester ses connaissances géographiques en essayant de repérer les villes, les canyons et les massifs montagneux (généralement, les guides du musée le font à votre place…).

■ MUSÉE DES ARTS DU MONTÉNÉGRO (UMJETNIČKI MUZEJ – УМЈЕТНИЧКИ МУЗЕЈ)

Ul. Novice Cerovića

Ouvert de 9h à 17h. Entrée 4 € et 2 € pour les étudiants.

Installé au premier étage de l'ancienne demeure gouvernementale (Vladin Dom), un vaste édifice à l'allure baroque achevé en 1910 et à l'origine destiné à accueillir le siège de l'Assemblée nationale et du Gouvernement, ce musée abrite une riche collection de peintures réalisées aux XIXe et XXe siècles par les plus grands peintres du Monténégro ou de l'ex-Yougoslavie (Petar Lubarda, Pero Poček, Branko Filipović, Popović, entre autres). Le musée présente également une dizaine d'icônes anciennes parmi lesquelles la célèbre icône de Notre-Dame-de-Philerme, exposée dans une salle séparée, la chapelle Bleue (voir l'encadré).

■ MUSÉE ETHNOGRAPHIQUE (ETNOGRAFSKI MUZEJ – ЕТНОГРАФСКИ МУЗЕЈ)

Trg Kralja Nikole

Ouvert de 9h à 17h. Entrée 2 € (adultes) et 1 € pour les étudiants.

Installé dans l'ancienne ambassade de Serbie, juste en face du palais du roi Nicolas, ce petit musée de deux étages abrite divers objets de la vie quotidienne des Monténégrins au XIXe siècle ainsi qu'une dizaine de costumes traditionnels (musulmans, notamment). Ces derniers, superbement ornés et bien mis en valeur grâce à l'éclairage, méritent à eux seuls la visite de ce musée par ailleurs modeste (légendes en anglais et succinctes).

■ MUSÉE NATIONAL D'HISTOIRE (ISTORIJSKI MUZEJ – ИСТОРИЈСКИ МУЗЕЈ)

Ul. Novice Cerovića

✆ +382 41 231 050

Ouvert de 9h à 17h. Entrée 3 € et 1,50 € pour les étudiants.

Fondé en 1989 et installé dans le même édifice que le musée des Arts du Monténégro, ce musée propose une découverte de l'héritage social, économique, politique, militaire et culturel du Monténégro. Présentée par ordre chronologique, de la période pré-slave à la république fédérale de Yougoslavie, la collection compte, entre autres pièces, des armes saisies aux Turcs, les drapeaux des fameuses batailles de Grahovo (1858) et de Vučji Do (1876), au cours desquelles le minuscule Monténégro infligea une défaite aux troupes du puissant Empire ottoman, des armes et costumes du prince Danilo (le neveu de Petar II Petrović Njegoš), ainsi que des effets personnels de la princesse Jelena, la cinquième fille du roi Nicolas. Bien que riche en pièces exposées, on peut toutefois regretter la quasi-absence de légendes et d'explications, qui plus est seulement en serbe cyrillique, ce qui enlève beaucoup à la compréhension.

■ ORLOV KRŠ (ОРЛОВ КРШ)

Dominant la ville, ce rocher escarpé (*Orlov Krš* signifie le « rocher de l'aigle ») abrite le mausolée du prince-évêque Danilo Ier, le premier de la dynastie des Petrović Njegoš. Erigé en 1896, à partir d'esquisses réalisées par la princesse Jelena (l'une des filles du roi Nicolas Ier) et sur des plans d'un architecte français (Frouchet), il offre un joli point de vue sur la ville, d'un côté et la mer de roches environnant la ville, de l'autre. Pour s'y rendre, emprunter le sentier goudronné partant de la gauche du monastère de Cetinje (compter un quart d'heure de marche).

PALAIS BLEU (PLAVI DVORAC)

Ul. Njegoševa

Dans le parc.

Ce modeste palais, connu sous le nom de palais Bleu en raison de la couleur de ses façades, a été construit durant les années 1890. Il était alors la résidence du prince héritier Danilo, fils aîné du roi Nicolas, puis demeura galerie d'exposition pendant plusieurs années, il est depuis 2010 la résidence du président de la République.

PALAIS DU ROI NICOLAS (MUZEJ KRALJA NIKOLE – МУЗЕЈ КРАЉА НИКОЛЕ)

Trg Kralja Nikole

✆ +382 41 230 555

www.mnmuseum.org

nmcg@t-com.me

Ouvert tous les jours de 9h à 17h (horaires d'ouverture de la mi-avril à la mi-novembre ; en hiver, fermé les week-ends). Visites guidées uniquement. Entrée 5 € et 2,50 € pour les étudiants.

Résidence du souverain monténégrin à partir de 1868, ce palais était à l'origine destiné à la princesse Darinka, veuve du prince Danilo (assassiné à Kotor en 1860). Cette dernière ayant quitté le Monténégro en 1867, ce fut finalement le roi Nicolas Ier qui s'y installa. Aujourd'hui converti en musée, ce palais propose une plongée dans la période dorée du dernier monarque du Monténégro. Outre des photographies sépia sur lesquelles on peut voir la famille royale dans ses plus beaux atours et en compagnie des plus grands noms de l'époque tel que le tsar de Russie, le musée abrite, au rez-de-chaussée, une riche collection de bannières turques saisies lors des batailles, ainsi que des armes ayant appartenues à des chefs militaires turcs ou monténégrins renommés. Les différentes chambres à coucher et salons du premier étage sont quant à eux magnifiquement meublés (salon indonésien en bois de rose, mobilier Louis XV ou de style vénitien baroque...). A côté des effets personnels des différents membres de la famille royale, on peut enfin admirer quelques-uns des présents offerts par les plus importants personnages de la scène politique et aristocratique d'alors.

THÉÂTRE NATIONAL (ZETSKI DOM – ЗЕТСКИ ДОМ)

Baja Pivljanina

Ce théâtre, érigé dans les années 1880 et restauré depuis, fut le premier du Monténégro. Il accueillit sa première représentation théâtrale (*L'Impératrice des Balkans*, œuvre de Nicolas I Petrović) en 1888. Seul lieu de loisirs pour les habitants de la capitale du royaume monténégrin au début du XXe siècle, il est toujours utilisé.

PARC NATIONAL DU LOVĆEN (НАЦИОНАЛНИ ПАРК ЛОВЋЕН)

Jouxtant Cetinje (24 km) et parsemé de hameaux, ce parc national d'une superficie de 6 400 hectares est dominé par le massif montagneux du Lovćen, lui-même composé de deux sommets : Štirovnik (1 749 m) et Jezerski Vrh (1 657 m). Parfois citée comme le « mont Olympe » des Monténégrins, cette montagne abrite à son sommet la dépouille de la plus grande figure du pays, Petar II Petrović Njegoš (1813-1851). Situé au milieu du parc et accessible en voiture ou à pied, le site offre un point de vue unique sur le pays avec d'un côté la mer Adriatique et de l'autre une véritable « mer » de roches et de montagnes s'étendant, semble-t-il, à l'infini.

Lovćen est une réserve naturelle de plus de 1 500 espèces animales et végétales où la rencontre du climat montagnard et celui de la côte est la spécificité. Si vous aimez prendre votre temps pour les visites, une ou deux journées devraient suffire.

Une belle balade, en voiture ou à pied, démarre du col de Krstac, entre Njeguši et la descente vers Kotor. Cette petite route, qui démarre à la barrière du parc national (entrée 2 € par personne) au col même, longe la crête de Branjevine, avec parfois des à-pics vertigineux puis de hauts plateaux dénudés, sur 9 km. Elle arrive finalement au lieu-dit Ivanova korita, sur la route Cetinje-Lovćen. Ne reste alors plus que 6 km jusqu'au mausolée, dont le dernier tronçon est fermé à la circulation de nuit, entre 18h et 19h.

Transports

Le parc national n'étant pas desservi par les transports publics pour atteindre Lovćen depuis Cetinje, empruntez la route qui serpente

Préparer sa rando

Il existe de nombreuses possibilités de randonnées. En voilà quelques-unes :

- **Kružna staza Palac – Treštenik – Šancevi – Kološun – Vjetreni Mlin – Dolovi – Palac**
Longueur du chemin : 12,7 km.
- **Staza Ivanova korita – Jezero – Bukovica**
Longueur du chemin : 12 km.
- **Ivanova korita – Majstori**
Longueur du chemin : 4,5 km.

En revanche, il n'y a pas de carte du parc national. Pour vous faire une idée le site Internet des parcs nationaux www.nparkovi.me permet une visite virtuelle en 3D. Comptez environ 4 heures de marche pour atteindre le mausolée depuis Cetinje (en suivant la route) et environ 2 à 3 heures en empruntant les raccourcis à partir de Bajice, à la périphérie de la ville. Pour atteindre le mausolée depuis le village de Njeguši, comptez 2 heures 30 par des sentiers faciles à repérer. Un sentier non balisé de 5 km permet également de rejoindre le mausolée depuis Kotor en passant par le col de Krstac. Son point de départ est situé près de la station de fourniture d'eau de la ville et à côté de la source de la rivière Skurda. Comptez 3 heures 30 de marche. Plus facile, il est repéré à partir du col de Krstac, juste après la barrière à l'entrée du parc. Ce chemin, et les variantes pour rejoindre le sommet de Lovćen, sont décrits dans le guide *Route transversale Orjen-Lovćen-Rumija* édité par l'association de montagne du Monténégro (PSCG).

sur une vingtaine de kilomètres en direction de Njeguši. Le parc marque la frontière entre deux espaces complètement différents, la mer et le continent. La meilleure façon de s'en rendre compte est d'y accéder en empruntant cette ancienne route reliant Kotor à Cetinje, aussi surnommée « échelle de Cattaro » en raison de ses nombreux virages en épingles à cheveux (32 au total !). Après une ascension spectaculaire, au milieu d'une végétation typiquement méditerranéenne, celle-ci débouche quasiment sans transition sur des paysages désolés et arides de montagnes.

Pratique

■ **PARC NATIONAL DU LOVĆEN (НАЦИОНАЛНИ ПАРК ЛОВЋЕН)**
Bajova 2
Cetinje ✆ +382 69 328 858
www.nparkovi.me
jpnpcg@t-com.me
Le centre d'information du parc national propose aussi le logement en bungalow à 40 € la nuit. Pour le camping, comptez 5 € pour la grande tente, 3 € pour la petite et 10 € pour le véhicule. Location de vélo à 2 €/heure, jeep safari à 20 €. Lors de vos balades en forêt, si vous êtes tenté de cueillir des fruits de forêt, les champignons sauvages ou les herbes aromatiques, il faut payer une taxe écologique de 5 € par jour.

Se loger

9 km avant le sommet du Jezerski vrh, dans le hameau de Ivanova korita, se trouvent deux hôtels de montagne, au cœur du parc et avec une vue sur le sommet :

■ **HOTEL MONTE ROSA**
Ivanova korita ✆ +382 69 300 600
www.hotelmonterosa.me
info@hotelmonterosa.me
27 € par personne en chambre double, 40 € et 47 € en appartement selon le type, petit déjeuner compris. La demi-pension est proposée à 32 €, la pension complète à 38 €, voir 45 € et 47 € la demi-pension, 53 € et 61 € la pension complète en appartement, selon le type.
Sur une altitude de 1 240 m, ce nouvel hôtel vous accueille pendant toute l'année. Idéalement situé au cœur du parc national de Lovcen, il dispose de 8 appartements luxueux et de 18 chambres impeccables et assez grandes (35 m²), dans un mélange moderne et traditionnel caractérisé par des meubles en bois. Mini bar, TV satellite, sèche-cheveux, coffre-fort, Internet sans fil. Il y a même une chambre dite de montagne (planinska) pour 8 personnes (17 € par personne, petit déjeuner compris). Les activités sportives comme la location de quads et de vélos électriques y sont proposées. Si malheureusement vous n'y séjournez pas, profitez au moins du café-bar pour une pause-café en plein air.

■ **IVANOV KONAK**
Ivanova Korita
✆ +382 41 233 700
✆ +382 41 230 530
www.ivanovkonak.com
odmaraliste@t-com.me
Compter environ 30 € par personne, petit déjeuner compris (chambres double et triple). Pension complète proposée pour 46 € par personne. 7 appartements (en réalité des chambres avec salon) pour 2 à 4 personnes.
De belles chambres, simples mais au mobilier rustique de jolie facture. Terrasse individuelle, le tout dans une grande maison en pierre toute neuve. Un restaurant propose une cuisine monténégrine classique avec des plats entre 7 € et 10 €. Paiement cartes Visa et anglais approximatif. Le seul problème sera de le trouver. Manifestement, la discrétion est le dogme. Aucune enseigne en façade pas plus que sur le bord de la route. A 3 km en contrebas de l'embranchement pour le col de Krstac, ou 9 km avant le mausolée, au cœur du hameau de Ivana Korita, tourner à un petit panneau en bois « Dolovi », coté montagne.

Se restaurer

■ **VIDIKOVAC**
Sous le parking.
Cuisine monténégrine simple et peu onéreuse. A condition toutefois que l'électricité ne soit pas coupée, ce qui arrive parfois. Depuis sa terrasse, la vue est superbe.

À voir – À faire

■ **MAUSOLÉE DE PETAR II PETROVIC NJEGOS**
Situé à une vingtaine de kilomètres de Cetinje, au sommet du mont Jezerski (1 657 m d'altitude), le mausolée de Petar II Petrović Njegoš (1813-1851) est un véritable lieu de pèlerinage : les Monténégrins entretiennent une relation quasi religieuse avec cette montagne et celui qui est inhumé à son sommet, un philosophe éclairé, héritier des Lumières, chef de file de la résistance contre les Turcs et héros de la souveraineté étatique au XIXe siècle. Le souhait de Njegoš a été d'être inhumé dans une petite chapelle au sommet de la montagne du Lovćen, sur la crête appelée Jezerski Vrh. Son vœu n'a pas été immédiatement exaucé en raison du véritable danger de profanation de sa tombe. Mais en 1855, le prince Danilo a fait transporter les restes de son illustre prédécesseur au sommet du Lovćen dans la chapelle érigée en 1845 par Njegoš. Celle-ci fut détruite par les Autrichiens en 1916 et la dépouille de Njegoš fut alors exhumée et ses restes confiés au métropolite de Cetinje. En 1925, une nouvelle chapelle fut construite, où Petar II Petrović Njegoš a été inhumé une deuxième fois. Puis, on eut l'idée de lui consacrer un mausolée monumental. Entamée en 1951, à l'occasion du 100e anniversaire de la mort de Njegoš, la construction du mausolée dura plus de vingt ans. Réalisé par le sculpteur croate Ivan Meštrović, l'édifice funéraire, au style très « réalisme socialiste », fut finalement inauguré en 1974. Après avoir garé son véhicule dans le petit parking réservé aux visiteurs, on accède au site par une montée spectaculaire d'escaliers (461 marches). Cela peut prendre de 15 à 20 minutes pour les plus sportifs jusqu'à 1h pour les autres. A l'entrée de la chapelle, deux sculptures monumentales de femmes taillées dans le granit gardent la crypte. A l'intérieur, se dresse une autre sculpture monumentale, celle de Njegoš représenté assis, un livre posé sur ses genoux. La dépouille de ce dernier est située dans un sarcophage de marbre blanc dans une crypte souterraine. Par beau temps, on a une vue spectaculaire de 360° sur la mer Adriatique à 1 800 m, j usqu'en Italie !

Visites guidées

■ **PLANINARSKI KLUB CETINJE**
✆ +382 41 230521
ivanisevic@t-com.me
Le club de montagne de Cetinje pourra vous aider à organiser vos randonnées dans le parc national.

NJEGUŠI (ЊЕГУШИ)

Situé à une vingtaine de kilomètres de Cetinje, sur la route des « Serpentines » menant à Kotor, ce petit et pittoresque village de montagne est le village natal de Petar II Petrović Njegoš et du roi Nicolas Ier. Plus récemment le village s'est également fait connaître pour sa production de fromage, de jambon fumé et de viande de mouton fumé (*kastradina*), tous trois réputés dans le pays (voir la rubrique Cuisine monténégrine dans « Découverte »).
De nombreux habitants du village se sont spécialisés dans la production de ces produits et les vendent directement aux particuliers.

Comptez de 8 € à 10 € pour un kilo. Plusieurs restaurants décorés à la mode « rustique » et installés dans le village proposent également de goûter à ces spécialités locales.

Se restaurer

Les quelques restaurants du village proposent une cuisine simple, sans fioritures, mais élaborée à partir de délicieux produits frais et locaux (essentiellement des fromages et de la charcuterie).

■ KOD PERA NA BUKOVICU

Njeguši
Bukovica
✆ +382 41 760 055
Un restaurant et un café traditionnel (*kafana*) fondé en 1881 et qui se trouve 5 km avant Njeguši, en venant de Cetinje.

■ KONOBA KOD RADONJICA

✆ +382 41 239 820
De 10 à 15 € le repas. Ouvert toute l'année.
Un restaurant récent dans une maison en pierre comme il se doit. Fromages et jambon de Njeguši bien sûr, mais aussi viandes grillées. Les produits sont excellents.

■ NJEGUSKA SIJELA

✆ +382 41 239 801
ivmipopovic@t-com.me
Doté d'une petite terrasse, cet établissement propose des assiettes généreuses de fromage et charcuterie. Les sandwichs sont à 2 €.

■ RESTORAN ZORA

✆ +382 41 239 702
Boissons et snacks dans une ambiance chaleureuse.

À voir – À faire

■ MAISON NATALE DE NJEGOŠ (NJEGOŠEVA RODNA KUĆA – ЊЕГОШЕВА РОДНА КУЋА)

✆ +382 41 230 310
Ouvert de 9h à 17h d'avril à novembre, jusqu'à 16h et fermé les dimanches le reste de l'année. Entrée payante : 2 € (1 € pour les étudiants).
La maison natale du héros national, le prince-poète Petar II Petrović Njegoš, est encore debout et abrite aujourd'hui un musée mémorial. Située au centre du village, au bord de la route de Kotor, elle fut bâtie vers 1780 par le vladika Petar Ier, l'oncle de Njegoš, pour lui et ses trois frères. Il s'agit d'une maison simple de forme rectangulaire, composée de trois parties identiques et construite en pierres. C'est ici aussi que le roi monténégrin Nicolas Ier est né.

RIJEKA CRNOJEVIĆA (РИЈЕКА ЦРНОЈЕВИЋА)

Située à 18 km de Cetinje, cette paisible bourgade occupe un cadre enchanteur qui aurait sans nul doute inspiré les peintres impressionnistes. Posée sur les rives de la rivière dont elle porte le nom (Rijeka Crnojevića signifie « rivière des Crnojević »), elle est environnée de collines à la végétation luxuriante. Si aujourd'hui le village semble quelque peu endormi, il en fut autrement à une autre époque et le visiteur curieux peut, s'il en prend le temps, découvrir plusieurs témoignages de l'importance passée du site. Rijeka Crnojevića fut en effet, pendant une courte période, le siège du souverain de la Zeta. L'occupation éclair par les Turcs de la ville-forteresse de Žabljak Crnojevića (située au sommet d'une colline du lac de Skadar) incita Ivan Crnojević, le souverain du royaume de la Zeta, à y déplacer sa cour dans la seconde moitié du XVe siècle (1475). Il y fit bâtir des fortifications ainsi qu'un monastère à Obod sur une colline située au-dessus du village actuel. C'est dans ce monastère que fut installée la première presse à imprimer des Slaves du sud. Aujourd'hui, on peut encore voir les ruines des fortifications médiévales (Obod porte désormais le nom de Riječki Grad). Ne manquez pas de visiter la grotte Obod (Obodska pećina) à 8 km nord-ouest de Rijeka Crnojevica où se trouvent les sources de la rivière. Comptez 2 heures l'aller, niveau : facile. Plus tard, Rijeka Crnojevića devint l'un des plus importants centres de commerce du pays, et ce, jusqu'à la fin du XIXe siècle. Un produit de la région particulièrement apprécié pour son goût raffiné, ce sont les ablettes séchées. Egalement apprécié de la cour royale, en raison de son climat tempéré, le village devint le « lieu de villégiature » du prince-évêque Petar I et de ses proches. En 1810, il y fit construire une maison, demeure d'allure modeste, encore visible aujourd'hui (Kuća Svetog Petra) et c'est le plus vieux bâtiment conservé du village. Le petit pont de pierres à deux arches érigé au milieu du village constitue un des derniers témoignages du prestige passé du village. Il fut bâti par le prince Danilo I dont il porte le nom (Danilov most) en 1853 à la mémoire de ses parents.

Transports

Rijeka Crnojevića est à 18 km en contrebas de Cetinje. Pour s'y rendre en voiture à partir de l'ancienne capitale, il faut d'abord prendre la voie express en direction de Podgorica, puis, après une dizaine de kilomètres, tourner à droite (du côté du lac). La voie express cède alors sa place à une route goudronnée mais étroite, traversée par de nombreux serpents et sur certaines portions en mauvais état (inutile toutefois d'avoir une Jeep). Après de nombreux virages et l'hôtel Gazivoda (qui était fermé lors de notre dernier passage), du site duquel on a une vue mémorable sur le lac de Skadar, elle atteint le village. Une fois Rijeka Crnojevića atteint, nous vous conseillons de poursuivre sur cette route jusqu'à Virpazar. Après avoir franchi un petit pont de construction récente, la route longe les rives du lac et offre des panoramas splendides sur ses eaux recouvertes de nénuphars et ses maisons de pierres isolées.

Se restaurer

■ **MOSTINA**
✆ +382 69 843 317
dusko@mostina.me
Face au pont en pierre construit par le prince Danilo, il propose les poissons du lac, avec des carpes et truites à 8 et 9 € les 400 g. Menu à 8 €.

■ **STARI MOST**
✆ +382 41 239 429
Jadis réputé pour la soupe de poisson, le Stari Most est aujourd'hui une adresse correcte, pas plus. Il est doté d'une agréable terrasse au bord de la rivière et orienté luxe. Il fait la part belle aux poissons frais (carpes, anguilles, truites, etc.) de 20 à 30 € le kg.

À voir – À faire

De nombreux sentiers de randonnées, balisés et signalés par des panneaux jaunes, vous emmènent depuis les hauteurs jusqu'au lac.

▸ **De Rijeka Crnojevića à Virpazar.** Depuis Rijeka Crnojevića, nous conseillons de poursuivre cette route jusqu'à Virpazar. Après avoir franchi le petit pont de construction récente, la route longe en hauteur les rives du lac dans sa partie haute et resserrée offrant des panoramas splendides sur ses eaux recouvertes de nénuphars et ses maisons de pierres isolées, sur 23 km, en traversant les hameaux de D. Selo et Komarno. Petite, cette route a été récemment revêtue.

Sports – Détente – Loisirs

On peut négocier avec les pêcheurs locaux une petite promenade guidée en barque ou encore leur louer la barque pour 10 €.

KARUČ (КАРУЧ)

Le village de pêcheurs Karuč est situé sur un rocher du même nom au bord du lac de Skadar. A l'inverse de Virpazar c'est un endroit idéal pour admirer le lac en toute tranquillité. Le Prince-Evêque Petar I dit Saint Pierre de Cetinje y a fait construire sa résidence d'hiver au début du XIXe siècle. Cette forteresse que l'on peut encore apercevoir est plus connue sous le nom de La Tour de Saint Petar. Après son décès, la tour a été utilisée comme école.

Transports

A 10 km à l'est de Rijeka Crnojevića. Suivre la vieille route Cetinje-Podgorica le long de la rive gauche. La capitale est à 20 km.

Se restaurer

■ **KOD STRUGARA**
Karuč bb ✆ +382 69 027 882
www.karuc.me
mijostrugar@yahoo.com
42.3584021,19.1072845
Menu spécial poisson : 10 €. Possibilité de se loger en appartement au prix de 40 € pour deux personnes avec petit déjeuner (si on est plus de deux personnes, prix négociables). Parking.
La famille Strugar vous accueille toute l'année mais il faut réserver un jour à l'avance vu la taille de l'établissement. Dans un cadre magnifique, on déguste au bord de l'eau les spécialités locales, du poisson... le tout arrosé d'un fameux vin local appelé Crmičko. Le menu de poisson composé d'une boisson de bienvenue plus une boisson durant le repas, de la soupe de poisson, du poisson avec garniture est particulièrement bon marché. Une adresse pleine de charme et pas bondée comme sa voisine, Rijeka Crnojevića. Il faut connaître !

À voir – À faire

Vous pouvez emprunter une barque pour naviguer parmi les îlots de nénuphars qui se referment après votre passage. La baie de Karuč, toute arrondie, est en forme de deux yeux ressemblant à ces fosses sous-marines appelées *oke* (yeux) dans la région. Ne soyez pas étonné de voir des chèvres à bord de certaines barques : les bergers locaux les amènent jusqu'aux nappes de nénuphars dont elles raffolent.

LAC DE SKADAR (СКАДАРСКО ЈЕЗЕРО)

Situé dans le sud du Monténégro, à quelques kilomètres seulement de la mer Adriatique (via le tunnel Sozina), le lac de Skadar est le plus grand lac de la péninsule balkanique. Constellé de collines et d'îlots, il s'étend à perte de vue, sur près de 40 000 hectares. Ce dernier habitat des pélicans d'Europe offre des paysages d'une beauté époustouflante qui ne sont pas sans rappeler, en certains endroits, la célèbre baie d'Along, au Viêt Nam. Le lac est à cheval sur le Monténégro et l'Albanie, ses rivages s'étendent sur un peu plus de 200 km. Abrupts dans la partie ouest du lac, ceux-ci sont bordés de plaines et de marécages dans la partie nord et côté albanais. La partie monténégrine, qui représente les deux tiers de sa superficie totale, a été promue parc national en 1983. Depuis 1996, conformément à la convention de Ramsar, la totalité du lac figure également sur la Liste internationale des zones humides constituant ainsi un site important et préservé pour oiseaux lacustres ou migrateurs. Séparé de la mer par la chaîne montagneuse de Rumija, sa température ne descend que très rarement en dessous de 0 °C. Une de ses autres particularités provient de la présence d'une crypto-dépression, ce qui veut dire que certaines parties de son fond sous-marin se trouvent sous le niveau de la mer. Ces dépressions, ici appelées *oko* (l'œil) ou *oke* (les yeux), sont au nombre de trente. La plus profonde, connue sous le nom de *Raduš*, atteint 60 m de profondeur alors que la profondeur moyenne du lac n'excède pas 6 m. Par plusieurs de ses caractéristiques décrites ci-après, ce lac est considéré comme étant de type subtropical.

Un sanctuaire ornithologique

Avec sa vaste étendue, son eau peu profonde, sa végétation luxuriante et son climat particulièrement doux (les chutes de neige sont rares et de courtes durées), le lac de Skadar est un véritable sanctuaire hivernal pour nombre d'oiseaux fuyant les marais gelés du nord de l'Europe. Quelque 250 000 oiseaux y vivaient de façon permanente ou ponctuelle selon le recensement de 1999 (ce nombre aurait chuté à 34 000 en 2006). Ce qui en fait l'une des plus grandes réserves d'oiseaux de cette partie de l'Europe. Au total, les ornithologues du pays ont pu recenser jusqu'à 285 espèces différentes, dont 90 % sont des migratoires. Grands hérons blancs, bécasses, grèbes, foulques, hirondelles de mer à moustaches, pour ne citer que les espèces les plus remarquables, viennent y trouver refuge. Les cormorans Pygmée, une espèce en danger dont la population mondiale est estimée à 55 000 et les pélicans frisés (*Pelecanus criptus*) semblent également apprécier les lieux. Ces derniers, les plus grands oiseaux aquatiques palmipèdes au monde, font l'objet d'une grande attention de la part des scientifiques. Menacée d'extinction, cette espèce ne compterait plus que quelques milliers de spécimens de par le monde.

Certaines années, jusqu'à onze couples ont pu être recensés au sein du parc national. Généralement, ces derniers viennent s'y installer à la fin du mois de janvier. Malheureusement, ici comme ailleurs dans le monde, leur survie est précaire. Constamment dérangés par les chasseurs, pêcheurs et touristes, ils doivent également faire face, tout comme les autres espèces du lac dont le nombre ne cesse de baisser depuis quelques années, à un problème croissant de réduction de leurs espaces d'habitats– les îles flottantes de tourbe sur lesquelles ces derniers ont l'habitude de nidifier – se faisant de plus en plus rares. Pour remédier à ce problème, des associations de protection de l'environnement ont entrepris la construction de radeaux flottants afin que les oiseaux puissent s'y installer. Espérons que cette initiative portera ses fruits…

Petite remarque

Concernant le découpage en zones géographiques, nous avons décidé de placer la région du Lac de Skadar avec la région de Cétinje bien que le village de Virpazar et la plupart des villages aux alentours du Lac de Skadar appartiennent administrativement à la municipalité de Bar. La ville de Bar est une ville du littoral alors que le parc national de Skadar se trouve, comme Cetinje, dans la partie centrale du pays. Cela nous apparait plus logique.

Une quarantaine d'espèces de poissons

Le lac de Skadar n'est pas seulement riche en espèces aviaires. Il fourmille également de poissons avec une quarantaine d'espèces recensées dont la carpe, la truite, l'ablette, le gardon et le chevenne blanc. Relié à la mer par la rivière Bojana, le lac compte également quelques espèces maritimes.

Une végétation exubérante

Une part importante de la flore aquatique du lac est liée aux espèces floristiques marines et côtières, ce qui prouverait que le lac ait pu se former récemment à partir d'une baie de l'Adriatique et par accumulation d'eau douce. Les plantes submergées et immergées, qui couvrent une grande partie du nord-ouest du parc, constituent une autre caractéristique de cette étendue d'eau. Elles fournissent, en formant un immense tapis végétal, un habitat idéal pour de nombreuses espèces animales.

Des inondations cycliques

Le lac de Skadar se caractérise par des fluctuations importantes de son niveau d'eau. Large de 7 km l'été, il peut ainsi atteindre jusqu'à 14 km de large en hiver ! Ces variations sont dues aux inondations cycliques qui recouvrent les marécages du lac en période hivernale. La rivière de la Morača, avec ses deux affluents, fournit 62 % des eaux du lac. Le reste provient des sources souterraines du lac, connues sous le nom d'*oko* (l'œil) et au nombre de trente.

VIRPAZAR (ВИРПАЗАР)

Ce village, situé sur la rive sud-ouest du lac de Skadar, abrite le port principal de la partie monténégrine du lac. Jusqu'au début du XXe siècle, il occupait une position stratégique à la limite des terres occupées par les Ottomans. Virpazar était le fief d'un des clans dirigeants du Monténégro appelée Crmnička nahija. C'est sur ce territoire qu'en 1702 eut lieu un épisode historique sanglant : l'exécution des Monténégrins renégats qui, s'étant convertis à l'islam, refusèrent de revenir au christianisme, en dépit de l'injonction de Danilo Ier, le premier prince-évêque du Monténégro. Aujourd'hui, Virpazar est un paisible village de pêcheurs dont la vie est rythmée par les départs quotidiens, en période estivale, de bateaux de croisière sur le lac.

Transports

- **Voiture.** Pour atteindre Virpazar depuis Podgorica, prenez la direction de Bar, c'est après 27 km sur votre gauche. Depuis Bar, deux itinéraires sont possibles : l'un plus rapide (23 Km) via le tunnel payant (2,50 €) et l'autre très sinueux (42 km) via l'ancienne route de montagne qui offre de belles vues sur la côte de Buljarica et Petrovac. Enfin, depuis Ulcinj, on peut atteindre le lac de Skadar via Vladimir par des routes secondaires tout aussi sinueuses, offrant des panoramas magnifiques.
- **Train/Bus.** Accès en train local, ligne Podgorica-Bar (1,40 € pour un aller simple de Podgorica). Accès en bus depuis Podgorica et Bar.

Pratique

Aucun sentier de randonnée ne permettant de faire le tour du lac (sans oublier qu'il y a une frontière), l'une des façons de l'explorer s'effectue par bateau, un moyen de locomotion qui permet, entre autres, de découvrir les nombreux édifices religieux cachés dans les îlots du lac. Les embarcations sont stationnées dans le village de Virpazar, à Plavnica et à côté du bureau d'information du parc national (près de Vranjina). Enfin, il est à noter qu'une petite route goudronnée permet de découvrir les plus beaux paysages du lac, du hameau de Rijeka Crnojevića, en passant par Virpazar puis jusqu'à V. Ostros, aux confins de la partie monténégrine du lac. Cette route, bien qu'un peu étroite et par endroits en mauvais état, autorise une découverte du lac dans des conditions satisfaisantes. A savoir pour ceux qui souhaiteraient parcourir cette route à pied : les serpents sont ici nombreux tant sur terre que dans les eaux du lac...

■ **OUTDOOR & MORE**
✆ +382 20 715 118
Voir page 18.

■ **POINT INFO TOURISTIQUE – OFFICE DU TOURISME**
✆ +382 20 711 102
www.bar.travel
Après le restaurant Badanj sur la gauche dans une grande tour.
Ouvert de 8h à 20h (jusqu'à 15h en hiver), jusqu'à 14h le dimanche.
Situé à droite de Konoba Badanj. Anglais parlé. Vente de cartes postales et de brochures.

Information sur l'hébergement, les possibilités de croisières sur le lac, la routes des vins (5 personnes au minimum). Achat de vins locaux sur place..

Orientation

Aucun sentier de randonnée ne permettant de faire le tour du lac (sans oublier qu'il y a une frontière), l'une des façons de l'explorer s'effectue par bateau, un moyen de locomotion qui permet, entre autres, de découvrir les nombreux édifices religieux cachés dans les îlots du lac. Les embarcations sont stationnées dans le village de Virpazar et à côté du bureau d'information du parc national (près de Vranjina). Enfin, il est à noter qu'une petite route goudronnée permet de découvrir les plus beaux paysages du lac, du hameau de Rijeka Crnojevića, en passant par Virpazar puis jusqu'à V. Ostros, aux confins de la partie monténégrine du lac. Cette route, bien qu'un peu étroite et par endroits en mauvais état, autorise une découverte du lac dans des conditions satisfaisantes. A savoir pour ceux qui souhaiteraient parcourir cette route à pied : les serpents sont ici nombreux tant sur terre que dans les eaux du lac…

Se loger

■ HOTEL PELIKAN

Virpazar
✆ +382 20 711 107 / +382 69 038 928
www.pelikan-zec.com
pelikanzec@t-com.me

Ouvert toute l'année. Chambre simple à partir de 30 €. Chambre double 58 € (à partir de 40 € dans la dépendance d'en face), la triple 81 €, la quadruple 80 €. Petit déjeuner, taxes et assurance incluses. Cartes bancaires acceptées.

Hôtel familial traditionnel depuis 1960 offrant des chambres de petites dimensions mais confortables et entièrement rénovées. TV sat, mini réfrigérateur, Internet... Les salles de bains sont équipées de douche et la propreté y est irréprochable. Les propriétaires des lieux, des écologistes convaincus, sont également des passionnés d'herbes médicinales. Vous apprécierez aussi le salon authentique au dernier étage qui fait la fierté de l'établissement. Les chambres annexes sont tout aussi propres. Des promenades ou parties de pêche sur le lac proposées à partir de 10 € par personne pour 2 heures (la taxe du parc national de 4 € par personne n'est pas comprise).

■ VILLA MIELA

Zabes ✆ +382 69 402 364
www.undiscoveredmontenegro.com
enquiries@undiscoveredmontenegro.com

Forfait à la semaine, comprenant un repas de bienvenue, des vélos pendant toute la semaine et quatre activités sportives au choix. Le petit-déjeuner n'est pas proposé.

Un coup de cœur garanti pour cette villa en pierre complètement refaite, située à Zabes, bien au calme, à la sortie de Virpazar en direction de Bar par la vieille route (traversez le pont, continuez en haut et à 500 m après tournez à droite en direction de Limljani). Un jeune couple britannique fort sympathique propose 4 chambres modernes, des doubles et des triples, avec salle de bains privée et cuisine commune entièrement équipée. Parking privé. Large terrasse offrant une vue panoramique sans vis-à-vis avec des chaises longues et un bain tourbillon. Le transfert est proposé avec supplément. Profitez des activités en plein air comme la randonnée pédestre, le vélo, la natation en eau libre... et notamment du kayak en eau plate pour lequel Ben (le propriétaire) possède la licence.

Se restaurer

Pour la petite histoire, les deux meilleurs restaurateurs de Vir (pour des locaux, le nom commun désignant Virpazar), Pelikan et Badanj, et même le troisième, Pješačac, un peu plus loin vers Godinje, sont coiffeurs de profession. Le premier est chauve de surcroît et le deuxième n'enlève jamais son chapeau de paille.

KONOBA BADANJ

Virpazar
✆ +382 69 508 019
konobabadanj@yahoo.com
Ouvert toute l'année.
Cette taverne, située à côté du pont du village, possède une agréable terrasse baignée par la brise rafraîchissante du lac en été (celle-ci constitue également un bon poste d'observation ornithologique…). Tout en pierre, c'est un véritable petit musée avec de vieux outils, armes et autres objets authentiques. Excursions sur le lac proposées. A la carte : délicieux poissons du lac ou viandes grillées. On y découvre des plats nationaux préparés d'une manière originale (carpe, anguilles, fromage local…). En souterrain se trouve une pièce de style rustique, très fraîche l'été, offrant une atmosphère plus intime. Une excellente adresse. Comptez de 10 € à 15 € par personne pour un repas complet.

RESTAURANT PELIKAN

Virpazar
✆ +382 20 711 107
✆ +382 69 038 928
www.pelikan-zec.com
pelikanzec@t-com.me
Installé dans l'hôtel du même nom, ce restaurant compte parmi les meilleurs de la région grâce aux poissons du lac de Skadar (soupe de poissons, carpe, etc.). Les plats y sont généreux et servis dans une salle décorée de fleurs locales séchées. Nous vous proposons de commencer par l'entrée froide composée de 3 sortes de poisson du lac, d'olives, de paté de poisson, le prix : 8 €. Ici, on a jamais été déçu, on a toujours trouvé les propriétaires des lieux charmants !

À voir – À faire

Le lac de Skadar constitue un parc national riche d'un patrimoine naturel exceptionnel. Mais pas seulement. Il abrite également de nombreux villages lacustres dont certains ne manquent pas de charme ainsi que de nombreux vestiges médiévaux (forteresses et monastères) qui sont autant de témoignages de la position autrefois stratégique du lac.

Croisières sur le lac. La plupart des excursions en bateau sur le lac partent de Virpazar (mais aussi de Vranjina et de Plavnica) vers 9h ou 10h. Compter environs 10 €/h et par personne pour une sortie sur mesure avec un pêcheur. Excursions à la journée également possibles, avec arrêt baignade (se renseigner au Pelikan).

Kayak. En 2012 une nouvelle activité sportive a été mise à disposition des touristes dans le parc national de Skadar : c'est la pratique récréative du kayak (version en eau plate). Les kayakistes pourront utiliser trois sentiers balisés avec aires de repos. Embarquement possible à Vranjina, Virpazar et à Rijeka Crnojevića. Renseignements à l'office du tourisme.

PLAVNICA (ПЛАВНИЦА)

Autrefois une station importante du trafic naval pour bateaux à vapeur sur le lac de Skadar, aujourd'hui Plavnica est un complexe touristique moderne de toute beauté construit en 2006. A mi-chemin entre Podgorica et Virpazar, à seulement 10 km de l'aéroport, c'est un emplacement idéal sur les rives du lac pour découvrir le parc national.

Se loger

PLAVNICA ECO RESORT

✆ +382 20 443 700/1 / +382 67 646 465
www.plavnica.info
ecoresort.plavnica@gmail.com
De 120 à 150 € pour deux personnes avec enfant. Petit déjeuner inclus. Ouvert toute l'année. Sur les rives du lac de Skadar.
Les quatre appartements donnant sur le lac sont nommés d'après les filles du Roi Nikola Ier : Jelena, Ksenija, Vjera et Zorka. Parfaitement équipés et meublés, ils possèdent un salon confortable, une chambre à coucher et une salle de bains avec Jacuzzi. A/C, mini bar, cuisinette, téléphone, Internet, deux écrans TV plats... Mention spéciale pour le restaurant proposant une cuisine raffinée, tout comme pour la piscine qui occupe une place importante au complexe. On admire le petit port de plaisance prévue néanmoins pour 90 bateaux.

Route des vins monténégrins

L'initiative d'établir une route des vins au Monténégro est récente (2006). Le plus grand producteur de vin monténégrin, Plantaže, propose des visites guidées avec repas, pour le moment uniquement en anglais et italien. Si vous envisagez de visiter des petits producteurs, vous pouvez passer par une agence (East-West Voyages de Podgorica).
Pour des visites individuelles en voiture, empruntez l'une des routes nationales Podgorica-Bar, Podgorica-Petrovac, Podgorica-Cetinje, Bar-Ulcinj ou la régionale Virpazar-Ostros. En quittant ces routes-là pour des secondaires de l'arrière-pays, la possibilité de tomber sur un domaine viticole est de 90 %. Comptez de 4 à 20 € pour une bouteille, selon la qualité, l'emballage et les médailles. Pour acheter du vin de Crmnica (entre la montagne de Rumija et le lac de Skadar), la région viticole la plus réputée d'où viens le célèbre blanc Krstac, vous pouvez vous rendre directement chez les producteurs (pensez à vous annoncer selon la routine). À titre d'exemple :

- **Dobrković à Bukovik-Mačuge :** ✆ +382 67 333 063,
- **Vukmirović à Utrg :** ✆ +382 67 875 003,
- **Leković à Godinje :** ✆ +382 69 500 040,
- **Sjekloća** (✆ +382 69 020 285) et **Sveti Toma** (✆ +382 69 025 164) à Limljani. Pour la petite histoire, ce dernier porte son nom d'après une petite église qui, suite à un tremblement de terre, bougea quelque 150 m et s'arrêta à 10 m de sa cave à vin.

■ CAVEAU ŠIPČANIK – PLANTAŽE

Šipčanik
TUZI ✆ +382 67 099 099
www.plantaze.com – visit@plantaze.com
Visites guidées avec dégustation tous les jours à partir de 9h et jusqu'à 15h. Réserver la veille de la visite par téléphone ou courriel.
Vous ne vous l'imaginiez pas mais le Monténégro est également le pays du vin. C'est pourquoi la grande maison nationale Plantaže à décidé en 2006 de créer une route des vins. Celle-ci est plutôt inhabituelle puisqu'en fait elle ne traverse qu'un domaine celui de Plantaže, l'un des plus beaux et importants domaines viticoles d'Europe, puisqu'il s'étend sur 2 310 hectares de terres. C'est à environ 30 km de la mer adriatique, tout près du lac de Skadar (rive nord), que démarre la route. Plantaže propose différentes visites et circuits, répartiss sur 3 caves, plusieurs restaurants et points de vente.

■ FAMILLE LEKOVIĆ

GODINJE (ГОДИЊЕ)
✆ +382 69 500 040
Beaucoup de familles (tous cousins) proposent du vin et du fromage local à Godinje. Voici l'une d'entre elles.

■ SJEKLOĆA

LIMLJANI ✆ +382 69 02 02 85
www.sjeklocavino.com
sjeklocavino@t-com.me
Prix de la visite : 50 € par personne, repas et dégustation compris (minimum de 5 personnes), uniquement sur réservation deux jours à l'avance.
Producteur indépendant de vin rouge sur 1,5 hectares, Milenko Sjekloća est un des premiers producteurs privés du pays depuis 1994. Son célèbre vin, médaillé plusieurs fois à l'étranger, composé de Vranac (85%) et Kratošija (15%), est produit selon la méthode traditionelle de la région. Il est vieillit au minimum 12 mois dans des bariques de 350 litres. Si la dégustation est chère, vous pouvez en acheter sur place sans dégustation. A partir de 20 € la bouteille pour un très bon vin. Demandez un emballage en bois et vous aurez un beau souvenir de la région !

■ SVETI TOMA

LIMLJANI
✆ +382 69 025 164
Petit producteur de vin. À découvrir.

Se restaurer

■ RESTAURANT PLAVNICA

✆ +382 20 443 700

Sur les rives du lac de Skadar. A une vingtaine de kilomètres de la capitale en direction de Bar et Petrovac, tourner à gauche à la pancarte Plavnica Eco Resort et poursuivez pendant 6 km. Comptez de 15 à 30 € par personne pour un repas.

La cuisine proposée dans ce restaurant moderne est un vrai délice : des spécialités internationales et locales comme la carpe marinée, de l'agneau ou du veau sous couvercle « *ispod sača* », servies au bord du lac autour de la piscine dans un cadre sublime. Service attentionné. Grand parking.

À voir – À faire

Les croisières font aussi partie de l'offre de Plavnica : tous les vendredis à 19h, vous pouvez bénéficier d'une promenade sur le lac jusqu'à la frontière albanaise d'une durée de 3h30-4h (monastères de Beška et Starčevo, villages de Raduš et Krnjice). Dîner à bord sous forme de buffet inclus et une musique en public (prévoir environ 30 € par personne au maximum). Les paysages du lac au crépuscule sont vraiment spectaculaires. Autres excursions proposées : promenade en glisseur (120 € pour 6 personnes), pêche accompagnée (250 € une journée pour 6 personnes), observation des oiseaux (circuit en bateau avec un ornithologue), location de catamarans, pédalinées, kayaks... Les enfants trouveront ici un mini-zoo.

VRANJINA (ВРАЊИНА)

Vranjina est un petit village de pêcheurs situé sur l'île du même nom, le long de la route nationale reliant Podgorica à Virpazar juste à côté du pont traversant le lac. Les habitants de ce pittoresque village, érigé à flanc de colline, vendent généralement le produit de leur pêche directement aux automobilistes en s'installant le long de la route. En passant devant le village, on peut apercevoir, dans le port miniature, les barques en bois traditionnellement utilisées par les habitants de la région et dont la forme n'est pas sans rappeler les gondoles de Venise (forme allongée, bouts pointus et plancher bas).

■ CENTRE D'INFORMATION DU PARC NATIONAL DU LAC DE SKADAR

Vranjina bb
VIRPAZAR (ВИРПАЗАР)
✆ +382 20 879 103
np-skadarlake@t-com.me

Ouvert de 8h à 18h tous les jours (de 8h à 16h en hiver, fermé les week-ends). Entrée 4 € (y compris l'accès aux centres à Murići et à Rijeka Crnojevića), gratuit pour les enfants de moins de 7 ans. Compter 35 € par personne pour un tour de 2h30 vers Žabljak Crnojevića et 80 € par personne pour un tour de 5h vers Crni Žar.

Situé à 3 km de Virpazar, juste avant le pont lorsque l'on arrive de Podgorica, ce petit « musée » a été inauguré en 2006. Il propose, à l'aide de panneaux explicatifs, une découverte des différents parcs nationaux du pays. Les espèces animales peuplant le pays et en particulier le lac y sont également présentées sous forme d'animaux empaillés. Le sol vitré, présente lui, les fonds du lac et de la région. Si cet espace est très beau, malheureusement petit, il présente les richesses naturelles du Monténégro, même si les explications y sont succinctes... Présence d'un restaurant au rez-de-chaussée avec terrasse donnant sur le lac et d'un petit port d'embarquement pour les bateaux de croisière. C'est ici qu'on réserve (au moins un jour à l'avance au-delà de 3 personnes) des excursions accompagnées d'un expert en ornithologie (en anglais) pour passer une journée à traquer Cormoran pygmée, grandes aigrettes et les pélicans de Dalmatie.

■ JEZERO

✆ +382 20 879 106

A côté du centre pour les visiteurs de Vranjina.

Restaurant de la compagnie Plantaze qui le plus grand producteur de vins du pays. Sur la terrasse au-dessus du lac, on y propose de la cuisine locale correcte.

■ MONASTÈRE DE SAINT-NICOLAS

Ce monastère orthodoxe, récemment rénové, est le plus ancien du lac (XIIe siècle). Il est situé à proximité du village de Vranjina. A côté de l'édifice, on peut apercevoir une demeure que le roi Nicolas (1841-1921) fit construire pour Jelena, sa cinquième fille. Dans les années 1970 on y a retrouvé plusieurs clochers médiévaux aujourd'hui abrités dans le musée historique de Cetinje.

■ PJEŠAČAC

VIRPAZAR (ВИРПАЗАР)
✆ +382 21 711 004 / +382 69 321 162
www.pjesacac.com
pjesacac@gmail.com

Départ le matin (tarifs et horaires sur demande, plusieurs options possibles ; comptez environ

20-30 € par personne avec le repas). D'avril jusqu'au début novembre. Sur réservation uniquement, par téléphone ou par mail.
Pour changer un peu des autres circuits sur le lac de Skadar : des excursions en bateau d'une journée à Pješačac, situé sur un cap à 2 km de Godinje. Le petit complexe touristique aux allures typiques du pays (en pierres et en bois) possède une magnifique plage privée et une taverne nationale (konoba). Presque inaccessible autrement qu'en bateau, les randonneurs expérimentés pourront néanmoins le rejoindre par des petits chemins depuis Virpazar. Le point de rencontre est à Virpazar dans une taverne privative, située dans une vieille maison appartenant à la famille Vukašević. L'excursion à la journée comprend (au choix) : transfert en bateau A/R jusqu'à Pješačac, croisière sur le lac d'une durée totale de 2h, baignade sur la plage privée, repas traditionnel en forme de buffet en service continu.

GODINJE (ГОДИЊЕ)

Situé à quelques kilomètres de Virpazar, au cœur des collines de Crmnica. Connu pour son vin, cet ancien village figure parmi les plus pittoresques du lac de Skadar. La plus belle vue sur le village s'étend depuis l'église de Saint-Nicolas. Mentionné par écrit pour la première fois en 1242, il se caractérise par de robustes maisons en pierres érigées à flanc de colline et reliées entre elles par des allées étroites et des escaliers. La légende locale veut qu'il y ait des tunnels permettant de rejoindre la dernière maison du village depuis la première. Et c'est justement pour cela que Godinje n'est jamais tombé entre les mains des Turcs car la frontière était juste au-dessus du village. Au cœur du village, on peut voir l'une des résidences d'été de la dynastie des Balšić régnant dans la région de 1360 à 1421. Victime pendant de nombreuses années de l'exode rural, notamment après le tremblement de terre en 1979, le village connaît depuis peu un regain d'intérêt en raison de son fort potentiel touristique. Notons également qu'on y produit depuis des siècles (mais vendu aux touristes depuis peu) du très bon vin rouge : le « crmnički vranac », ainsi que de l'oignon rouge.

■ PJEŠAČAC

VIRPAZAR (ВИРПАЗАР)
✆ +382 21 711 004
Voir page 120.

MURIĆI (МУРИЋИ)

A une vingtaine de kilomètres de Virpazar en direction d'Ostros (13 km), sur les rives du lac, ce village rural abrite la plus grande (et seule véritable) plage du lac de Skadar, longue de 500 m, bien qu'elle soit très sale. Egalement doté d'un restaurant avec terrasse, il peut constituer une halte agréable sur la route longeant le lac. Village du bout du monde, on l'atteint par une route qui surplombe le lac entre 100 et 200 m en hauteur. Attention, le panneau l'indiquant est tombé, en venant de Virpazar. Ensuite, la route qui descend au village est dangereuse, en mauvais état et étroite. Dans le village, ne pas tourner vers la mosquée mais continuer en face pour trouver la rive. Le restaurant, avec une grande terrasse sous les arbres, propose du jambon de Njeguši à 6 € ou bien encore des carpes ou truites fumées à 12 €.

■ IZLETIŠTE MURIĆI

✆ +382 30 753 010 / +382 67 822 205
www.nacionalnipark-izletistemurici.com
hasanmuratovic50@gmail.com
Des chalets de 2 ou 4 lits proposés à 50 € la nuit pour deux personnes avec petit déjeuner. On peut se rendre à Murići en bateau depuis Virpazar, pour 16 € avec le déjeuner. Toutefois, les prix pratiqués dans cet établissement peuvent être abusifs, en rapport à la qualité des services, les propriétaires tirant avantage de leur situation isolée et de toute absence de concurrence. Propreté douteuse dans les toilettes et les douches.

ŽABLJAK CRNOJEVIĆA (ЖАБЉАК ЦРНОЈЕВИЋА)

Située sur une colline conique au-dessus du lac de Skadar, près de l'endroit où se jette la rivière de la Morača, cette ancienne ville-forteresse médiévale fut fondée au XIe siècle avant de devenir, au XVe siècle, la capitale du premier Etat des Slaves du sud (Zeta), dirigé par Stefan puis par Ivan Crnojević jusqu'en 1478. Poursuivi par les Turcs, ce dernier délaissa la ville pour chercher refuge quelques kilomètres plus loin, dans les confins du lac, à Rijeka Crnojevića, puis plus tard à l'emplacement de l'actuelle ville de Cetinje. La forteresse, dont il ne reste aujourd'hui que des ruines, a probablement été construite sur des fondations romaines (mais cela n'a pu être prouvé).

Les îles du lac

L'une des particularités du lac de Skadar réside dans ses nombreux îlots dispersés le long de ses rivages. Ceux-ci sont au nombre de 50 dont une vingtaine dotés de fortifications, d'églises et de complexes monastiques en ruines pour la plupart érigés sous le court règne de la deuxième dynastie du Monténégro, celle des Balsić (1360-1421). On comprend pourquoi on appelle cette région la « Sainte Montagne » (Athos) de Zeta !

LESENDRO (ЛЕСЕНДРО)

Cette forteresse, antérieure à celle de Žabljak, a résisté quelque temps aux Ottomans, puis le prince Petar II y perdit une bataille décisive. Elle commande la partie supérieure du lac. On ne peut pas la manquer, elle se trouve au bord du pont, sur la nationale juste avant Virpazar, en venant de Podgorica.

GRMOŽUR (ГРМОЖУР)

Surnommé « l'Alcatraz monténégrin », cet îlot rocheux conserve les restes de fortifications turques plus tard transformées en prison par le roi Nicolas Ier. On raconte que ce dernier n'y envoyait que les non-nageurs…

ÎLE DE BEŠKA (БЕШКА)

Au milieu de l'île se dresse une petite église du XIVe siècle (église Saint-Georges – Sv. Dorde) ainsi qu'une église édifiée en 1440 par Jelena Balsić, la fille du grand prince serbe Lazar Hrebeljanović.

ÎLE DE STARČEVO (СТАРЧЕВО)

Cette île abrite un petit monastère édifié sous le règne de Djurdje I Balsić dans les années 1370. L'église monastique, de forme triconque (trois absides groupées en forme de trèfle), servit d'exemple pour la construction d'autres églises du lac : celle de Saint-Georges à Beška et celles de l'île Moračnik et de Tophala.

ÎLE DE KOM (КОМ)

Cette île abrite l'église de l'Assomption érigée entre 1415 et 1427.

ÎLE DE MORAČNIK (МОРАЧНИК)

Cette île abrite le monastère du même nom avec des tours défensives, ainsi qu'une église érigée entre 1404 et 1417.

BOUCHES DE KOTOR

Herceg Novi.

Bouches de Kotor

Avec leur décor tellurique de montagnes fendues par la mer, les bouches de Kotor (Boka Kotorska) semblent tout droit sorties d'un paysage scandinave. Un paysage nordique auquel la multitude d'églises, de chapelles et de palais d'influence gothique et vénitienne confère une touche typiquement dalmate. Long de 28 km et composé de plusieurs golfes intérieurs reliés entre eux par des passes profondes, ce fjord dalmate tout en sinuosités forme l'un des meilleurs ports naturels de la région et fut d'ailleurs l'une des principales bases navales militaires de l'ex-Yougoslavie. Les hautes montagnes aux pentes escarpées qui surplombent le mince littoral le protègent contre le climat du nord. Ainsi, la Boka est une oasis de végétation méditerranéenne où poussent agaves, mimosas, lauriers-roses, kiwis, grenades, herbes médicinales… Quand ses crêtes sont couvertes de neige, les roses fleurissent à flanc de colline. La baie est naturellement divisée en quatre sous-régions : celles d'Herceg Novi, de Risan, de Kotor et de Tivat. Tels des joyaux, les petites villes, trésors d'histoire et d'art, s'égrènent le long de son littoral. Protégée par de solides constructions défensives, Kotor a été pendant des siècles le carrefour des routes commerciales de l'Adriatique, sous la puissante influence de Venise, puis celle de l'Empire austro-hongrois. Dobrota est une petite ville qui a conservé de nombreux palais des anciens marins et armateurs. Perast est la patrie de nombreux marins célèbres et une ville dont le destin a toujours été lié à la mer. Par son style de vie, elle a ressemblé à Venise avec laquelle elle entretenait des liens culturels et un commerce animé. Certaines sources historiques nous apprennent que des soldats russes y venaient autrefois pour apprendre à naviguer auprès des marins de la ville. A Risan, un temps capitale de l'ancienne Illyrie, des fouilles archéologiques ont mis au jour les restes d'une villa patricienne romaine aux sols de mosaïque datant du IIe siècle apr. J.-C. Ville fleurie dont toutes les fenêtres font face au soleil et à la mer, Herceg Novi a conservé dans ses murs les traces de son histoire turbulente. Située à l'entrée de la baie, elle est aujourd'hui une ville paisible, appréciée des artistes et réputée pour bénéficier d'un microclimat particulièrement clément.

Les immanquables des bouches de Kotor

- **Kotor**, pour son patrimoine architectural classé au patrimoine mondial de l'Unesco, son lacis de petites ruelles et de places grandes comme des mouchoirs de poche.
- **Perast**, pour ses palais de style gothique et vénitien et sa vue sur le chenal de Verige.
- **Herceg Novi**, pour son atmosphère si méditerranéenne, le charme de ses ruelles escarpées et fleuries d'essences exotiques.
- **La vieille route Kotor-Cetinje** pour sa vue imprenable sur la baie de Kotor.

Histoire

La baie de Kotor présente, en raison de son histoire, un patrimoine architectural différent du reste du pays. La première ville, Risan, a été fondée par les Grecs au IVe siècle av. J.-C. Après avoir vaincu les tribus illyriennes, les Romains s'y installent au IIe siècle apr. J.-C., Risan est alors intégrée dans la province impériale appelée « Dalmatie ». Après la division de l'Empire romain au IVe siècle, la baie passe sous contrôle de l'empire d'Occident tandis que le reste du littoral de l'actuel Monténégro est intégré à l'Empire byzantin. A partir du XVe siècle, les bouches de Kotor sont toujours séparées du reste du pays, politiquement et culturellement parlant, elles resteront en effet sous influence de la république de Venise jusqu'à la fin du XVIIIe siècle, c'est-à-dire au moment de la chute de cette République. Outre une manière de vivre et une mentalité différentes du reste du Monténégro actuel, la culture catholique et latine a laissé des empreintes indélébiles dans toute la baie comme en témoigne l'architecture de la vieille ville de Kotor, des villages de Perast et de Prčanj, ou encore les innombrables tableaux d'artistes italiens ornant les églises de la baie. Il faut toutefois souligner que la Boka a toujours entretenu des relations étroites avec le reste du Monténégro : des raids communs ont à plusieurs reprises unis les habitants des bouches à ceux des hautes terres monténégrines et plusieurs chants anciens de l'intérieur du pays décrivent les liens politiques qui pouvaient unir les habitants de ces deux parties de la région. L'intégration de la baie au royaume des Serbes, Croates et Slovènes après la Seconde Guerre mondiale a accentué la présence orthodoxe dans la région, de même que l'afflux de réfugiés serbes lors des conflits des années 1990.

Bouches de Kotor

HERCEG NOVI (ХЕРЦЕГ НОВИ)

Située à une cinquantaine de kilomètres seulement de Dubrovnik, au pied de la montagne Orijen (1 893 m), Herceg Novi est une ville relativement récente si on la compare aux autres villes du littoral puisqu'elle n'a été fondée « qu'à » la fin du XIVe siècle. Constituée de petites places reliées entre elles par un réseau de ruelles pentues et d'escaliers, la vieille ville porte ici et là les témoignages de ses nombreux occupants. Turcs, Espagnols, Vénitiens et Autrichiens ont à tour de rôle renforcé les fortifications de la ville et laissé un peu partout leurs empreintes. Souvent décrite comme une « cité-jardin », Herceg Novi conserve également entre ses murs un important témoignage de son passé maritime. Sa végétation méditerranéenne dense est le résultat de l'apport par des générations de marins de cactus, magnolias, grenadiers, agaves, eucalyptus et des dizaines d'autres plantes exotiques. Toutes ces plantes, qui embaument la ville par les chaudes journées d'été, contribuent largement à son charme. Ce « jardin botanique » sauvage et sans doute aussi le climat particulièrement clément dont bénéficie la ville ont fait d'Herceg Novi une cité particulièrement appréciée des artistes.

Histoire

Herceg Novi, une des plus jeunes bourgades de l'Adriatique, s'est appelée Sveti Stefan puis Novi, Castrum Novum et Castel Nuevo. Son nom actuel remonte à l'époque du règne du duc (*herceg*) bosniaque Stjepan Vukšić qui fortifia la ville au milieu du XVe siècle (et dont l'Herzégovine actuelle tire son nom). Elle a été fondée à la fin du XIVe siècle (1382) par le roi bosniaque Tvrtko Ier afin de concurrencer Dubrovnik dans le commerce du sel. Conquise par les Turcs un siècle plus tard, elle reste sous leur domination pendant 200 ans à l'exception des années 1538-1539 durant lesquelles elle passe aux mains des Espagnols. Ces derniers, pendant leur bref passage, entreprennent la construction de nouvelles fortifications. En 1687, les Vénitiens, aidés notamment des Monténégrins, parviennent à expulser les Ottomans de la ville qui devient alors vénitienne jusqu'à la chute de la république de Venise en 1797. Comme toutes ses consœurs des bouches de Kotor, Herceg Novi connaît alors une période mouvementée durant laquelle elle passe, tel un pion, entre les mains de plusieurs grandes puissances européennes d'alors. D'abord autrichienne (1797-1806), elle passe ensuite aux mains de la Russie (1806-1807), puis de la France (1807-1813), de la Grande-Bretagne et du Monténégro avant de repasser sous domination autrichienne comme le reste de la côte dalmate, de 1814 à la fin de la Première Guerre mondiale. Elle est finalement intégrée au royaume des Slaves du sud, qui inclut la baie de Kotor, en 1923. Durant les élections en 2012, la ville, jugée pro-serbe est la seule ville du pays de l'opposition et fait partie d'un organisme indépendant. De ce fait, les robinets du gouvernement sont coupés et le développement économique et touristique s'en trouve ralenti.

Transports

Une quarantaine de kilomètres séparent Herceg Novi de Kotor, à l'autre extrémité des bouches. Le ferry Kamenari-Lepetani réduit quasiment de moitié la distance entre Herceg Novi et Tivat (compter 4,5 € par voiture). Sachez également que la voie express E 80 relie Herceg Novi à Dubrovnik (Croatie), située à une cinquantaine de kilomètres de là.

Comment y accéder et en partir

■ D&T COMPANY

Njegoševa 198 ✆ +382 69 076 056

Voir page 24.

■ FERRY LEPETANI-KAMENARI

Compter 4,50 € par voiture.

Ce bac divise presque par deux la durée du trajet entre Kotor (ou Tivat) et Herceg Novi. Les départs ont lieu 24h/24 toute l'année, toutes les 10 minutes en journée et toutes les ½ heures la nuit.

■ GARE ROUTIÈRE (AUTOBUSKA STANICA)

Ulica dr Jova Bijelića br. 1

✆ +382 88 321 225

Les autocars à destination de Dubrovnik ou des villes côtières du Monténégro stationnent le long de la voie express, au-dessus de la vieille ville, dans une petite gare routière, néanmoins facile à repérer. Igalo (au bout de la baie) : toutes les ½ heures jusqu'à 0h30. Pour Kotor : toutes les ½ heures jusqu'à 19h30. Pour Tivat : toutes les ½ heures jusqu'à 19h30. Pour Budva : toutes les ½ heures jusqu'à 21h. Pour Podgorica : 15 bus jusqu'à 19h45. Pour Dubrovnik : 2 fois pas jour.

■ LE PORT – GRADSKA LUKA

Škver – Šetalište Pet Danica

✆ +382 68 459 875 / +382 31 323 015

www.porthercegnovi.com

Eau potable, supérette, parking, essence...

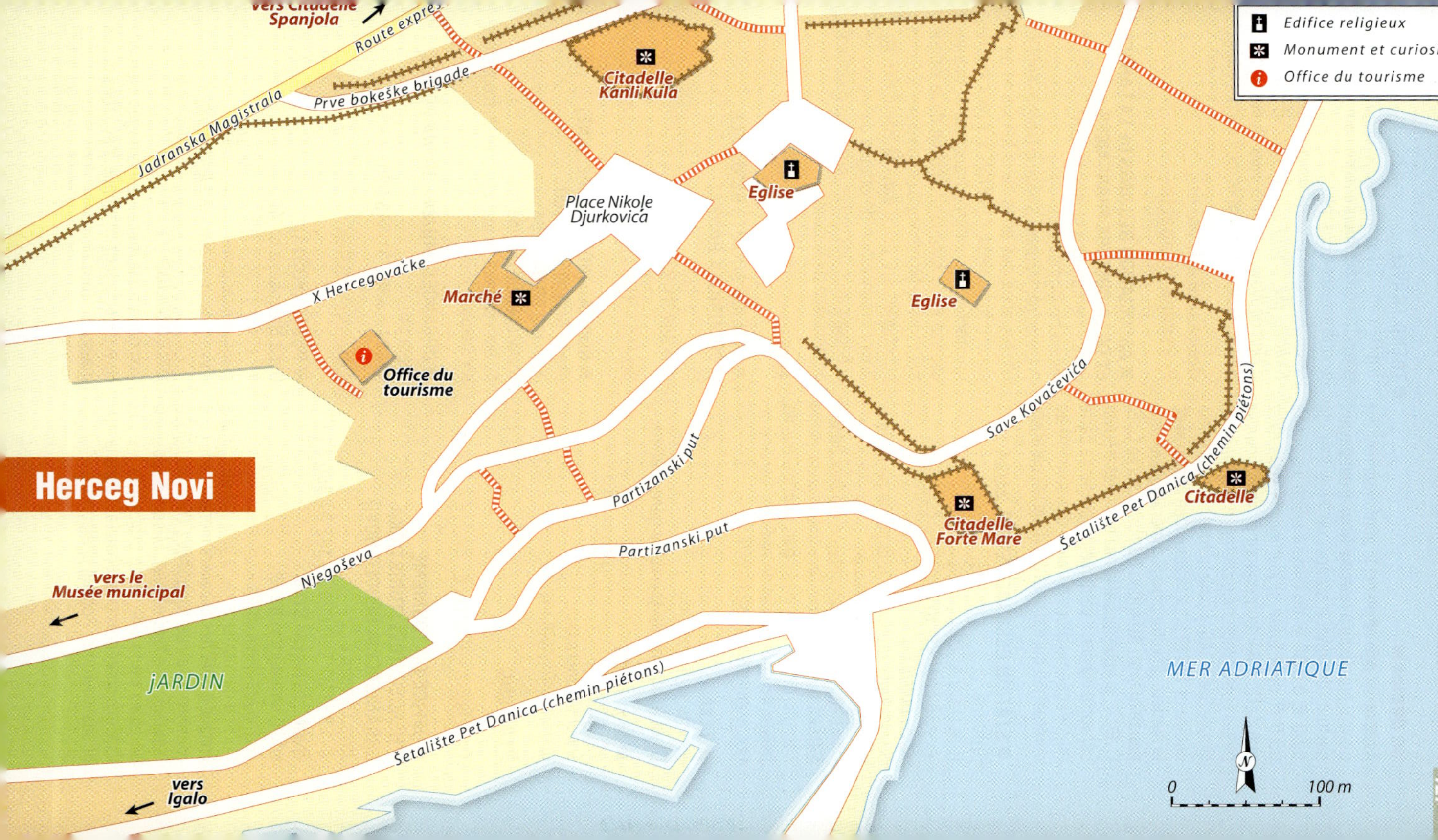
Herceg Novi
Edifice religieux
Monument et curiosité
Office du tourisme
vers Citadelle Spanjola
Route express
Jadranska Magistrala
Prve bokeške brigade
Citadelle Kanli Kula
Place Nikole Djurkovića
Eglise
Eglise
X Hercegovačke
Marché
Office du tourisme
Save Kovačevića
Partizanski put
Partizanski put
Njegoševa
Citadelle Forte Mare
Citadelle
Šetalište Pet Danica (chemin piétons)
Šetalište Pet Danica (chemin piétons)
vers le Musée municipal
JARDIN
vers Igalo
MER ADRIATIQUE
0
100 m

Se déplacer

Avec aussi peu de place, le stationnement est un vrai problème à Herceg-Novi. Il est payant partout, du lundi à samedi de 7h à 21h, de 0,50 € à 0,80 € de l'heure selon les zones ou 5 € pour toute la journée. Si vous avez une carte SIM monténégrine, vous pourrez payer votre place de parking en envoyant un simple SMS (14511 pour la zone rouge en plein centre et 14512 pour la zone II en jaune) avec le numéro de votre plaque minéralogique sans pause ni tiret. Attention aux caractères Č, Š, Ć, Đ, Ž : si vous ne parvenez pas à les trouver sur votre clavier, il vaut mieux acheter sa carte au kiosque ou alors on paye directement au contractuel qui est souvent dans les parages.

■ **STATION ESSENCE PETROL 24/24**
Sutorina
IGALO (ИГАЛО)
✆ +382 31 331 876
www.petrol.eu
Sur la route principale à la sortie de Igalo en direction de Dubrovnik.
C'est la seule station-service qui fonctionne 24h/24 dans la région. On y trouve aussi petits commerces et services : bar, distributeur de billets, lavage manuel de voitures, service de fax, supérette, Internet wifi.

■ **TAXI**
✆ +382 31 321 399
C'est la station de taxi de la gare routière.

■ **TAXI MORE**
✆ 19 730
www.taximore.com
taximore@t-com.me

Pratique

Tourisme – Culture

■ **OFFICE DU TOURISME D'HERCEG NOVI (TURISTIČKA ORGANIZACIJA HERCEG NOVI)**
Jova Dabovića 12
✆ +382 31 350 820 / +382 31 350 840
www.hercegnovi.travel
info@hercegnovi.travel
Fermé les week-ends.
L'office du tourisme de la ville est désormais installé à côté des escaliers menant de la gare routière à la rue Njegoševa (bien indiquée depuis la rue Njegoševa). Mise à disposition de plans de la ville et de brochures avec la liste des chambres chez l'habitant dans la ville et ses environs. Accueil chaleureux.

■ **TREND TRAVEL**
Trg Hercega Stjepana 4 ✆ +382 31 321639
www.trendtravelmontenegro.com
trendtravel@t-com.me
Cette agence propose des circuits sur le lac Skadar, du rafting sur la Tara et plus près d'Herceg Novi, croisière vers Budva et Sveti Stefan, la baie de Kotor, le monastère Ostrog...

Représentations – Présence française

■ **ASSOCIATION DES AMIS DE LA LANGUE ET DE LA CULTURE FRANÇAISES**
francemontenegro.blogspot.com
avenir.hn@gmail.com
Présidée par Madame Svetlana Tcholak-Antitch, l'Association des amis de la langue et de la culture françaises « AVENIR » a pour but de rapprocher les cultures française et monténégrine et de faire la promotion de la langue française au Monténégro par diverses activités ponctuelles sur place dans la ville d'Herceg-Novi : organisation de stages de vacances, échanges avec des lycées, créations d'ateliers, organisation de festival...

Argent

■ **BANQUE SOCIETE GENERALE (PODGORIČKA BANKA)**
Sava Ilića 42a
✆ +382 31 330 045

Santé – Urgences

■ **HOPITAL (BOLNICA MELJINE)**
Braće Grakalića 94-100
✆ +382 88 640 294
www.bolnica-meljine.me
Au bord du front de mer et à côté du monastère de Savina.

■ **URGENCES 24H/24 – HITNA POMOC**
Topla bb
✆ 124 / +382 31 343 025

Adresses utiles

■ **POSTE (POŠTA)**
Ulica Njegoševa br. 47
✆ +382 31 353 300 / 19801
www.postacg.me
Ouvert de 7h à 20h sauf le dimanche.

Orientation

Coincé entre la mer et la montagne, Herceg-Novi déroule tout en longueur ses rues et ses maisons. Tout se passe donc entre la voie express et le front de mer. La longue rue Njegoševa en est le poumon. Au bout de cette rue, s'étale la vieille ville, en espalier. Le front de mer est une promenade piétonnière de 7 km, allant jusqu'Igalo. Une belle promenade qui était autrefois la ligne de chemin de fer venant de Bosnie, ligne fermée en 1968.

Se loger

Ici aussi, on a le choix parmi les hébergements de différentes catégories dans la vieille ville même et ses environs immédiats. L'office du tourisme de la ville met à la disposition des touristes un livret avec les coordonnées des particuliers proposant des chambres (il est également possible de passer par les agences de voyages locales quasiment toutes situées le long de la rue Njegoševa).Plusieurs campings sont disséminés le long du rivage : à Zelenika, à Bijela et à Morinj. Tous sont de petits campings familiaux sans équipements particuliers.

Locations

■ BELLA VISTA
bb KAMENARI
✆ +382 31 67 3706
casadelmare@t-com.me
Appartement pour 3 personnes de 65 à 75 €.
Dans le village de pêcheurs de Kamenari, Bella Vista possède une plage privée avec des chaises longues, des parasols gratuits et un bar. Tous les appartements et les studios disposent de TV satellite, d'une cuisinette entièrement équipée, d'air conditionné et d'Internet sans fil. Certains appartements sont avec un balcon donnant sur la mer. Ici, on organise des excursions en bateau, des cours de plongée, on loue des vélos et des voitures et l'on s'occupe du transfert à l'aéroport sur demande. Les animaux de compagnie sont admis avec un supplément.

■ POROBIĆ APPARTEMENTS
36 Braće Gakalića
✆ +38 69 44 3885 – wpoloi@t-com.me
A environ 5 km du centre vers le débarcadère.
Du 15/06 au 15/09 : chambre double à 45 €, triple à 65 €, quadruple à 85 €, luxe pour 4 personnes à 105 € et chambre confort à 125 €. Chambre confort pour 6 personnes à 150 € par nuit. Taxes et nettoyage compris. Lavage, repassage gratuit. Station de bus, plage et restaurant à proximité. Internet sans fil gratuit, parking privé.
Les appartements de la famille Porobić sont situés juste au bord de l'eau, desservis par un double accès : par la route nationale en haut et par le chemin de la promenade en bordure de la mer. Les lieux sont très propres et bien aménagés. Le bâtiment en pierre de taille abrite de beaux appartements tout blanc de configuration différente avec une vue sur la mer depuis les balcons. Les chambres dites « luxe » possèdent 2 chambres à coucher, 2 salles de bains, le tout sur une surface de 78 m² par chambre pouvant accueillir jusqu'à 4 personnes chacune.

■ VILLA NAUTICA
23 Save Kovačevića ✆ +382 31 67 3706
casadelmare@t-com.me
Ouverte toute l'année. Une chambre double et sept appartements, de 15 à 30 € par personne.
A 25 km de l'aéroport de Tivat et à 30 km de l'aéroport de Dubrovnik. Possède une plage privée qui donne sur le château de Forte Mare et sur la vieille ville de Herceg Novi. Les parasols et les chaises longues sont gratuits. Les appartements sont bien équipés et donnent sur la mer. Vous pouvez louer des vélos, prendre des cours de plongée, faire des promenades en bateau… Villa Nautica possède aussi deux appartements à la montagne Zabljak.

Bien et pas cher

■ AUTOCAMP ZELENIKA
Sunčana obala bb
ZELENIKA (ЗЕЛЕНИКА)
✆ +382 31 678 631 – csaba@t-com.me
À Zelenika, petit village sur la côte à 4 km à l'est d'Herceg Novi.
Compter 10 € par personne. Tentes et Caravanes.
80 emplacements, dans un bel espace en espalier avec beaucoup d'arbres mais comme souvent au Monténégro, aux sanitaires très rudimentaires. Ouvert toute l'année, il se trouve à la sortie d'Herceg Novi vers Kotor. Restaurants et supérettes à environ 2 Km.

■ AUTO KAMP ZLOKOVIĆ
Jošića 2, Bijela
✆ +382 31 683 401 / +382 67 645 023
uroszlo@t-com.me
Le camping de Bijela est situé non loin de l'hôtel Delfin, en bordure de la petite route longeant la mer. Installé dans un terrain ombragé, il est à moins de 10 m de la mer (le rivage étant bétonné, il n'y a pas de plage à proprement parler). Sachez également qu'il existe une petite épicerie où se ravitailler à proximité.

■ ECO CAMPING POUR NATURISTES

✆ +382 067 899 208
www.full-monte.com
holidays@full-monte.com
À quelques Kilomètres sur les hauteurs au nord de la ville.
Tarifs non communiqués.
Ici tout le monde est à poil, on économise l'eau, on recycle presque tout, on mange bio... un endroit dynamique et moderne avec beaucoup d'événements et des soirées à thème.

■ HOTEL DELFIN

Bijela
✆ +382 31 683 400
✆ +382 31 683 169
www.hotel-delfin.net
recepcija@hotel-delfin.net
112 chambres et 8 suites. De 28-38 € par personne en demi-pension, selon la saison. Ouvert toute l'année.
Un hôtel idéalement installé au bord de l'eau, dans un immeuble datant de 1985 et entièrement rénové il y a quelques années. Chambres claires, confortables et propres avec vue sur le fjord pour la moitié d'entre elles. Ni balcon ni piscine mais la possibilité de se baigner à proximité. Sauna, salle de gym, terrains de sport, parking privé. Cadre calme. Un bon rapport qualité/prix.

■ HÔTEL MAX

Baošić bb
✆ +382 31 674 448 / +382 69 512 064 / +382 31 674 789
hotelmax@t-com.me
Situé au bord de la mer, à 12 km à l'est d'Herceg Novi.
Ouvert d'avril à novembre. En haute saison, les prix sont de 32 € par nuit et par personne (buffet petit déjeuner inclus) et 39 € en demi-pension. En basse saison, il faut compter 20 € par nuit et 30 € pour une demi-pension. Dans les prix sont inclus les transats, les parasols, la gym, le billard, le parking sous surveillance par caméra. Supplément de 20 € pour tout séjour de moins de 4 nuits.
22 chambres et un appartement ; tous équipés de TV, air climatisé, minibar, téléphone et accès à Internet. Deux plages privées, un bar et un restaurant aux spécialités locales, poissons... avec deux terrasses. Location de voitures possible. Idéal pour les familles. Environnement calme.

■ HOTEL PERLA

Šetalište Pet Danica 98
✆ +382 31 345 700 / 382 0 31 345070
www.perla.me – hotel@perla.me
14 chambres et 4 suites. De 52 à 65 € par personne en haute saison en chambre normale et de 70 à 85 € en luxe. CB acceptées. Ouvert toute l'année.
Un hôtel de milieu de gamme, avec des chambres rénovées mais sans charme, situé sur le front de mer (accès depuis la route de Kotor, suivre le fléchage). Plage bétonnée réservée à la clientèle de l'hôtel. Restaurant avec grande terrasse donnant sur la mer. Chambres sans cachet mais spacieuses et avec balcon.

Confort ou charme

■ HUNGUEST HÔTEL SUN RESORT

Sveta Bubala
✆ +382 31 355 055
www.hotelsunresort.hunguesthotels.com
hotelsunresort@hunguesthotels.com
209 chambres doubles, 20 suites. Tarifs en demi-pension : 57 € à 88 € par personne en double standard, de 97 € à 149 € par personne en appartement de luxe. Prix variant en fonction de la saison. Prix incluant le petit déjeuner et le dîner, les taxes, l'accès à la piscine, aux Jacuzzis et aux saunas, le parking.
Acquis par Hunguest, chaîne hôtelière de renommée européenne, le complexe est au milieu d'un jardin tropical protégé. Il domine la mer et offre une vue panoramique superbe sur la baie. Les pavillons qui constituent cet ensemble de qualité sont prêts à recevoir les touristes les plus exigeants : chambres modernes à la décoration raffinée, équipées

de TV satellite, minibar, A/C. Elles sont aussi dotées de balcon spacieux avec vue sur la mer. Les hôtes ont aussi à leur disposition un centre bien-être, des piscines extérieures, un sauna, un solarium et un Jacuzzi. Les prestations incluent également un restaurant et un parking privé.

■ **VILLA NAUTICA**
23 Save Kovačevića
✆ +382 31 67 3706
Voir page 129.

Luxe

■ **BOUTIQUE HÔTEL CASA DEL MARE******
Kamenari
✆ +382 31 67 3706 / +38269700702
www.casadelmare.me
casadelmare@t-com.me
Ouvert toute l'année. Chambre double 100 € en pleine saison, 90 € hors saison.
En sortant du débarcadère vers Herceg Novi, on trouve ce bel établissement sur sa droite. Grand parking juste devant. Petite réception sympathique, restaurant avec terrasse, chambres modernes confortables bien équipées : TV écran plat, cuisinette, coffre-fort, climatisation et chauffage, Internet sans fil... idéal non seulement pour le repos mais pour les affaires. Plage et arrêt de bus juste devant.

Se restaurer

Le choix est plutôt vaste : la quasi-totalité du front de mer, d'Herceg Novi à Igalo, est bordée de restaurants et de cafés. Côté carte, le choix est en revanche un peu plus limité. Ici encore, la cuisine italienne règne en maître.

Sur le pouce

■ **GRADSKA KAFANA**
Ulica Njegoševa 20
Idéalement situé, au cœur de la vieille ville, ce café un peu rétro est doté d'une superbe terrasse avec vue sur la mer, dans un très beau bâtiment du XIXe siècle. Une halte idéale pour combler un petit creux (snacks uniquement), boire un café turc ou déguster une glace dans un cadre raffiné.

Bien et pas cher

■ **KLUB KNJIZEVNIKA**
Njegoševa 123
✆ +382 31 321 763 / +382 69 042 011
Installé dans l'ancienne maison du Prix Nobel de littérature, Ivo Andrić (1892-1975), ce restaurant vaut surtout pour sa terrasse paisible et verdoyante au milieu d'un petit jardin ombragé. La carte y est variée et les prix modérés mais la cuisine plutôt moyenne (compter 6-7 € pour un plat). En fin de saison, il propose même un menu à 5 €. On peut y venir simplement pour y boire un verre, après la visite du Musée municipal, par exemple, qui est juste à côté !

■ **KONOBA FERAL**
47 Setaliste pet Danica
✆ +382 31 322 232
✆ +382 69 047 127
Ouvert toute l'année.
Petit restaurant familial sans prétention installé dans une maison traditionnelle en pierre sur le front de mer face au port de pêche. Juste à coté des fortifications «Forte Mare», il offre une terrasse couverte de vignes. Bon choix de poisson. On le reconnaît facilement grâce à son mobilier extérieur en bois rustique.

Bonnes tables

■ **RESTAURANT CASA DEL MARE**
Kamenari
✆ +382 31 67 37 06
casadelmare@t-com.me
Ouvert qu'en été. À Kamenari, un petit village de pêcheurs.
C'est le restaurant de l'hôtel ouvert aux publics proposant une cuisine internationale à connotation méditerranéenne dont les spécialités sont le poisson frais et les fruits de mer. Ici on sert également les meilleurs vins dans une ambiance sympa. Terrasse sur la plage juste en face.

■ **ŠKVER**
Šetalište Pet Danica
✆ +382 68 145 740
Sur la promenade le long de la mer.
Ouvert toute l'année. Spaghettis aux fruits de mer : 9 €. Situé sous le grand café moderne « Sport Café ».
Petit restaurant tenu par un pêcheur. Aux dires des autochtones c'est le meilleur restaurant de poisson de la région. Ici on sert du poisson frais directement en provenance des copains pêcheurs locaux. La spécialité de la maison est la Grégada importé de dalmatie : tajine de poisson au vin blanc et au rozmarin. Dans un cadre rustique face au port de pêche. Une adresse authentique comme on les aime.

Sortir

BAR YACHTING CLUB 32

Šetalište Pet Danica

Un bar d'été, tout ce qu'il y a de plus ordinaire, mais un choix très varié de bières et de vins serbes, slovènes, américains, mexicains et italiens pour ne citer que quelques-uns des pays représentés sur la carte. Ambiance animée en soirée.

À voir – À faire

Formée de petites places, ruelles et escaliers pentus, Herceg Novi fait partie de ces villes où il est particulièrement agréable de flâner sans but précis. Son patrimoine historique est principalement constitué de fortifications dispersées à travers toute la ville. Ces constructions défensives, remaniées et renforcées au fil des siècles par les différentes puissances qui se sont succédé dans la ville, forment un témoignage architecturel passionnant pour les amateurs de vieilles pierres.

▶ **Festivités.** Beaucoup de festivals à Herceg Novi, certains connus de tout le Monténégro et des pays voisins : en avril, le « HAPS », festival de théâtre, en juin le carnaval enfants. Egalement en juin, les jours de la musique classique. En août, le Herceg Novi Film Festival, la première semaine. Il se déroule sur la scène d'été « Kanli Kula ». En août toujours, le « Guitar Art Summer Festival ». En mars, le festival internationnal de la chanson : www.brunaspiler.com, et puis du jazz en septembre... tous les détails sur http://www.hercegnovi.cc

ÉGLISE SAINT-JÉRÔME (CRKVA SVETOG JERONIMA – ЦРКВА СВЕТОГ ЈЕРОНИМА)

Dédiée à saint Jérôme, le saint patron de la ville, cette église a été construite au milieu du XIXe siècle sur l'emplacement d'une église catholique du XVIIe siècle détruite pour laisser la place à une nouvelle église. L'intérieur de l'édifice est décoré de peintures de Tripo Kokolja (1661-1713). Originaire de Perast, cet artiste est considéré comme l'un des plus grands peintres baroques de son époque.

Escapade à Dubrovnik

Une fois ici, comment ne pas songer à passer la frontière du coté croate ? S'il vous reste du temps, profitez-en pour visiter la fameuse forteresse de Dubrovnik qui n'est qu'à 45 minutes d'Herceg Novi en bus. Pratiquement toutes les agences de voyages de la ville et du pays proposent des excursions à la journée vers cette ville fondée au début du VIIe siècle sur un site privilégié et dont les vieux remparts entre autres resteront incontournables.

FORTERESSE ŠPANJOLA (TVRĐAVA ŠPANJOLA – ТВРЂАВА ШПАЊОЛА)

Cette forteresse située au-dessus de la voie express est le monument le mieux préservé d'Herceg Novi. Comme son nom l'indique, elle a été érigée par les Espagnols lors de leur bref passage dans la ville (1538-1539). Les Turcs, qui ont terminé la construction de l'édifice de 1539 à 1548, y ont laissé une inscription au-dessus de l'entrée principale : « Cette tour a été érigée par les sultans sur l'ordre de Suliman, fils de Suliman, le puissant et honorable chevalier. Puisse-t-il vivre longtemps, dans la joie et la fortune. Que les poètes qui arrivent par la route puissent voir cet ouvrage et s'exclamer de sa beauté. »

FORTIFICATIONS FORTE MARE (TVRĐAVA FORTE MARE – ТВРЂАВА ФОРТЕ МАРЕ)

Situées au bas de la ville, ces fortifications ont été élevées dans la première moitié du XVe siècle avant d'être renforcées successivement par les Turcs, les Vénitiens puis les Austro-Hongrois. Très endommagées par le tremblement de terre de 1979, elles ont en grande partie été reconstruites.

KANLI-KULA (FORTERRESSE KANLI)

Kanli Kula

Entrée 1 €, ouverte tous les jours en saison de 8h à minuit.

Cette forteresse au nom évocateur (littéralement, « la tour ensanglantée ») a été bâtie par les Turcs sur les fondations d'une forteresse plus ancienne. Elle avait une double vocation puisqu'elle servait à la fois de fort de défense et de prison pour ceux qui s'opposaient aux Turcs. L'intérieur de l'édifice, restauré dans les années 1960, abrite une citerne bien préservée. On peut également y voir quelques traces de dessins et de messages laissés par les prisonniers d'alors.

MONASTÈRE DE SAVINA (MANASTIR SAVINA – МАНАСТИР САВИНА)

Situé à deux kilomètres à l'est de la ville, sur les flancs d'une colline surplombant la mer, ce monastère constitue un superbe exemple de mélanges architecturaux. C'est ici que le prince-poète Petar II Njegoš reçut, enfant, sa première éducation. L'ensemble monastique se compose de deux églises dédiées à la Vierge, d'un cloître et d'une petite chapelle située sur les hauteurs et consacrée à saint Sava Nemanja (le premier archevêque de l'Eglise serbe orthodoxe, nommé en 1219 et devenu son saint le plus vénéré). Edifié, semble-t-il, à l'emplacement d'une église plus ancienne du XIe siècle, le monastère actuel date de la fin du XVIIe siècle (années 1690), lorsque des moines, fuyant la destruction de leur monastère près de Trebinje, en Herzégovine, vinrent y apporter leurs trésors. Parmi ces trésors, toujours en possession du monastère, figurent notamment un calice de 1650, un évangile de 1685, une miniature en argent du monastère de Tvrdoš, dont étaient originaires les moines et une croix en cristal et argent du XIIIe siècle qui aurait appartenu à saint Sava.

■ MUSÉE MUNICIPAL (ZAVIČAJNI MUZEJ – ЗАВИЧАЈНИ МУЗЕЈ)

Mirka Komnenovića 9 (accès par Njegoševa)
muzej@t-com.me
Entrée 2 €. Ouvert de 9h à 20h en été, de 9h à 17h le reste de l'année.
Inauguré dans les années 1950, ce petit musée régional est installé dans une ravissante demeure datant de la fin du XVIIIe siècle et environnée d'un jardin à la végétation luxuriante. La collection du musée, répartie sur deux niveaux, est constituée de pièces diverses trouvées notamment dans les fonds sous-marins de la baie de Kotor (amphores, restes de navires). La plus belle pièce du musée est située dans l'entrée. Il s'agit d'une dalle sculptée de style préromanesque et issue de l'église Sveti Tome (XIe siècle) située à Kuti. Au premier étage, outre quelques costumes, bijoux et armes anciennes, on peut admirer une vingtaine d'icônes provenant pour l'essentiel de l'école Dimitrijević-Rafailović des bouches de Kotor.

■ PLACE HERCEG STJEPAN (ТРГ ХЕРЦЕГА СТЈЕПАНА)

Trg Hercega Stjepana
Avec ses palmiers et ses terrasses de café, cette petite place est l'un des endroits les plus plaisants de la ville. La petite église de style serbo-byzantin, qui trône au milieu, a été consacrée en 1911.

■ TOUR DE L'HORLOGE (SAT KULA, САТ КУЛА)

Située au cœur de la vieille ville, cette petite tour-horloge couronnée de mâchicoulis est en quelque sorte le symbole visuel d'Herceg Novi et son édifice le plus connu. Elle a été érigée au milieu du XIXe siècle à l'emplacement d'une tour plus ancienne construite en 1667, soit vingt ans avant le départ des Turcs.

Sports – Détente – Loisirs

Situé au bout du massif de l'Orjen, Herceg Novi est le point de départ de la transversale Orjen-Lovćen-Rumija. Les possibilités de randonnées sont donc nombreuses. A l'aide du guide *Coastal Moutaineering Transversal Route Orjen-Lovćen-Rumija*, vendu à la librairie située au bas de la tour-horloge, à l'entrée de la vieille ville, vous pouvez suivre un premier sentier facile, Herceg Novi-Vratlo où le club Subra possède un refuge. Départs depuis l'arrêt de bus principal.

■ ACTIVE MONTENEGRO

Braće Grakalića 24
✆ +382 31 345 004
✆ +382 69 515 945
Kayak, rafting, randonnées, visites, excursions thématiques...

■ KAYAK MONTENEGRO

✆ +382 067 887 436
www.kayakmontenegro.com
paddle@kayakmontenegro.com
Sur la plage Zalo
Location. Programme 1/2 journée ou journée complête. Francophone.

© NATIONAL TOURISM ORGANISATION OF MONTENEGRO

Sat Kula, la tour de l'horloge d'Herceg Novi.

■ PLANINARSKI KLUB SUBRA
Ulica Njegoševa
✆ +382 69 430 070
www.pksubra.me
subra@t-com.me
Au-dessus de la galerie Luca.
Fondé en 1932, ce petit club de randonnées, d'escalade et de spéléologie possède un refuge de montagne (Za Vratlom). Le service des guides de montagne certifiés (sur réservation) : à Orjen, la partie monténégrine, un guide coûte 70 € la journée pour un groupe de 15 personnes maximum (pour un groupe plus nombreux, deux guides seront nécessaires, soit 140 €). Mêmes tarifs pour les autres montagnes mais comptez des frais de logement et de déplacement en plus.

■ YACHTING CLUB 32
Šetalište Pet Danica 32
yachtingclub32@gmail.com
Sur le front de mer, au bas de la vieille ville. Location de vélos, scooters, planches à voile, pédalos, cours de plongée, etc.

PÉNINSULE DE LUŠTICA (ЛУШТИЦА)

Située juste en face d'Herceg Novi et d'Igalo, cette péninsule encore épargnée par les promoteurs immobiliers peut faire l'objet d'une agréable excursion d'une journée. En été, des bateaux font quotidiennement la navette entre le port d'Herceg Novi et Rose, l'un des villages de la péninsule. Emaillée de criques bordées d'une végétation méditerranéenne abondante, cette péninsule est également desservie par un réseau de routes secondaires via Tivat (routes en mauvais état). Face à la plage de galets de Žanjic, à l'ouest de la péninsule, se dresse l'île sentinelle de Lastavica (ou Mamula), également desservie par les bateaux des agences de voyages locales. A la fin du XIXe siècle, un amiral autrichien, Lazar Mamula, y a fait ériger une forteresse qui n'a jamais servi, ce qui explique son bon état de conservation. De forme circulaire et d'un diamètre de 200 m environ, cette citadelle a en revanche été utilisée comme prison lors de la Grande Guerre, puis de la Seconde Guerre mondiale. A l'est de Mamula, vous pourrez apercevoir depuis la presqu'île, la tour forteresse d'Arza, antérieure à Mamula. Sous l'eau, la grotte Bleue, qui tire son nom d'une eau très bleue, due au rayonnement solaire qui se reflète indirectement. Elle se visite depuis Herceg Novi, en bateau.

Transports

En venant de Dubrovnik ou d'Herceg Novi, on utilise le fameux ferry si on ne souhaite pas faire tout le tour de la baie. On passe avant d'arriver à Tivat par le village de Lepetane dont vous avez des photos et surtout une carte détaillée des Bouches de Kotor sur : www.lepetane.com

■ FERRY LEPETANI-KAMENARI
HERCEG NOVI (ХЕРЦЕГ НОВИ)
Voir page 126.

À voir – À faire

L'un des attraits de la péninsule est constitué par ses plages. Notamment celles de Mirišta et de Žanjice, très fréquentées en été. Si certaine agences vous proposent d'y aller en bateau, vous pouvez également vous y rendre en voiture. Pour cela, aller jusqu'à l'aéroport de Tivat, tourner derrière celui-ci en direction de Milovići et Radovići, puis suivre les indications. Ces plages offrent une vue superbe sur l'entrée de la baie de Kotor. Egalement, juste avant Radovići, se trouve une plage de sable où l'eau est peu profonde. Notons qu'il y a, à Mirišta, un restaurant.

■ PLAVA ŠPILJA (LA GROTTE BLEUE)
L'une des plus belles et des plus grandes grottes dans la péninsule de Luštice, 20 minutes de navigation depuis Herceg Novi. D'environ 15 m de largeur et 20 m de haut, La Grotte Bleue possède une double entrée et une double sortie où les bateaux s'introduisent et y s'attardent pour permettre une baignade surréaliste. Elle doit son nom à la couleur bleue turquoise provoquée par les rayons du soleil qui se reflètent par beau temps depuis la surface jusqu'au fond de l'eau.

IGALO (ИГАЛО)

Relié à Herceg Novi par une agréable promenade longue de 6 km, Igalo est une petite station balnéaire principalement connue pour son célèbre institut de soins à base de boue marine dont les vertus thérapeutiques sont connues depuis des siècles. Parsemé de nombreux cafés et restaurants, Igalo peut également s'enorgueillir d'une longue plage de sable fin et d'une vie nocturne animée. La ville en elle-même est principalement constituée de grands immeubles de béton érigés sous la période communiste et ayant assez mal vieilli.

Transports

Igalo est relié à Herceg Novi par navettes (toutes les ½ heures, départ non loin d'Igalo).

■ STATION ESSENCE PETROL 24/24

Sutorina
✆ +382 31 331 876
Voir page 128.

Pratique

■ AGENCE PRIVÉ «TOURIST BIRO»

Sava Ilića 48
✆ +382 31 332 498
Face à l'hôtel Igalo, l'agence réserve des chambres en hôtel ou chez l'habitant et des bateaux d'excursion. Deux autres points d'infos : dans le port d'Igalo et près du rond-point à Meljine.

Se loger

L'offre hôtelière de la ville est pour l'essentiel constituée de grands immeubles en béton datant de la période communiste. Outre les trois grands hôtels du centre-ville (Igalo, Tamaris et Metalurg), vous trouverez de nombreuses chambres et appartements à louer chez des particuliers. La ville abrite par ailleurs deux grands instituts de soins médicaux et de bien-être. Les deux instituts possèdent leur propre hôtel et offrent diverses formules, les prix pratiqués y sont très raisonnables.

■ AUTO KAMP BOROVI

Ribarska 6
✆ +382 31 332 649 / +382 67 871 146
4,50 € par personne, 3,20 € la voiture, 3,20 € la tente. Ajoutez la taxe d'habitation : 0,80 € par jour et par personne.
Dans la forêt de Borovi, à 100 m de la mer. Avec douches, barbecue...Ouvert seulement en pleine saison de mi juin à mi septembre.

■ INSTITUT « DR SIMO MILOŠEVIĆ »

Sava Ilića 5
✆ + 382 0 31 658 833 / + 382 0 31 658 219
www.igalospa.com
institutprvafaza@t-com.me
Ouvert toute l'année. Prix sur mesure à la carte.
Ce centre de thalassothérapie est la fierté nationale car les clients affluent de toutes les régions des Balkans. Ici on vient se soigner, se remettre en forme, se détendre, faire un diagnostique préventif... c'est un complexe immense de 1 450 lits. Tout le monde y vient : sportifs, personnes âgées, enfants, couples, riches, pauvres... Tous viennent pour les eaux thérapeutiques aux vertus bienfaisantes et surtout pour l'équipe de médecins ultra connus qui encadrent et conseillent les patients.

■ LIGHTHOUSE

2 Norveška ✆ +382 31 331 615
www.hotellighthouse.me
sales@hotellighthouse.me
De 27 à 55 € par personne en demi-pension selon la saison et le type de chambre.
Un grand hôtel modern au centre d'Igalo entouré de restaurants et de magasins. Idéal pour les vacanciers ou pour les hommes d'affaires car l'organisation de séminaires ou de congrès est possible. Les chambres et les appartements spacieux, bien équipés avec terrasse ou balcon ont été rénovés en 2012. A 100 mètres de la mer. Possède son propre restaurant mais pas de parking.

■ RIVIERA CLUB HOTEL****

Njivice bb
✆ +382 31 356 001/2 / +382 69 345 893
www.rivierahotelhn.com
rivierahotel@t-com.me
Chambre double standard 97-175 € selon la saison, et de luxe 119-198 €, patio 135-224 € et suite 205-375 € selon le type et la saison. Petit déjeuner inclus. Ouvert toute l'année.
Situé dans un cadre exceptionnel au bord de la mer à Njivice, juste en face de Herceg-Novi, à mi-chemin entre les aéroports de Dubrovnik (29 km) et de Tivat (26 km). Complètement rénové en 2010, c'est un des plus beaux hôtels sur la Riviera de Herceg-Novi.

Les 150 chambres de style minimaliste dans les ailes Stella et Venera offrent tout le confort d'un 4-étoiles et donnent toutes sur la mer. Les chambres supérieures au 5e étage sont sans vis-à-vis et avec une salle de bains luxueuse, celles au 4e, offrent une vue toute aussi belle mais moins chères. Piscine, restaurants, bar et plage privée avec transats gratuits. L'utilisation de la salle de gym, du sauna et du Jacuzzi est incluse dans les prix. Suites familiales avec deux-pièces également disponibles. Avec animations, piscine, mini parc d'aventure, tennis de table et aire de jeux, soirées thématiques, cela semble être un bon plan surtout si vous êtes avec enfants. Possibilité de demi-pension en buffet.

Se restaurer

■ KONOBA KRUŠO

Šetalište 5 Pet Danica ✆ +382 31 323 238
www.konobakruso.me
Menus avec entrée, plat et dessert à partir de 15 € pour les groupes.

Installé quasiment sur la plage d'Igalo, ce restaurant compte parmi les plus fréquentés du coin. Sa terrasse ombragée tout comme sa salle à manger, joliment décorée de boiseries, sont plutôt agréables. La carte est variée et les prix raisonnables. Une bonne adresse.

■ MIMOZA

Šetalište pet danica-igalo
✆ +382 31 322 893
Comptez environ 15 € le repas.
A l'étage d'un petit bâtiment sur le bord de mer, entre Igalo et Herceg Novi, voici une belle adresse. Les poissons au kilo, sont très bons, tout comme le poulet au romarin. Excellents vins.

■ NAUTILUS

Nikole Kovačevića 9
✆ +382 31 331 883
L'une des adresses réputées d'Igalo et de Herceg Novi pour le poisson. Etablissement situé sur le front de mer, à l'étage de pizzeria de même nom.

D'HERCEG NOVI À RISAN

La trentaine de kilomètres qui sépare ces deux villes est une succession de gros villages chacun doté de ses criques, de ses hôtels, de ses cafés et bien sûr de ses nombreuses églises érigées bien souvent à flanc de montagne.

▶ Après avoir quitté Herceg Novi, la route traverse d'abord le village de **Zelenika** où fut construit, en 1902, le premier hôtel des bouches de Kotor. Financé par un aristocrate hongrois, cet établissement accueillit une clientèle prestigieuse parmi laquelle le roi Nicolas en personne.

▶ Au-dessus de Zelenika, dans le village de **Kuti**, se dressent les vestiges de la petite église du XIe siècle de Sveti Toma où fut trouvée la belle dalle sculptée aujourd'hui exposée au Musée municipal d'Herceg Novi.

▶ Quelques kilomètres plus loin, **Baošići** fut le lieu de résidence de l'écrivain français Pierre Loti (1850-1923). Lors de son séjour de deux mois dans la baie de Kotor, qui n'était pas encore, rappelons-le, monténégrine, l'officier de marine tomba amoureux d'une jeune paysanne. Cet amour sans lendemain lui inspira une jolie nouvelle empreinte de descriptions lyriques, Pasquala Ivanovitch, parue dans le recueil *Fleurs d'ennui*. Une plaque rappelle aujourd'hui la maison du village où il séjourna en cet automne de l'année 1880.

▶ **Bijela**, situé juste après, fut mentionné sous ce nom dès le XIVe siècle. Ce village est avant tout connu pour son chantier naval de réparation de bateaux, l'une des grandes entreprises du pays.

▶ Le village suivant, **Kamenari**, tire son nom des carrières de marbre rouge situées sur les flancs des collines environnantes. Face au village, le chenal de Verige offre une vue magnifique sur le fjord de Kotor. Il s'agit du passage le plus étroit de la baie (400 m à peine).

▶ Après le hameau de **Kostanjica** qui tire son nom des châtaigniers l'environnant, la route passe par le charmant village de **Morinj**. Au XIXe siècle, son port abritait pas moins de treize vaisseaux capables de naviguer sur les mers du monde entier. Aujourd'hui, ce village de quelques pêcheurs seulement est surtout connu pour son restaurant « Konoba Ćatovića Mlini » aménagé dans un ancien moulin et réputé pour être l'un des meilleurs du Monténégro.

■ AUTO KAMP NALUKA

GORNJI MORINJ (ГОРЊИ МОРИЊ)
✆ +382 69 346 346
Ouvert du 1/06 au 15/09.
Propre et confortable. Anglais parlé.

■ **ĆATOVIĆA MLINI**
GORNJI MORINJ (ГОРЊИ МОРИЊ)
✆ +382 32 373 030
www.catovicamlini.me – lazarc@t-com.me
A mi-chemin entre Herceg Novi et Kotor dans le village de Morinj. C'est bien indiqué depuis le débarcadère du ferry à Kamenari (5 km en direction de Kotor).
Ouvert toute l'année. Prix très abordables : à partir de 12 € le plat principal.
Sacré meilleur restaurant du Monténégro, c'est un endroit à ne pas rater. Situé dans la propriété de la famille Ćatović depuis plus de 200 ans, ce vieux moulin a été transformé en taverne de luxe en 1997. Idéal pour les repas d'été car doté d'un jardin extérieur magnifique, où coule un ruisseau, et beaucoup de verdure autour d'une grande terrasse. À l'intérieur, dans la vieille maison en pierre règne une ambiance particulière avec un esprit des « temps perdus ». Un richissime choix en cuisine (80 plats différents et 200 sortes de vin) : plats de poisson, produits de la mer, plats traditionnels et internationaux. Un large choix de vins régionaux et mondiaux. Le fromage et le vin sont faits maison. Le menu est en français. Le service, en tenue traditionnelle du pays, est professionnel.

■ **FERRY KAMENARI-LEPETANE**
www.ferry.co.me/EN/Index.html
Les départs ont lieu tout les jours 24h/24, toutes les dix minutes en journée et la nuit toutes les ½ heures. Compter 4,50 € pour une voiture de taille standard (achat du billet avant l'embarquement, dans un kiosque situé sur le quai).
Le bac au départ de Kamenari divise quasiment par deux la durée du trajet entre Tivat et Herceg Novi. Attention, les places sont limitées, il faut prévoir de l'attente.

■ **GROTTE DE LIPCI (ПЕЋИНА ЛИПЦИ)**
GORNJI MORINJ (ГОРЊИ МОРИЊ)
Depuis la route côtière entre Morinj et Risan. Un panneau indique la direction du site à gauche de la route. Il faut marcher quelques 300 m pour y arriver.
La grotte de Lipci constitue une autre attraction de cette partie des bouches. Des dessins datant de l'âge du fer (environ 800 ans av. J.-C.) et représentant diverses figures géométriques et une succession de scènes de chasse aux cerfs ont en effet été découverts dans cette grotte.

■ RISAN (РИСАН)

Cette petite ville de 1 500 habitants est la plus ancienne de la baie de Kotor. Mentionnée pour la première fois au IVe siècle av. J.-C., Risan fut autrefois une cité illyrienne prospère baptisée ainsi d'après une tribu d'Illyrie connue sous le nom des Rizonti. La reine Teüta (reine des Illyriens, battue par les Romains en 229 av. J.-C.) y a trouvé refuge au IIIe siècle av. J.-C., faisant de Risan la capitale de l'ancienne Illyrie. La légende raconte qu'après avoir été vaincue par les Romains, la reine grimpa sur une colline escarpée où elle vit son port envahi de navires romains. Avant de se jeter dans le vide, elle fit le vœu que Risan n'accueillisse plus jamais de bateaux. De fait, Risan ne posséda plus dès lors de flotte et la ville est aujourd'hui connue pour être la seule de la baie dont les habitants ne furent jamais des marins. Pillée par les Sarrasins en l'an 865, elle a par la suite été dévastée par plusieurs tremblements de terre. Hormis une mosaïque découverte récemment et quelques ruines situées dans la mer au bout de la baie, il ne reste que peu de choses visibles de cette époque. Quelques archéologues fouillent néanmoins régulièrement la ville, persuadés qu'elle n'a pas encore livré tous ses secrets.

Transports

Risan se trouve à 27 km à l'est d'Herceg-Novi, en traversant Bijela et Morinj.

Se loger

■ **HÔTEL TEUTA**
✆ +382 32 371 140
www.htponogost.me – htl-teuta@t-com.me
123 chambres. Ouvert toute l'année. Compter de 26 à 34 € par personne en chambre double en demi-pension, en juillet/août. Appartements de 42 € à 53 € par personne en haute saison, en demi-pension. Tarifs selon la période de l'année et la vue depuis la chambre. CB acceptées. Parking.
Cet hôtel, le seul de la ville, est installé dans un immense (et très laid) immeuble de béton. L'établissement est bien tenu, les chambres, bien que défraîchies, sont spacieuses et dotées de balcon. Signalons également la présence d'une piscine couverte de 25 m, d'une salle de billard, d'un terrain de tennis, d'une salle de jeux pour les enfants ainsi que d'un coin plage à proximité.

© TO KOTOR

La mosaïque romaine de Risan.

À voir – À faire

■ MONASTÈRE DE BANJA (MANASTIR BANJA – МАНАСТИР БАЊА)

A la sortie de Risan, le monastère de Banja s'étale sur le flanc d'une montagne parsemée de cyprès. On dit que ce vieux monastère avait été érigé par Stefan Nemanja au XIIe siècle, pourtant son apparence actuelle date plutôt du XVIIIe siècle.

■ MOSAÏQUE ROMAINE (RIMSKI MOZAICI – РИМСКИ МОЗАИЦИ)

✆ +382 32 371 233 / +382 32 322 886
www.risanmosaics.me – mozaici@t-com.me
Il se trouve à droite de la route principale de la ville lorsque l'on arrive de Kotor (un panneau indique la direction à prendre).
Le site a été aménagé, avec toit et salle d'accueil, boutique. Tarifs : 2 € pour les individuels, 1 € pour des groupes de 5 personnes et plus, avec audio-guide et plan. Gratuit pour les moins de 12 ans. Ouvert de 8h à 20h, du 1er juin au 1er novembre, de 9h à 17h du 1er mai au 1er juin, sur RDV le reste de l'année.
Un site archéologique unique pour découvrir les traces de la civilisation romaine au Monténégro. Cette large mosaïque datant du IIe siècle apr. J.-C. et ornant le sol d'une ancienne villa romaine a été découverte récemment (en 2004). Polychrome, elle représente des schémas géométriques et des décorations florales stylisées, mais notamment Hypnos, le dieu du Sommeil, nonchalamment allongé.

■ PERAST (ПЕРАСТ)

Situé à 12 km à l'ouest de Kotor et bâti au pied de la colline Saint-Elijah (873 m), dans un site naturel superbe, ce village d'à peine 400 âmes fut autrefois une cité prospère. Les raisons de cette prospérité s'expliquent par la position stratégique de Perast, à proximité du passage le plus étroit des bouches reliant la baie de Tivat avec celles de Risan et de Kotor, connu sous le nom de Verige. La vue sur les montagnes plongées dans les eaux limpides y est vraiment superbe. De son flamboyant passé maritime et de la longue domination vénitienne, le village a conservé de nobles demeures des vieilles familles patriciennes, d'armateurs et de capitaines marchands. Bien que délabrées, leurs façades Renaissance n'ont rien perdu de leur élégance et la présence, juste en face du village, de deux îlots chacun couronné d'une église ajoute à la beauté toute baroque du site.

Transports

Comme pour les autres villages de la baie, les compagnies de bus Blue-line et Olimpia s'arrêtent à Perast et leur fréquence est d'une ½ heure. Tarifs et horaires sur les sites : www.autobusi.net et www.busticket4.me

Se loger

L'offre hôtelière est limitée puisqu'il n'existe que 2 hôtels de charme, ouverts en été uniquement. Outre ces hôtels, il est possible de loger chez l'habitant (se renseigner directement auprès d'eux ou auprès des propriétaires des restaurants).

■ GALLERIA

BR 129
✆ +33 6 84 83 40 76
cartanit@gmail.com
Ouvert toute l'année. Tarifs : 250 à 525 € selon la saison. Appartement de 44 m². 1 chambre. 1 lit 2 personnes. 1 canapé lit. 1 salle de bain. 1 WC. Cuisine américaine. Séjour. Lave linge. Congélateur. Télévision. Chauffage. Climatisation. Draps et serviettes de toilette fournis. Animaux non admis. Accès internet libre (Wi-Fi) de 8h à minuit au Caffe Armony (au pied de la maison) ou au café-restaurant Conte (à 100 m).
Aménagé dans un ancien palais vénitien du XVIIe siècle situé en front de mer, Galleria est un appartement de charme à louer dans cette ville médiévales préservée par l'UNESCO. Ses 6 fenêtres, dont 2 avec vue sur sur le fjord face aux deux îlots de la Baie en font un logement lumineux. La présence du propriétaire une partie de l'année vous donnera l'impression de loger chez des amis.

■ HOTEL ADMIRAL

✆ +382 32 373 556 / +382 0 69 958 920
www.hoteladmiralperast.com
hoteladmiral@t-com.me
De 55 à 140 €, selon la taille, la vue sur mer. Paiement CB, parking.
8 chambres doubles (certaines avec un balcon) dans une belle maison en pierre et 5 suites dans une autre juste à côté. Traitées ici dans le style bourgeois, avec une qualité certaine. L'hôtel dispose de sa mini plage privée avec transat. Il propose également des visites des deux îlots face à Perast.

■ HÔTEL CONTE

Obala Kapetana Marka Martinovica
✆ +382 32 373 687
www.hotel-conte.com
hotelconte@yahoo.com
Appartement pour 2 personnes avec petit-déjeuner de 130 à 150 € en été (de 85 à 120 € hors saison) et de 130 à 250 € pour 4 personnes. Restaurant ouvert de 8h30 à 23h en saison (sert des petits déjeuners).
Dans trois maisons en pierre, situées autour de la tour de Perast et face au petit port, Le Conte a réussi à préserver totalement l'habitat ancien et à créer des chambres et appartements vastes et de grande qualité. La pierre d'origine, les poutres et les volumes anciens confèrent une atmosphère unique. Les salles de bains sont magnifiques dans les appartements, les touches de luxe sont discrètes et parfaitement intégrées. Paiement Visa, parking. Au restaurant Conte, le homard grillé est à 75 €/kg, l'assiette de poisson Conte-Nautilus à 19 €, salade de poulpe à 11,90 € et le saint-pierre à 12,90 €. Bref, prix élevé justifié !

Se restaurer

Perast compte plusieurs tavernes (*konoba*) dotées de petites terrasses et où il est possible de se restaurer. Attention : en haute saison il est préférable de réserver pour une table près de la mer. Toutes proposent à peu près la même chose, à savoir des poissons frais et des plats locaux. Dans la plupart d'entre elles, le menu est traduit en français que l'on peut voir sur Internet.

Perast.

■ **HÔTEL CONTE**
Obala Kapetana Marka Martinovica
✆ +382 32 373 687
Voir page 139.

■ **KONOBA SKOLJI**
✆ +382 32 373 653 / +382 69 649 488
skolji@t-com.me
Compter environ 8 € pour une salade de la mer, 13 € pour un filet de poisson, 15 € la poulpe grillée et 15 € pour l'assiette de poisson fait «maison».
C'est un excellent restaurant de cuisine «maison» administré convivialement et efficacement par la famille Boka depuis de nombreuses générations. Come dans les auberges d'autrefois, on peut louer au-dessus du restaurant des appartements confortables de style ancien pour 2 à 6 personnes. Ouvert de mars à octobre on peut avoir un appartement de quatre personnes pour 60€ la journée.

À voir – À faire

■ **ÉGLISE NOTRE-DAME-DES-ROCHERS (GOSPA OD ŠKRPJELA – ГОСПА ОД ШКРПЈЕЛА)**
GOSPA OD ŠKRPJELA (ГОСПА ОД ШКРПЕЛА)
En période estivale, quelques bateaux font régulièrement la navette entre l'île et Perast. Pour des raisons de rentabilité, les propriétaires de ces bateaux n'acceptent que les groupes. Il est donc préférable, afin d'être sûr de pouvoir visiter l'île, d'arriver en milieu de matinée ou début d'après-midi (c'est-à-dire au moment où les cars de touristes sont le plus susceptibles d'arriver). Compter 3 à 5 € pour la traversée aller-retour.
Cette église datée de 1630 est située face à Perast sur un îlot artificiel construit de pierres entassées autour d'un récif. Simple chapelle à l'origine, elle fut élargie en 1725 avec la construction d'un imposant sanctuaire reconnaissable à son dôme octogonal. L'intérieur de l'édifice, très richement décoré, abrite une soixantaine de peintures réalisées par Tripo Kokolja (1661-1713), un artiste autodidacte originaire de Perast. L'icône de la Madone et de son enfant, accrochée au-dessus de l'autel, est l'œuvre de Lovro Marinov Dobričević, un peintre du XVe siècle originaire de Kotor et également auteur de plusieurs icônes ornant le monastère de Savina (près d'Herceg Novi).

■ **ÉGLISE SAINT-NICOLAS (CRKVA SV. NIKOLE – ЦРКВА СВ. НИКОЛЕ)**
Installée au milieu du village, face à la mer, cette église fut dessinée par l'Italien Guiseppe Beati. Jamais achevée, elle se distingue par son imposant beffroi de 55 m de haut, le plus élevé de la baie de Kotor. Une inscription, au-dessus de sa porte d'entrée, commémore la défaite des Turcs en 1657 : « *Christianae Reipublicae Triumphanti* ».

■ **MONASTÈRE DE SAINT-GEORGE (SV. DJORDJE – СВ. ЂОРЂЕ)**
Situé à une centaine de mètres de l'îlot artificiel de Gospa od Škrpjela, ce petit monastère bénédictin a été construit sur un récif naturel. Mentionné pour la première fois dans un document datant de 1166, il semblerait qu'il ait abrité des Bénédictins dès le IXe siècle. Hormis quelques détails, l'édifice original n'a pu être préservé. Constamment attaquée, l'île a en outre subi en 1667 un tremblement de terre au cours duquel le plafond et l'abside de l'église furent détruits. Une nouvelle église fut reconstruite au XVIIe siècle. Le cimetière alentour abrite les tombes de dizaines de capitaines marchands.

■ **MUSÉE DE LA VILLE DE PERAST (MUZEJ GRADA PERASTA – МУЗЕЈ ГРАДА ПЕРАСТА)**
Obala Marka Martinovića
✆ +382 32 373 519
www.muzejperast.me
muzejperast@t-com.me
Ouvert de 9h à 15h en semaine, jusqu'à 13h le samedi. Dimanche uniquement sur rendez-vous pour les groupe. Entrée 2,50 € par adulte et 1,50 € par enfant.
Fondé en 1937, le Musée maritime de Perast occupe l'élégant palais de la famille Bujović (XVIIe siècle). Il rassemble une riche collection d'objets divers (armes, bannières, portraits de célèbres capitaines, cartes de navigation, costumes) rappelant le flamboyant passé maritime de la ville. Bien qu'un peu plus petit que celui de Kotor, ce musée mérite une visite, notamment pour la superbe vue qu'il offre de son balcon sur le chenal de Verige et ses deux îlots.

■ **MUSÉE DE L'ÉGLISE ST. NICOLAS (MUZEJ CRKVE SV. NIKOLE – МУЗЕЈ ЦРКВЕ СВ. НИКОЛЕ)**
Derrière l'église avec son beffroi se tient un petit musée à ne pas manquer. Il retrace, sur deux étages, l'histoire turbulente de Perast. Outre quelques peintures retraçant les exploits des marins locaux, on peut y admirer des morceaux d'amphores (vases antiques servant à conserver les aliments) romaines et grecques découverts dans les profondeurs de la baie, des tessons de céramiques et des armes en pierre datant de 3 500 ans av. J.-C. découvertes dans la

grotte de Spila au-dessus de Perast. Parmi les trésors du musée, il faut enfin signaler l'icône finement brodée de Jacinta Kunić.

■ PALAIS (PALATE – ПАЛАТЕ)

C'est au XVIIe siècle que Perast, fort de sa marine, a atteint son apogée et a vu s'édifier ses plus beaux édifices, les palais de ses entreprenants capitaines. Le village en compte plus d'une dizaine, dispersée le long du front de mer et sur les flancs de la colline. Le plus célèbre d'entre eux, le palais Bujović, abrite désormais le Musée maritime. Construit en 1694 par les frères Ivan et Marko Bujović, il se distingue par une vaste balustrade ornée de deux lions scrutant la baie. Un peu plus loin, une plaque indique la maison où naquit l'amiral Matija Zmajević.
Ce dernier commandait la flotte russe des mers Baltiques lors de sa victoire sur la flotte suédoise. L'oncle de l'amiral, l'archevêque Andrija Zmajević, fit construire son propre palais sur les hauteurs de la colline Saint-Elijah, à côté de la tour octogonale de l'église Notre-Dame-du-Rosaire (deux monuments également érigés par l'archevêque). Il n'en reste aujourd'hui plus que des ruines.

DOBROTA (ДОБРОТА)

Mentionné dès le XIIe siècle, ce village tout en longueur et aux maisons dispersées est une succession d'églises et de palais s'égrenant sur près de 6 km. La meilleure façon de le découvrir consiste à emprunter la petite route qui longe la mer, en bas du village. Là, on pourra découvrir notamment l'élégante villa de la famille Ivanović. Erigée entre le XVIIe et le XVIIIe siècle, elle est reconnaissable à la couleur blanche de ses murs, à son toit de tuiles et au petit mur de pierres l'encerclant. Parmi les nombreuses églises de Dobrota, celle de Saint-Eustache, située en bordure de la voie express Kotor-Risan, se distingue par sa taille et son clocher imposant. Œuvre d'un architecte italien, son apparence actuelle date du XVIIIe siècle. L'intérieur de l'édifice, orné de peintures, abrite quelques trophées de guerre pris à l'occasion des batailles contre les Turcs.

Se loger

■ PENSION PANA

253 Sveti Eustahije
✆ +382 32 333 306 / +382 32 301 204 / +382 69 086 933
panamilosevic@t-com.me
42.465286, 18.763840
9 chambres et 3 appartements. Chambre double pour deux personnes 70 € (80 € avec le petit-déjeuner). Appartement (2 personnes + 1) : 90 € (105 € avec le petit-déjeuner). 15% moins cher hors saison.
Cette très agréable pension de famille occupe une jolie maison en pierre posée au bord de la mer, à quelques pas du palais Trpković. Complètement rénové en 2011. Toutes les chambres agrandies ont vue sur la mer (dont une pour 5 personnes), et sont équipées d'une salle de bains avec douche, d'un radiateur, d'air conditionné et d'un téléviseur. Connexion sans fil dans toutes les chambres et sans supplément. La terrasse située au premier étage de la maison offre une vue plaisante sur la mer. Signalons également la présence d'un coin cuisine accessible aux clients de l'hôtel et sans oublier la gentillesse des propriétaires de ces lieux. Bref, voici une très bonne adresse où l'on peut se baigner et pêcher en toute tranquillité.

■ HÔTEL PALAZZO RADOMIRI****

Dobrota 220 ✆ +382 32 333 172
www.palazzoradomiri.com
info@palazzoradomiri.com
Ouvert du début avril à la fin octobre. Chambre double de 140 € à 170 € ; suite de 220 € à 260 €, selon la saison. Petit-déjeuner, utilisation de la piscine et du gym inclus. Restauration pour 1/2 pension possible. Sauna. Double entrée : côté mer sur la promenade ou côté route principale où se trouve le parking. Suivez les panneaux et les drapeaux.

Un magnifique palais baroque du début du XVIIIe siècle, restauré et transformé en hôtel raffiné 4*. Superbe emplacement au bord de l'eau, il possède son petit port privé. Seulement 10 chambres exclusives et toutes avec vue sur la mer, magnifiques salons et terrasses, sauna, salle de gym et une piscine qui offre un système de nage à contre-courant. Connexion Internet. Restaurant de cuisine méditerranéenne avec un esprit balkanique. Coup de cœur et authenticité assuré pour cet endroit historique exceptionnel. Calme, reposant sans la foule mais près de la vieille ville. Baignade possible sur un ponton à 5 m de la villa.

Se restaurer

Le village Dobrota est la banlieue de Kotor (bon pour y loger surtout), ce pourquoi le nombre des restaurants est limitée. En direction de la vieille ville, on peut citer le restaurant de l'hôtel de luxe Forza Mare puis Ella's le long de la mer sur la promenade peu avant d'arriver à Kotor où vous aurez bien plus de choix.

KOTOR (КОТОР)

Située aux confins des bouches de Kotor et adossée à un pic rocheux, la vieille ville de Kotor est l'une des villes médiévales les mieux préservées de cette partie du bassin méditerranéen. Dominée par les ruines d'une forteresse et entièrement encerclée de remparts d'une longueur totale de 4,5 km, soit deux fois plus que ceux de Dubrovnik, cette cité se distingue par la structure asymétrique de ses rues et de ses places étroites combinée avec de nombreux monuments d'influence vénitienne d'un caractère souvent unique. Chaque rue, chaque pierre, chaque église raconte un fragment de 900 années de brassage ethnique et confessionnel. Très endommagé par le séisme qui a frappé la région en 1979, Kotor est depuis inscrit au patrimoine mondial de l'Unesco. Vu l'absence de plage dans les environs (seulement des pontons en banlieue pour se baigner), la ville est tournée plutôt vers la culture avec de nombreux festivals.

Histoire

Les premiers témoignages sur Kotor remontent à l'an 168 av. J.-C. Connu sous le nom d'Acruvium, le site occupé par la ville actuelle était alors intégré à la province romaine de la Dalmatie. Intégrée (après la chute de l'empire d'Occident) à l'Empire byzantin pendant plus de sept siècles (476-1185), avant de tomber dans le giron de la Serbie médiévale de 1185 à 1371. Sous le règne du roi Nemanja, Kotor devient le principal port du royaume, et permet le développement économique, artisanal et artistique de la ville. Le bref intermède du règne monarchique hongro-croate (1371-1384) et du règne du roi bosniaque Tvrtko (1384-1391) précède la période d'indépendance de la ville (1391-1420) au cours de laquelle elle devient une république autonome, avec son propre prince, son sénat et même sa monnaie. A partir de 1420, la ville est sous la coupe de la république de Venise et ce jusqu'à 1797. Aux XVIe et XVIIe siècles, Kotor connaît une période de terribles catastrophes (séismes de 1563 et 1667, épidémie de peste de 1572), de guerres et de sièges. Grâce aux fortifications de la ville, ses habitants résistent à l'invasion des Turcs qui conquièrent cependant tous les sites environnants. Après la chute de la république de Venise en 1797, la ville change fréquemment de mains jusqu'à la fin de la Première Guerre mondiale. En 1920, Kotor est intégré au royaume des Serbes, Croates et Slovènes et après 1945 au sein de la république socialiste du Monténégro.

Transports

Kotor est situé à 81 km de Podgorica. Deux routes principales permettent d'y accéder depuis la capitale : la première passe par Cetinje puis Budva (compter 1 heure 30 de trajet sur une route en excellent état), la seconde passe par Cetinje puis rejoint directement Kotor en passant par le parc national du Lovćen. Cette seconde option, bien que plus courte en nombre de kilomètres, rallonge le temps de parcours en raison de la nature de la route (étroite et sinueuse). Kotor est en revanche toute proche de l'aéroport de Tivat (10 km par le tunnel).

Comment y accéder et en partir

Comme ailleurs dans les bouches, le manque de place entre mer et montagne complique le stationnement. Des parkings payants sont disposés le long du port.

- Red taxi : 19719
- Djir taxi : 19737

Kotor
la Citadelle
Entrée Nord
Entrée Sud
Eglise Sv. Ane
Eglise Sv. Marija Koledata
Musée maritime
Cathédrale Sv. Tryphon
Palais Drago
Eglise Sv. Luka
Palais Pima
Eglise Sv. Nikole
Tour Horloge
Poste
Eglise Sv. Klare
W.C
Rijeka Škurda
Parking
Jadranski Put
Route express
MER ADRIATIQUE
vers Budva & Cetinje
Poste
Entrée Principale
Information touristique
W.C
vers Dobrota & Risan
Parking
Edifice religieux
Musée
Curisoité
Information touristique
Entrée
Poste
Toilettes
Parking
Remparts
0
75 m

■ **GARE ROUTIÈRE (AUTOBUSKA STANICA)**
Škaljari
✆ +382 32 325 809
www.autobuskastanicakotor.me
Ouvert de 6h à 22h.
La gare routière est située à 10 minutes de marche environ de la vieille ville, en bordure de la route pour Budva (côté gauche en venant de la vieille ville et après le petit pont). A noter que les bus/navettes qui font le tour de la baie et s'arrêtent dans tous les villages, se garent devant la citadelle, à côté du marché. Tous les horaires, tarifs et réservations sur https://busticket4.me

■ **LE PORT (GRADSKA LUKA)**
Park Slobode 1
✆ +382 32 325 208 / +382 32 325 578
www.portofkotor.co.me
portofkotor@t-com.me

Se déplacer

■ **STATION ESSENCE EKO 24/24**
Put prvoborca bb
✆ +382 32 301 058 / +382 32 301 059
www.jugopetrol.co.me
À la sortie de la ville en direction de Budva sur votre gauche.
Paiement par carte bancaire possible. Mini-market.

Pratique

La vieille ville n'est pas une ville morte, bien au contraire. Entièrement habitée, on y trouve tous les services : épiceries, pharmacie, magasin de photos, etc. Hormis les places qui ont un nom, les rues n'en ont pas et on trouve l'adresse recherchée par son numéro. Du 1, près de l'entrée principale, au 500, adossé à la montagne.

Tourisme – Culture

■ **ADVENTURE MONTENEGRO**
Stari Grad 375
✆ +382 32 336 093 / +382 69 049 733 / +382 69 448 626
www.adventuremontenegro.com
adventuremontenegro@t-com.me
À côté de église Santo Ozana.
Ouvert de juin à septembre de 9h à 21h. Est de mèche avec la taverne Cesarica dans la vieille ville.
Agence familiale de taille humaine spécialisée dans la randonnée, kayaking et rafting sur la rivière Tara ou à Stjepan Polje. Forfaits intéressants pour 1, 3 ou 8 jours combinant montagne et côte, des excursions classiques au lac de Skadar avec des activités sportives. Tours en bateaux rapides ou à la grotte bleue (plava špilja) sur la péninsule de Lustiča. Idéal pour les petits groupes, accueil vraiment chaleureux. Rino & Sanja sauront vous montrer les meilleurs endroits pour prendre des photos envoûtantes. Un lieu à découvrir, un couple à connaître. Loue des bateaux en bois pour la pêche mais aussi des bateaux à moteur plus grands.

■ **OFFICE DU TOURISME (TURISTIČKA ORGANIZACJA KOTORA)**
Stari grad 315
✆ +382 32 325 950 / +382 32 325 951
www.tokotor.me
ivan.krivokapic@t-com.me
Ouvert jusqu'à 22h en été.
Bureau situé dans un petit kiosque, juste à côté de l'entrée principale de la vieille ville, en dehors des remparts. Plans gratuits de la ville, vente de souvenirs, cartes postales et livres.

■ **VIZIN TRAVEL**
Trg od oružja (Stari Grad)
✆ +382 32 302 549
vizin.travel@t-com.me
Sur la grande place, à droite de la tour-horloge en entrant dans la vieille ville.
Location de voitures et de yachts, billets d'avion, hébergement chez l'habitant.

Santé – Urgences

- **Les Urgences** – Hitna pomoć : ✆ 124
- **Dispensaire** – Dom Zdravlja, Dobrota : ✆ +382 32 325 633
- **Police** : ✆ 122

■ **HÔPITAL (BOLNICA)**
Škaljari
✆ +382 82 325 595 / 032 325 602
Situé en bordure de la route pour Muo et Prčanj, à 15 minutes à pied de la vieille ville.

Adresses utiles

■ **POSTE (POŠTA)**
Stari grad
✆ +382 32 322 359
✆ +382 32 301 038
www.postacg.me
Dans la vieille ville
Ouvert de 7h30 à 20h30.
Bureau situé dans la vieille ville, à droite de la tour-horloge et à côté de l'hôtel Vardar.

Kotor.

Se loger

Les hôtels mentionnés ci-dessous sont situés dans la vieille ville. Pour les petits budgets, préférez les hôtels situés dans les environs de la ville (Dobrota, Prčanj). Les chambres chez l'habitant ne sont pas indiquées mais les appartements privés sont nombreux.

Bien et pas cher

■ OLD TOWN HOSTEL
Ulica 2
Stari Grad ✆ +382 32 325 317
www.hostel-kotor.me
info@hostel-kotor.me
Dans la vieille ville, à proximité de la porte Sud.
Lit en dortoir de 12 à 19 €, chambre double de 30 à 50 € selon la saison.
Une auberge de jeunesse avec dortoirs de 5, 6, 7, 8 et 12 lits (cuisinette et salle de bain dans chaque dortoir) certes, mais durant l'été on y loue également des appartements et des chambres individuelles à aussi bon marché. Idéal donc pour voyageurs de passage et pour séjours de longue durée. Internet sans fil gratuit, vélos, serviettes, laverie, coffre, sèche-cheveux...

Confort ou charme

■ HOTEL MARIJA***
Stari grad 449
✆ +382 32 325 062 / +38232 325 064
http://hotelmarija.me
hotel.marija.kotor@t-com.me
17 chambres. Ouvert toute l'année. Chambre simple 65 €, double 90 € et triple 103 €. Petit déjeuner inclus.
Installé dans une belle demeure de la vieille ville, cet hôtel 3-étoiles offre des chambres au confort actuel avec air conditionné et connexion Internet. L'accueil y est avenant et le petit déjeuner copieux. L'une des chambres possède un balcon. A noter : les prix sont les mêmes quelle que soit la période de l'année. Avec restaurant. Loue des appartements en journée et en nocturne. Un autre établissement est proposé à Dobrota.

■ RENDEZ-VOUS
Trg od mlijeka
✆ +382 32 323 931 / +382 69 043 377
rendezvouskotor@yahoo.com
Une des rares adresses de la vieille ville aux prix honnêtes. Les 9 chambres et 5 appartements sont fonctionnels et tout à fait corrects : air conditionné, TV, téléphone, salle de bains privée.

Luxe

■ CATTARO HOTEL
✆ +382 32 311 000 / +382 32 311 053
www.cattarohotel.com
hotelcattaro@t-com.me
Sur la place principale de la vieille ville.
Ouvert toute l'année. Chambre double standard en basse saison : 109€. En haute saison de juin à septembre : la même chambre double coute 129€. Petit-déjeuner inclus. Cartes banquaires acceptées.
Un hôtel charmant de style antique du 18e siècle. Et pour cause, il est situé sur trois sites historiques importants : Arsenal, palais du Prince et théâtre de Napoléon. Les chambres donnent sur la rive ou sur la place centrale de l'ancienne ville. Tout l'hôtel est dans le genre vénitien avec des portraits des anciens capitaines et amiraux ainsi que des peintures d'anciens bateaux sur les murs. Les chambres sont luxueuses et spacieuses, bien équipées avec de très belles salles de bains. Egalement mini-fitness, casino, et un restaurant ou l'on propose une carte riche en vins et où l'on sert une cuisine internationale.

■ HOTEL VARDAR****
Stari grad 476 ✆ +382 32 325 084
www.hotelvardar.com
info@hotelvardar.com
Dans la vieille ville, juste derrière la tour horloge.
De 105 à 185 € pour une chambre double standard, selon la saison et de 148 à 255 € pour deux dans les suites. Ouvert toute l'année, service en chambre 24h/24. Tarifs 2015.
Près de l'entrée principale, une belle maison avec des chambres spacieuses au raffinement revendiqué, pour un charme certain. Les 18 chambres, dont les tons et la déco se marient à merveille avec la vieille ville, sont impeccables et très bien équipées : mini-bar, sèche-cheveux, grande salle de bain en marbre et toutes avec un grand lit confortable. Les 6 appartements sont dotés de cuisinette mais un seul d'un balcon. wi-fi internet sans fil gratuit. L'hôtel dispose également d'un sauna, d'une salle de gym et d'un restaurant et d'un parking à proximité ce qui n'est pas un luxe. Transfert de l'aéroport sur demande et location d'ordinateur sur demande.

Se restaurer

Bien et pas cher

■ BASTION III
Stari Grad 517 ✆ +382 32 322 116
www.bastion123.com

Ouvert tous les jours, à partir de 11h et jusque 23h l'été. Dispose d'une autre adresse, au-delà de la porte nord.

Installé dans un petit bâtiment récent de couleur blanche, juste à côté de l'entrée nord de la vieille ville et de l'église Sainte-Marie, ce restaurant sans prétention fait la part belle aux poissons frais et crustacés : salade de mer, poissons de 9 à 15 €. La carte propose également quelques viandes grillées, fromages et charcuteries locales. La cuisine est de bonne facture, surtout dégustée sur la terrasse. Desserts délicieux (glace et coulis recommandé).

■ **CESARICA**

Stari grad 375

✆ +382 67 227 315

Se trouve à proximité de la petite place où se croisent les deux églises orthodoxes : St Luc (l'ancienne) et St Nicolas (la nouvelle). Quand Saint Nicolas est dans votre dos et que l'église St Luc est à votre gauche, prendre la ruelle tout de suite à droite. C'est là après les parasols.

Ouvert de 11h à 23h tous les jours, jusqu'à 1h le samedi. Salade de poulpe : 12 €, sardines : 5 €, palourdes : 12 €, poisson entre 8 et 14 €.

Excellente petite taverne dalmate (c'est franchement un régal !), en référence à la province romaine, tenue par un couple fort agréable. Originaire de Muo, un petit village de pêcheurs des bouches de Kotor, Rino est un expert en poisson et en fruits de mer. Passionné de la pêche depuis son bas âge, il s'emploie aujourd'hui à cuisiner selon les recettes traditionnelles simples et savoureuses des bouches. Prix raisonnables : salade de la mer (9 €), sardines crues marinées (4 €), fritures (5 €), huîtres (3 € pièce). Le poisson n'y est pas vendu au kilo, comptez de 10 à 14 € par portion (goûtez au filet de pélamide aux câpres). La soupe de poisson est un régal. Atmosphère intime. Avec sa femme, ils ont aussi une agence spécialisée dans les activités de plein air.

Bonnes tables

■ **RESTORAN GALION**

Šuranj bb

✆ +382 32 311 300 / 032 325 054

galion@t-com.me

Ouvert tous les jours de 8h à 24h. Comptez un minimum de 15 € par personne avec un verre de vin.

Envie de tester le meilleur restaurant du Monténégro ?

■ **ĆATOVIĆA MLINI**

GORNJI MORINJ (ГОРЊИ МОРИЊ) ✆ +382 32 373 030

www.catovicamlini.me – lazarc@t-com.me

A mi-chemin entre Herceg Novi et Kotor dans le village de Morinj. C'est bien indiqué depuis le débarcadère du ferry à Kamenari (5 km en direction de Kotor).

Ouvert toute l'année. Prix très abordables : à partir de 12 € le plat principal.

Sacré meilleur restaurant du Monténégro, c'est un endroit à ne pas rater. Situé dans la propriété de la famille Ćatović depuis plus de 200 ans, ce vieux moulin a été transformé en taverne de luxe en 1997. Idéal pour les repas d'été car doté d'un jardin extérieur magnifique, où coule un ruisseau, et beaucoup de verdure autour d'une grande terrasse. À l'intérieur, dans la vieille maison en pierre règne une ambiance particulière avec un esprit des « temps perdus ». Un richissime choix en cuisine (80 plats différents et 200 sortes de vin) : plats de poisson, produits de la mer, plats traditionnels et internationaux. Un large choix de vins régionaux et mondiaux. Le fromage et le vin sont faits maison. Le menu est en français. Le service, en tenue traditionnelle du pays, est professionnel.

Situé à quelques minutes de marche de la vieille ville, ce restaurant du standing supérieur est spécialisé dans les produits de la mer. Il possède une très agréable terrasse vitrée, ouvrable, avec vue sur le port de plaisance. L'ensemble très design fait monter la note mais pas trop. Les poissons et crustacés, comme l'ensemble de la carte, sont à la hauteur. Pour s'y rendre depuis la vieille ville, tourner à gauche en sortant de la porte d'entrée principale. Quelques mètres après avoir traversé un pont, tournez immédiatement à droite, en direction du port. Le restaurant est installé dans une maison, tout de suite à droite de la rue longeant le port. Parking privé !

Sortir

Outre les établissements décrits ci-après, il suffit de flâner dans le dédale de ruelles de la vieille ville pour trouver des pubs et autres cafés dans tous les styles, parfois minuscules mais avec une bonne ambiance.

■ MAXIMUS

Stari Grad
✆ +382 32 334 342
disco.maximus@gmail.com
Située dans la vieille ville, c'est la plus grande (2 000 personnes) et la plus cotée des discothèques de la région (on y a vu des personnalités célèbres comme Catherine Zeta-Jones et Michael Douglas). Équipée de la technique audio la plus moderne et d'un éclairage haut de gamme, cette discothèque peut vous assurer de belles soirées. La décoration est un mélange de moderne et d'ancien. Dans le même établissement se trouve un café bar où s'organisent souvent des karaokés et un pub avec les restes encore visibles de la vieille ville enfouie pendant les tremblements de terre. Concerts et DJ connus.

À voir – À faire

■ CATHÉDRALE SAINT-TRIPHON (KATEDRALA SVETOG TRIPUNA – КАТЕДРАЛА СВЕТОГ ТРИПУНА)

Entrée 2,50 €. Ouvert de 9h à 20h tous les jours en saison.

Achevée en 1166, sur les vestiges d'une église du IXe siècle, la cathédrale Saint-Triphon (Sveti Trifun) est l'un des monuments représentatifs de l'art roman en Adriatique malgré les nombreuses reconstructions dont elle a été l'objet. Sa façade, reconnaissable à ses deux tours reliées par un portail formant un porche, date du XVIIe siècle. Des fresques qui recouvraient autrefois tout l'intérieur de l'édifice, il ne reste aujourd'hui plus que quelques traces récemment mises au jour, dans l'abside et le trésor à l'étage, notamment. Ces dernières remontent au XIVe siècle. A droite de l'entrée principale, on peut voir le sarcophage d'Andrea Saracenis (qui construisit l'église plus ancienne) et de sa femme, Maria. A gauche de l'entrée, des escaliers mènent à une petite chapelle du XIVe siècle où sont conservées les reliques de saint Triphon. Cette chapelle est ornée d'une frise de marbre blanc finement sculptée, œuvre d'un certain Francesco Cabianca, un artiste vénitien du XVIIIe siècle. Toujours dans cette chapelle, on peut enfin voir une grande croix en bois d'origine inconnue sur laquelle on devine les traits de Jésus crucifié. Le baldaquin surmontant l'autel (ciborium) constitue un magnifique exemple d'art gothique. Formé de quatre colonnes de marbre rouge soutenant une construction octogonale sur trois niveaux, ce baldaquin monumental est orné de sculptures illustrant la vie de saint Triphon. Le trésor de la cathédrale situé à l'étage à gauche donne à montrer des objets lithurgiques comme des ciboires et autres reliques. On peut aussi accéder au balcon entre les deux tours.

■ ÉCHELLE DE CATTARO (KOTORSKJE STRANJE – КОТОРСКЕ СТРАНЕ)

L'échelle de Cattaro (Kotor en italien) est le surnom donné à la route de montagne qui relie Kotor à Cetinje. Construite au XIXe siècle, elle a été longtemps la principale voie d'accès à la capitale monténégrine. Très sinueuse, très étroite et très spectaculaire, elle offre les plus beaux points de vue que l'on puisse imaginer sur les bouches de Kotor et constitue à ce titre une attraction en soi. Après une vingtaine de kilomètres (et presque autant de virages en épingles à cheveux), la route arrive à Krstač, un petit village de montagne. D'un paysage et d'un climat typiquement méditerranéen, on passe alors subitement à un paysage de montagne au climat continental. La route, qui borde le parc national du Lovćen, poursuit son chemin sur une vingtaine de kilomètres supplémentaires avant d'arriver enfin à Cetinje. Pour emprunter cette route depuis Kotor, emprunter d'abord la route en direction de Budva (au rond-point à gauche, après le port) et après quelques centaines de mètres, prendre à droite en direction de la montagne (la direction de Cetinje est indiquée). Dans la montée, plusieurs routes indiquent, et mènent, vers d'anciennes forteresses. Ainsi, celle de Goražda, vers laquelle on bifurque après 8 km depuis Kotor. Un fortin imposant, transformé plusieurs fois et utilisé encore par la Yougoslavie communiste. A 900 m d'altitude, la vue est magnifique sur la mer et les bouches de Kotor.

▶ **Avertissement** : la route peut être un peu éprouvante si vous ne connaissez pas le style de conduite – sportif – des Monténégrins ! En saison, il arrive souvent que l'on croise une voiture dans l'autre sens alors que la route est très étroite. Enfin, la ville de Cetinje, bien qu'importante historiquement et culturellement, n'est pas vraiment à la hauteur des paysages que vous aurez traversés, elle ne vaut pas le détour depuis la côte si avez peu de temps.

■ ÉGLISE SAINTE-CLAIRE (SVETE KLARE – СВЕТЕ КЛАРЕ)

Ulica 1

Située non loin de l'hôtel Marija, cette église franciscaine du XIVe siècle, plusieurs fois remaniée, abrite un très bel autel baroque en marbre polychrome. Décoré d'une trentaine de sculptures représentant des anges en compagnie de sainte Claire et de saint François d'Assise, cet autel est l'œuvre du Vénitien Francesco Cabianca (XVIIIe siècle), également à l'origine de la frise en marbre ornant la petite chapelle à l'intérieur de la cathédrale Saint-Triphon. Possède une grande collection de livres originaux datant de 1450 à 1500.

■ ÉGLISE SAINTE-MARIE (SV. MARIJE – СВ. МАРИЈЕ)

Située près de la porte d'entrée nord, cette église en pierres roses et blanches date du XIVe siècle. On y a découvert récemment les restes d'un baptistère datant du VIe siècle et du règne de l'empereur byzantin Justinien. Des fresques du XVIIe siècle d'inspiration serbo-byzantines y ont également été mises au jour ainsi qu'un crucifix. La restauration de ce dernier, en 1984, a été à l'origine de la découverte de trois pièces datant de 1374 et présentant des caractéristiques autrichiennes. Dans son récit de voyage, l'auteur anglaise Rebecca West nous apprend « qu'un moine du XVIIe siècle, qui devait être un grand menteur ou un grand ignorant, attribua ce crucifix à Michel-Ange » ! L'église abrite également le sarcophage de la nonne Berta Hosanna, une sainte monténégrine béatifiée au début du XXe siècle pour sa participation au combat contre l'amiral turc Barbarossa (XVIe siècle). Des scènes de sa vie apparaissent dans le bas-relief de la porte de l'église.

■ ÉGLISE SAINT-LUC (CRKVA SVETI LUKE – ЦРКВА СВ. ЛУКЕ)

Située au milieu d'une petite place face à une école de musique, cette petite église date de 1195. A l'origine catholique, elle a été transférée à l'Eglise orthodoxe en 1657. Elle a été utilisée par les fidèles des deux confessions disposant, donc, chacun de leur propre autel, mais aujourd'hui elle n'est fréquentée que des seuls Orthodoxes. L'iconostase qui orne son intérieur est l'œuvre de Dimitrije Daskal, le fondateur de l'école d'icônes connue sous le nom de Dimitrijević-Rafailović (XVIIe siècle).

■ FORTERESSE ET REMPARTS (ZIDINE GRADA, КОТОРСКЕ ЗИДИНЕ)

Accès payant en été (3 € par personne). Compter une bonne demi-heure, 45 min de marche pour arriver au sommet. 20 min. suffise pour rejoindre l'église Sainte-Marie. Pour monter à la forteresse, prendre les escaliers proches de l'église Sainte-Marie (Sv. Marija), à côté de la porte nord. Il est également possible d'accéder depuis la porte sud (mais itinéraire mois «balisé»). Prévoir de bonnes chaussures de préférence. Les remparts étant situés à l'est, la tombée du jour n'est pas un grand moment !

Longs de 4,5 km et d'une hauteur de 20 m à certains endroits, les remparts encerclant la vieille ville contribuent grandement à la beauté de Kotor. D'origine byzantine mais en grande partie renforcées par les Vénitiens, ces fortifications ont grandement contribué à protéger la ville des assauts turcs aux XVIe et XVIIe siècles. La forteresse de Saint-Jean (ou Sv. Ivan), qui domine la ville à près de 260 m d'altitude, fut abandonnée en 1918. Aujourd'hui en ruine, elle est accessible par un peu plus de 1 000 marches d'escaliers. La vue offerte du haut de ses murs est splendide avec d'un côté, les bouches de Kotor et, de l'autre, le massif du Lovćen. A mi-chemin, se dresse une chapelle connue sous le nom de Notre-Dame-du-Salut (Gospe od Zdravlja) et édifiée par les survivants de la peste ayant frappé la région en 1572.

■ MUSÉE MARITIME (POMORSKI MUZEJ – ПОМОРСКИ МУЗЕЈ)

Bokeljske Mornarice 391

✆ +382 32 304 720

www.museummaritimum.com

Entrée 4 €, audio guide compris (enfants 1 €). Ouvert de 8h à 23h en juillet/août, le week-end de 10h à 16h. Le reste de l'année de 8h à 18h (à 16h en hiver), le week-end de 9h à 13h.

Installé dans un palais du XVIIIe siècle, ce musée renferme une intéressante collection témoignant de l'importance de la vie maritime passée dans les bouches de Kotor. On peut y admirer, entre autres objets, des tableaux de bataille, des meubles, horloges et accessoires ayant appartenu aux riches familles de la région, des uniformes de la marine des bouches de Kotor, des armes à feu superbement décorées (dont quelques armes françaises saisies lors des batailles contre les troupes napoléoniennes d'occupation), ainsi que quelques pièces insolites comme ces deux bouteilles à message sur lesquelles on peut lire en anglais « Pour mon amour » et « Souviens-toi de moi » (flacons exposés au 2e étage du bâtiment). Au rez-de-chaussée, les passionnés d'histoire maritime pourront consulter les archives du musée, comprenant quelque 16 000 ouvrages et cartes.

■ PALAIS DE KOTOR (PALATE – ПАЛАТЕ)

La richesse architecturale de Kotor tient principalement à ses nombreux palais baroques érigés au cours des siècles passés par l'aristocratie locale. Ces édifices ne se visitant pas, on ne peut les admirer que de l'extérieur. La meilleure façon de les découvrir consiste à flâner dans les ruelles de la vieille ville. Au gré de ces flâneries, on pourra apercevoir de nombreuses sculptures ornant les façades de ces palais aux allures si romantiques. Le palais de la famille Pima, reconnaissable à sa longue balustrade baroque, date du XVIIe siècle. Au-dessus de son portail, on peut voir le blason de la famille supporté par deux anges. Le palais Drago, à côté de la cathédrale, date du XVIe siècle. La villa d'origine, du XIIe siècle, a été détruite par l'effondrement d'une partie de la cathédrale lors du tremblement de terre de 1667. Ce palais abrite aujourd'hui l'Institut régional de protection des monuments culturels. Le palais Grgurina à l'intérieur duquel est installé le Musée maritime date, quant à lui, du XVIIIe siècle. Parmi les autres palais remarquables, signalons également le palais Bizanti du XVIIe siècle et juste en face, le palais Besuća (XVIIIe siècle), tous deux situés au sud de la place des Armes.

■ TOUR-HORLOGE (SAT KULA – САТ КУЛА)

Construite au tout début du XVIIe siècle, cette tour est le premier monument que l'on rencontre en entrant dans la vieille ville par l'entrée principale. L'horloge a été ajoutée en 1810. Et si vous la regardez bien, vous pourrez voir qu'elle penche, comme celle de Pise. La raison : le tremblement de terre de 1979 !

Sports – Détente – Loisirs

▶ **Bateau.** En été, les bateaux qui se promènent dans les bouches de Kotor (ou plus loin) sont amarrés sur le port, non loin de l'entrée principale. En outre, et si une envie de folie vous guette, des yachts de toute taille sont à louer dans le port. Plus d'infos : www.montenegrocharter.com

▶ **Randonnée.** Au départ de Kotor, de nombreuses randonnées balisées sont possibles. D'abord sur le massif de Vrmac, qui coupe la baie de la mer. Ce chemin prend son départ à la sortie de Kotor vers la côte et Cetinje. A la première épingle, suivre le panneau vert « Planinska Staža Vrmac ».
De l'autre côté, sur le massif du Lovćen, qui domine Kotor, on part à la rencontre de la transversale « Orjen-Lovćen-Rumija » en montant jusqu'au col de Krstač, là même où arrive la fameuse route des Serpentines vers Cetinje. Le point de départ est indiqué par les panneaux verts dédiés, quelques centaines de mètres avant la vieille ville, en direction de

Citadelle de Kotor.

Dobrota. Pour plus de précisions, se munir du guide déjà décrit dans les pages concernant Herceg Novi. Surtout, le club local pourra vous aider et vous pouvez également randonner avec ses membres, tout comme Rino et Sanja de l'agence Adventure Montenegro (voir rubrique Pratique-Tourisme).

ADVENTURE MONTENEGRO
Stari Grad 375
✆ +382 67 227 315 / +382 69 049 733
www.adventuremontenegro.com/
Pour une journée de rafting (de 7h à 20h), compter 80 € par personne (petit déjeuner et déjeuner compris).
Agence familiale de taille humaine spécialisée dans la randonnée, kayaking et rafting. Forfaits intéressants pour 1, 3 ou 8 jours combinant montagne et côte, des excursions classiques au lac de Skadar avec des activités sportives. Idéal pour les petits groupes, accueil vraiment chaleureux. Rino & Sanja sauront vous montrer les meilleurs endroits pour prendre des photos envoûtantes. Un lieu à découvrir, un couple à connaître.

ALL NUT KOTOR
Stari Grad
✆ +382 69 045 696
Dans la vieille ville, derrière l'église Saint-Luc.
Une marque qui est conçue à Belgrade en Serbie et qui s'étant chez le voisin monténégrin depuis le 11 mai 2015. Le concept est simple : on ne vend que de l'artisanal à base de produits naturels locaux essentiellement. On trouve entre autres du savon à base de saindoux, de l'huile de prune, des huiles essentielles de genièvre (excellents pour le visage et le corps, ce sont des produits de longue durée, arôme fantastique, antifongique et antibactérien). Recommandé aussi dans « Elle » magazine.

MONTENEGRO SUBMARIN
Kotor City Park (au niveau du port)
✆ +382 69 576 355
www.montenegrosubmarine.me
info@montenegrosubmarine.me
12 € pour les adultes 8 € pour les enfants. Baignade possible d'une durée de 10 minutes. Possibilité de prendre des photos aux commandes.
Une autre manière de découvrir les bouches. La visite est intéressante, elle dure une heure durant laquelle vous aurez la chance de profiter du panorama sur le pont mais également sous l'eau (20 minutes) à l'intérieur du sous-marin. Une expérience à partager en famille, qui fera le bonheur des petits et grands.

Shopping

ANTIQUES STANKOVIĆ
✆ +382 69 071 819
www.antiquesstankovic.com
Ouvert tous les jours de 9h à 21h.
Située à côté du Musée maritime, dans la vieille ville, cette petite boutique d'antiquités est une étape incontournable pour les chineurs. On peut y trouver des bijoux, meubles et objets de décoration datant du XVIe aux années 1930, ainsi que de très anciennes icônes. La boutique possède son propre site Internet sur lequel on peut avoir un aperçu des pièces en vente.

DE KOTOR À TIVAT

La petite péninsule séparant la baie de Kotor de celle de Tivat mérite une excursion d'une journée. Une route sinueuse à souhait (et si étroite que l'on pourrait la croire à sens unique !) permet d'en faire le tour. Longue d'une quinzaine de kilomètres, elle traverse une succession de villages de charme avec de superbes demeures chargées d'histoire. Quasiment chaque maison possède son petit port en pierre pour y abriter ses barques de pêche. De Kotor, la route traverse d'abord le village de Muo, puis celui de Prčanj, le plus étendu et le plus beau de la péninsule, avant de rejoindre Donja Stoliv et enfin Lepetani où se trouve l'embarcadère du bac permettant de rejoindre en quelques minutes Kamenari, juste en face.

DONJI STOLIV (ДОЊИ СТОЛИВ)

CAMPING JADRAN
Stoliv ✆ +382 32 336 565
Ouvert de mai à la mi-septembre. Compter 2 € par personne et 1 € par véhicule.
Un tout petit camping installé dans le jardin d'un particulier, en bordure de la route et face à la mer, indiqué par un panneau jaune dans le village de Stoliv. Sanitaires plutôt rustiques avec toilettes à la turque mais terrain ombragé. Les propriétaires des lieux, un couple âgé (et charmant), louent également quelques-unes des chambres de leur maison, à 9 €. Une adresse pittoresque.

PRČANJ (ПРЧАЊ)

Cette localité, mentionnée dès le XIIIe siècle sous le nom de Persano ou Perzano, est la patrie des célèbres marins et aventuriers ayant assuré dès le début du XVIIe siècle l'un des premiers trafics postaux de la Méditerranée. Les nombreux témoignages architecturaux que Prčanj a gardé de cette époque suscitent l'admiration. Tout particulièrement l'église baptisée Bogorodičin Hram, consacrée à la naissance de la Vierge Marie. Cette église se distingue par son imposante et élégante rangée d'escaliers. La construction de l'église, entamée en 1789, s'étala sur près de 120 ans. Dessinée par le Vénitien Bernardino Maccarucci, elle témoigne de la prospérité que connut ce village à la fin du XVIIIe siècle. A l'intérieur, outre de nombreuses peintures réalisées par des artistes italiens de renom tels que Tiepolo, Balestra et Piazetta, vous pourrez y admirer (si les portes de l'église ne sont pas closes...) une coupe d'argent disposée dans la sacristie et ayant appartenue au célèbre poète anglais Lord Byron. Selon la légende, ce dernier aurait eu une aventure avec une jeune fille du village...

Parmi les autres édifices remarquables du village, il faut également signaler le palais de la famille aristocratique Buća. Erigée au cours du XVe siècle, cette villa est connue depuis le XVIe siècle sous le nom de la « Maison des trois sœurs ». Selon une légende locale, trois sœurs amoureuses du même marin y auraient attendu jour après jour le retour de leur bien-aimé jusqu'à ce que l'une d'entre elles meure et que les deux autres décident de murer la fenêtre de sa chambre. Une deuxième sœur subit le même sort et finalement il ne resta plus qu'une seule fenêtre ouverte sur la mer. Elle est facilement reconnaissable à ses deux fenêtres gothiques en façade.

Transports

Pour s'y rendre depuis Kotor (5 km), prenez la direction de la gare routière, tournez à droite après avoir traversé le pont et poursuivez en longeant la mer. En été, évitez de faire ce trajet en voiture car la route est étroite et les bouchons sont fréquents (prévoir 1h30 en pleine saison)

Se loger

■ BOKELJSKI DVORI

Glavati b.b

✆ +382 32 336 113

www.hotelbokeljskidvori.com

bokeljskidvori@t-com.me

10 chambres. Fermé en janvier. Comptez 26 € par personne en période estivale et 22 € par personne hors saison. Petit-déjeuner inclus. Demi-pension possible.

Un petit hôtel, tout ce qu'il y a de plus convenable, situé face à la mer. Chambres simples et très propres avec douches, certaines avec un balcon plus vue sur la mer et Dobrota, de l'autre côté des bouches. Petit-déjeuner servi sur la terrasse du restaurant proposant une bonne cuisine locale depuis plus de 35 ans (de 4,50 € à 13 € le plat principal). Parking. Plage agréable à 2 minutes de l'établissement. Si c'est complet on vous proposera des chambres à l'hôtel Galija juste à côté, plus récent, appartenant au fils des gérants : www.garnihotelgalia.com.

■ SPLENDIDO

Naselje Glavati bb

✆ +382 32 301 700

www.splendido-hotel.com

hotel.splendido@t-com.me

40 chambres et 3 appartements. Chambre double standard 120 € en haute saison, 145 € pour la chambre supérieure ou studio.

Ouvert en 2003, cet hôtel haut de gamme semble à première vue installé dans un bâtiment de construction récente mais occupe en fait une demeure ancienne datant du XVIIIe siècle. Les chambres y sont spacieuses et confortables, avec accès Internet, mais, au dire de certains clients, mal insonorisées. Côté propreté et service, rien à redire, c'est impeccable. Signalons enfin la présence d'un parking sécurisé, d'une piscine de plein air installée à moins de 2 m de la mer ainsi qu'une petite plage privative au pied de l'établissement. Possibilité de louer vélos, scooters et petits bateaux.

■ VILA PRČANJ

Prčanj bb.

✆ +382 69 362 482

✆ +382 20 642 495

www.montevila.com

informacije@montevila.com

70 € les chambres (1 à 3 personnes) et 100 € les appartements (4 personnes), petit déjeuner inclus. Paiement Visa/Master.

Magnifique villa en pierres blondes, complètement rénovée. Au bord de l'eau, l'hôtel possède une grande terrasse très agréable et des bateaux pour des balades. Parking. Pensez à réserver bien à l'avance car seulement 7 appartements/chambres. Dommage !

TIVAT (ТИВАТ)

Tivat est connu pour être la ville la plus récente des bouches de Kotor. Ses origines remontent au Moyen Age lorsque l'aristocratie de Kotor a commencé à y construire des résidences secondaires afin de profiter du climat particulièrement doux du site. De dimension modeste, la ville n'a véritablement acquis le visage qu'on lui connaît aujourd'hui qu'à partir de la fin du XIXe siècle lorsque les Autrichiens, alors installés dans la région, décident d'y bâtir un arsenal militaire. Dans les années 1970, la ville connaît une nouvelle étape majeure de son histoire avec la modernisation de son aéroport. Capable d'accueillir des avions plus grands, ce « nouvel » aéroport engendre une explosion de la fréquentation touristique et la construction de nombreux hôtels. La ville a aujourd'hui l'intention de revenir sur le devant de la scène touristique notamment grâce au port de plaisance pour millionnaires « Porto Montenegro » ; sans cesse élargi il accueille de plus en plus de yachts luxueux de toute la planète. Les hôtels de luxe sont en construction tout comme un grand terrain de golf.

Transports

Comment y accéder et en partir

■ AÉROPORT (AERODROM)
2, Tivat
✆ +382 32 670 930
www.montenegroairports.com
Situé à 3 km du centre-ville, le long de la route en direction de Budva. Il y un arrêt de bus juste devant l'aéroport sur le tarmak au bord de la route. En principe tous les bus s'y arrêtent si on leur fait signe en levant le bras bien haut.

■ DELTA CAR
✆ +382 67 259 800
✆ +382 69 040 800
www.rentacar-delta.com
reservations@rentacar-delta.com
Ce loueur, serviable et professionnel, a déjà une bonne réputation auprès des touristes francophones. Livraison de véhicules dans tous le pays et à tout moment. A partir de 25 € par jour hors saison pour une nouvelle Renault Twingo ou Suzuki Splash. Le kilométrage est illimité et toutes les taxes sont incluses. Réservation en ligne recommandée, réponse par mail ultra-rapide.

■ D&T COMPANY
Njegoševa 198
HERCEG NOVI (ХЕРЦЕГ НОВИ)
✆ +382 69 076 056
Voir page 24.

■ FERRY LEPETANI-KAMENARI
HERCEG NOVI (ХЕРЦЕГ НОВИ)
Voir page 126.

■ GARE ROUTIÈRE (AUTOBUSKA STANICA)
Jadranska magistrala
✆ +382 32 672 620
À 800 m du centre, près de la salle sportive de Župa.
La nouvelle gare routière de la ville. Pour des bus en direction de Kotor et des villages des environs (Lepetani, Radovići, Krašići et Brda), noter qu'un simple arrêt (que l'on reconnaît à un auvent) se trouve dans la rue Palih Boraca, à 10 minutes de marche du front de mer.

■ IDEAL RENT-A-CAR
Aéroport
✆ +382 69 888 777
www.idealcar.me
idealcar@t-com.me
Bureau à l'aéroport de Podgorica ouvert de 8h à 20h mais livraison gratuite 24h/24. Location de voitures en excellent état depuis 2007. Une quinzaine de modèles aux prix attractifs à partir de 19 € pour une Toyota IQ selon la période de location. Assurance tout risque comprise, kilométrage illimité.
Location de voitures en excellent état, voitures neuves. Une quinzaine de modèles aux prix attractifs à partir de 19 € pour une Toyota IQ selon la période de location. Assurance tout risque comprise, kilométrage illimité.

■ MERIDIAN
Jovana Tomaševića 30
BAR (БАР)
✆ +382 30 314 000
Voir page 24.

■ PORT DE PLAISANCE (LUKA)
✆ +382 32 660 900
www.portomontenegro.com
berths@portomontenegro.com
VHF Channel : 71GPS position : 42°26.03'N 018°41.33'E

Se déplacer

Les parkings sont gratuits à Tivat été comme hiver mais un des moyens les plus sympas pour découvrir la ville est de louer un vélo : on achète une carte magnétique valable toute la journée pour 5 € à l'office du tourisme. On peut ensuite utiliser son vélo pendant 4 heures en le récupérant à 6 endroits « BikeTivat » différents dans la ville et en le déposant à n'importe quel autre point « BikeTivat » énuméré ci-dessous :

- **Donja Lastva,** près de l'église St. Rocco.
- **Donja Lastva,** près de la vieille tour.
- **Seljanovo promenade,** entrée nord du port.
- **Rue Arsenal,** à coté du stade municipal.
- **City promenade,** rue Palih Boraca.
- **Au port Kalimanj,** à la fin de la promenade Ivo Vizin.

www.biketivat.com : c'est très bien expliqué en anglais, simple d'utilisation et agréable !

■ **DELTA CAR**
✆ +382 67 259 800
Voir page 153.

■ **IDEAL RENT-A-CAR**
Aéroport
✆ +382 69 888 777
Voir page 153.

■ **LAJENA**
✆ +382 68 181 900
Demander Lazar Pajovic.
Location de scooters.

■ **RENT A SKUTER**
✆ +382 68 600 160
Demandez Marko Raicevic.
Location de scooters.

■ **STATION ESSENCE EKO**
Mazina bb
✆ +382 32 670 040 / +382 32 670 041
Dans le centre sur la route principale
Ouvert tous les jours de 6h à minuit.
Mini-market. Principales cartes de crédits acceptées : Diners, Visa, Master, EKO cards, American Express.

■ **TAXI**
RED TAXI : 19729 - ĐIR TAXI : 19777 - HALLO TAXI : 19565 - MB TAXI : 19503.

Pratique

■ **STATION ESSENCE EKO**
Mazina bb ✆ +382 32 670 040
Voir page 154.

Tourisme – Culture

■ **OFFICE DU TOURISME DE TIVAT (TURISTIČKA ORGANIZACIJA OPŠTINE TIVTA)**
Palih boraca 8
✆ +382 32 671 3234
tivat.travel
Bureau d'information ouvert du lundi au samedi de 8h à 21h en été (les dimanches de 8h à 12h) et de 8h à 15h hors saison (fermé les dimanches).
Propose, entre autres, un catalogue très complet des hébergements chez l'habitant, avec les tarifs et un plan du massif de Vrmac à 2 €.

Argent

Plusieurs banques avec distributeurs automatiques de billets situées dans la rue Palih Boraca et un peu partout en centre-ville le long de la promenade.

Moyens de communication

■ **POSTE**
24 Uliva Palih boraca
✆ +382 32 671 196
www.postacg.me
En centre-ville, pas loin de l'office du tourisme.

Santé – Urgences

■ **HÔPITAL (DOM ZDRAVLJA)**
Park bb
✆ +382 032 671 981
www.dztivat.com
domzdravljatv@t-com.me

■ **PHARMACIE MONTEFARM**
Obala M. Tita bb
✆ +382 82 672 373
A côté de l'hôtel Pine.

■ **POLICE**
Seljanovo
✆ 122 / +382 32 671 422

■ **URGENCE ET AMBULANCE**
Park bb
✆ 124 / +382 32 671 144
Pédiatre : +382 32 673 256

Se loger

Les habitants de Tivat et des villages environnants sont nombreux à louer des chambres et appartements aux vacanciers. L'office du tourisme de Tivat édite chaque année une brochure avec les tarifs et photos des chambres chez l'habitant de la région ainsi que les coordonnées des propriétaires. Il faut compter de 7 à 12 € par personne en haute saison pour une chambre.

Locations

■ HOTEL VILLA ROYAL

Kalimanj
✆ +382 32 675 310
✆ +382 69 358309
hotelvillaroyal@t-com.me
6 chambres et 6 suites. 54 € par personne en chambre double, 127 € appartement pour trois personnes. Ces tarifs (2015) augmentent sensiblement en juillet et en août. Petit déjeuner inclus, demi-pension possible pour une petite différence.
Situé à quelques mètres d'une plage, cet hôtel est installé dans un immeuble de trois étages. Les chambres et salles de bains y sont petites mais offrent un confort actuel. Les appartements, d'une superficie moyenne de 30 m², sont tous dotés d'un coin cuisine ainsi que d'un balcon.

■ MAKI APARTMENTS

Novo Naselje b.b.
RADOVIĆI
✆ +381 60 6326 060
www.maki-apartments.com
contact@maki-apartments.com
À Radovići, sur la baie, face à Tivat.
Ouvert toute l'année. À partir de 115 € le studio pour 2 personnes en saison. Pas de petit déjeuner mais excellents dîners à bon prix servis dans les appartements. Parking privé gratuit à proximité de la plage, Internet gratuit, conciergerie sans commissions (excursions, visites, transferts, location de bateaux...). Location de véhicule, aire de jeux pour enfants.
17 appartements à louer de différentes tailles. Terrasses, agréables en saison pour admirer les étoiles.

Bien et pas cher

■ CAMPING LOVCEN*

✆ +382 32 686 007
✆ +382 32 686 006
stevovicb@t-com.me
10 € l'emplacement pour le camping et dans la pension : studio/appartement 25 € pour deux personnes, 45 € pour quatre.
Un petit terrain de camping et une pension familiale situés le long de la route en direction de Lepetani, à 3 km environ de Tivat. Cadre ombragé et mer à quelques mètres, mais comme toujours en camping, des sanitaires rudimentaires.

■ HOSTEL ANTON

Mazina b.b
✆ +382 69 261 182 / +382 67 599 141
www.hostelanton.com
hostel.anton09@gmail.com
À partir de 11 € la nuitée en dortoir, de 27 € en chambre privée. Ouvert toute l'année. Paiement en espèces uniquement.
Cette auberge de jeunesse se trouve à 7 km de l'aéroport, à 700 m de la gare routière et à 500 m de la mer. Le petit-déjeuner est inclus dans le prix. À votre disposition : une cuisine, un salon avec une télévision, un bar. Internet.

■ HOTEL AURORA

Kalimanj
✆ +382 32 671 259 / +382 32 671 561
aurora@t-com.me
Se trouve de l'autre côté de la marina. 29 chambres. 25 à 32 € par personne et par nuit, petit déjeuner inclus.
Ouvert toute l'année. Occupant une grande maison sur trois niveaux, cet hôtel dispose d'une paisible terrasse sise dans un jardin. Les chambres auraient sans doute besoin d'une petite rénovation mais présentent l'avantage d'être fraîches et dotées de balcons. Chacune est équipée d'air conditionné, d'un minibar et d'un téléviseur. A ce prix, c'est une bonne adresse.

■ HOTEL PALMA

Šetalište Iva Vizina
✆ +382 32 671 256 – www.primorje.me
122 chambres. Ouvert toute l'année. Tarifs par personne de 37 à 43 € en haute saison et de 26 à 29 €. Petit déjeuner inclus, possibilité de demi-pension avec un supplément.
Dans un immeuble de cinq étages, des chambres de bonnes dimensions avec pour la plupart vue sur la mer, située à moins de 10 m. Certaines chambres ont récemment été rénovées et offrent un confort plus que respectable, d'où la légère différence de prix. Les autres sont un peu démodées mais propres. Quelques-unes seulement possèdent un balcon. Plage privée (et bétonnée) au pied de l'hôtel. Petit déjeuner et dîner servis sous forme de buffet.

Luxe

■ PUROBEACH HOTEL- RESTAURANT-LOUNGE BAR******

✆ +34 971 425 450 – www.purobeach.com
Situé dans la fabuleuse marina PortoMonténégro
Tarifs non communiqué
Complexe hautement luxueux pour millionnaires et grandes personnalités connues. Endroit fréquenté par les stars du monde entier.

■ **REGENT PORTO MONTENEGRO*******
Porto Montenegro Village
✆ +382 32 660 660
www.regenthotels.com
reservations.pm@regenthotels.com
Compter 350 € la chambre double en haute saison. Offres spéciales à 150 € en basse saison.
Le Regent Porto Monténégro est le seul hôtel international cinq-étoiles dans la baie de Boka. Il est idéalement situé dans la toute récente marina de Tivat qui était autrefois une base navale austro-hongroise. Ce lieu historique est devenu aujourd'hui l'une des plus belles marinas du bassin méditerranéen. Le site est exceptionnel à quelques pas de nombreux sites classés au patrimoine mondial de l'UNESCO et niché entre mer et montagne. L'hôtel est situé en plein cœur de l'ensemble, dans un superbe bâtiment donnant sur le port. On a l'impression d'être dans un village, les rues sont pavées et on y trouve restaurants et commerces. Ouvert toute l'année c'est un lieu unique ou nous vous invitons à venir passer quelques jours, ou venir vous restaurer lors de votre visite des bouches de Kotor.

Se restaurer

Bien et pas cher

■ **AL POSTO GIUSTO**
✆ +382 69 146 046
À la marina Porto Montenegro. Depuis l'entrée principale devant le parking, tournez à droite puis après 200 mètres tournez à gauche et vous verrez le restaurant au bout à l'angle.
Pour un bon repas, comptez 15-20 € (sans la vin). Bouteille de vin locale Plantaze : 15 €.
Pâtes fraîches faites « maison » comme les gnocchis et les raviolis. Ambiance décontractée. Décor moderne. Bonnes pizzas. Les serveurs sont de très bons conseillers. Goûtez au carpaccio de bœuf aux poires, un vrai délice. Vue sur la mer et les bateaux depuis les grandes baies vitrées.

■ **MONTENEGRINO**
21 novembra br.9
✆ +382 32 674 651 / 032 674 747
Ouvert toute l'année de 8h à 1h. Comptez minimum une quinzaine d'euros pour un bon repas sans le vin.
Son service continu depuis 1991 en dit long ! Bonne adresse, ce restaurant a été redécoré lors de sa rénovation complète en 2008 quand il a obtenu sa 4e étoile. Déco élégante. Cuisine méditerranéenne et continentale. Surtout une adresse reconnue pour les plats de mer (poissons de première catégorie, poulpe, fruits de mer, crustacés, coquillages...), que du poisson frais local en provenant des pêcheurs du coin. Sinon goûtez à la spécialité de la maison composée de 4 sortes de viande. Une belle collection de vins de tous les coins du monde mais surtout des anciennes républiques yougoslaves.

■ **VINO SANTO**
Krtoli
Obala Djuraševića
✆ +382 67 851 662
www.vinosanto.me
vinosanto@t-com.me
Au rond-point entre Kotor et Tivat, tournez au panneau Oblatno/Plavi horizonti et poursuivez pendant 4 km, c'est à votre droite. Ouvert du mai à novembre. CB acceptées. Spécialité : gambas à l'hydromel (20 €).
Ce restaurant de poisson avec une touche « à la française » n'est surtout pas à rater. Sur sa terrasse au bord de la mer, Dragan, le talentueux chef ayant travaillé 15 ans au Club Méditerranée et parlant notre langue, propose une cuisine des bouches de Kotor à tomber par terre. Spécialités de la maison bien copieuses : gambas à l'hydromel et moules bon marché (prix au kilo selon le marché). Pensez à réserver en juillet/août surtout en soirée. C'est également une galerie où sont exposés certains de ses tableaux pleins d'imagination. Dragan vient de publier un livre en français sur les recettes des bouches *Pour votre plaisir* qu'il vend sur place pour 15 €.

Bonnes tables

■ **PROVA**
Šetalište Iva Vizina 1
✆ +382 32 671 468 – www.prova.co.me
Plat principal bien servi 8-14 €.
Ouvert en 2010 au bord de la mer, ce restaurant 5 étoiles est d'une architecture intéressante car il est conçu comme un bateau. Cuisine internationale créative : salades composées, viandes, pâtes, excellents desserts... Les prix ne sont pas très chers pour ce cadre magique au coucher de soleil.

Luxe

■ **ONE**
✆ +382 67 486 045
Dans la marina Porto Montenegro
Cuisine internationnale.

C'est sans doute l'endroit le plus à la mode du pays car il est fréquenté en grande partie par les propriétaires millionnaires des yachts amarrés dans la super marina.

À voir – À faire

Bien qu'agréable, le centre-ville de Tivat ne présente qu'un intérêt limité en termes d'histoire ou d'architecture. La ville peut en revanche constituer un point de chute pratique pour explorer les environs riches en vieux villages, criques et plages isolées. L'office du tourisme, installé au cœur de la ville, met à la disposition des vacanciers de nombreuses brochures sur les plus beaux sites de la région et les quelques randonnées possibles dans l'arrière-pays.

- **Croisières.** Depuis le port de Tivat, les possibilités de petites ou grandes balades en mer et dans les bouches sont nombreuses (départ pour la plupart à 9h, retour 19h). Plus étonnant, un bateau mouche, le Coche d'eau effectue chaque jour les bouches pour 10 €. Départ 10h, retour 18h, avec un arrêt d'une heure à Prčanj. Des balades de nuit sont également au programme. Départ 20h30, retour minuit (8 €).

■ LES ÎLES DE TIVAT (ТИВАТСКА ОСТРВА)

Trois petites îles, accessibles par bateau en période estivale, font face à la ville. La plus grande, connue sous le nom de Sveti Marko, a pendant longtemps accueilli un complexe hôtelier du Club Méditerranée érigé dans les années 1960.
L'îlot d'Ostrvo Cvijeća (littéralement, « l'île des Fleurs ») abrite quant à lui les ruines d'un monastère bénédictin médiéval (monastère de l'Archange-Michel). Détruit par les Vénitiens en 1452, ce monastère fut au XIIIe siècle le siège du primat du royaume médiéval de la Zeta, le précurseur du Monténégro actuel. Reliée à la terre par une étroite bande de terre, l'île des Fleurs a par la suite été convertie en station balnéaire pour les militaires de l'ère yougoslave. L'île de Notre-Dame-de-la-Charité (Gospa od Milosti), longue de 200 m à peine, abrite quant à elle un monastère dont l'apparence remonte au XIXe siècle (on ne sait pas à quand remonte l'installation de moines sur le site).

■ LE MASSIF DE VRMAC

Le petit massif de Vrmac, qui sépare la ville de Tivat de celle de Kotor, est parsemé de villages anciens qui raviront les amateurs de vieilles pierres. Pour la plupart abandonnés, ces villages sont reliés entre eux par un réseau de sentiers depuis peu remis en état. L'association locale qui a procédé à la restauration de ces sentiers a édité une carte de la région que l'on pourra notamment trouver à l'office du tourisme de Tivat. Bien que pratique, cette carte est assez sommaire et une boussole ne semble pas superflue avant de partir explorer le site... Le plus haut sommet du massif culmine à 785 m d'altitude. Outre quelques villages de pierres, on peut y découvrir, au hasard des sentiers, des témoignages de l'occupation austro-hongroise (citerne à Grlica, forteresse) ou encore, entre Gornja Lastva et Bogdašići, les restes de la toute première cité du massif, connue sous le nom de Pasiglav et fondée au XIIe siècle par les Slaves. Cette cité a disparu au XVIIe siècle pour une raison inconnue et il ne reste aujourd'hui plus qu'un cimetière envahi par les mauvaises herbes, ainsi que les ruines d'une église.

■ PALAIS DES BUĆA (ПАЛАТА БУЋА)

Encerclé de murs défensifs, ce palais a été érigé au milieu du XVIe siècle par la famille des Buća, une famille noble originaire de Kotor. Ayant à la fois une vocation de résidence secondaire et d'abri contre les ennemis, le palais se compose d'une maison résidentielle, d'un entrepôt, d'une petite église dédiée à saint Michel (le protecteur de la famille) et d'un vaste porche. Aujourd'hui, cet ensemble abrite une galerie d'art et une petite scène de plein air aménagée dans le jardin adjacent.

Sports – Détente – Loisirs

Principales plages autour de la ville : Plavi horizont (8 500 m²), Kalardovo (4 200 m²), Palma hotel beach (2 400 m²), Kamelija hotel beach (2 000 m²), Belane (1 200 m²).

■ AVEL YACHTING

Zgrada Račica
✆ +382 32 672 703 / +382 069 93 04 25
www.avelyachting.com
info@avel-yachting.com
Location, gardiennage, maintenance et vente des bateaux. Etablissement francophone.

■ PORTO MONTENEGRO

Seljanovo bb
✆ +382 32 674 660
www.portomontenegro.com
info@portomontenegro.com
Port de plaisance de luxe pour 630 bateaux et complexe résidentiel et commercial. La fierté de Tivat et du Monténégro depuis son ouverture en 2009.

DONJA LASTVA (ДОЊА ЛАСТВА)

Situé à 1 kilomètre au nord de Tivat, ce paisible village possède un très joli bord de mer typique des bouches de Kotor. Une route étroite, bordée de belles demeures de caractère, permet de le traverser sur toute sa longueur.

■ APPART HOTEL PERPER

Donja Lastva
✆ +382 69 457 040
✆ +382 68 031 004
www.hotelperper.com
hotelperper@live.com
Ouvert que l'été. Appartement pour 5 personne hors saison : 40 €. Le même en juillet et aout : 60 €, petit déjeuner avec supplément.
Hôtel appartement relativement récent (2008), bien situé à 2 km du centre de Tivat. A 200 m de la plage, il propose 9 appartements pour cinq personnes confortables dotés d'un balcon et équipés d'une cuisinette, climatisation, TV, téléphone, coffre-fort, Internet sans fil. Préférez ceux à l'arrière donnant sur la montagne car ils sont plus calmes, sauf si vous insistez pour avoir la vue sur la mer. Le restaurant propose des plats de cuisine méditerranéenne et internationale. Parking privé. Idéal pour les familles nombreuses.

■ CLUB DE VOIL DELFIN – JEDRILIČARSKI KLUB DELFIN

✆ +382 32 671 377
www.cgjs.me/klubovi

■ HOTEL KAMELIJA**

Seljanovo bb
✆ +382 32 684 588
✆ +382 32 684 587
www.htpmimoza.me
158 chambres. Fermé en hiver. À partir de 25 € par personne sans la climatisation, 28 € avec, petit déjeuner inclus. Paiement Visa. Demi-pension avec supplément de 3 € seulement. Les bungalows sont à 20 € par personne avec petit-déjeuner pour les anciens (ça se voit...) et à 68 € mais pour 4 pour les plus récents.
Situé à un peu moins de 2 km du centre-ville, face à la mer et dans un vaste jardin, cet établissement 2-étoiles se compose d'un hôtel classique et de quelques bungalows sur deux niveaux.
Les chambres y sont tout ce qu'il y a de plus ordinaire et l'ensemble est franchement défraîchi.
Signalons par ailleurs la présence de deux petites piscines de plein air, d'un terrain de tennis et surtout d'une plage (en partie bétonnée) au pied de l'hôtel.

GORNJA LASTVA (ГОРЊА ЛАСТВА)

Situé sur les flancs de la colline de Vrmac, à 300 m d'altitude, Gornja Lastva est un petit village typique des régions montagneuses méditerranéennes comme on en rencontre beaucoup en Corse, par exemple. Mentionné pour la première fois au XIVe siècle, il a compté jusque 500 habitants au début du XXe siècle avant que l'exode rural ne le touche comme tous les villages voisins. Quelques personnes y vivent encore mais force est de constater que les chats sont devenus les principaux occupants du village... En ruines, le village est cependant depuis quelques années l'objet de toutes les attentions. Ayant pris conscience de son intérêt touristique, une association locale a en effet entrepris de le faire revivre et travaille à la restauration de ses maisons de pierres pleines de charme. Au hasard de ses ruelles pavées, on pourra y découvrir une petite église du XVIIe siècle (Sainte-Marie) ornée de peintures italiennes. L'édifice est en général fermé en l'absence du prêtre et il y a donc peu de chances que vous puissiez visiter l'intérieur. Mais la vue offerte sur la baie de Tivat depuis l'église, le silence et la magie du lieu récompensent largement l'effort fourni pour « grimper » jusqu'au village. Pour s'y rendre depuis Tivat, sortir de la ville dans la direction de Lepetane. Après quelques kilomètres, prendre une route secondaire sur la droite (le village est indiqué). Un petit parking permet de garer son véhicule à l'entrée du village (route très étroite et difficilement praticable par les véhicules de type « camping-car »). On peut également se rendre au village à pied. Dans ce cas, compter une petite heure de marche depuis le début de la route secondaire. Une fois garé (s'arrêter au panneau en bois « Gostiona »), chercher le vieil escalier en pierre, à côté de la dernière maison après le monument aux morts sur la route (50 m).
A noter qu'en août, ont lieu les fêtes de Lastva (programme culturel et artistique, soirées et expos). A noter également qu'en continuant sur cette petite route qui traverse le massif de Vrmac, on redescend de l'autre côté vers Kotor.

LITTORAL ADRIATIQUE

Sveti Stefan depuis la plage.

Littoral adriatique

Les immanquables du littoral adriatique

- **Ulcinj,** pour son charme bigarré propre aux stations balnéaires de la Méditerranée orientale.
- **La presqu'île d'Ada Bojana,** sauvage et humide et son centre naturiste.
- **L'ancienne ville fortifiée de Bar** (Stari Bar), le plus grand site archéologique d'origine médiévale du pays.
- **Budva,** pour sa vieille ville entièrement encerclée de remparts.
- **L'île-hôtel de Sveti Stefan,** pour ses maisons de pêcheurs aujourd'hui transformées en villas hôtelières pour clientèle fortunée.
- **Pržno,** petit port de pêche très chic.

Bordée de hautes montagnes et toute aussi touristique que la baie de Kotor, cette portion du littoral monténégrin offre une suite de longues plages de sable fin alternant avec une kyrielle de criques à l'attrait irrésistible. Budva, le chef-lieu touristique de cette partie du Monténégro et ville aux allures de Saint-Tropez local, connaît depuis quelques années un véritable boom immobilier. Partout, que ce soit à proximité de la vieille ville ou dans ses environs, d'immenses complexes hôteliers sont venus s'ajouter aux grands hôtels érigés durant la période communiste du pays. De même, les dizaines de villages de pêcheurs posés tout le long de la côte se sont peu à peu transformés en stations balnéaires. Outre les traces de différentes influences qui se sont exercées sur la région (grecque, romaine, vénitienne), partout dans la campagne environnante et souvent à flanc de montagne, des dizaines de monastères, églises et chapelles orthodoxes, qui témoignent de la ferveur de la population locale et de l'appartenance au monde byzantin, attendent les visiteurs curieux de sortir des sentiers battus. Au fur et à mesure que l'on se rapproche de l'Albanie, ces monastères laissent peu à peu place aux mosquées et le littoral se fait moins escarpé. Dans la campagne alentour, des milliers d'oliviers aux troncs torturés envahissent les champs où subsiste une vie rurale authentique et si, en période estivale, les touristes affluent dans cette partie du pays, il suffit bien souvent de s'engager sur les petites routes de montagnes à la découverte de ces villages pour se retrouver dans un calme absolu et se gorger de nature…

BUDVA (БУДВА)

© IRIS – FOTOLIA

Budva.

La présence de longues plages de sable fin et le charme de sa vieille ville encerclée de remparts ont depuis longtemps fait de Budva la ville la plus animée et la plus touristique du littoral monténégrin. Posée sur la mer tel un nénuphar, sur ce qui était probablement autrefois une île, la vieille ville a été mentionnée pour la première fois au Ve siècle av. J.-C. mais son apparence actuelle date essentiellement de la période vénitienne. Tout comme Kotor, très endommagée par le tremblement de terre qui a frappé la région en 1979, la ville a fait l'objet d'une reconstruction méticuleuse qui a duré près de huit années. La ville moderne, qui s'est développée jusqu'au pied des collines environnantes, connaît depuis quelques années un développement impressionnant et quelque peu anarchique. Elle n'en reste pas moins agréable.

Littoral adriatique
Agglomération
Ville principale
Village secondaire
Curiosité & divers
Sommet
Plage
E80 Route principale
Autre route
Parc national
0
10 km
N
MER ADRIATIQUE
ALBANIE
Skadarsko Jezero
Razevac Jezero
Parc National de Lovcen
Parc National Skadarsko jezero
Tivat
Muo
CETINJE
Selo
Grotte de Lipska
2-3
1748 m
Bjeloši
Rijeka Crnojevića
Ponari
Berislavci
E65
Radovići
Šišići
Vrela
1415 m
Mužovići
Komamo
Vranjina
Gorovići
Gradani
Bigovo
Glavatičići
Lastva
Bečići
Rafailovići
1131 m
Tomiéi
Sotonići
Seoca
Budva
Pržno
Sv. Stefan
Plage de Sv.Nikola
E80
Gluhi Do
Lirnljani
Tunnel Sozina
Petrovac na Moru
Plage de Buljarica
Mišići
Sutomore
Plage de Canj
Plage de Sutomore
Plage de Zlatna Obala
Šušanj
Burtaiši
E752
Bar
St. Bar
Tudemili
Livari
Krajina
Boboviště
V. Oströs
Arbrlež
Kravari
1594 m
Rumija
1253 m
Šasko
Brajše
Sukobin
Dobra Voda
Krute
Vladimir
Šas
Šasko jezero
Plage de Veliki oijesak
Kunje
Sv. Dorde
Plage d'Utjeha
622 m
Reč
Kruće
Bratica
Zoganj
Ulcinjska solana
Plage de Valdanos
Ulcinj
D. Štoj
G. Štoj
Sv. Nikola
Plage de Liman
Plage de Velika
Ada Bojana

Histoire. Si l'on se réfère au poète grec Sophocle (495-406 av. J.-C.), la ville a des origines illyriennes. Cependant le Budva que nous connaissons a été très probablement fondé par les Grecs. Occupée par les Romains à partir du milieu du IIe siècle av. J.-C., la ville se retrouve située sur la ligne de partage entre l'Empire romain d'Orient (ou Empire byzantin) et l'Empire romain d'Occident. En 535 apr. J.-C., Budva devient complètement byzantine jusqu'à son pillage par les Sarrasins en l'an 841. Après cette invasion des Sarrasins, Budva devient slave et le restera jusqu'en 1443. Successivement dirigée par les dynasties des Vojisavljević, des Nemanjić, des Balšić et des Crnojević, la ville tombe ensuite sous domination vénitienne pendant plus de trois siècles (1443-1797), période pendant laquelle elle devient l'avant-poste le plus méridional de la république de Venise. Elle change ensuite plusieurs fois de mains (autrichienne, russe, française, autrichienne de nouveau), jusqu'en 1918 où la ville est finalement libérée de ses occupants et rattachée au royaume des Serbes, Slovènes et Croates.

Transports

Comment y accéder et en partir

Trois routes permettent de se rendre à Budva depuis la capitale. La première et la plus longue (75 km) longe le lac de Skadar avant de descendre sur Petrovac. Elle est en bon état, mais un peu plus sinueuse sur la fin. Pour éviter les virages, l'alternative (74 km) est de prendre le tunnel Sozina (2,50 €), puis de passer par Petrovac, mais cela vous privera de belles vues. La troisième route, la plus courte, passe d'abord par Cetinje (31 km) avant de descendre directement sur Budva (29 km). Ce trajet s'effectue sur une route large et en parfait état, elle aussi sinueuse sur la fin.

Par les airs : 3 possiblités avec l'aéroport de Tivat (TIV) à 20 km, celui de Podgorica (TGD) à 60 km ou celui de Dubrovnik (DBV) en Croatie à 65 km.

Par la mer : 42°16' 49"N 18°50' 18.6"E. 700 postes d'amarrage : www.dukleymarina.com

■ GARE ROUTIÈRE NATIONALE & INTERNATIONALE (MEĐUGRADSKA & MEĐUNARODNA AUTOBUSKA STANICA)
Popa Jela Zeca
✆ +382 33 456 000
www.balkanviator.com
Gare située à une demi-heure de marche de la vieille ville, au-dessus de la route nationale Budva-Bar traversant le centre-ville et correctement indiquée. Départs pour Podgorica : 40 bus de 5h25 à 21h40. Pour Herceg Novi-Kotor : 35 bus de 7h05 à 23h. Pour Tivat : 25 bus de 7h40 à 21h50. Pour Bar et Ulcinj : 16 bus de 7h à 20h50. Également pour Dubrovnik, Belgrade, Sarajevo, Tirana...

■ GARE ROUTIÈRE RÉGIONALE (LOKALNA AUTOBUSKA STANICA)
Mediteranska
✆ +382 33 451 089
✆ +382 67 890 999
www.busticket4.me
mediteranexpress@t-com.me
Budva–Boreti (hotel Mediteran) : 0,50 € ; Budva–Rafailovići : 1 € ; Budva–Sv. Stefan : 1,50 € ; Budva–Petrovac : 2 € ; Budva–Buljarica : 2 € ; Budva–Jaz : 1 € ; Budva–Trsteno–Ploče : 2 € ; Sv. Stefan–Petrovac : 1 €.

■ MERIDIAN
Mediteranski sportski centar
✆ +382 33 454 105 / +382 69 060 525
www.meridian-rentacar.com
office@meridian-rentacar.com
Situé à la gare routière internationale.
Ouverte toute l'année de 8h à 20h. Comptez environ 32 € par jour pour un Hyundai i-10 automatique, et 103 € pour un Hyundai Santa Fe.
L'agence est située dans la galerie commerciale en face de la gare routière internationale (5 min à pied du centre). Sérieuse, elle propose des prix compétitifs. Kilométrage illimité et TVA incluse. Siège bébé sur demande. Réservation en ligne conseillée. Prix attractifs au-delà de 7 jours de location.

■ MARINA BUDVA
Stari grad
✆ +382 33 453 276
www.dukleymarina.com
Info@dukleymarina.com
Budva vieille-ville.
Un port de plaisance avec assistance multiple. Ravitaillement en essence, shopping, guidage/pilotage, Taxis sur l'eau... Sécurité 24h/24. Location de bateaux.

■ MONTENEGRO AIRLINES
Mediteranska 21
✆ +382 33 451 735
✆ +382 33 456 244
www.montenegroairlines.com
office.budva@mgx.me

Budva
Office du tourisme
Gare routière
Taxi
Hôpital
Camping
Port
0 2 km
BABIN DO
VELJI VINOGRADI
LUGOVI
gare routière
Camping
Poste
Office du Tourisme
Port
MER ADRIATIQUE
VIEILLE VILLE
vers Kotor
vers Ulćinj
Toplicki Put
Jadransky Put
22. novembra
Mediteranska
Slovenska obala
Milunovica
Trg. republike
Jadranski Put
Trg. slobode
Rijeka Grđevica
Ul. Bjelaštica
Budva Polje
Ul. Kanjoša Macedonovica
Ul. Veljika Vlahovica
Ul. Svatovska
Žrtava fa
PORT
PIZANA (marina)
Plage
Tour Gradenigo
vestiges nécropole
Entrée principale
Entrée
Maison Stef. Mitrov Ljubiša
Galerie d'art Moderne
Musée
Trg piesnika
Trg plami
Cathédrale Sv. Ivana
Eglise Sv. Trojice
Ruines
Eglise Santa Maria in Punta
Eglise Sv. Save
CITADELLE
Eglise
0 700 m
Edifice religieux
Curiosité
Ruines
Office du Tourisme
Entrée de la vieille ville

Se déplacer

Les taxis à Budva sont abondants, mais attention aux arnaques : voilà quelques numéros des compagnies fiables que vous pouvez appeler ou héler dans la rue car ils branchent le compteur au moment où vous montez dans la voiture et pas avant : la prise en charge ici est de 0,50 €, ensuite c'est 0,80 €/km pour une course minimum de 1 €.

■ ECO TAXI

✆ 19567 / +382 680 19567
www.taxibudva.com

■ RENT A SCOOTER

rentascooter.me
Prix de 25 à 50 € selon la cylindrée (50 ou 125 m³) et la durée de location.
Location de scooters Piaggio : Gilera Runer, Piaggio X9 et Beverly. Réservation à effectuer sur le site Internet.

■ TERRAE TAXI

✆ 19717 / +382 69 444 334
www.budvataxi.com
De Kotor à Budva : 20 € ; de Tivat à Budva : 15 € ; de l'aéroport de Dubrovnik à Budva : 90 € ; de Podgorica à Budva : 40 €.

Pratique

Tourisme – Culture

Il y a pléthore d'agences de tourisme à Budva. Certaines se trouvent sur la promenade du front de mer, les autres disséminées. Semblables dans leurs prestations, celles du front de mer vous offriront les classiques balades en mer autour de Budva. L'agence Luminalis ci-dessous, plus ambitieuse et francophone, offre des prestations plus complètes :

■ APOLO TOURS

Topliski put b.b.
✆ +382 33 454 841 / +382 69 412 624
www.apolotours.me
apolotours@t-com.me
Ouverte toute l'année.
Une agence de voyage réceptive fondée en 1996 à Budva qui rendra votre séjour à Monténégro inoubliable car sérieuse. Elle offre des services de transport et d'hébergement en hôtel de luxe comme en chambres chez l'habitant. Location de voitures, de yachts ou de bateaux classiques, billetterie air-mer-terre, voile, excursions multiples et thématiques, organisation de séminaires ou de congrès. Elle offre toutes les informations pratiques pour réussir votre séjour. Français timide mais français. En bref un bon partenaire et un bon interlocuteur.

■ ASSOCIATION DE PLONGÉE DU MONTÉNÉGRO (RONILAČKI SAVEZ CRNE GORE)

Jovana Tomaševića 23
BAR (БАР)
✆ +382 069 030 448 / +382 067 508 009
www.mdiving.me
ronilacki.savezcg@t-com.me
L'association de plongée du Monténégro est membre de la Confédération Mondiale des Activités Subaquatiques (CMAS). Un bon spot pour se renseigner sur les sites de plongée et les clubs agréés.

■ LUMINALIS

Zgrada Luzitanos
✆ +382 33 458 839
Voir page 18.

■ OFFICE DU TOURISME (TURISTIČKA ORGANIZACIJA OPŠTINE BUDVA)

Ulica Njegoševa
Stari Grad
✆ +382 33 402814
www.budva.travel
Ouvert tous les jours de 9h à 21h (en hiver, fermé les dimanches). Plan de la ville gratuit.
Bureau d'informations situé dans la rue principale de la vieille ville mais on peut passer devant sans la voir. Accés direct par l'entrée sur l'esplanade. Donne quantité d'informations et brochures complètes. Peut renseigner sur l'hébergement chez l'habitant.

▶ **Autre adresse :** Autre bureau d'informations en face de la mairie, ouvert de 8h à 20h.

Moyens de communication

Un cybercafé situé dans l'hôtel Avala (près de la vieille ville) et un autre près de la poste principale. Mais comme partout on peut accéder à Internet dans la plupart des bars, restaurants et hôtels très souvent sans mot de passe et gratuitement.

■ **POSTE (POŠTA)**
Mediteranska br. 8
✆ +382 33 452 401 – www.postacg.me
A 10 minutes de marche de la vieille ville, dans une rue parallèle à celle longeant le bord de mer. Ouverte de 7h à 20h, sauf le dimanche. Une autre poste est située à la station de bus.

Santé – Urgences

Quelques numéros utiles :

- **Police** : 122 ou 19819
- **Pompier**s (Vatrogasna služba) : 123
- **Amulance** (Hitna pomoć) : 124
- **Secours sur les routes** (Pomoć na putu) : 19807
- **Numéro international pour les urgences** (Međunarodni broj za hitne pozive) : 112
- **Ligne touristique** (services, informations et réclamations pour les touristes) : 1300

■ **CENTRE DES SOINS (DOM ZDRAVLJA)**
Popa Jola zeca bb
✆ +382 33 427 200
www.dzbudva.com
Au sein du centre des soins de Budva se trouve également un centre de dialyse pour les visiteurs étrangers.

■ **PHARMACIE**
Trg Pjesnika
Celle-ci est très visible sur cette place de la vieille ville, mais on en trouvera partout, que ce soit à d'autres endroits de la vieille ville mais aussi rue du 13-juillet, Popa Jola Zela, Jadranski Put...

Se loger

Budva compte de nombreux hôtels dont quelques-uns dans la vieille ville. Les prix y sont dans l'ensemble relativement élevés en plein été. Ceux au budget serré auront le choix entre une auberge de jeunesse, plusieurs campings ou des hôtels bas de-gamme loin du centre. Ces derniers, de petites dimensions, offrent un confort dans l'ensemble rudimentaire et une propreté toute relative.

Bien et pas cher

■ **CAMPING BUDVA**
Velji vinogradi bb
✆ +382 67 27 87 47
vrucovic@yahoo.com
3 € par adulte ; 2 € par moto ; 3 € par voiture. Tente : 3 €. Sur la plage Slovenska non-loin du centre.

■ **SUN HOSTEL BUDVA**
Ferona b.b.
Veliki Vinogradi b.b
✆ +382 69 769 212
✆ 382 69 183 727
budva.sunhostels@gmail.com
Tarifs non communiqués, pas de site internet. Les avis sont partagés sur les sites de comparaison. Cela dit, les prix sont connus et tout le monde pratique les mêmes pour les auberges de jeunesses : environ 10 € la nuitée. Non loin de la plage Slovenska.

Confort ou charme

■ **HOTEL ADMIRAL CLUB**
Jadranski put bb
✆ +382 33 459 263
www.hoteladmiralbudva.com
info@hoteladmiralbudva.com
Chambre double 20 € hors saison et 40 € en pleine saison. Prix par personne avec petit déjeuner. Possibilité de demi-pension et pension complète.
Un peu caché sur le boulevard avant le rond-point vers le sud. Paiement toutes cartes. L'hôtel est situé à 300 m de la plage. 32 chambres confortables, de style classique, équipées d'air conditionné, terrasse, téléphone, TV câble (écran plat), sèche-cheveux. Restaurant avec cuisine internationale et bar. Une belle piscine extérieure avec Jacuzzi pour les clients de l'hôtel. Bon rapport qualité/prix.

■ **HOTEL RESTAURANT OAZA**
27 Slovenska obala
✆ +382 33 452215
✆ +382 033 402608
www.oaza.co.me
oazabudva@t-com.me
20-50 € par personne selon la saison, avec petit-déjeuner. CB acceptées. Les prix varient selon si vous optez pour la partie rénovée ou non.
20 chambres charmantes, spacieuses avec petit salon, climatisation, mini bar, internet sans fil gratuit, dans une maison entourée de verdure, d'arbustes et de plantes tropicales, le tout à 150 m de la citadelle sur le boulevard qui longe la mer. Les chambres du rez-de-chaussée ont leur accès privé. Ascenseur. Parking privé gratuit (un luxe à cet endroit). Accueil agréable, de plus Regina parle un peu le français. Petit restaurant sympa. Une adresse familiale comme on les aime.

Luxe

■ **ASTORIA**
Njegoševa 4, Stari grad
✆ +382 33 451 110 / +382 69 77 55 11
www.astoriamontenegro.com
Tarifs sur demande.
Le premier boutique-hôtel de la vieille ville propose 6 suites et 6 chambres doubles luxueuses avec vue sur la mer ou sur la rue piétonne. Salles de bains avec Jacuzzi, TV écran plat, mini-bar, Internet, coffre-fort... Accueil professionnel. Restaurant à la carte. Forfaits intéressants en ligne sur Internet.

■ **AVALA RESORT**
Mediteranska 2
✆ +382 33 441 000 / +382 69 369 115
www.avalaresort.com
info@avalaresort.com
205 chambres. Ouvert toute l'année. Chambre double de 185 à 287 €. Petit déjeuner inclus. Prix variant en fonction de la saison et de l'emplacement de la chambre. Pour avoir les vrais tarifs il faut faire une simulation de réservation sur le site Internet (exemple : au 30 juin 2015 la chambre double vue sur la montagne était à 220 €).
Un établissement ouvert au début des années 1980, situé à l'entrée principale de la vieille ville. Plus que rénové, l'hôtel a totalement changé. Une architecture avant-gardiste à l'extérieur et très design à l'intérieur qui jure un peu face à la vieille ville, l' « Avala » est désormais un hôtel de luxe.
Les chambres avec vue sur la mer ont une grande terrasse. L'ensemble est certes très agréable mais les prix sont devenus déraisonnables. Petite piscine circulaire et de plein air donnant sur la plage du centre-ville.

Se restaurer

La plupart des restaurants de la ville sont situés dans la vieille ville et le long de la promenade bordant le port de plaisance. La zone située après le port de plaisance et le long de la grande plage du centre-ville est quant à elle envahie de fast-foods où l'on peut manger sur le pouce et pour trois fois rien.

Sur le pouce

■ **FRESCO**
Perpendiculairement situé au port de pêche derrière le restaurant Kod Nikole.
Restauration rapide. A manger sur le pouce. Ouvert toute l'année.

Bien et pas cher

■ **DONNA KOD NIKOLE**
Budvanska marina
✆ +382 33 451 531
Ouvert toute l'année de 8h à 1h, en hiver de 8h à 23h.
La tradition est au rendez-vous depuis plus de 30 ans. Coté pratique : le menu est en français. Face au port de plaisance, une adresse très appréciée des locaux. Salle à manger à la fois rustique et raffinée. Grande terrasse ombragée et décorée de filets de pêche. Excellents poissons frais et plats traditionnels. Bonne carte de vins.

■ **HONG KONG**
Vuka Karadzica 1, Stari grad
✆ +382 33 452 725
De 11h à 01h l'été. Ouvert toute l'année. Prix raisonnables et carte en français.
Petit établissement situé un peu plus loin de l'hôtel Villa Balkan, dans la vieille ville, (deuxième entrée face au port de plaisance). Salle à manger confortable d'une dizaine de tables au service impeccable. Egalement la possibilité de manger à l'extérieur, sur une terrasse à l'ombre des vignes ou près des bateaux. Se veut d'être le premier restaurant chinois du pays depuis 1991. Quelle idée de manger chinois au Monténégro ? Et pourquoi pas ? Ce mélange asiatico-balkanique est intéressant : des rouleaux de printemps qui ne ressemblent pas aux rouleaux de printemps mais qui sont aussi bons (2 € 30), le vin en pichet (9 € le litre) provient du vignoble du propriétaire et il est fait « à l'ancienne, tout à

la main », le plat principal pour 6 €, riz pour 2 € 40... Sinon, le reste, c'est comme là-bas, la différence c'est qu'ici on a plus de choix en desserts : banane en beignet aux noix cassées et miel (2 €). La prochaine fois, on essaie les glaces en friture flambées.

■ JADRAN – KOD KRSTA
Slovenska obala 10
✆ +382 69 030 180
www.restaurantjadran.com
Ouvert de 7h à 1h.
Un établissement ouvert en 1976 et situé sur la promenade longeant le port de plaisance et à côté du restaurant « Donna kod Nikole ». Carte très variée (et traduite en français) avec pizzas, pâtes, un plat du jour, des poissons, des salades composées, etc. Les prix sont modérés. Ambiance chaleureuse et agréable terrasse couverte de vignes et décorée d'accessoires de pêche.

■ KONOBA STARI GRAD
Njegoševa 14
✆ +382 86 454 443 / +382 33 401 910
Comptez un minimum de 12 € par personne pour un bon repas sans le vin.
La terrasse la plus populaire et la plus agréable de Budva, située au pied des remparts et directement sur la petite plage de la vieille ville (Ričardova glava). Une bonne adresse pour prendre un café matinal avant d'explorer la vieille ville (terrasse prise d'assaut en journée). Egalement au menu : plats locaux et internationaux pas plus chers qu'ailleurs. L'établissement fait aussi snack-bar.

Sortir

Budva n'est pas loin d'être l'Ibiza de la côte monténégrine et les bars et discothèques y sont plus nombreux que partout ailleurs dans le pays. En été, de nombreuses manifestations musicales ont lieu le long de la grande plage du centre-ville. Bref, Budva constitue une étape incontournable pour tous ceux qui aiment faire la fête. La liste des établissements mentionnés ci-dessous est bien évidemment loin d'être exhaustive !

Cafés – Bars

■ DJ BAR CASPER
Stari Grad
✆ +382 33 402 290
Ce petit bar en plein air dans la vieille ville invite régulièrement des DJ en été. Musique jazz, House, Drum & Bass notamment. C'est un lieu culte.

■ LOUNGE-BAR PERLA
Mediteranska bb
Au bout de l'avenue à l'angle au carrefour près de la vieille ville.
Un lieu moderne où l'on peut siroter un cocktail en écoutant un DJ ou un pianiste en public.

■ THE PRINCE
Vranjak br. 8
Stari Grad
L'un des pubs anglais de la vieille ville. Situé à côté du restaurant The Secret Garden, près des remparts. Quelques tables disposées dans la rue en été.

Clubs et discothèques

■ TOP HILL
Topliški put
✆ +382 67 47 88 88 – www.tophill.me
Situé sur la colline de Toplisko au-dessus de Budva, offrant une belle vue sur la Riviera. Vous trouverez cet endroit facilement grâce aux faisceaux de lumière qui illuminent chaque soir le ciel. Il faut un taxi, une voiture ou un scooter.
Top Hill est la plus grande discothèque aujourd'hui de Budva qui peut contenir environ 5 000 personnes chaque nuit pour profiter de la musique électronique, un programme varié et attrayant. A l'intérieur : un restaurant à la carte, bar à vodka, bar à vin, des bars divers, des bains à remous et bar à narguilé et un espace VIP pour 600 personnes et une grande piste de danse.

■ TROCADERO CLUB
Mediteranska 4 ✆ +382 69 069 086
www.trocaderobudva.com
info@trocaderobudva.com
Ouvert de 23h à 5h.
La deuxième plus grande discothèque de Budva, située à côté de l'un des parkings payants avant la vieille ville (place Republike). Ambiance plutôt branchée avec galerie sur deux niveaux surplombant la salle. Photos sur le site Internet.

À voir – À faire

En raison de leur passé, Budva et ses environs sont particulièrement riches en monuments. Entièrement encerclée de remparts, la vieille ville a été en grande partie reconstruite à la suite du tremblement de terre de 1979. Son apparence actuelle date principalement de la période vénitienne (1443-1797).
Rien d'exceptionnel, mais les touristes adorent de se photographier avec la statue de la petite sirène de Budva, assise sur son rocher. Elle se trouve sur le chemin des plages de Mogren.

Plage Ričardova glava (La tête de Richard)

Pour la petite histoire, la petite plage de la vieille ville de Budva n'a pas été nommée d'après Richard Burton qui y tourna le film *La Bataille de Sutjeska* où il incarna Tito, comme pensent la plupart des touristes. En réalité, elle doit son nom au film *Les Drakkars* (*The Long Ships*) de Richard Widmark tourné à Budva dans les années 1960.

■ CITADELLE (CITADELA – ЦИТАДЕЛА)

✆ +382 33 457 025

Ouvert de 8h à minuit. Fermé en hiver. Entrée 2 €.

Située à l'est de la vieille ville, face à la mer, cette citadelle était autrefois connue sous le nom de « Château de sainte Marie ». Erigée sur les fondations de fortifications hellénistiques et en grande partie détruite lors d'un tremblement de terre en 1667, elle se distingue par une caserne érigée au XIXe siècle par l'armée austro-hongroise. Outre une jolie vue sur la vieille ville, le billet d'entrée donne droit à la visite d'une belle bibliothèque d'ouvrages et de cartes anciennes parmi lesquels on peut trouver quelques curiosités telles qu'un exemplaire datant de 1912 de l'ancien quotidien français *Le Petit Journal* ou encore un ouvrage publié en 1576 à Paris sur l'histoire de Georges Castriot Skanderbeg, figure albanaise légendaire de la résistance face aux Ottomans. Egalement de nombreux ouvrages sur l'histoire du Monténégro et de la Serbie, dont certains en français.

■ ÉGLISE CATHOLIQUE SAINT-JEAN (CRKVA SV. IVANA – ЦРКВА СВ. ИВАНА)

Siège du diocèse local jusqu'en 1828, cette église reconstruite à de nombreuses reprises se distingue par un imposant clocher et une vaste résidence épiscopale datant tous deux du XIXe siècle (1867). L'origine exacte de l'église en elle-même demeure inconnue. Les historiens estiment que sa fondation remonte probablement au IXe siècle (elle aurait alors eu une forme circulaire). Remarquer, à l'intérieur de l'édifice, l'icône du XIIe siècle connue sous le nom de Notre-Dame de Budva. Celle-ci est encore aujourd'hui utilisée lors de la procession du 24 juin, le jour du saint.

■ ÉGLISE DE LA SAINTE-TRINITÉ (CRKVA SVETE TROKICE – ЦРКВА СВЕТЕ ТРОЈИЦЕ)

Construite en 1804, cette église est ornée de peintures de Nicholaos Aspioti, un artiste originaire de Corfou. En face de l'édifice se trouve la tombe du célèbre écrivain local, Stefan Mitrov Ljubiša (1824-1878), auteur de nombreuses nouvelles mêlant éléments historiques et folkloriques.

■ ÉGLISE SAINT-SAVA (CRKVA SV. SAVE – ЦРКВА СВ. САВЕ)

Au sud de la place, se dresse cette petite église dédiée à saint Sava. Erigée au XIIe siècle, elle a été transformée en arsenal sous l'occupation autrichienne.

■ ÉGLISE SANTA MARIA IN PUNTA

Santa Maria In Punta

Juste à côté de la précédente, on peut enfin apercevoir l'église Santa Maria in Punta datant de l'an 840. D'abord bénédictine puis franciscaine, elle fut réquisitionnée en 1807 par les troupes napoléoniennes pour y abriter leurs chevaux.

Plage de Slovenska Plaza.

PLAGES (PLAŽE)

La Riviera de Budva, d'une longueur de 38 km, compte une vingtaine de plages et de criques. Budva est cernée de plages de sable fin qui ont largement contribué à son développement touristique.

- **La plus grande et la plus animée,** connue sous le nom de Slovenska Plaža, s'étend sur près de 1 600 m, immédiatement à l'est de la vieille ville.

- **Plus calmes mais payantes,** les deux petites plages de Mogren sont accessibles par un sentier bétonné partant derrière l'hôtel Avala. Reliées par un tunnel, elles sont en principe ouvertes de 8h à 19h.

- **Un peu plus loin,** à 2,5 km de Budva (en direction de Tivat), la plage de Jaz s'étend entre deux petites collines dans un site inhabité. On y accède par une route secondaire partant de la voie express. Un grand camping et plusieurs bistrots sont installés en bordure de plage. De là, une petite route goudronnée s'enfonce dans le maquis et débouche à une autre plage, plus isolée encore. De dimension beaucoup plus modeste (100 m), cette crique est connue sous le nom de Trsteno. Là encore, un restaurant de plein air permet en été d'alterner baignades et repas.

REMPARTS DE LA CITADELLE (TVRĐAVA CITADELA – ТВРЂАВА ЦИТАДЕЛА)

Entrée indiquée (2 € par personne).
Ouverts aux visiteurs depuis 2006, les remparts encerclant une partie de la ville permettent d'avoir de jolis points de vue sur les toits de tuile de la vieille ville et les petits jardins lovés entre les murs des demeures anciennes. Malheureusement, on ne peut pas faire le tour complet de la ville et à mi-parcours, il faut rebrousser chemin.

Sports – Détente – Loisirs

BIG GAME FISHING MONTENEGRO

Marina Budva
✆ +382 69 027 944 / +382 67 317 717 / +382 33 468 298
www.biggamemontenegro.com
Club de pêche.

DIVING CENTER BUDVA

✆ +382 68 060 416
www.budvadiving.com
budvadiving@gmail.com
Situé au port près de la vieille ville.
Ouvert toute l'année de 8h à 17h.

Shopping

FOTO RIVA

Njegoševa 2, Stari Grad
À l'entrée de la vieille ville.
Tirage photos, impression, photos d'identité.

MARCHÉ

Petit marché de fruits et légumes dans la rue Mediteranska, au rez-de-chaussée d'un centre commercial.

ÎLE DE SAINT-NICOLAS (СВЕТИ НИКОЛА)

Surnommée « Hawaii » par les habitants de Budva, cette île escarpée et recouverte de maquis est un petit paradis pour les amateurs de plongée. Inhabitée, elle abrite une église dédiée à saint Nicolas. L'origine de cet édifice demeure inconnue mais on sait qu'elle date au moins du XVIe siècle puisqu'elle apparaît dans une gravure de cette époque. En période estivale, plusieurs bateaux font régulièrement la navette entre l'île et la vieille ville. Une fois sur place, vous aurez le choix entre une baignade sur une de ses trois plages de sable, un repas dans le petit restaurant installé sur place ou une balade jusqu'au sommet de l'île d'où l'on peut jouir d'un beau panorama sur Budva. Les plus beaux endroits pour se baigner se trouvent dans la partie sud de l'île.

MUSÉE ARCHÉOLOGIQUE ET ETHNOGRAPHIQUE (ARHEOLOŠKI I ETNOGRAFSKI MUZEJ – АРХЕОЛОШКИ И ЕТНОГРАФСКИ МУЗЕЈ)

✆ +382 33 453 308
Entrée 2 €. Fermé les lundis. En semaine, ouvert de 9h à 22h, les week-ends de 9h à minuit.
Ce petit musée sur quatre niveaux renferme une intéressante collection d'objets trouvés dans les environs de Budva et notamment dans la nécropole mise au jour dans les années 1930 lors de la construction de l'hôtel Avala. Très bien légendée et mise en valeur, la collection comprend notamment un casque gréco-illyrien du Ve siècle av. J.-C. ainsi qu'une dizaine de magnifiques bijoux en or datant de la période hellénistique. Remarquer, parmi ces bijoux, une paire de boucles d'oreilles représentant un aigle tenant un garçon entre ses griffes (une analogie de l'enlèvement par Zeus de Ganymède, prince de Troie dans la mythologie grecque). Au dernier étage, sont exposés des armes, meubles, costumes traditionnels et accessoires de marins.

DE BUDVA À SVETI STEFAN

Les quelques kilomètres qui séparent Budva de Sveti Stefan sont une succession quasi ininterrompue de plages et de complexes hôteliers haut de gamme. La station balnéaire de Bečići, située immédiatement après Budva, possède une belle plage de sable s'étalant sur près de 2 km (Palme d'or internationale des plus belles plages d'Europe dans les années 1930). La plupart des hôtels, construits sous l'ère yougoslave, ont récemment été rachetés par des chaînes hôtelières étrangères et rénovés en hôtels de luxe. Quelques kilomètres plus loin, la route traverse le charmant village de Pržno, un ancien poste de quarantaine pour les marins. Bien qu'également très convoité par les promoteurs immobiliers, ce village a conservé un certain charme. Sa petite plage bordée de restaurants de poissons est particulièrement agréable en été.

Cette portion du littoral monténégrin semble être devenue, depuis quelques années, le royaume des hôtels de luxe. Tous immenses, dotés de piscine, de sauna, de bains à remous et d'instituts de beauté ou de bien-être, ces établissements proposent pour la plupart des prestations de qualité mais les prix pratiqués sont bien entendu bien plus élevés que la moyenne !

BEČIĆI (БЕЧИЋИ)

Se loger

Bien et pas cher

■ CAMPING AVALA
Jadranski put bb
Boreti
✆ +382 33 453 941 / +382 67 518 114
3 € par personne, tente 3,5 €, voiture 2,50 €, bungalows 5 €, électricité 3 €.
Il est ombragé, situé en bordure de la voix express Budva – Bar (côté gauche en se dirigeant vers Bar) entre les hôtels Mediteran et Splendid et à environ 200 m de la mer. Ouvert de début juin à début octobre. Sanitaires avec eau chaude.

Confort ou charme

■ SENTIDO TARA HOTEL***
Bečići ✆ +382 33 404 196
www.hoteltara.me – online@tara-hotel.com
Chambre simple : de 72 à 129 €. Chambre double et triple : de 48 €/pers. à 86 €/pers.
Hôtel 4 étoiles de 227 chambres complètement rénové, à 150 m de la plage. Certains ont la vue sur la mer. Piscine extérieure, centre de fitness, club pour enfants. Plage privée avec parasols et transats. Restaurant proposant des spécialités diverses. Chambre double : 23 m^2, appartement familial : 60 m^2.

Luxe

■ HÔTEL MEDITERAN WELLNESS & SPA CONGRESS CENTER****
✆ +382 33 424 383
www.hotelmediteran.info
prodaja@hotelmediteran.info
220 chambres. Chambre standard de 50 à 92 € par personne, petit déjeuner inclus. 5 € de supplément pour avoir la vue sur la mer. Inclus dans le prix : serviettes, transats, et parasols sur la plage de l'hôtel et aux piscines. Aqua parc : 15 € par jour par personne, 10 € enfants.
Un hôtel 4-étoiles avec piscine couverte et de plein air, Jacuzzi, sauna et salle de fitness. Les chambres, avec balcon, n'ont rien d'extraordinaire pour un hôtel qui se veut de luxe. Par contre la liste des activités possibles est impressionnante : spa, fitness, parc aquatique (25 € en saison), des restaurants, un night-club, galerie d'art, deux piscines intérieures, bains turcs, etc. Plage à deux pas. Location de voitures. Bref, un mastodonte, entre luxe et tourisme de masse.

■ HÔTEL MONTÉNÉGRO
✆ +382 33 773 777
www.montenegrostars.com
reservations@montenegrostars.com
156 chambres de 59 à 103 € par personne selon la saison. Petit déjeuner inclus.
Un hôtel haut de gamme situé à deux pas de l'hôtel Splendid. Chambres doubles uniquement, avec balcon et air conditionné. La plupart ont vue sur la mer. Egalement une piscine couverte et deux petites piscines extérieures installées au milieu d'un agréable espace vert. Cet hôtel s'est vu décerné, en 2006, le prix du meilleur hôtel européen par un grand tour-operateur britannique.

■ HÔTEL SPLENDID CONFÉRENCE & SPA*****
Bečići bb
✆ +382 33 773 777 / +382 33 773 444
www.montenegrostars.com
reservations@montenegrostars.com

Prix à partir de 107 € par personne en basse saison avec buffet petit déjeuner et 221 € en haute saison. Possibilité de demi-pension et de pension complète.
Un hôtel splendide comme l'indique son nom, le plus luxueux du Monténégro. Les Rolling Stones l'ont choisi en 2007, puis Madonna lors de son concert en 2008, c'est dire. Le fleuron de la côte monténégrine, juste au bord de l'eau, est un hôtel moderne digne d'un 5-étoiles, construit en 2006, qui vous séduit par son architecture grandiose et son style sophistiqué. Chaque chambre est équipée d'une terrasse (la plupart offrant une vue magnifique sur la mer), air conditionné, accès Internet, coffre-fort, minibar, et tous ces petits raffinements propres aux hôtels de luxe. Au même endroit se trouvent trois restaurants (le principal « Show Cooking » avec une grande terrasse, le restaurant du dernier étage avec une vue superbe sur la mer pour des dîners romantiques et le troisième sur la plage), cinq bars, un SPA centre de bien-être. Serveurs multilingues. Si vous partez en vacances en famille, une équipe d'animateurs professionnels pourront garder vos enfants en organisant différentes activités. Suprême avantage : le « Splendid » possède ses salles de conférences, son héliport, et son casino !

■ THE QUEEN OF MONTENEGRO
Narodnog fronta bb
✆ +382 33 662 662
www.queenofmontenegro.com
hotel@queenofmontenegro.com
227 chambres et 9 suites présidentielles. Ouvert toute l'année. Chambre double standard de 110 à 240 €, supérieure avec vue sur la mer de 130 à 264 €, selon la saison. Petit déjeuner inclus. Demi-pension proposée avec un supplément de 15 €.
Construit à flanc de colline, au-dessus de la plage de Bečići, ce récent et immense établissement propose tous les services d'un hôtel haut de gamme. Les chambres y sont spacieuses et toutes dotées d'un petit balcon avec vue sur la mer ou sur les montagnes environnantes. La piscine extérieure, offre une vue plongeante et magnifique sur la mer. L'établissement possède également un restaurant gastronomique, un café-bar et un restaurant de type taverne. Centre de bien-être.

RAFAILOVIĆI (РАФАИЛОВИЋИ)

■ APPARTEMENTS PORAT BELLO PORTO
✆ +382 69 028 279
www.restaurant-porat.com
jovoporat@yahoo.com
Au bord de la mer, à même la plage au-dessus du restaurant Porat. De 15 à 20 € par personne (petit-déjeuner inclus) hors saison, de 30 à 40 en haute saison. Ouvert du mai à début octobre.
La très chaleureuse famille Šoljaga y loue des appartements depuis les années 70. Complètement rénovés en 2007, les 17 appartements, désormais modernes, sont tous équipés de TV, climatisation, minibar, salle da bains privée, accès à Internet. Nous avons aimé la vue sur la mer depuis les balcons privés. On profite du restaurant en bas qui est un des meilleurs de Rafailovići.

Survol de Rafailovići.

■ RESTORAN PORAT

Naberezhnaya Rafailovići
© +382 69 028 279
www.restaurant-porat.com
jovoporat@yahoo.com
Ouvert de mai à octobre, midi et soir. Compter dans les 20 € pour un repas complet sans le vin.
Cet hôtel et restaurant est une valeur sûre de la petite bourgade de Rafailovići. C'est une maison familiale ouverte qui fonctionne comme un B&B. Le restaurant propose une savoureuse cuisine faite maison avec quelques touches créatives originales. Les propriétaires sont des pêcheurs locaux et on y vient même de Budva (et plus loin) pour les spécialités de la mer servies sur une grande terrasse particulièrement agréable. La carte des vins est excellente. Les prix se justifient vu la qualité des produits et le professionnalisme du service.

PRŽNO (ПРЖНО)

■ STATION ESSENCE PETROL 24/24

REŽEVIĆI (РЕЖЕВИЋИ)
© +382 33 401 542
Sur la route principale sur la droite après Przno et avant Petrovac.
Avec distributeur de billets, bar, supérette, internet sans fil, lavage automatique de voiture, service fax.

Se loger

■ APPARTEMENTS KAZANEGRA

Obala 12
© +382 33 468 429 / +382 33 468 738 / +382 67 317847
www.kazanegra.com – blanila@t-com.me
De 25 à 30 € par personne en basse saison. Et 50 € par personne en haute saison.
Ces appartements sont situés dans d'agréables maisons anciennes en pierre posées au bord de l'eau, au bout de la petite rue parallèle à la plage. Bien arrangé, l'ensemble possède un charme certain, rustique mais avec un souci du détail, tous les appartements possèdent une cuisine, une salle de séjour, une salle de bains avec baignoire, un téléviseur et un coin terrasse avec vue sur la mer. Malgré l'emplacement de premier ordre, cela reste cher.

■ HOTEL MAESTRAL

© +382 33 410 100 / +382 33 410 109
www.maestral.info – hotel@maestral.info
Chambre double avec vue sur la mer de 67 € en basse saison à 113 € par personne en haute saison. Petit déjeuner inclus.
Encore un hôtel de luxe doté de tous les équipements et services que l'on est en droit d'attendre de ce type d'établissement, à savoir un casino, un sauna, un centre de beauté et de relaxation, une piscine, sept bars et restaurants, etc. Chambres avec balcon et baignoire. Le casino de l'hôtel organise régulièrement des concerts et événements en tous genres attirant la jeunesse huppée de la région.

Se restaurer

■ KONOBA MORE

© +382 33 468 255 – moredbm@t-com.me
Salade de la mer à 10 €, pélamide à 8 €, filet de thon à 11 €, homard à 80 €.
Au bord de l'eau. Ouvert d'avril à novembre de 11h30 à 23h30. Une konoba typique spécialisée dans les poissons et fruits de mer, une des meilleures de la riviera de Budva. C'est aussi la terrasse la plus sympa de Pržno avec une vue superbe. Tout est délicieux et le menu traduit en français. Propose aussi des appartements (se renseigner au restaurant).

Sortir

■ CASINO MAESTRAL

A l'hôtel Maestral
© +382 33 410 135
Ouvert 24h/24.

À voir – À faire

■ CRIQUE DE PRŽNO

Un des plus beaux endroits de Budva, caché au-dessous de l'hôtel Maestral, entre Bečići et Sveti Stefan, d'où l'on peut venir par le bord de mer, ce petit village de pêcheurs est constitué d'une crique charmante, avec son petit port, ses vieilles maisons en pierre, et qui a tout l'air d'un village préservé de l'urbanisation galopante de Budva.

KAMENOVO (КАМЕНОВО)

■ KOD KUSTE

Kamenovo bb ✆ +382 33 468 007

Au bord de la route côtière, dans un virage sur la droite en arrivant de Budva.

Une valeur sûre de la côte, tant pour le poisson que pour les viandes. Pas plus cher qu'ailleurs. Cadre rustique sympathique. Parking gratuit. Ouvert toute l'année.

À voir – À faire

Tirant leur nom d'une puissante tribu locale, les collines de Paštrovići qui s'étendent entre Budva et Petrovac sont constellées de monastères et petites églises orthodoxes (plus d'une trentaine). Il faudrait des journées entières pour les visiter toutes et arpenter les innombrables sentiers qui grimpent vers la montagne en traversant des champs d'oliviers. Tous sont indiqués depuis la voie express Budva-Bar.

■ MONASTÈRE DE DULJEVO

Perché sur un plateau, ce monastère est accessible par une route secondaire au-dessus de Kamenovo. Construit au XIVe siècle sous le règne de l'empereur Dušan, il a été entièrement restauré en 1995. Les peintures murales, à l'intérieur de l'église, représentent des figures saintes somptueusement parées. Le konak d'origine (salle de repos des moines), situé juste à côté, n'est aujourd'hui plus utilisé. Remplacé par un petit bâtiment de deux étages plus confortable, il présente une architecture typique des vieilles maisons des environs : des murs épais, un plafond très bas et des fenêtres si étroites que, de l'extérieur, on pourrait les prendre pour des meurtrières.

MILOČER (МИЛОЧЕР)

■ MONASTÈRE DE PRASKVICA

Situé au-dessus du hameau de Miločer (à côté de Sveti Stefan), ce complexe monastique est le plus connu de la région. On peut y accéder facilement à pied de la plage de Miločer ou bien même s'y rendre en voiture depuis la RN Budva – Bar (petit parking devant le monastère). L'ensemble est composé de deux églises. La plus grande, dédiée à saint Nicolas, le protecteur des voyageurs et marins, fut construite en 1847 sur les fondations d'une église antérieure érigée en 1413 par Balsa III, le dirigeant du royaume de la Zeta, et détruite par les Français au XIXe siècle. L'intérieur est orné de fresques gothiques représentant Stefan Nemanjić (le fondateur de la dynastie du même nom qui unifia les territoires serbes au Moyen Age), son fils Sava (le saint patron fondateur de l'Eglise orthodoxe serbe) et le Christ entre les prophètes Salomon et David. Remarquez également l'iconostase du XIXe siècle réalisée par un artiste originaire de Corfou. La seconde église, située au-dessus de l'église Saint-Nicolas, est quant à elle dédiée à la Sainte Trinité (Sveti Trojica). Bien plus ancienne que sa voisine, elle est ornée de fresques du peintre serbe Radul (fin XVIIe). Malheureusement, il semble assez difficile de visiter ce bâtiment, le pope actuel n'ayant pas l'âme d'un guide de musée et a fortiori au bénéfice des descendants des troupes napoléoniennes.

REŽEVIĆI (РЕЖЕВИЋИ)

■ MONASTÈRE DE REŽEVIĆI

Erigé au-dessus d'une petite anse connue sous le nom de Perazića Do, à quelques kilomètres de Petrovac, ce monastère dont l'origine remonte au Moyen Age (XIIIe ou XIVe siècle) se distingue par son clocher élancé achevé au début du XIXe siècle (1839). Restaurés plusieurs fois, les édifices qui le composent ont bénéficié d'une aide financière régulière de la part de la cour russe jusqu'en 1907, le supérieur du lieu (appelé archimandrite dans les Eglises chrétiennes orthodoxes) ayant vécu près de quarante années en Russie après avoir quitté le Monténégro au début du XIXe siècle. La plus grande église et la mieux préservée date du XVIIIe siècle. Celle située juste à côté, dédiée à la Dormition (mort de la Vierge), aurait quant à elle été érigée au XIIIe siècle. A l'intérieur, on peut y voir des fresques du début du XVIIe siècle et quelques fragments de fresques du XVIIIe siècle. L'iconostase, réalisée en 1833, est l'œuvre d'un artiste originaire de Bijelo Polje. Selon certaines inscriptions, le réfectoire existait déjà au XVIIIe siècle. A l'origine, le site abritait une troisième église, consacrée au milieu du XIVe siècle mais détruite par l'armée turque au XIXe siècle. Il n'en reste aujourd'hui plus que le mur nord.

■ STATION ESSENCE PETROL 24/24

✆ +382 33 401 542

Voir page 172.

LITTORAL ADRIATIQUE

SVETI STEFAN (СВЕТИ СТЕФАН)

Relié à la terre par un petit chemin cimenté (isthme), cet îlot était, il y a un demi-siècle encore, un pittoresque village de pêcheurs et le siège, depuis le XVe siècle, d'une puissante tribu locale connue sous le nom de Paštrovići. Des investisseurs ont cependant eu l'idée d'exproprier les habitants pour transformer l'îlot en complexe hôtelier, durant l'époque communiste (en 1950), tout un symbole ! Devenu en peu de temps un véritable symbole du tourisme de luxe, ce complexe a connu ses heures de gloire dans les années 1980, lorsque de nombreuses stars internationales (Sophia Loren, Claudia Schiffer, Sylvester Stallone...), avides d'une retraite luxueuse à l'abri des regards, l'ont fait connaître dans le monde entier.

Dominée par une minuscule église du XVe siècle dédiée à Saint-Stéphane, cette île-hôtel possède, il est vrai, un charme étonnant. L'extérieur a peu changé au cours des siècles. On y retrouvera toujours ces pittoresques maisons en pierre avec leur toit en tuiles, reliées entre elles par un dédale de ruelles bordées de plantes odorantes, qui en font un véritable havre de paix.

Pratique

Fermée pendant des années, l'île-hôtel que l'on voit sur de nombreuses cartes postales a enfin rouvert ses portes. La gestion est confiée à Aman Resort, la célèbre chaîne hôtelière de Singapour, pour en faire un site très haut de gamme qui serait l'icône du tourisme du pays. Il l'était pourtant déjà. Mais cette fois, l'on parle de chambres à 1 000 €.Par ailleurs, un agréable sentier côtier permet de se rendre de l'île à la plage de Miločer, Kraljičina plaža (plage de la reine), située juste à côté et cachée derrière une petite forêt. Sveti Stefan étant aussi un village, vous trouverez des superettes, services de base et des navettes toutes les ½ heures pour Budva (1,5 €/trajet).

■ CIPA TRAVEL

Vukice Mitrović str. 1
✆ +382 33 468 196 / +382 69 456 772
www.cipa-booking.me – cipa1@t-com.me
Ouvert tous les jours en été de 8 à 20h (jusqu'à 15h en hiver, fermé en janvier).
Cette petite agence de voyages met à la disposition des touristes un catalogue avec toutes les coordonnées des hôtels et des propriétaires proposant des chambres (également en ligne). Réservation conseillée en juillet et août. L'agence propose en outre des excursions dans tout le Monténégro et le service de location de voitures.

Se loger

De nombreux propriétaires privés proposent des chambres et appartements à la location. Se renseigner auprès des agences de tourisme locales (notamment l'agence Cipa Travel décrite ci-dessus) ou directement en frappant à leur porte. Mais, attention, le site étant très coté, c'est un peu plus cher qu'ailleurs et souvent réservé à l'avance.

Bien et pas cher

■ CAMPING CRVENA GLAVICA

✆ +382 33 468 070
Un camping propre et pas cher. Au milieu des oliviers et à une cinquantaine de mètres de la mer, il descend vers celle-ci. Mais comme toujours, les sanitaires et les équipements ont été oubliés. Sans compter sur le traitement des ordures.

Panorama de l'île de Sveti Stefan.

Confort ou charme

■ VILLA RESTAURANT DRAGO

Ulica Slobode 32
✆ +38269 032 050
✆ +38233 468 477
www.viladrago.com
petardss@t-com.me
6 chambres et 2 appartements. Ouvert toute l'année. Chambre double à partir de 82 € en juillet et août, selon le type de chambre.
Petite pension familiale située à peu près au milieu de la rue principale (côté droit) descendant à l'île de Sveti Stefan. Appartements avec coin cuisine, machine à laver, four à micro-ondes et grande terrasse. Chambres ordinaires mais très propres et avec vue sur la mer pour une partie d'entre elles. Accueil très chaleureux. Une bonne adresse !

Luxe

■ HOTEL AZIMUT****

Sumet bb
✆ +382 33 468 992
www.hotel-azimut.com
info@hotel-azimut.com
21 chambres (doubles uniquement). De 120 € en avril/mai à 220 € la chambre double côté mer en juillet et août. Petit déjeuner, sauna et hammam inclus.
Ouvert en 2002, ce petit hôtel offre des chambres claires, spacieuses, au beau mobilier, notamment les lits ouvragés et les tons pastel d'un ensemble très bourgeois du début du XXe siècle. Le souci du détail est remarquable. Ajoutons un sauna, une piscine intérieure pour un hôtel de charme. Toutes sont dotées d'air conditionné et d'un balcon d'où l'on peut voir la mer. Les prix sont élevés mais finalement justifiés.

■ HOTEL ROMANOV

Ulica Šumet bb
✆ +382 33 468471
✆ +382 33 468 476
www.hotelromanov.com
hotelromanov@t-com.me
Une chambre double de 35 m² coûte une quarantaine d'euros en basse saison, soit de novembre à avril. La même chambre se vend le double selon la saison et la vue.
Encore un petit hôtel à la décoration travaillée, traité luxueusement, avec des chambres de charme, dans un style différent de son voisin, l'Azimut. Un peu cher bien sûr, mais nous sommes à Sveti Stefan… Parking et garage.

■ VILLA MONTÉNÉGRO****

Vukice Mitrovic 2 ✆ +382 33 468 802
www.villa-montenegro.com
info@villa-montenegro.com
De 200 € par jour avec le petit déjeuner pour la moins chère et la plus petite des chambres doubles (180 € hors saison). Chambre de luxe de 350-400 € selon la saison. Et, de 1 000 à 1 150 € pour les appartements présidentiels (156m2). Petit-déjeuner et transport AR pour l'aéroport inclus dans les prix. Possibilité de demi-pension et de pension complète.
Luxe et discrétion assuré. Tellement discret que son entrée s'effectue par le haut, à la hauteur du 30, rue Slobode. Une piscine en pleine air chauffée donnant sur la mer et la fameuse presqu'île. Des fleurs et des plantes partout. Le restaurant avec sa terrasse dans une ambiance marine vous offre un grand choix de produits de la mer. Jacuzzi, sauna, salle de gym, bar. Parking fermé et lavage de voiture. Des visites en voitures luxueuses sont organisées sur demande vers les villes environnantes, monastères, îles, monuments... ou des croisières en yacht. On peut bien se prendre pour une star, une fois !

Se restaurer

■ DRAGO

Ulica Slobode 32
✆ 382 33 468 477 / +382 33 468 457
À la carte : pâtes cuisinées ou risottos de poisson à 8 €, plats de viande à 8 €, salades composées de 3 à 5 €.
Dans l'hôtel Villa Drago. Un restaurant familial avec une agréable terrasse couverte de vignes et une belle vue sur la mer.

■ FAMELJA KENTERA

Ulica Slobode 24
Ouvert de 8h à 23h.
Une bonne adresse située côté droit de la rue principale du village en descendant vers l'île-hôtel.

Sports – Détente – Loisirs

■ CENTRE DE PLONGÉE SOUS-MARINE DEEP AND BLUE

Sveti Stefan
✆ +382 69 030 003 / +382 69 030 037
deepnblue@t-com.me
Fermé hors saison.
Situé en face de l'île, dans un petit bâtiment hébergeant également un café et quelques boutiques, ce centre propose des cours de plongée et des sorties en mer dans les plus beaux sites sous-marins de la région.

PETROVAC (ПЕТРОВАЦ)

Gardé par une petite forteresse vénitienne du XVIe siècle (Kastel Lastva) aujourd'hui reconvertie en café, ce village a pour l'instant été épargné par les nombreuses constructions hôtelières qui défigurent les environs de Budva. Bordé d'une agréable plage parsemée de cafés et restaurants et d'un petit port, Petrovac a probablement été fondé par les Romains comme en témoigne une mosaïque d'époque romaine découverte en 1902 dans la localité voisine de Mirište. L'agglomération d'aujourd'hui, principalement orientée vers le tourisme, date du début du XIXe siècle. Au large, deux petites îles, connues sous le nom de Katić et Nedjelja, sont chacune couronnées d'une chapelle. On raconte qu'elles ont été érigées par des marins pour remercier le Seigneur de les avoir sauvés d'un naufrage en mer.

Transports

Laissez votre voiture loin du centre car les rues sont étroites et il est très difficile de se garer en plein été. La marche à pied est la meilleure façon de visiter cette toute petite ville car tout est concentré autour de la plage.

■ GARE ROUTIÈRE

✆ +382 68 838 184

En hiver il n'y a pas de permanence, il faut appeler le numéro de téléphone portable ci-dessus pour avoir des renseignements en espérant que quelqu'un réponde et que cette personne parle une langue étrangère.

Pratique

■ MONTÉNÉGRO TRAVEL IDEA

Barski put bb

✆ +382 33 401 915 / +382 33 461 315

www.montenegrotravelidea.me

sale@montenegrotravelidea.me

Ouvert de 8h à 20h (juin-octobre) et de 8h à 15h (novembre-mai).

Réservations de voitures, de bateaux, de chambres d'hôtels ou chez l'habitant, organisation d'excursions, rafting dans le canyon de la Tara, journées d'observation des oiseaux au lac de Skadar, etc. Une des employées parlait bien français durant notre visite.

■ OFFICE DE TOURISME

✆ +382 33 461 173 – www.budva.travel

info.petrovac@gmail.com

Du lundi au samedi de 08h à 20h.

Petrovac dépend de la ville administrative de Budva. Par conséquent le bureau principal de l'Office de Tourisme se trouve dans la vieille ville de Budva.

Se loger

La plupart des hôtels de Petrovac sont de constructions récentes et situés aux extrémités du village.

Bien et pas cher

■ PANSION POD LOZOM

✆ +382 33 461 930 / +382 33 461 227 / +382 67 571 587

Sur les hauteurs à 300 m de la plage.

Ouvert toute l'année. De 12 € à 17 € la nuit par personne. Petit-déjeuner en option pour 4 € en plus.

Petite auberge familiale sans prétention et très sympatique juste à coté de l'hôtel Palas. Possibilité de 1/2 pension ou pension complête au restaurant du rez-de-chaussée sous la vigne pour 6 € le repas.

Confort ou charme

■ HOTEL PALAS

✆ +382 33 421 100

www.hgbudvanskarivijera.com

171 chambres dont 151 doubles, 8 chambres familiales et 4 suites. Chambre double standard de 92 à 134 € selon la saison.

Un hôtel situé dans un immeuble sans âme mais présentant l'avantage d'être très central, à une vingtaine de mètres de la plage. Piscines extérieure et intérieure, sauna, salle de billard, bowling, bars et restaurant. Les chambres, ordinaires mais avec climatisation et minibar et dotées de balcon, donnent côté mer ou côté montagne. Parking privé mais surtout une belle terrasse sur la mer. Distributeur de billets dans le hall.

■ HOTEL RIVIJERA****

✆ +382 33 422 100 – hotelrivijera@t-com.me

49 chambres et 42 suites. Ouvert de début avril à fin octobre. Chambre simple de 52 à 78 €, chambre double de 70 à 130 €.

Un établissement 4-étoiles avec piscine de plein air, une plage privée à quelques mètres, un Jacuzzi et un agréable espace de verdure tout autour. Chambres confortables décorées dans des tons sobres. Une des meilleures adresses à Petrovac.

■ **VILE OLIVA******

✆ +382 33 461 194 / +382 69 300 851
www.vileoliva.com
vileoliva@t-com.me

Chambre double en demi-pension à partir de 60 € par personne en haute saison (40 € en basse saison). Appartement 4 personnes : 70 € par personne en été avec demi-pension, hors saison 55 € par personne. Ouvert d'avril à la fin d'octobre.

11 villas modernes installées au calme dans un beau parc planté d'oliviers qui s'étend sur 11 000 m², à seulement 80 m de la mer. L'hôtel dispose de 123 chambres et 65 appartements impeccables. Le restaurant est également ouvert au public. Piscine extérieure et plage privée avec des transats et parasols gratuits. Aire de jeux pour enfants. Parking assuré. Côté pratique : la gare routière est à 100 m.

Luxe

■ **MONTE CASA SPA & WELLNESS******

bb Obala ✆ +382 33 426 900
www.montecasa.com
sales@montecasa.com

A quelques pas de la mer, Monte Casa est comme une perle incrustée dans la roche. On y découvre : 63 chambres luxueuses, des chambres familiales, des studios avec une terrasse ou balcon privé et un restaurant « à la carte » de cuisine méditerranéenne avec une superbe vue. Ouvert en 2007, après une rénovation complète, ce complexe moderne dispose d'une piscine extérieure, d'une plage de sable privée avec des chaises longues, des parasols et des serviettes (le tout gratuit pour les clients). De plus, un centre Spa & Wellness unique offre des soins de beauté, de relaxation et de revitalisation : massages orientaux et traditionnel, solarium, sauna turc, finlandais et aromatique, bain à remous, douches relaxantes, centre de gymnastique, piscine, salon de beauté... Guettez les offres spéciales sur le site, c'est un endroit idéal pour les familles et pour les lunes de miel, mais aussi pour les séminaires car on y trouve une salle de conférence entièrement équipée pouvant accueillir jusqu'à 130 personnes. Visites des environs sur demande.

Se restaurer

Sur le pouce

■ **KAFANA ABRAMOVIC**

Un petit café essentiellement fréquenté par une clientèle d'habitués et situé quasiment au milieu du front de mer. Plats simples et pas chers. Une bonne adresse pour manger sur le pouce ou boire un délicieux café turc.

Bien et pas cher

■ **KONOBA MEDITERANEO**

Compter 10-15 € par plat. Fermé en hiver.

Un restaurant agréable situé le long de la promenade et face à la plage. Sur la carte : des poissons frais. Menu en anglais.

■ **POD LOZOM**

✆ +382 033 461930 / +382 033 461227 / +382 069 033 351

À 200 mètres du front de mer sur les hauteurs.

Comptez 12 € le repas (entrée, plat principal, vin).

Ouvert toute l'année depuis 40 ans, il est l'un des plus vieux du pays. Il doit son nom aux vignes qui l'abrite et qui crée une atmosphère sympathique éloignée de la foule du front de mer tout près de l'hôtel Palas. Les spécialités sont les grillades et le poisson mais étant donné qu'il fait partie d'une pension familiale, il offre de nombreux plats du jour cuisinés.

Bonnes tables

■ **AMBASSADOR RESTAURANT**

bb Obala
✆ +382 33 426 900
www.montecasa.com
ambassador@montecasa.com

Un grand restaurant élégant avec une des plus belles terrasses sur la rive de Petrovac. La cuisine est méditerranéenne, un grand choix de poissons et de fruits de mer, mais ici on sert aussi quelques spécialités traditionnelles monténégrines. Une belle carte de vin. Le sympathique personnel parle plusieurs langues.

■ **FORTUNA**

Ul. Obala bb
✆ +382 69 655 000

Sur la promenade face à la mer.

Ouvert toute l'année.

Sur une petite terrasse ombragée on contemple la mer et les va-et-vient des passants tout en dégustant des spécialités de la mer concoctées avec soin par le chef de cuisine. L'hiver, on se réfugie à l'intérieur dans une petite salle avec quelques tables seulement pour dévorer un plat de différents fromages du pays et savourer un vin rouge des vignobles voisins.

À voir – À faire

Depuis la promenade, plusieurs possibilités d'excursions en bateau dans les bouches de Kotor. Compter à partir de 20 € par personne. Les départs sont généralement à 8h30, retour à 19h30.

■ CRVENA KOMUNA

www.crvenakomuna.webs.com

Visitez le centre culturel « JUSD Crvena komuna » où se trouvent deux galeries, un musée, une bibliothèque, des activités musicales, un cinéma, théâtre, musée...

Sports – Détente – Loisirs

■ DIVING CENTRE PETROVAC

✆ +382 69 034 363

1 plongée = 50 € même en nocturne.

BULJARICA (БУЉАРИЦА)

L'intérêt principal de Buljarica est le calme. C'est une petite réserve ornithologique naturelle. Ici on peut tranquillement observer différentes sortes d'oiseaux qui évoluent dans cette zone marécageuse non exploitée. Faisant partie de la municipalité de Budva c'est un petit village d'environ 160 habitants et qui se situe à 3 km de la grande Petrovac. Il faut noter qu'ici se trouve un monastère (lire ci-dessous) et également une grande belle plage idéale pour courir le long de la mer. Sur cette plage il y a deux restaurants de poisson qui font le bonheur de quelques campeurs.

Se loger

■ APARTMANI NOBEL

Buljarica

✆ +382 69 251 640 / +382 33 461 280

www.buljaricaapartmani-nobel.com

nobel@t-com.me

A 400 mètres de la plage.

Les appartements Nobel disposent de 9 studios pour deux ou trois personnes avec terrasse, salle de bains, climatisation, réfrigérateur et télé, et un excellent restaurant traditionnel au rez-de-chaussée. Vue magnifique sur le village et sur la plage. Parking privé. Chaises longues gratuites au bar de la plage.

■ CAMPING MASLINA

✆ +382 33 402 648 / +382 33 402 649

akmaslina@t-com.me

A Buljarica, 3 km de Petrovac en direction de Bar.

2,80 € par personne et par nuit en juillet et août, sans taxes (1,80 € pour les enfants de 7 à 12 ans). 2,80 € par véhicule et 2,20 € par tente.

Situé à 200 m environ de la grande plage de Buljarica, dans le village du même nom et le long de la route en direction de Bar et à 100 m en contrebas de la route. Un petit camping familial, ombragé et bien tenu. Deux blocs sanitaires avec lavabos, W.-C. et quelques douches. Il existe également un autre camping situé face à la plage.

■ MONTEBAY VILLA****

Buljarica

✆ +382 33 461 766 / +382 67 281 647

www.montebayvilla.fr

montebay-villa@t-com.me

Situé à 3 km au sud de Petrovac en direction de Bar (15 km), au bout de la baie de Buljarica.

Chambre double standard avec petit déjeuner : 100 € de janvier à fin avril. Et 140 € en mai et juin. Puis 160 € du 15 juin au 16 septembre. 130 € du 17 septembre au 23 décembre. Idéal pour des vacances en couple ou entre amis mais aussi pour des séminaires d'entreprises.

Dotée d'une magnifique plage sauvage, ce petit hôtel est un endroit paradisiaque consacré au repos et au bien-être. Grâce à sa position privilégiée, rien ne gêne la vue sublime sur la mer et son coucher de soleil. La villa comprend trois suites spacieuses (avec un lit grand format, un espace bureau avec un sofa, une salle de bains et une terrasse), trois chambres standard et une chambre boudoir. La décoration est moderne et raffinée. Belle piscine avec des transats et un bar, massages en plein air possibles sur réservation. La terrasse avec son salon est accueillante à tous moments de la journée. Les propriétaires, français d'origine yougoslave, peuvent vous aider pour des excursions ou des activités sportives, car ils gèrent aussi l'agence de voyages Luminalis à Budva. Accueil personnalisé. Une bonne idée pour une lune de miel ou un séjour en amoureux, tout simplement.

▶ **Le restaurant**, ouvert également au grand public sur réservation, propose une délicieuse cuisine préparée avec des produits du terroir local.

Se restaurer

■ KONOBA NOBEL

bb Buljarica ✆ +382 69 040 663
www.buljaricaapartmani-nobel.com
nobel@t-com.me
A 400 mètres de la plage de Buljarice. À l'intérieur de la Konoba on fait des grillades au feu de bois. Dans un four traditionnel on cuisine des spécialités typiquement monténégrines, mais on propose aussi du jambon cru et des fromages macérés dans l'huile d'olive. Le tout servi dans un cadre rustique bien au frais.

À voir – À faire

■ MONASTÈRE DE GRADIŠTE (MANASTIR GRADIŠTE)

Situé sur un promontoire rocheux au-dessus de la plage de Buljarica (non loin de Petrovac), le monastère de Gradište a été mentionné pour la première fois en 1305. Il se compose de trois églises, d'un cloître et d'un mur de défense. La première église, dédiée à saint Nicolas, est ornée de fresques du XVIIe siècle représentant des scènes de l'Ancien et du Nouveau Testament. La deuxième, celle de saint Sava, a été érigée au XIXe siècle sur les fondations d'une église médiévale. La dernière et plus petite est quant à elle dédiée à la Vierge. Elle aussi ornée de fresques du XVIIe siècle, elle abrite également des bustes de la dynastie des Nemanjić. Pillées par les Turcs, restaurées, puis à nouveau détruites pendant la Seconde Guerre mondiale, ces trois églises viennent d'être rénovées.

■ SUTOMORE (СУТОМОРЕ)

Situé à 14 km de Petrovac et à 7 km de Bar, cet ancien village de pêcheurs est aujourd'hui une station balnéaire sans trop de charme et bordée d'hôtels érigés durant la période communiste. Très fréquenté et animé en été par la jeunesse serbe et monténégrine mais aussi russe, italienne et albanaise (c'est le village le moins cher de la côte), Sutomore s'étire tout en longueur et face à une vaste plage de sable et de gravier, plutôt agréable mais pas toujours très propre. Lorsque les touristes sont partis et les hôtels fermés, Sutomore prend en revanche des allures de village fantôme. Signalons que du 1er octobre à fin février on a pour habitude de chasser le sanglier, une activité bien connue dans la région.
Outre sa plage, le village possède une harmonieuse église dédiée à saint Tekla. Erigée au XIVe siècle à l'extrémité est du front de mer, elle présente la particularité d'avoir deux autels permettant de célébrer en un seul et même lieu les offices religieux catholiques et orthodoxes. On ne manquera surtout pas de visiter Haj Nehaj, les vestiges d'une ville médiévale de XVe siècle. Parmi les autres curiosités du village, il faut également signaler les ruines d'un grand monastère bénédictin sur la péninsule de Ratac (entre Sutomore et Bar). Il fut détruit par les Turcs au XVIe siècle. Des archives le font remonter à 1247 mais certaines parties pourraient être plus anciennes. En-dessous des ruines se trouvent deux plages magnifiques qui sont destinées aux nudistes.

Transports

■ GARE ROUTIÈRE

✆ +381 85 373 128
Tous les bus et minibus d'Ulcinj et Bar en direction de Budva, Kotor, Herceg-Novi, s'arrêtent ici. Départs quotidiens à 3h30 : Igalo – Novi Sad, 6h45 : Ulcinj – Podgorica, 10h50 : Podgorica – Ulcinj, 12h50 : Ulcinj – Podgorica, 16h10 : Podgorica – Ulcinj, 18h15 : Ulcinj – Podgorica, 19h55 : Igalo – Subotica, 20h50 : Podgorica – Ulcinj.

Pratique

- **Bureau de poste et petit marché** de fruits et légumes situés le long de la rue principale du village, près de l'intersection avec la voie express Budva – Bar.
- **Des toilettes publiques et une supérette** ouverte 24h/24 en été et de 7h à minuit en hiver se trouvent sur la route principale à l'intersection, ainsi qu'une boulangerie, des stations de bus, des taxis, un bureau d'information touristique et un distributeur.
- **Banque.** Signalons également la présence d'un guichet automatique de retrait de billets, le long du front de mer, à côté de l'hôtel Sozina.

■ OFFICE DE TOURISME DE BAR ET SUTOMORE

Obala 13 jula b.b
✆ +38230311633 – www.visitbar.org
L'Office de Tourisme de Sutomore dépend de celui de Bar qui est la ville administrative de la région.

Se loger

Ne pas s'attendre au grand luxe : la majorité des hôtels de Sutomore sont de grands ensembles construits dans les années 1970-1980 et n'ont pas été rénovés depuis. Par contre, on a le choix concernant une centaine de chambres chez l'habitant (vous verrez notamment le long de la route et à la gare des pancartes « *sobe, zimmer, rooms* ») pour quelques euros la nuit mais de qualité douteuse.

■ HOTEL GARNI SVETLANA***

✆ 030 373 790

sur la route principale à la sortie de la ville en venant de Bar.

30 € par personne durant toute l'année. Petit déjeuner 5 € en plus. Taxe de séjour 0,70 € par jour et par personne en plus.

Un hôtel moderne revendiquant trois étoiles. Avec un restaurant et 12 chambres propres et très bien entretenues, l'endroit a plutôt l'air familial. Réception 24h/24 toute l'année. Parking gratuit juste devant. Si vous avez le sommeil léger pensez à préférer les chambres situées à l'arrière. Internet sans fil gratuit à la réception. Dans les chambres : coffre-fort, sèche-cheveux, mini-bar...

■ HOTEL SIRENA MARTA**

Save Kovačevića 4

✆ +382 30 373 319 / +382 69 023 820

www.sirenamarta.com

sirenamarta@t-com.me

30 chambres. Ouvert toute l'année (en principe). De 18 à 26 € par personne en demi-pension.

Un petit établissement sans prétention, situé au début du village lorsque l'on arrive de Petrovac. Les chambres simples mais propres sont installées dans un petit immeuble derrière lequel se trouve son restaurant. Balcon mais pas de vue sur la mer. Air conditionné, télévision et minibar. Accueil avenant.

■ JELENIC

✆ +382 69 675 229

www.jelenic.mnegro.com

zoran_jelenic@yahoo.com

Ouvert de mai à fin octobre. Tarifs 5-12 € par personne.

À Brca, sur les hauteurs de Sutomore, au-dessus du pont ferroviaire et à environ 550 m de la plage (moins de 10 minutes à pied). Pas d'accès direct en voiture. Cette maison familiale propose depuis 1972 des chambres fonctionnelles et propres mais salle de bains commune et sans climatisation. Propose aussi un studio 2 étoiles avec une cuisinette, salle de bains privée et climatisation. Transfert possible, conseil professionnel sur les excursions. Zoran, très avenant, bidouille un peu le français et sera un bon hôte.

Se restaurer

■ KONOBA GALIJA

Obala Iva Novakovića b.b

✆ +382 30 373 402

✆ +382 69 060 334

www.konoba-galija.com

konoba.galija@gmail.com

Kraljčiina plaža près de Čanj, à 13 km de Bar.

Sur le front de mer. Parking privé sur la route nationale (indiqué). Propose aussi des studios pour deux personnes à 20 €.
La meilleure taverne de Sutomore avec une longue tradition. Sur une terrasse donnant sur la mer elle propose des spécialités nationales avec une mention spéciale pour les produits de la mer. Salade de la mer 9 €, moules et palourdes 10 et 12 €, soupe de poisson 2,50 €, poisson première catégorie 33 €/kg. Loue aussi des appartements.

À voir – À faire

■ FORTERESSE HAJ NEHAJ

A 10 km au nord-ouest de Bar, sur la route Bar-Petrovac, tourner à gauche au panneau Haj-Nehaj, vers l'hôtel Sv. Nikola. Accessible uniquement par son flanc ouest, compter une demi-heure en montant à pied.
Située sur une colline au-dessus de Sutomore et offrant une vue magnifique sur la mer et le massif Rumija, cette forteresse a été fondée par les Vénitiens au XVe siècle. Mentionnée pour la première fois en 1542 sous le nom de « Fortezza de Spizi » et plus tard « Nechagia », elle a été conçue pour résister aux armes à feu. Au point culminant de la citadelle, à 225 m d'altitude, se trouve la petite église Saint-Dimitri datant du XIIIe siècle. Comme celle de Sv. Tekla et beaucoup d'autres de cette région, elle aussi avait deux autels. Dans son petit cimetière, on enterrait des orthodoxes et des catholiques ensemble, jusqu'à 1868.

■ BAR (БАР)

Dominé par la montagne de Rumija, qui culmine à 1 593 m d'altitude, Bar est le principal port du littoral monténégrin et le terminus des ferries en direction de Bari, en Italie. Constituée de grandes rangées d'immeubles et de larges avenues, la ville actuelle a, pour l'essentiel, été construite après la Seconde Guerre mondiale. Depuis l'arrivée de la ligne de chemin de fer en 1976, elle a connu un développement important. De 6 742 habitants en 1981, elle est ainsi passée à quelque 17 650 habitants aujourd'hui (41 000 dans la commune). Il faut dire que les relations sont traditionnellement bonnes entre les trois confessions qui vivent dans cette région : les orthodoxes (majoritaires dans la ville), les catholiques et les musulmans. Environnée de milliers d'oliviers et d'agrumes, la ville est également un important centre de production d'huile d'olive et de jus de fruits. Bien qu'environnée d'agréables plages de galets au nord et au sud, elle accueille actuellement peu de touristes, ces derniers préférant loger dans les petites stations balnéaires situées à proximité, notamment à Sutomore. Dépourvue d'édifices anciens, Bar peut charmer notamment par sa promenade de bord de mer (Šetalište kralja Nikole) longue de 2 km et son palais du Roi Nikola, mais reste modeste. Sa vieille ville, située à quelques kilomètres, est en revanche à ne pas manquer.

Transports

Bar est située à 50 km au sud de Podgorica. Un nouveau tunnel, inauguré en 2006, a considérablement réduit la durée du trajet entre ces deux villes. Compter moins d'une heure de route (2,50 € le péage). L'aéroport de Golubovci près de la capitale est à 41 km et celui de Tivat à 58 km.

Comment y accéder et en partir

■ GARE FERROVIAIRE

✆ +382 30 301 622
✆ +382 30 301 615
www.zcg-prevoz.me
La gare ferroviaire (željeznička stanica) est située à 1,5 km du centre-ville, comptez plus de 20 minutes de marche. Bar est le terminus de la ligne en provenance du nord-est du pays. Une dizaine de départs quotidiens en direction de Podgorica, de 5h du matin à 21h. C'est la principale voie de chemin de fer du Monténégro reliant Bar, sur la côte, à Belgrade en Serbie, sur une longueur de 476 Km. Au Monténégro, les villes desservies sont : Bar, Sutomore, Podgorica, Kolašin, Mojkovac, Bijelo Polje, mais aussi Danilovgrad et Nikšić sur la ligne récemment rénovée Podgorica-Nikšić. Des trains locaux s'arrêtent aussi à Virpazar et encore quelques villages. Pour Belgrade, nous vous conseillons le train nocturne avec wagon-lits ou couchettes. On arrive le matin dans la capitale serbe, frais et reposé sans avoir vu le temps passé.

- Pour Podgorica : 5h15, 6h40, 9h, 9h34, 11h40, 14h05, 14h40, 16h35, 18h25, 19h et 19h30. 2,40 €. Pour Belgrade : 9h et 19h. 21 €.

■ **GARE ROUTIÈRE**
✆ +382 30 346 141 – www.busticket4.me
Gare routière située à environ 1,5 km du centre-ville et à proximité de la gare ferroviaire (bien indiquée).

▶ Pour Budva : 16 bus de 6h à 22h15 (le dimanche le dernier bus est à 21h45). 4 €. Pour Ulcinj : 8h50, 0h07, 11h, 12h08, 14h, 14h05, 14h30, 15h19, 15h54, 16h25, 17h25, 17h57, 17h59, 19h10 et 20h55. 2 €/2,50 €. Pour Kotor : 7h, 7h50, 8h59, 11h18, 12h50, 14h30, 16h40 et 20h10. 5 €/6,50 €. Pour Tivat : 7h, 8h59, 11h18, 12h50, 14h30 et 16h40. 6,50 €. Compter quelques bus de plus en haute saison.

■ **MERIDIAN**
Jovana Tomaševića 30
✆ +382 30 314 000
Voir page 24.

■ **MONTENEGRO LINES**
Putnički Terminal,
Obala 13 Jula bb
✆ +382 30 312 366 / +382 30 303 469
www.montenegrolines.net
online@barplov.com
Connexion avec Ancône et Bari en Italie. 20 % de réduction *pour* des billets *aller-retour.*

Se déplacer

Eviter les taxis stationnés devant les gares. Ci-dessous des compagnies aux tarifs normaux (0,80 €/km). N'hésitez pas à les appeler par téléphone car ils ne branchent le compteur que lorsque vous montez dans le véhicule.

■ **EKO PETROL 24/24**
Ilino ✆ +382 0 30 305 004
À l'entrée de la ville en venant de Petrovac ou à la sortie en venant de Ulcinj. Cartes bancaires acceptées.

■ **EURO TAXI**
✆ 19 701

Pratique

■ **POLICE**
Maršala Tita 18
✆ 122 – www.mup.gov.me
Près de l'intersection avec la rue Vladimira Rolovića.

Tourisme – Culture

Pour organiser vos excursions, la plupart des petites agences de voyages locales sont installées à proximité du port, dans la rue Vladimira Rolovića. Prestations standard.

■ **ASSOCIATION DE PLONGÉE DU MONTÉNÉGRO (RONILAČKI SAVEZ CRNE GORE)**
Jovana Tomaševića 23
✆ +382 069 030 448
Voir page 164.

■ **OFFICE DU TOURISME DE BAR ET SUTOMORE**
Obala 13 Jula bb
✆ +38230311633
www.visitbar.org
Bureau situé face au port d'embarquement des ferries en direction de l'Italie. Ouvert de 8h à 20h en été.
Mise à disposition de catalogues avec la liste des particuliers proposant des chambres, appartements ou maisons à la location.

Moyens de communication

■ **POSTE**
Ulica Jovana Tomaševića 44
✆ +382 30 301 305
www.postacg.me
En face de l'hôtel Princess.
De 8h à 21h. Samedi jusqu'à 14h. Fermé le dimanche.

Santé – Urgences

■ **DISPENSAIRE – CENTRE DE SOINS – URGENCES**
ainsi qu'une pharmacie toute proche
Ulica Jovana Tomaševića 42,
✆ 124 / +382 30 311 001
Hitna pomoć

■ **HÔPITAL**
Podgrad, Stari Bar
✆ +382 30 342 333
Près de la vieille ville.

Orientation

Située à 5 km du centre-ville de Bar, Stari Bar, la vieille ville de Bar majoritairement peuplée de musulmans, constitue la principale curiosité du district.
La ville moderne, qui s'étend tout autour du port de commerce, est principalement constituée de larges avenues bordées de centres commerciaux et d'immeubles en béton érigés au cours de ces soixante dernières années.
La campagne environnante est en revanche plutôt accueillante avec ses villages encerclés de milliers d'oliviers aux formes parfois étonnantes. La région de Bar est d'ailleurs connue pour ses oliviers où l'on compte plus de 100 000 arbres.

On raconte qu'aucun jeune homme ne pouvait se marier s'il n'avait auparavant planté un certain nombre de pousses d'oliviers. Dans les années 1930, les 20 tonnes d'olives traitées au quotidien produisaient l'huile destinée à l'exportation vers la France, l'Allemagne, l'Amérique... Voilà ce qu'il faut rapporter du Monténégro !

Se loger

Locations

■ KULA APARTMENTS
Stari Bar
STARI BAR (СТАРИ БАР)
✆ + 382 30 341 717
rolomont2000@t-com.me
Stari Bar – Vieux Bar. Dans la vieille ville.
Dans la rue pavée de Stari Bar. Accès en voiture possible en empruntant le petit périphérique (à la fourchette du grand parking, tournez à gauche toute). Appartement à partir de 30 € pour deux personnes, avec petit déjeuner.
Les 7 appartements sont situés à l'étage de la taverne du même nom, à quelques mètres en contrebas à l'entrée de la vieille ville. Tout neufs et bien décorés, ils offrent tout le confort nécessaire (A/C, TV écran plat, mini bar...). Le site est en français. Une excellente adresse.

Bien et pas cher

■ HOTEL SIDRO**
Obala 13.jula
✆ +382 30 312425 / +382 30 312 200
www.hotelsidro.com
sidro@lukabar.me
Ouvert toute l'année. Chambre double 52 €.
Bien qu'en plein centre de la ville, cet hôtel est bien au calme car il est entouré d'un beau parc. L'hôtel classé 2-étoiles locales, dispose de deux types de chambres plus ou moins équipées. Deux restaurants, deux parkings, terrains de basket, de mini-foot, de handball, de volley-ball pour les plus actifs et pour les plus feignants comptez dix minutes à pied pour la plage.

Confort ou charme

■ CAMPING OLIVA
Utjeha
Uvala Maslina
✆ +382 30 319 258 / +382 69 331150 / +382 67 370095
www.oliva.co.me
oliva-utjeha@t-com.me
3 € par personne, 2 € par moto et 2 € par voiture.
Sur une superficie de 3 150 m² et avec une capacité de 25-30 unités, le camping Oliva est équipé d'installations sanitaires modernes, avec des cabines de 4 toilettes, 4 salles de bains avec eau chaude, 4 douches pour une utilisation en extérieur, espace pour lave-vaisselle... A l'ombre d'oliviers millénaires et sur une plage.

Luxe

■ HOTEL FRANCA BR****
Bulevar 24 novembra C8
✆ +3830 550 920
www.francahotels.me
De 27 à 50 € pour une chambre simple avec petit déjeuner. De 30 à 35 € pour une demi-pension et de 35 à 60 € pour une pension complète.
Hôtel moderne avec restaurant ouvert en 2015. Fonctionne toute l'année.

■ HOTEL PRINCESS****
Jovana Tomaševića 59
✆ +382 30 300 100
www.hotelprincess.me
reservations@atlashotelsgroup.com
A partir de 68 € à 83 € par personne en double avec vue sur la mer en haute saison (58-63 € hors saison), avec petit déjeuner.
L'ancien hôtel Topolica a été transformé en hôtel de luxe. S'il ne peut complètement cacher l'architecture socialiste du précédent, il en use intelligemment pour présenter un ensemble sobre et aéré. Les chambres sont assez luxueuses, spacieuses mais un peu ternes. Les salles de bains sont très agréables. Mais c'est dans ses équipements que le « Princess » se distingue. Notamment sa piscine intérieure, vaste et à la fois intimiste, digne des vrais palaces. La piscine extérieure, face et à 20 m de la mer, est parfaite également. Ajoutons un piano-bar, un restaurant panoramique de bon niveau et un petit restaurant, à la carte, intimiste, et pour finir bain turc, solarium, sauna. Service impeccable pour un bon rapport qualité/prix.

Se restaurer

Sur le pouce

■ TURIST
Obala bb
A côté de l'office du tourisme.
Sandwichs, pizzas, pâtisserie, glaces. Fréquenté par des locaux pour des petits déjeuners servis bien à l'ombre.

Bien et pas cher

■ KALDRMA

Stari Bar
STARI BAR (СТАРИ БАР)
✆ +382 30 341 744
✆ +382 67 846 404
kaldrmarestoran@t-com.me

Ouvert toute l'année, ouvert midi et soir, repas complet autour de 15 €. Offre spéciale : deux menus « dégustation », végétarien ou avec viande (20 et 30 € pour deux personnes), composés de 4 plats et un dessert.

Plus ancien établissement de la vieiile ville de Bar, ce restaurant familial fait partie des adresses que l'on aimerait garder jalousement rien que pour soi. Situé dans la rue pavée grimpant vers la porte de la vieille ville (côté gauche), à 5 km du centre, il occupe une minuscule maison de décoration rustique et une terrasse adossée aux remparts. Dino et Aida, les propriétaires, y concoctent une cuisine traditionnelle, simple et savoureuse, élaborée à partir des produits locaux dans un four au feu de bois. Dans l'assiette, on pratique la politique du 0 km puisque tout ce que l'on mange est produit à Stari Bar. On a le choix entre : salades de saison provenant du jardin du patron, fromage de chèvre local, plats variés aux aubergines (celles en sauce sont inoubliables), légumes divers farcis au riz, rôti d'agneau local, veau traditionnel à l'oignon… Un rapport qualité-prix imbattable pour une excellente adresse que l'on repère grâce à notre autocollant Petit Futé sur la devanture !

▸ **Bon plan 1 :** Avis aux gourmets, Kaldrma met également un vente directe sur place une huile d'olive locale de haute qualité. Pprofitez-en car Dino est dégustateur qualifié en huile d'olive avec une longue expérience dans la production) ou de

▸ **Bon plan 2 :** il est possible de louer ici une chambre double, toute simple et authentique comme le restaurant avec salle de bains privée, pour 15 € par personne en juillet/août.

■ LAZZARO

Jovana Tomasevica, 6

Spécialité de la maison : plat de poisson fumé et mariné à 12 €.

Ici, nous sommes loin des restaurants du bord de mer. Du port, on se dirige vers le centre et on tourne à droite dans la rue Jovana Tomasevica. L'intérieur est rustique voir authentique avec cheminée et poutres apparentes. Le pain est fait maison... et c'est bon d'y manger en terrasse.

Bonnes tables

■ KNJAŽEVA BAŠTA

Dvorac Kralja Nikole
✆ +382 30 312 601 / +382 69 090 499

Près du palais royal du roi Nikola Ier, dans le parc. Parking face à la poste, à gauche de l'hôtel Princess.

Ouvert toute l'année dès 12h.

Ici l'ambiance authentique est garantie car ce restaurant de poisson fait partie du complexe du palais royal. Sa terrasse est magnifique car située dans le parc méditerranéen bien à l'ombre. Excellente adresse pour un dîner raffiné sous les chandelles, à l'écart du bruit mais à deux pas seulement de la belle promenade le long de la mer. De loin le meilleur endroit à Bar pour déguster les produits de mer dont l'incontournable « risotto rouge ». Belle carte des vins. Les prix restent honnêtes.

■ KONOBA KULA

STARI BAR (СТАРИ БАР)
✆ +382 30 341 717 / +382 67 249 744

La rue pavée de Stari Bar est depuis 2010 dotée d'une nouvelle taverne (*konoba*) parfaitement incorporée dans l'environnement car l'architecture originale rappelle les tours médiévales de la forteresse voisine. L'intérieur est encore plus beau. Une terrasse extérieure. La cuisine proposée est 100 % locale et pas chère : fromage de chèvre, assiette de Stari Bar (10 €), bamije (légume vert sauvage), rôti d'agneau sous le « sač », veau cuit, pljeskavica sur kajmak (crème au fromage), calamars…

Balade de Bar à Virpazar

Le littoral de Bar est séparé du lac de Skadar par le massif de Rumija, dont la montagne du même nom culmine à 1 594 m. Nous vous proposons ici une balade de deux heures, en voiture, par une petite route magnifique, bien qu'en mauvais état, et qui permet une transition étonnante entre la côte, la montagne, et la descente vers le plus grand lac des Balkans.

Depuis le centre de Bar, laisser les gares à droite, franchir le pont de chemin de fer, puis au premier carrefour, tourner à gauche. 100 m plus loin, un petit panneau indique Virpazar. Ensuite, on reste toujours sur cette petite route et il n'y a pas de risque de se perdre.

La route monte ainsi en lacets à travers la garrigue jusqu'au col de Sutorman à 805 m, d'où la vue est magnifique sur la mer et les montagnes tantôt boisées, tantôt dénudées environnantes.

Dès la descente entamée, avec prudence, la vue sur le lac de Skadar est elle aussi majestueuse.

L'arrivée au village de Boljevići, après 30 km et peu avant Virpazar, plonge le voyageur dans une ambiance toute différente.

Musique en public les week-ends. Comptez 4 à 10 € pour un plat principal sans le vin. Logement possible au-dessus de la taverne, lire Appartements Kula dans notre rubrique hébergement à Bar. Pratique lorsqu'on a un petit coup de rouge en trop.

À voir – À faire

▸ **Randonnée.** Le massif de Rumija se trouve au bout de la randonnée transversale des massifs côtiers Orjen-Lovćen-Rumija. Il est décrit dans le guide du même nom (en anglais) édité par l'association de montagne du Monténégro. Le point de passage n°13 de cette transversale se situe près du col de Sutorman (voir balade ci-avant). De là, possibilité d'emprunter la transversale vers le nord ou le sud en se rendant à la passe de Tvrdoč, à 859 m d'altitude. Les indications du guide étant toutefois insuffisantes, mieux vaut contacter le club de randonnée de Bar.

■ **BATEAU SOUMARIN**

✆ +382 69 576 355

www.montenegrosubmarine.me

12 € par adulte (10 € par enfant) pour une heure de navigation.

On peut rester dehors ou regarder les fonds marins car la coque du bateau est en partie en verre.

LITTORAL ADRIATIQUE

L'église métallique héliportée au sommet du mont Rumija

L'église de la Sainte Trinité est installée sur le sommet du mont Rumija à 1 593 m d'altitude. De construction métallique, cette église insolite y a été déposée par hélicoptère le 18 juin 2005 à la demande du Conseil ecclésiastique de Podgorica, dépendant de la Métropolie du Monténégro et du littoral, diocèse de l'Eglise orthodoxe serbe. Selon la légende, une église se trouvait à cet endroit précis où le culte de Saint Vladimir (saint patron de la ville de Bar) était célébré par les trois communautés religieuses (orthodoxe, catholique et musulmane). Le 40e jour après Pâques (Trojičin dan), elles déposaient ensemble une croix et une pierre sur le tumulus. Cette église suscite toujours de vives polémiques sur sa légitimité : cet acte a été jugé comme le fait de vouloir réaffirmer la présence de l'Eglise serbe au Monténégro et de nier en même temps la présence de l'Eglise monténégrine autocéphale. L'histoire de l'église arrivée par les airs et installée sur le point culminant du mont qui est symbole de la ville de Bar n'y est pas naïve : elle symbolise l'affirmation de la primauté de l'orthodoxie sur les autres religions. La vue depuis le sommet est magnifique – pour y accéder comptez 3 heures 30 de marche à pied –, il est vivement conseillé de passer par le club des montagnards de Bar car il n'y a pas de panneaux. Rassurez-vous, une partie de trajet se fait en voiture.

PALAIS DU ROI NICOLAS IER (DVORAC KRALJA NIKOLE – ДВОРАЦ КРАЉА НИКОЛЕ)

✆ +382 30 314 079

Entrée 1 €. Ouvert de 8h à 21h en été et de 8h à 15h en hiver.

Bâtie en 1885, dans un style architectural proche de celui du palais Bleu, à Cetinje, cette résidence, sur le front de mer, était à l'origine destinée à accueillir les invités officiels de la cour royale arrivant par la mer. Elle abrite désormais le Musée municipal de la ville de Bar. On peut y voir notamment quelques céramiques italiennes des XVe et XVIe siècles, des objets issus d'une nécropole slave du VIIe siècle, des costumes traditionnels ainsi qu'une tombe paléo-byzantine du VIe siècle (la plus belle pièce du musée). A savoir : les légendes sont succinctes et en cyrillique uniquement.

STARI BAR (СТАРИ БАР)

STARI BAR (СТАРИ БАР)

Située à 5 km du centre-ville. Pour s'y rendre prendre la direction d'Ulcinj et, après le pont de chemin de fer, tourner à gauche au rond-point, puis à droite (c'est indiqué). Autre possibilité : continuer sur la nationale après le pont de chemin de fer et tourner à gauche aux panneaux Hôpital/Stari Bar, continuer, ensuite tourner à gauche devant l'hopital et puis à droite au panneau Stari Bar. La route grimpe sur quelques kilomètres avant d'atteindre un petit parking gratuit (la ville étant piétonne, il faut laisser son véhicule à cet endroit).

Cette ancienne ville fortifiée, bâtie au pied du mont Rumija dans un site naturel spectaculaire, constitue le plus grand site archéologique d'origine médiévale du Monténégro. Bien qu'aujourd'hui en ruines et inhabitée, elle mérite largement l'intérêt du visiteur. Au hasard de ses ruelles bordées de figuiers et de cyprès, on peut en effet y découvrir les vestiges et fondations de plusieurs centaines d'édifices publics et religieux.

Frappés du sceau des différentes civilisations qui s'y sont succédé, ces édifices forment un témoignage inestimable sur l'histoire mouvementée du Monténégro. Des fouilles récentes ont mis en évidence une occupation du site dès l'an 800 av. J.-C. L'entrée de l'ensemble est payante, 1 €. La citadelle est ouverte de 8h à 19h. Des bus, au départ de la gare de train, y conduisent (toutes les heures, de 5h à 23h30, chaque ½ heure en pleine journée).

▶ **Visite guidée.** La visite de la vieille ville de Bar nécessite au minimum deux bonnes heures. La meilleure façon de le découvrir consiste à flâner dans ses ruelles à la recherche des multiples détails architecturaux ornant les ruines de ses bâtiments. Le panorama, du haut du site, est splendide et permet d'apprécier pleinement sa position stratégique avec d'un côté la mer et de l'autre une succession de montagnes en apparence inaccessibles…

▶ **Au nord-ouest du site,** en dehors des murs d'enceinte, on peut apercevoir un aqueduc érigé au XVIIe siècle lors de l'occupation ottomane. Il fut en grande partie détruit, comme l'ensemble de la ville, lors du tremblement de terre de 1979. Rénové depuis, il s'agit du seul édifice de ce genre du Monténégro.

▶ **De la période ottomane,** la ville a conservé deux autres témoignages importants : des bains turcs datés du XVIIe-XVIIIe et installés dans un ancien palais vénitien ainsi qu'une tour-horloge (*satkula*). Cette tour, probablement érigée au XVIIe siècle, occupe l'emplacement d'une tour plus ancienne datant du XVe siècle. A l'intérieur, on peut également apercevoir les restes d'une tour de défense du VIe siècle.

▶ **A l'extrémité est des remparts** subsistent les fondations d'une église de style roman et dédiée à saint Georges, le saint patron de Bar. Transformée en mosquée au XVIIe siècle, elle a été détruite par une explosion en 1882. Sous ses murs, les archéologues ont trouvé les traces des fondations d'une église datant du VIe siècle.

Vieille ville fortifiée de Stari Bar.

▶ **Non loin de là,** se dresse l'église de saint Veneranda. Bâtie au XIVe siècle, elle est en parfait état de conservation et a été convertie en salle de concert.

▶ **L'église de saint Nicolas,** aujourd'hui en ruines, faisait autrefois partie d'un monastère franciscain. Elle aussi transformée en mosquée sous l'occupation turque, elle conserve des traces de fresques serbo-byzantines.

▶ **Erigées aux XIVe et XVe siècles,** les fortifications situées dans la partie ouest du site ont été renforcées au XVIe siècle par les Vénitiens. Près de l'aqueduc et au nord de la ville se dresse la partie supérieure de la forteresse érigée au XIe siècle et utilisée comme prison durant la Seconde Guerre mondiale.

■ **VIEIL OLIVIER (STARA MASLINA – СТАРА МАСЛИНА)**
Entrée 2 € par personne.
Non loin de la vieille ville – sur la route nationale, quelques kilomètres après le pont, une pancarte indique la direction du site sur la gauche –, à Mirovica se trouve le plus ancien olivier d'Europe, planté il y a deux millénaires et qui est protégé par la loi depuis 1963. Le volume de son tronc est de 10 m et il donne encore des fruits. La légende veut que les familles en querelle se réunissent sous cet arbre qui les aide à se réconcilier.

Sports – Détente – Loisirs

■ **BATEAU SOUMARIN**
✆ +382 69 576 355
Voir page 185.

■ **PORT DE PLAISANCE**
✆ +382 30 312 733
www.lukabar.me

■ **YATCH-CLUB JADRAN ET MARINA SAINT-NICOLAS**
Obala 13 Jula bb
✆ +382 30 313 911
✆ +382 30 311 436
Location de bateaux, mise à disposition de skippers, école de voile... Prix compétitifs.

Shopping

■ **DOMAINE KOPITOVIC**
Dans le village de Brceli
✆ +382 67 212 044
En direction de Petrovac par l'ancienne route. Environ à 10 Km de la ville de Bar.
On peut goûter le vin sur place, manger et acheter des bouteilles.

PEČURICE (ПЕЧУРИЦЕ)

■ **HUILERIE ABAZOVIC**
✆ +382 30 361 133
✆ +382 69 034 133
A 10 km de Bar, le propriétaire Abazovic Vehbija fabrique artisanalement de l'huile d'olivé par pression à froid. Une fabrication purement organique sans additif ni conservateur. Possibilité de voir le procédé d'extraction d'olive, en groupe ou individuellement. Possibilité d'acheter ses produits sur place.

DOBRA VODA (ДОБРА ВОДА)

Petite station balnéaire située à presque mi-chemin entre Bar (10 km) et Ulcinj, appelée aussi Veliki Pijesak pour sa plage. Longue de 480 m et très propre, elle est bondée en haute saison et il est carrément impossible de trouver un bout pour mettre sa serviette : il vaut mieux venir tôt car la plage est encore plus belle le matin. Heureusement, les deux établissements cités ont leur propre plage privée.

Choisir sa plage à Bar

La municipalité de Bar est dotée de 9 km de plages, bien que la plage municipale (gradska plaža) soit sans charme à cause de la proximité du port. Les plus belles plages sont : Kraljičina Plaža à Čanj (à 13 km en direction de Petrovac, ne pas confondre avec sa voisine plus élitiste de Sveti Stefan), Utjeha ou Uvala Maslina, même distance mais de l'autre côté vers Ulcinj, tout comme une multitude de jolies criques autour d'Utjeha dont certaines accessibles uniquement par la mer.
Certains touristes, principalement serbes, choisissent la plage de gros galets de Šušanj, quartier balnéaire dans le prolongement de la promenade. La plage favorite des locaux est Crvena plaža (plage rouge) juste avant Sutomore. Petite et sauvage, elle est bondée en juillet/août mais très agréable en fin de la saison : à l'abri des vents, on se baigne parfois jusqu'en novembre.

■ APART HOTEL KALAMPER
Dobra Voda
✆ +382 30 364 335 / +382 69 796 600
www.kalamper.com
kalamper@t-com.me
Appartement pour 2 personnes 40-80 € selon la saison, petit-déjeuner inclus. Ouvert toute l'année. Hôtel 4 étoiles situé au bord de la plage.
15 appartements (pour 2-5 personnes) modernes et bien équipés avec une cuisinette fournie. Ils ont tous un balcon donnant sur la mer sans vis-à-vis. Internet sans fil gratuit dans tout l'établissement. Nous vous recommandons hautement cette adresse récente (2009) qui appartient à une famille locale respectée (dont un membre est ministre). Plage privée. Un bon plan pour découvrir la côte monténégrine à partir du sud tout en profitant de la mer.

■ KALAMPER 1
✆ +382 30 361 281
kalamper@t-com.me
Sur la colline au-dessus de Dobra Voda.
En arrivant de Bar, tournez à gauche juste avant le premier tunnel et poursuivez pendant 2 km sur la vieille route nationale qui mène à Ostros et Vladimir. Ouvert toute l'année.

Restaurant de cuisine traditionnelle ouvert en 2001. Situé sur les hauteurs de la bourgade, il offre une vue imprenable vers la mer sur 20 km de large (on aperçoit bien les îlots de Stari Ulcinj). On resterait bien quelque temps sur les transats de la piscine pour admirer cette vue magnifique. Parking assuré. Portions copieuses. Compter 15-17 € pour un repas complet (sans vin).

■ KALAMPER 2
✆ +382 30 364 235
kalamper@t-com.me
Sur la plage de Veliki Pijesak, dans l'hôtel du même nom.
Restaurant de poisson ouvert en 2009, ne fermant pas en hiver. Dans un style élégant et moderne en bois, il possède une terrasse à même la plage. Établissement le plus recommandé par les locaux pour son poisson frais. Compter 22-25 € par personne (dessert compris).

UTJEHA (УТЈЕХА)

■ CAMPING OLIVA
Uvala Maslina
18 Borska
✆ +382 30 319 258 / +382 69 331 150 / +382 67 370 095
www.oliva.co.me
oliva-utjeha@t-com.me
Ouvert d'avril à septembre. 2-2,50 € par personne et par nuit, 2,50-3,50 € par tente selon la saison. Électricité 1,5 €.
Petit terrain de camping situé entre Bar et Ulcinj. Ombragé et plage à proximité. Les propriétaires des lieux proposent également quelques chambres à la location.

■ RESTORAN & BEACH BAR PARADISO
Uvala Maslina
✆ +382678754444
✆ +382 69854444
www.paradisomontenegro.com
paradisomontenegro@gmail.com
Ouvert toute l'année midi et soir. Compter 15 € pour un repas complet.
Une adresse incontournable si vous êtes sur la côte allant de Bar à Ulcinj. Enfin un endroit où l'on s'évade, la promesse de la bonne table en bord de mer est tenue, celle que vous cherchiez tant en venant au Monténégro. Le restaurant situé à l'étage offre une belle vue panoramique. La salle est très agréable. L'ambiance et le style sont plutôt *lounge*, mais restent sans prétention, on s'y sent bien. La cuisine méditerranéenne est à

base de produits locaux et bio. On vient tout simplement y manger la pêche du jour. Vous y trouverez également des plats pour les végétariens. Tous les jours, un menu surprise à 10 € que les habitués adorent. Au rez-de-chaussée, c'est le bar de plage. On apprécie d'y boire un coup ou d'y passer la journée en saison. La plage est entièrement aménagée. Gros plus pour les familles : une immense aire de jeux pour les enfants et quelqu'un pour veiller sur eux.

■ **VILLA A&D (APARTMANI JOVETIC)**
✆ +382 69 656 797 / +382 67 565 548
www.apartmanijovetic.com
apartmanijovetic@gmail.com
Appartement pour 3 personnes 25-30 €. A mi-chemin entre Bar et Ulcinj (15 km). Ouvert toute l'année.

Une dizaine d'appartements planqués sur un rocher, offrant tous une vue sur la mer (la meilleure vue panoramique est depuis les appartements du dernier étage). Tout neufs, propres et confortables, ils disposent tous de l'air conditionné, de la télévision écran plat, d'une salle de bains privée, d'un balcon privé et d'une cuisinette bien équipée. Une piscine avec des transats pour admirer la vue sur la mer. Possibilité de faire des grillades. Le parking privé est assuré. Supermarché et restaurants à proximité. La plage de gros galets d'Utjeha est à 800 m, bien qu'il y ait une petite plage aux eaux cristallines, Paljuškovo, à seulement 5 minutes à pied (complètement vide hors juillet/août). Le transfert est proposé avec supplément. Réservation par mail en français (par téléphone et sur place seulement en anglais ou italien). Un bon plan.

ULCINJ (УЛЦИЊ)

Ville la plus méridionale du Monténégro, située à proximité de la frontière albanaise, Ulcinj possède le charme bigarré propre aux stations balnéaires de Méditerranée orientale. Dans un site naturel séduisant, les minarets blancs disputent l'espace urbain aux murs d'enceinte de l'époque médiévale et aux marchés typiques des Balkans. Monténégrine depuis 1881 seulement et très majoritairement peuplée d'habitants de confession musulmane, elle connaît une animation constante, rythmée par l'appel à la prière des mosquées. La légende raconte que l'écrivain espagnol Cervantès y passa 5 ans en tant qu'esclave et qu'il fut vendu sur la place qui porte toujours le nom « Place des Esclaves » (Trg robova). En réalité, les biographes officiels de Cervantès ne mentionnent nulle part ni Ulcinj ni l'Adriatique. Pourtant les locaux insistent en citant le nom même de la Dulcinée qui a été inspiré justement de celui d'Ulcinj (Dolcinium)... Mais sa grande particularité touristique, outre la vieille ville, tient avant tout à l'existence, à côté de la « Petite Plage » du centre-ville, d'une des plus longues plages de la mer Méditerranée. S'étendant sur 12 km, cette plage baptisée Velika Plaža (la « Grande Plage ») s'étire jusqu'à la réserve naturelle d'Ada Bojana, une autre curiosité aujourd'hui transformée en centre de vacances naturiste.

Histoire. Ulcinj est un ancien port de pêche fondé par les Grecs au Ve siècle av. J.-C. Plusieurs vestiges témoignent également d'une présence illyrienne dans et autour de la vieille ville. Lorsque la ville est conquise par les Romains au IIe siècle av. J.-C, elle prend le nom d'Olcinium. Lors de la division de l'Empire romain, Ulcinj entre sous la « juridiction » de la province byzantine de Prevalis, sa population est alors chrétienne. En 1242, des hordes de Mongols arrivent jusqu'aux murs de la vieille ville. Ils se retirent finalement après un court siège mais rasent, sur leur passage, la ville épiscopale de Svač située à une vingtaine de kilomètres de là. Au Moyen Age, Ulcinj devient un important centre commercial. Débouché en Méditerranée de l'Etat serbe de Raška (XIVe siècle), la ville est cependant conquise par les Vénitiens en 1405. Elle restera sous leur contrôle jusqu'en 1571. A partir de cette date et pendant 300 ans, les Turcs occupent la ville. Réputée comme étant un repaire de pirates, elle abrite à la fin du XVIIe siècle plus de 400 corsaires maltais et nord-africains. Les récits et légendes la décrivent comme un havre pour les navires qui venaient relâcher dans la baie de la Petite Plage avec leur butin pris aux Vénitiens, Austro-Hongrois, Grecs et même parfois Turcs. La traite des esclaves en direction de Tripoli (Lybie) y a laissé de nombreuses traces. Les maisons d'esclaves y prospéraient. On raconte même qu'après la bataille de Lépante (1571), l'écrivain espagnol Cervantès, capturé par les corsaires, fut emprisonné dans l'une d'elles. Libérée des Turcs en 1878, la ville fut annexée par le Monténégro en 1881.

LITTORAL ADRIATIQUE

Transports

Comment y accéder et en partir

■ GARE ROUTIÈRE

Bulevar Vëllazërit Frashëri
(anc. Bulevar Bratislava I Jedinstva)
✆ +382 30 413 225
busterminal.me
Située à un peu moins de 2 km de la vieille ville (compter 20 minutes de marche, bien indiquée depuis le boulevard principal). De Podgorica à Ulcinj : départs presque toutes les heures de 7h30 à 20h. Tarifs : 5 €. Durée : 1h30 environ.

Se déplacer

Le stationnement est gratuit mais très difficile dans le vieux centre, surtout le soir. Les taxis sont principalement situés devant la gare routière et à côté du marché couvert de fruits et légumes. Prix difficilement négociables.

Pratique

Tourisme – Culture

Les agences de voyages sont très nombreuses et ouvertes jusqu'à 20h, elles se trouvent sur le boulevard central Kastrioti. Comme partout, elles proposent toutes des excursions similaires et des logements chez l'habitant à des prix soi-disant imbattables.

■ IN MONTENEGRO

✆ +382 30 413 063
Situé avant d'arriver dans la ville sur la route principale à droite.
Créée en 2012, c'est une nouvelle agence réceptive où l'on se plie en quatre pour vous trouver un hébergement chez l'habitant ou en hôtel, pour vous trouver une voiture, une excursion dans la région, une activité sur mesure, un billet de bus ou de train... bref pour bien s'informer et mieux comparer il faut d'abord s'arrêter ici en premier.

■ REAL ESTATE & CO

Ulica Hafiz Ali Ulqinaku
✆ +382 85 421 609
(anciennement : rue du 26-Novembar)
C'est la grande agence d'Ulcinj, qui propose à peu près tout ce qu'il faut pour réussir son séjour, excursions, location de voitures, location de vélos, hébergement chez l'habitant, des titres de transports... ici on peut même acheter une résidence secondaire.

Moyens de communication

Même ici, Internet est partout. Gratuit et sans mot de passe la plupart du temps, on y accède sans fil dans les hôtels, les restaurants, les cafés...

■ POSTE

Ulica Hafiz Ali Ulqinaku
(anc. rue 26 Novembar)
✆ +382 30 412 256
www.postacg.me
Bureau situé au milieu de la rue, côté droit lorsque l'on arrive du boulevard Skenderbeu. Autre bureau de poste situé à côté de l'hôpital, boulevard Skenderbeu.

Orientation

La vieille ville est tout entière concentrée autour de la petite plage. On y accède par la rue Hafiz Ali Ulginaku, elle-même descendant du long boulevard Katrioti, à partir du rond-point nord.

Se loger

Outre les établissements décrits ci-dessous, la ville et ses environs offrent de nombreuses possibilités d'hébergement chez l'habitant. Encore une fois, le prix que vous paierez pour une nuit sera fonction de vos talents de négociateur. Toutefois comptez 15 € minimum par nuit et par personne en saison.

Bien et pas cher

■ ALBATROS

Steva Đakonović bb
✆ +382 30 423 263
hoteli-albatros@t-com.me
Suivez les panneaux.
31 à 39 € en simple et en demi-pension selon saison, 48 à 60 € en double.

Escapades en Albanie

Plusieurs compagnies locales proposent des liaisons quotidiennes avec Shkodra, la principale ville du nord de l'Albanie (comptez 1h30 de trajet). Les départs ont généralement lieu tôt en matinée et il est donc possible de faire l'aller-retour en une seule journée. Depuis Shkodra, de nombreux bus et minibus font ensuite la navette avec Tirana, la capitale albanaise (départs depuis la place principale du centre-ville).

Ulcinj
vers Valdanos
vers Bar
NOVA MAHALA
METERIZI
Liman
Eglise St-Nicolas
Musée
VIEILLE VILLE
Plage du centre ville
MER ADRIATIQUE
PINJEŠ
POLJE
Ulica Ymer Prizreni
Lakčevića
Ulica Voja
Ulica Dora Dakonovića
Mosquée Bregut
Bl. Gjergj Kastrioti
Marché
Centre culturel
Hôtel de ville
Information touristique
Hôpital
Poste
Bulevar Këllazërit Frashëri
Gare routière
Ulica Majka Tereza
Ulica 28 decembar
Mosquée Pasha
Ulica B. Tomoviqit
Ulica Hafiz Ali Ulqinaku
Ulica I. Milutinovica
Poste
Mosquée Namazdjah
Ulica B. Tomo viqit
Obala Borisa Kidriča
Ulica St. Dakonovica
0
500 m
Edifice religieux
Musée
Curiosité
Mosquée
Hôtel de ville
Information touristique
Marché
Poste
Hôpital
Gare routière

Installé dans un vaste immeuble datant vraisemblablement des années 1980, cet hôtel présente l'avantage d'être situé dans un site verdoyant et paisible, face à la mer et au milieu d'une forêt de pins. Les chambres y sont spacieuses et toutes dotées de balcon avec vue sur la mer. Récemment racheté par une société russe, l'établissement a en partie été rénové. Certaines chambres ont toutefois conservé leur mobilier originel et leur prix est moins élevé que dans celles qui ont été restaurées. Signalons enfin la présence d'un parking, d'une salle de billard et d'une piscine couverte.

■ AUTOKAMP TOMI

Velika Plaza
✆ +382 30 455022 / +382 69036358
www.autokamptomi.com
tomi@autokamptomi.com
15 € tout compris pour 1 à 4 personnes. Un camping charmant, jusqu'à 100 places, à l'ombre et à 300 m de la plage, avec, chose rare, des blocs sanitaires corrects. Son propriétaire est charmant et propose également des chambres à 10 € (en chambre de trois, avec climatisation) ou à 20 € en chambre de deux. Un appartement à 70 € par jour en saison.
Ouvert début avril jusqu'à fin octobre. Possibilité de se nourrir au restaurant.

■ HOTEL BELLEVUE

Velika plaža
✆ +382 30 412 610
www.ulcinjska-rivijera.com
ulrivijera@t-com.me
40 € par personne en demi-pension en pleine saison (nuits gratuites pour les enfants de moins de deux ans).
Construits tout en béton sous l'ère communiste mais rénové en 2012, Bellvue offre des chambres spacieuses, propres et avec un balcon, comme tout le reste. Cependant, ici c'est idéal pour les familles nombreuses car les prix sont en conséquence. La plage est à une dizaine de mètres.

■ PENSION OTRANT

Velika plaža
✆ +382 33 455 303
Appartement pour deux personnes pour 30 € la nuitée, 50 € en demi-pension. Ouvert toute l'année.
Voilà une bonne adresse familiale à proximité de la plage Velika. Cette grande villa de 2 étages propose 15 appartements traditionnels depuis 1981. A/C, balcon privé, TV câble, Internet sans fil gratuit, frigo, téléphone. Restaurant avec parfois des soirées « grillades » amusantes. Parking privé.

■ VILLAGE TOURISTIQUE VELIKA PLAZA

✆ +382 20 621 992
www.velikaplaza.com
htpvelikaplaza@t-com.me
Ouvert du 25 mai au 1er octobre. Chambres de 24 à 30 € par personne en demi-pension, bungalows de 18 à 21 € par personne, appartements de 26 à 37 € par personne. Petit déjeuner et dîner inclus. Prix variant en fonction de la période de l'année et de la présence d'un coin cuisine ou non.
Le long de la route menant à Ada Bojana, au milieu d'une forêt de pins et à 250 m de la « Grande Plage ». Vaste complexe touristique comprenant des chambres d'hôtel, des bungalows et des appartements familiaux. Ensemble propre et bien entretenu.

Confort ou charme

■ DOLCINO

Ul. Hafiz Ali Ulqinaku bb
✆ +382 30 422 288 / +382 69 032 804
www.hoteldolcino.com
dolcino@t-com.me
15 chambres doubles et 2 suites. 45 € en simple du 15 juin au 15 septembre, la même pour 60 € en double. Du 16 septembre au 14 juin : 40 € en simple et 50 pour la double. Suite pour deux personnes 70 et 80 €. Les petits-déjeuners sont inclus dans les prix.
Ouvert en 2006, cet hôtel central et moderne propose des chambres confortables, décorées de façon sobre. La plupart d'entre elles sont dotées de balcon donnant sur la rue. Les 101, 102 et 103 sont plus spacieuses que les autres. Possibilité de demi-pension. Au rez-de-chaussée un restaurant de cuisine méditerranéenne.

■ MEDITERAN

Mujo Ulginaq bb
✆ +382 30 403 124
sales@hotel-mediteran.com
Chambre double 55 € par personne du 01/11 au 14/05. 70 € du 15/05 au 30/06 et du 11/09 au 31/10. 90 € du 01/07 au 10/09. Petit-déjeuner inclus dans les prix. Supplément 10 € par jour pour un animal domestique. Demi-pension possible. Paiement Visa/Maestro/Master.
Ouvert toute l'année avec une centaine de chambres doubles avec climatisation, minibar, Internet sans fil gratuit, salle de conférence

avec équipement moderne, garde d'enfants, laverie, restaurant... toutes avec une belle vue sur la mer. Pour un hôtel sans charme particulier mais correct et bien placé sur la corniche qui domine la Mala Plaža. Piscine. Parking privé. Idéal pour les familles.

■ **OTRANT**
Velika plaža
✆ +382 33 401 360
✆ +382 33 410 800
www.hotelotrant.me
info@hotelotrant.me
En basse saison : 35 € en demi-pension, 56 € en B&B. En haute-saison : 61 € en demi-pension et 70 € en all inclusive.
Racheté par une société russe, ce complexe hôtel semi-moderne a été totalement rénové à la fin des années 2000. Son gros point fort est qu'il est directement situé sur la plage, face à la mer. Avec ses lits à baldaquin en bois directement sur le sable, de belles journées deplage vous attendent !

Luxe

■ **HOTEL & APPARTEMENTS « LLOLLA »*****
✆ +382 30 425 191
www.arlindtours.net
llolla@t-com.me
Situé dans le quartier de Kodre.
Piscine pour enfants et pour adultes, parking, bar-restaurant, studios et appartements équipés, Internet sans fil, climatisation... C'est tout propre et tout neuf car vient d'ouvrir en 2014.

■ **HOTEL PALATA VENEZIA******
Stari grad bb
✆ +382 30 421 609 / +382 67 314 000
www.hotel-palatavenezia-montenegro.com
realestate@t-com.me
Hôtel de charme, genre poutres et pierres, situé dans la vieille ville avec vue. Restaurant, piscine, sauna, bains à bulles... idéal pour des événements importants.

Se restaurer

Vous trouverez, outre les restaurants décrits ci-dessous, plusieurs établissements installés dans la vieille ville. Ces derniers sont tous dotés d'une agréable terrasse avec vue sur la mer et proposent une carte similaire, à savoir des pizzas, des pâtes, des viandes grillées et du poisson frais (compter 15-25 €/kg). La cuisine y est moyenne et les prix un peu plus élevés que dans la ville moderne. Vous trouverez aussi des établissements situés à Ada Bojana (le long de la rivière, à côté du pont menant à l'île du même nom).

Bien et pas cher

■ **AMFORA**
Mala plaža ✆ +382 30 411 353
Ouvert de 7h à 23h.
Un petit restaurant ouvert toute l'année depuis 1982 tout ce qu'il y a de plus simple, situé à deux pas de la plage du centre-ville, au bout de la rue Steva Jankovica. Carte essentiellement composée de poissons mais qui propose aussi des grillades et des petits-déjeuners. Petit coin terrasse, accueil avenant et carte traduite en français.

LITTORAL ADRIATIQUE

© EFESENKO – ISTOCKPHOTO

Ulcinj.

Bonnes tables

■ ARAGOSTA 1
Mala Plaza
Albatros Beach
✆ +382 67 812 600
✆ +382 69 312 578
senadcungu@hotmail.com
Sur la place face à la petite plage de la ville.
Entrées de 3 € à 8 €. Plats environ 10 €. Pizza à 4 €. Vin local à 12 € la bouteille.
C'est le premier restaurant en arrivant sur la plage, on le reconnaît facilement à ses couleurs blanches et turquoises. On a bien aimé la salade aux poulpes (7 €), salade grecque (9 €), spaghetti aux fruits de mer (8 €), bifteck aux champignons sur le grill (12 €). Terrasse sympathique sur le front de mer où l'on peut aussi se faire servir une omelette au fromage et jambon de pays pour son petit-déjeuner contre 2,50 € seulement. Vue sur la vieille ville et la vieille mosquée entièrement rénovée. Ouvert toute la journée, on peut aussi venir profiter de la terrasse pour boire cafés et cocktails.

■ ARAGOSTA 2
✆ +382 67 812 600
✆ +382 69 312 578
senadcungu@hotmail.com
En contrebas de l'hôtel Albatros.
Ouvert de juin à octobre midi et soir. Comptez environ 15 € pour un repas complet. Attention, l'autre restaurant ARAGOSTA 1 est ouvert toute l'année.
Situé au bord de la mer depuis 2007 et bâti sur plusieurs niveaux, c'est une bonne adresse pour goûter aux spécialités de poisson. Bien à l'ombre des pins, on a un cadre agréable le jour, voire romantique le soir, bercé par le son des violons. C'est la fierté du patron qui a plusieurs établissements en ville (dont l'Aragosta 1 bien sûr). C'est lui qui occupe la cuisine et régale ses clients de *ceviches* et *carpaccios* de poissons composés avec la pêche du jour.

■ MANHATAN
Pristan bb
✆ +382 69 032 400 / +382 69 90 95
dans le centre ville, tout près de la plage coté vieille ville.
Comptez environ 10€.
Situé au premier étage avec vue plongeante sur la rue, on y accède en montant un petit escalier étroit depuis la rue Pristan presque sur la plage même. Ici, les plats sont cuits devant vos yeux dans un four traditionnel en brique avec un feu au bois d'olivier pour donner aux aliments un arôme particulier. Les pizzas sont donc bien meilleures qu'ailleurs et les poissons aussi, il va sans dire. Attention, peu de tables, une réservation est quasi obligatoire en plein été, surtout si vous êtes nombreux.

■ PONTE 2
K.Skenderbeg bb
✆ +382 30 411 545 / +382 69 379 902
A l'angle du carrefour à l'entrée de la ville.
Ouvert toute l'année.
Dans ce café-restaurant d'apparence moderne en face de la mairie se réunissent les cadres, les intellos, les hommes d'affaires de la ville. On y sert un peu de tout : des pizzas, des soupes, des pâtisseries... L'autre restaurant Ponte, le premier, se trouve à Ada Bojana et jouit de la même réputation mais en plus décontracté et seulement en été.

À voir – À faire

Les centres d'intérêt de la ville ne sont guère éloignés les uns des autres mais il est assez difficile de trouver des places de parking à proximité de la plage : le plus simple consiste donc à laisser son véhicule à proximité du boulevard Skenderbeu puis d'explorer la ville à pied. L'accès à la vieille ville se fait par deux entrées principales, l'une située à côté du port (et au bout de la plage du centre-ville), l'autre située du côté opposé, à côté de l'église orthodoxe Saint-Nicolas.
Installée sur un promontoire rocheux au nord-ouest de la ville moderne, la vieille ville constitue l'attrait principal d'Ulcinj. Bien que de dimensions beaucoup plus modestes que celle de

Budva ou de Kotor et en grande partie reconstruite à la suite du tremblement de terre de 1979, celle-ci mérite l'intérêt des visiteurs. Ses ruelles pavées (mais glissantes), ses maisons à l'allure austère mais aussi ses passages voûtés lui confèrent un charme certain, en particulier à la nuit tombée. Immédiatement à gauche de l'entrée principale (celle située près de l'église Saint-Nicolas) se dresse une petite église dédiée à sainte Marie (nom incertain). Bâtie au début du XVIe siècle (1510), elle a été convertie en mosquée en 1639, lors de l'occupation ottomane. Celle-ci abrite désormais un musée (cf. description ci-après). Toujours à côté de l'entrée nord se trouve une fontaine d'origine turque (1749). La ruelle qui longe la mer, à droite de la fontaine, mène à une construction qui était autrefois la porte d'accès à la vieille ville par la mer. A côté des escaliers menant à cette construction subsiste un petit entrepôt érigé par les Turcs au XVIIIe siècle afin d'y abriter leurs réserves de poudre à canon. Dans la partie inférieure de la ville, on peut enfin apercevoir les fondations de l'église Sainte-Marie (Kisha e Shenmerise), plus tard rebaptisée Saint-Marc (Shen Markut). Celle-ci, située en face de l'hôtel « Dvori Balšića », a probablement été érigée au cours du XIIe siècle.

■ CATHÉDRALE ORTHODOXE SAINT-NICOLAS (SV. NIKOLE – CB. НИКОЛЕ)

Située au pied de la vieille ville, au milieu d'un jardin d'oliviers, cette église a été bâtie en 1890 sur l'emplacement d'un monastère du XVe siècle transformé en mosquée sous l'occupation ottomane. Le nouvel édifice, surmonté d'un beffroi, a été consacré aux Monténégrins tombés pendant la guerre russo-turque de 1878. Une autre église du centre-ville, elle aussi dédiée à saint Nicolas, mérite une visite. Située près de la route nationale Bar-Ulcinj, elle constitue un témoignage intéressant du passé ottoman de la ville. Les Turcs interdisant la construction d'édifices dont la hauteur dépassait celle des minarets des mosquées, cette église a été bâtie sur un niveau légèrement inférieur à celui du sol.

■ GRANDE PLAGE (VELIKA PLAŽA – ВЕЛИКА ПЛАЖА)

Cette plage de sable fin (et gris) est l'une des plus célèbres du Monténégro. Longue de 12,5 km, elle s'étend du canal de Milena à la rivière Bojana. En partie bordée d'une forêt de pins, elle est réputée pour la richesse de ses minéraux dont les vertus bienfaitrices sur le corps humain ont été reconnues dès le début du XXe siècle. Plusieurs restaurants en bois s'y trouve mais suffisamment espacés (12 km, c'est long…) pour que la plage garde son aspect sauvage.

■ MOSQUÉE PASHA (PAŠINA DŽAMIJA – ПАШИНА ЏАМИЈА)

Située près de la « Petite Plage » du centre-ville, cette mosquée érigée en 1719 par Klič Alija de Constantinople est la plus ancienne de la ville. De taille et d'architecture modestes, elle se distingue des autres mosquées du pays par la présence, à ses côtés, d'un petit hammam, le seul du pays.

■ MUSÉE DE LA VIEILLE VILLE (ZAVIČAJNI MUZEJ – ЗАВИЧАЈНИ МУЗЕЈ)

✆ +382 30 421 419

Ce musée est en fait un petit complexe historique constitué de plusieurs édifices situés dans l'enceinte même de la vieille ville. Immédiatement après avoir pénétré dans l'enceinte du musée, on peut apercevoir, sur la gauche, quelques voûtes protégées par des grilles. Ces dernières ont pendant longtemps servi de cellules de prison. La légende raconte que l'écrivain espagnol Cervantès (1547-1616) y aurait séjourné après avoir été blessé dans la bataille de Lépante. La grande tour, située à côté de l'église-mosquée est connue sous le nom de tour des Balšića, datant de la fin du XIVe siècle et donc de la dynastie des Balšića. La petite place, en face de l'église et de cette tour, est connue sous le nom de place des Esclaves. C'est en effet ici que se tenait le principal marché aux esclaves noirs de la ville développé avec la ville de Tripoli (Libye). Toujours dans l'enceinte de la citadelle, on peut apercevoir les vestiges des toutes premières fondations de la citadelle (constructions cyclopéennes). Pour les voir, passer sous le passage voûté au bout et à gauche de la place à partir de la porte d'entrée. Les ruines sont visibles après quelques marches d'escaliers, sur la gauche, derrière un petit mur (sur lequel il faut monter pour avoir une meilleure vision de l'ensemble). L'église Sainte-Marie, au milieu de la place des Esclaves, abrite une petite collection d'objets anciens parmi lesquels deux haches datant de l'âge du bronze, ainsi que des sculptures en pierre d'origine turque et ionique (ordre d'architecture grec apparu vers 560 av. J.□C.).

Sports – Détente – Loisirs

Sur la plage de sable naturiste à Ada Bojana on pourra faire des promenades en cheval sur 3 km (10 € pour 1h) ou en calèche sur 1,5 km depuis le pont jusqu'à Barbana (10 € pour une demi-heure).

LITTORAL ADRIATIQUE

■ **CENTRE DE PLONGÉE D'OLCINIUM**
Mala plaza
✆ +382 67 314 000 – www.uldiving.com
Fondé en 2004, ce petit club de plongée est installé près de la plage du centre-ville et au pied de la vieille ville.

■ **DRAGON PROJECT**
Ada Bojana
✆ +382 63 620 911 / +382 69 640 800
www.dragonproject.me
dragonpromail@yahoo.com
40 à 150 € selon le sport.
Centre de parachutisme, planche à voile et de kitesurf ouvert de mai à octobre et situé sur l'îlot d'Ada Bojana (les locaux pour la pratique du kitesurf sont installés sur la Grande Plage, à environ 700 m de l'endroit où la rivière se jette dans la mer, côté droit).

Shopping

■ **MARCHÉ**
Ouvert les mardis et vendredis (jusqu'à 14h environ).
Ce marché couvert est l'un des plus pittoresques du pays et mérite à ce titre un petit détour. On y trouve de tout et à profusion : lait, fromage, œufs, fruits et légumes, olives, huile d'olive et même du tabac en provenance d'Ostros, près du lac de Skadar.

ÎLE D'ADA (АДА)

La rivière Bojana marque la frontière avec l'Albanie. En 1858, le naufrage du Merito dans le delta a contribué à la formation d'une île de sable autour de l'épave. Reliée à la terre par un pont, cette île de forme triangulaire abrite depuis une trentaine d'années un complexe de vacances naturiste et seuls les clients de ce centre peuvent désormais y accéder (hormis en hiver, lorsque le complexe hôtelier est fermé). A l'ouest de l'île, la rivière Bojana arrose un site pittoresque bordé de cabanes en bois sur pilotis où les pêcheurs proposent leurs prises du jour. Tous les restaurants, situés les uns à côté des autres et au pied du pont menant à l'île, sont dotés d'agréables terrasses avec vue sur la rivière et l'île.

■ **CAMP NATURISTE ADA BOJANA**
Ada Bojana ✆ +382 30 411 351
www.ulcinjska-rivijera.com
ulrivijera@t-com.me
Ouvert du 15 juin au 15 septembre. 70 bungalows, de plain-pied et en dur, et 120 chambres classiques. De 32 € à 48 € pour deux personnes en demi-pension (de 50 à 77 € en single). Camping : 3,70 €/4,60 € par personne et par tente.
Ouvert il y a une trentaine d'années, ce centre de vacances naturiste est installé sur l'île d'Ada Bojana. Il offre plusieurs types d'hébergement : un camping (peu ombragé), des bungalows et des appartements situés dans de petits immeubles d'un étage. L'ensemble est très défraîchi mais bien tenu et propre. Une jolie plage de sable fin borde la partie sud de l'île. Le complexe comprend une épicerie, plusieurs restaurants, des terrains de tennis, une salle de billard et une école de voile. Précision importante : l'accès au site est réservé aux naturistes uniquement.

VALDANOS (ВАЛДАНОС)

Située à 6 km à l'ouest d'Ulcinj, cette baie recouverte de milliers d'oliviers et accessible par une petite route goudronnée abrite une belle plage de galets et protégée des vents. Cette baie en forme de fer à cheval a été un lieu de mouillage des pirates qui opéraient sur la côte Adriatique. Pacha Mahmoud Bushati parti de Shkodra les y prit au piège en 1675 et y brûla leurs bateaux.

LAC DE ŠAŠKO (ШАШКО ЈЕЗЕРО)

Situé à une vingtaine de kilomètres au nord-est d'Ulcinj, ce petit lac relié à la rivière Bojana par un étroit canal et environné de marais peuplés de milliers d'oiseaux est un véritable paradis pour les ornithologues. Au nord du lac, on peut apercevoir les ruines d'une construction médiévale, il s'agit du seul édifice encore debout de la vieille ville de Svač. Fortifié par les Illyriens, le site a ensuite constitué l'une des étapes de la route romaine reliant Ulcinj à Shkodra en Albanie. Mentionné comme ville épiscopale du royaume de la Zeta en 1067, il fut rasé par les Mongols en 1242. Reconstruite puis à nouveau détruite à la fin du XVIe siècle par les Turcs, cette ancienne cité est depuis le XVIIe siècle à l'état de ruines. Selon des documents d'époque, Svač fut autrefois une ville magnifique « comptant autant d'églises que de jours de l'année ». Aujourd'hui, on peut encore apercevoir les fondations de huit églises. Les quelques fouilles archéologiques effectuées sur ce site ont permis de révéler la présence de fresques et d'ornements architecturaux sur la plupart de ces édifices religieux. Pour rejoindre ce site depuis Ulcinj, prendre d'abord la route en direction du village de Vladimir puis, après 18 km, emprunter une petite route partant en direction de l'est sur 5 km.

NORD-OUEST

Monastère d'Ostrog.

Nord-Ouest

Des canyons et des rivières sauvages, un parc national classé au Patrimoine mondial de l'Unesco, des hauts pâturages, d'innombrables cascades et lacs glaciaires : voilà ce que le nord-ouest du Monténégro nous offre. S'explorant plus qu'elle ne se visite, en raison de son relief escarpé, cette partie du pays ne peut qu'enchanter les amoureux authentiques des grands espaces. Bordé d'un côté par la Serbie et de l'autre par la Bosnie-Herzégovine, le nord-ouest du Monténégro est constitué de plusieurs massifs montagneux coupés de gorges laissant peu de place à l'établissement de villes hormis dans sa partie septentrionale. Le parc national, qui s'étend au cœur de la région, en constitue son attrait majeur. Sous l'influence d'un climat subalpin, cette région connaît des hivers froids et enneigés et des étés de courte durée et frais.

MONASTÈRE D'OSTROG (МАНАСТИР ОСТРОГ)

Transports

Pour s'y rendre depuis Podgorica, il faut d'abord prendre la direction de Nikšić et, après 36 kilomètres on l'aperçoit sur le côté droit de la vallée, prendre alors une route secondaire très étroite, indiquée (des travaux en cours) qui vous mènera, après de multiples virages, à un premier parking situé en face de l'église de la Sainte-Trinité (1824).

S'il est possible de poursuivre en voiture jusqu'au monastère, il est préférable de garer son véhicule dans ce premier parking puis de continuer à pied en empruntant le chemin de pèlerinage. Cette ascension, qui nécessite une bonne demi-heure de marche, permet de s'immerger pleinement dans l'atmosphère de recueillement propre au lieu. Malgré la construction malheureuse d'un nouveau parking à côté du monastère, ce chemin est encore très fréquenté par les fidèles qui ne sont pas rares à le gravir pieds nus.

Pratique

Le monastère est ouvert de 6h à 19h. Trois dortoirs, situés au premier étage du grand bâtiment jouxtant le monastère, sont mis à la disposition des pèlerins et visiteurs souhaitant passer la nuit au monastère. Avec une capacité totale de 135 lits (superposés par trois), on peut donc y dormir et même se préparer un repas dans une petite cuisine, le tout gratuitement bien entendu.

On vous distribue des couvertures et les dortoirs sont ouverts de 6h à 22h. L'hébergement est ouvert à tous, orthodoxes ou non, mais l'affluence est telle en été qu'une place n'est jamais garantie. Des sanitaires ont également été aménagés en contrebas de l'édifice, dans le premier virage (et après le parking). En outre, un bâtiment plus modeste, 2 km avant le monastère et près de l'église, dispose également de lits, avec toilettes attenantes.

Les immanquables du Nord-ouest

- **Visiter** le monastère orthodoxe d'Ostrog, l'un des lieux de pèlerinage les plus importants de la région.
- **Arpenter** les montagnes du Durmitor, découpées d'à-pics vertigineux et atteindre le « toit du Monténégro », le mont Bobotov Kuk.
- **Descendre** la rivière Tara en rafting et découvrir le canyon de la Komarnica (Nevidio), le dernier canyon conquis en Europe.
- **Se relaxer** pendant l'été sur les rivages du lac Noir, à Žabljak.
- **Découvrir** les paysages pittoresques dans les environs de Plužine en faisant de la randonnée, de l'alpinisme ou du VTT.

0
20 km
N
Ville principale
Village secondaire
Curiosité & divers
Sommet
Col
E80
Route principale
Autre route
Parc national
Drina
Srbinje
SERBIE
Kovaći
Boljanići
BOSNIE-
HERZEGOVINE
Gradac
Ceotina
Pljevlja
Volode
Zabrdo
Sćopan Polje
Parc National
Sutjeska
Maglić
2386 m.
Mratinje
LJUBIŠNJA
PIVSKA
V. Vitao
2397 m.
Tara
Kosanica
Pivsko
Jezero
Grotte Ledena
pecina
Žabljak
Rasova
Durdevića
Tara
Gacko
Parc National
Durmitor
Plužine
Bobotov kuk
2522 m.
Virak
Njegovuda
Monastère
Pivski
DURMITOR
Zminicko
Jezero
Rudnice
Vražje
Jezero
GOLIJA
Miljkovac
Piva
D. Bukovica
E762
Bajovo Polje
Krstac
D. Brezna
Bistrica
Previs
Goslić
Šavnik
Mokro
Bovn
SOMINA
Bukovica
Krnja Jela
1721 m.
Jasenove Polje
STOŽAC
Šipačino
E80
Gvozd
Dragovića Polje
2226 m.
NJEGOŠ
Vraćenovići
Rastovac
Mioska
G. Trepča
Klenak
Velimlje
Brezovik
Kapetanovo
Jezero
2141 m.
Lukovo
Krupcko
Petrovići
Kuside
Rubeži
Durdevina
Cave
Stijena
Nikšić
Broćanac
MAGANIK
Rudine
Kuta
Maočići
Trubjela
Medurijecje
Slansko
Jezero
Morakovo
Stubica
Jezero
Liverovici
Ilijino
brdo
Cerovo
BJELOPAVLICI
Povija
Ostrog
1476 m.
E762
Kula
1927 m.
Grahovo
Ubli
Nudo
Trešnjevo
Rošca
Zagorak
Slap
Poljica
Crnci
Damilovgrad

Se loger

■ KOLIBE

Bogetići
✆ 067 888 189
www.kolibe.me
kolibe@t-com.me
De 25 € par personne la nuitée avec petit déjeuner en double, 20 € en triple. De 30 € par personne en demi-pension en double, 25 € en triple. Gratuit pour les moins de 7 ans. Situé sur la route de pèlerinage, à 8 km avant le monastère d'Ostrog sur votre gauche. Depuis la nationale Podgorica-Nikšić, tourner au panneau Ostrog, puis montez environ 1,5 km.
Kolibe, voulant dire chalets en bois, propose des bungalows tout neufs pour 4 et 5 personnes. D'une architecture montagnarde remarquable, tout en bois, ils sont bien agréables et équipés de A/C, mini-bar, TV satellite, Internet. Forfaits intéressants : hébergement en pension complète, transfert de l'aéroport, visite du monastère, activités (rafting sur Tara, circuit en vélo, canoying à Nevidio, canoe safari sur la Zeta...). Kolibe c'est aussi le restaurant panoramique 4 étoiles construit à cet emplacement en 2010. En admirant la vue sur les paysages (avec le monastère au loin), on déguste les spécialités locales et nationales généreusement servies : cicvara, kačamak, agneau ou veau « ispod sača ». Belle carte des vins dont « Podostroski vranac » est un très bon vin local. Une des meilleures adresses du nord.

À voir – À faire

■ MONASTÈRE D'OSTROG (МАНАСТИР ОСТРОГ)

Manastir Ostrog
✆ +382 68 330 336 / +382 68 800 899
✆ +382 68 000 258
manastirostrog.com – office@mostrog.me
Situé dans la vallée de Bjelopavlici, ce monastère orthodoxe est le plus vénéré du pays. Chaque année, des milliers de fidèles monténégrins et serbes viennent y prier et y brûler des cierges. L'apparition du monastère blanc accroché au milieu d'une falaise rocheuse, à même la paroi verticale, est spectaculaire.
Construit au XVIIe siècle (1656) par Vasilije Jovanović – le métropolite d'Herzégovine occidentale, futur Sveti Vasilije Ostroški (saint Basile d'Ostrog), qui y vécut jusqu'à sa mort en 1671 –, le monastère a été ravagé par un incendie puis restauré dans les années 1920. Il est formé de deux chapelles troglodytes, celle de Sv. Krst (Sainte-Croix) et celle de Vavedenje. Les reliques des ossements du saint peuvent être vues dans l'une de ces chapelles surveillée par un moine en robe noire. Reliées entre elles par un réseau d'escaliers et de passages étroits, ces chapelles sont décorées de peintures murales qui ont été réalisées à la fin du XVIIe siècle par Radul, un célèbre peintre serbe de cette époque. La résidence des moines, grand bâtiment jouxtant le monastère, a été ajoutée dans les années 1980. Des miracles et des pouvoirs de guérisseur sont attribués à saint Basile, aussi trouvera-t-on dans les fissures des pièces de monnaie ou des morceaux de papier invoquant son aide.

NIKŠIĆ (НИКШИЋ)

Pôle industriel, culturel et universitaire, Nikšić est également la deuxième plus grande ville du pays par sa superficie et son nombre d'habitants (58 215). Son apparence actuelle date de la fin du XIXe siècle lorsque le roi Nicolas Ier décida de faire table rase du passé et de restructurer la ville sur le modèle des villes européennes. Plutôt réussie, cette « nouvelle ville » constitue aujourd'hui le cœur de la cité. Situé à l'intersection de routes importantes reliant entre elles les parties montagneuses, littorales et centrales du pays, le site fut successivement occupé par les Romains, les Barbares, les Goths, les Slaves puis les Turcs. Cette position stratégique constitue, encore aujourd'hui, un facteur de développement de la ville même si cette dernière a connu, depuis l'éclatement de la Yougoslavie, un certain déclin dû à la chute de la fréquentation touristique et des revenus économiques. La ville est reliée à Thessalonique (Grèce), Tirana (Albanie), Podgorica, Foča (Bosnie-Herzégovine) et Sarajevo grâce à la route internationale E 762. Nikšić est enfin connu pour abriter la brasserie Nikšićka pivara, ouverte depuis plus d'un siècle déjà et qui produit la célèbre bière locale du même nom.

▶ **Histoire.** La fondation de la ville remonte aux IIIe et IVe siècles lorsqu'une colonie romaine décide de s'établir dans la région et d'y ériger des fortifications. Alors connue sous le nom d'Anderva, cette cité romaine est détruite par les Barbares, suivis des Goths. Ces derniers y construisent une forteresse à la fin du Ve siècle afin de se protéger des Byzantins et la cité prend alors le nom d'Anagustum, d'après le nom de son chef militaire Anagast. Fréquemment disputée entre Byzantins et Slaves, la ville devient connue, au cours du XIVe siècle, sous le nom d'Onogošt avant d'être finalement rebaptisée Nikšić par les Slaves. Lorsque les Turcs arrivent dans la ville, en 1465, ils décident d'y ériger une nouvelle forteresse sur les fondations de l'ancienne et la nomment Bedem. Libérée des Turcs en 1877, la ville connaît un nouvel essor grâce au roi Nicolas Ier qui demande à l'ingénieur Josip Slade de réaliser une nouvelle ville sur le modèle des villes européennes. La ville se développe alors à un rythme soutenu durant près de trente ans. L'économie est florissante et la construction d'écoles, d'une grande église orthodoxe (Sv. Vasilije), d'un palais royal, d'espaces verts, d'un pont enjambant la Zeta et d'une brasserie (1896), qui produit toujours la fameuse Nikšićko, donnent à la ville un nouveau visage.

Transports

Comment y accéder et en partir

Nikšić est situé à 50 km au nord de Podgorica. On peut y accéder soit depuis Podgorica par la nationale E 762, soit par le nord, depuis Žabljak et via Šavnik. Cette seconde route, longue de 70 km, est une nouvelle route impeccable (mais très sinueuse sur une dizaine de kilomètres de Šavnik vers Mokro). Tivat aéroport = 120 km. Distance de l'aéroport de Podgorica = 50 km.

■ **GARE FERROVIAIRE (ŽELEZNIŠKA STANICA)**
Stojana Kovačevića 1
✆ +382 40 211 912
Compter environ 50 minutes et 3 € pour Podgorica, départs : 6h25, 8h40, 15h50, 18h30, 19h55.

■ **GARE ROUTIÈRE**
Ulica Gojka Garčevića
✆ +382 40 213 018
Près de la gare ferroviaire. Départs pour Šavnik, Žabljak et Pljevlja à partir de 7h du matin. Nombreuses liaisons quotidiennes avec Podgorica.

Se déplacer

Les taxis sont nombreux et pas chers. Ils arrivent très vite sur simple appel avec zéro euro au compteur qui est branché lorsque vous montez dans la voiture. Précisez la nature du véhicule désiré.

▶ Maxi Taxi : 040 200 300

■ **STATION ESSENCE EKO 24H/24**
13. jul bb
✆ +382 0 40 200 360
www.jugopetrol.co.me
En plein centre-ville à côté de l'hôpital au nord de la ville.
Cartes de crédit acceptés : Diners, Visa, Master, EKO cards.

Pratique

Tourisme – Culture

■ **OFFICE DE TOURISME (TURISTICKA ORGANIZACIJA)**
Ivana Milutinovića 10
✆ +38240213262
www.niksic.travel
info@niksic.travel
À cinq minutes à pied des deux gares.

Retrouvez le sommaire en début de guide

Argent

Il y a trois banques avec distributeur autour de la place principale juste à la sortie des deux gares. Tout près de la poste.

Moyens de communication

POSTE
Save Kovačevića br. 3
Bulevar 13 Jul
www.postacg.me
Sur la place principale à la sortie des gares.

Santé – Urgences

- **Ambulance** : 124
- **Police** : 122
- **Pharmacie** : Gvam Phar, rue Nika Milijanića bb, tél. 040 245 500. Voir aussi pharmacie : ICN, rue Narodnih Heroja bb, tél. 040 214 930.

Se loger

HOTEL ONOGOST
Ulica Njegoševa 24
✆ +382 40 243 608
✆ +382 40 244 865
www.htponogost.me
onogost@t-com.me
Chambre simple à partir de 20 € (37 € la supérieur), 40 € la double (66 € la supérieur). Petit déjeuner inclus. Paiement CB accepté. Parking privé.
Un grand hôtel central, typiquement socialiste. il date sérieusement mais les prix sont en rapport. Chambres fonctionnelles et au mobilier fatigué mais spacieuses. Une expérience à vivre au moins une fois.

HOTEL TREBJESA****
Park Trebjesa
✆ +382 77 200 060
www.hoteltrebjesa.me
info@hoteltrebjesa.me
Dans le parc du même nom, pas loin des deux gares.
Chambre standard : 40 € ; luxe : 70 € ; supérieure : 96 €.
Un des rare dans la catégorie « luxe » ici. L'avantage c'est qu'il est dans un parc donc calme, verdure et fraîcheur assurés. C'est un petit hôtel de 8 chambres uniquement, avec restaurant et toutes les commodités d'un 4 étoiles. Elégance, charme, modernité, écologie à son prix.

HOTEL VUČJE
✆ +382 67 319 719
www.vucje.me
A 20 km de Nikšić sur la montagne de Krnovo.
Ouvert toute l'année. La nuitée en chambre standard avec petit déjeuner : 15 € en été et 20 € en hiver, demi-pension : 24 € par personne, salle de bains commune. Appartements disponibles.
Un hôtel récent de 70 lits, confortable et propre, avec un restaurant de style montagnard très bien construit en bois et en pierres avec une grande cheminée au milieu. Connexion wi-fi et parking privé. Pour 7 nuitées et plus, l'hôtel vous offre l'équipement de ski. Les animaux de compagnie ne sont pas admis.

SINDČEL
Danila Bojovića bb
✆ +382 40 213 655 / +382 40 213 653
http://sindcel.blogspot.com
sindcelnk@gmail.com
13 chambres. Tarifs 2015. Chambre simple : 27 €, chambre double : 45 € et 70 € pour la triple. Petit déjeuner inclus.
Un petit hôtel modeste situé à un quart d'heure de marche des rues animées du centre-ville. Chambres standard et sans surprise avec douche, Internet, télévision, téléphone mais pas d'air conditionné. Egalement 2 restaurants, un garage pour les motos et les vélos...

Se restaurer

Si Nikšić ne manque pas de restaurations rapides (fast-foods) où manger sur le pouce, on trouve en revanche assez peu de restaurants malgré son statut de deuxième plus grande ville du pays. Ceci parce que les Monténégrins vont peu au restaurant sauf pour fêter un événement important en famille ou entre amis. Outre le restaurant décrit ci-dessous, celui de l'hôtel Onogošt propose des plats simples de type cantine mais copieux et à des prix modérés.

KONOBA PORTUN
Ulica Njegoševa
✆ +382 40 212 336
Ouvert jusqu'à 23h. Comptez de 9 à 15 € pour un plat, une salade composée et un soda.
Situé dans une petite cour calme en retrait de la rue Njegoševa, entre la place de la Liberté (Trg Slobode) et l'hôtel Onogošt, ce restaurant occupe une mignonne maison aux pierres apparentes. Joliment décoré, dans un style « taverne », il offre un menu varié

de spécialités locales, viandes grillées et poissons. Service attentionné et possibilité de manger en terrasse.

■ RIVERSIDE MAKSIMOVIĆ

Rastovac bb
✆ +382 67 502 858
pavlem.83@gmail.com
Sur la route entre Niksic et Pluzine en direction de Vidrovan Une traditionelle batisse vieille de 150 ans au bord de la rivière Zeta.
Plats de 5 à 8 €.
C'est la meilleure adresse de la ville où tous les locaux se donnent rendez-vous et la halte obligatoire sur la route pour se rafraichir ou se restaurer. Dans cette grange typique en pierre et en bois sont nichés des salons et espaces conviviaux pour partager des moments authentiques dans une ambiance locale. A l'extérieur, le jardin est aménagé à merveille avec des jolis petits espaces surplombant la rivière. Une adresse étonnante, pleine de caractère et exceptionnellement douce. Pour ceux qui ne veulent plus en partir, il est possible de camper au bord de la rivière.

À voir – À faire

Le cœur de la ville, centré sur la place de la Liberté (Trg Slobode) d'où rayonnent six rues, est en grande partie une création de Josip Slade, un célèbre urbaniste originaire de Trogir, en Croatie. Inspirée des villes européennes et structurée selon un schéma baroque, elle se caractérise par des rangées de maisons d'un ou deux étages sans fioritures mais aux lignes harmonieuses. Bien préservée, cette partie de la ville constitue aujourd'hui le principal lieu de rendez-vous des habitants et le cœur de la vie nocturne. Les espaces verts, à l'est de la ville, datent également de cette époque. Erigé en 1900 au milieu de ces espaces verts, le palais royal de style néo-Renaissance accueille désormais le musée de la Ville.
A sa gauche, au sommet d'un promontoire rocheux, se dresse une grande église orthodoxe (Sv. Vasilije) bâtie elle aussi au début du XXe siècle sur les plans d'un architecte russe. La forteresse d'Onogošt, située non loin de là (près de la gare ferroviaire), offre un joli point de vue sur la ville et ses environs. C'est à ses pieds que s'étend la vieille ville. Restaurée, elle accueille aujourd'hui des événements culturels.
Parmi les autres curiosités de la ville, il faut enfin signaler le pont du Tsar. Enjambant de ses 16 arches de pierre la rivière Zeta, il fut bâti dans les années 1890 d'après des plans de l'ingénieur Josip Slade et grâce à une importante somme d'argent donnée par l'empereur russe Alexandre III (1845-1894).

■ GROTTE DE LA ROCHE ROUGE (CRVENA STIJENA – ЦРВЕНА СТИЈЕНА)

Située près de la frontière bosniaque, à une quarantaine de kilomètres à l'ouest de la ville, cette grotte abrite les plus anciens témoignages de présence humaine découverts à ce jour au Monténégro. Habitée de façon quasi ininterrompue pendant près de 150 000 ans, du Paléolithique moyen jusqu'au début de l'âge du bronze, elle n'a pas encore révélé tous ses secrets et des archéologues y travaillent toujours. En 2004, ces derniers y ont trouvé une dent humaine datant de l'époque de l'homme de Neandertal (entre 120 000 et 35 000 ans av. J.-C.). Pour se rendre au site depuis Nikšić, il faut d'abord prendre la direction de Vilusi (à 35 km de là). Une fois arrivé dans ce village, emprunter une petite route à droite en direction du nord (Broćanac, Vraćenovići) et poursuivre sur une dizaine de kilomètres. La grotte se trouve près du village de Petrovići.

■ MUSÉE DE LA VILLE (GRADSKI MUZEJ)

Trg Šaka Petrovića br.1
✆ +38240212977
http://niksic.me
Pas très loin à pied des deux gares en direction du parc.
Horaires d'ouverture de 9h à 13h et de 17h à 20h et le dimanche de 9h à 12h. Fermé le lundi.
Il s'agit de l'ancien château du roi Nikola, construit dans le style néo-Renaissance en 1900. Aujourd'hui se trouve ici la bibliothèque de la ville, avec son centre culturel, une galerie d'art et le musée local avec sa richesse archéologique et numismatique. On y trouve entre autres des spécimens des périodes antiques et médiévales. Le musée est constitué d'histoires locales décomposées en quatre collections : le patrimoine archéologique, artistique, ethnographique et historique. Une importance particulière est donnée aux matériaux archéologiques des « Rochers Rouges » : un point culminant à 15 Km du centre-ville près du village de Petrovic. Là-bas sur ce site archéologique d'une vue époustouflante, ont été découvertes 31 couches représentant différentes étapes de la vie humaine du Paléolithique à l'Age du Bronze (lire notre article ci-dessus).

Sports – Détente – Loisirs

La station de ski de Vučje est située à 20 km de Nikšić sur le plateau de Krnovo, à 1 300 m d'altitude. Une piste récréative de 1 250 m, six pistes au total dont une de compétition longue de 400 m, une piste Ciciban de 120 m réservée aux plus petits et une pour le ski de fond. Les ski lifts sont reconstruits et peuvent transporter jusqu'à 900 skieurs par jour. Location d'équipement de ski 10 €. Parking gratuit. Hébèrgement possible sur place pour 20 € par personne : www.vucje.me

■ NEVIDIO CANYONING

Jakova Ostojića 3 ✆ +382 69 041 213
www.nevidio-canyoning.com
nevidio.canyoning@gmail.com
L'association des sports extrêmes Nevidio propose le canyoning d'une journée, de mi-juin à fin septembre. Compter 100 € par personne avec petit-déjeuner et déjeuner, équipement compris. Lors de la réservation renseignez votre taille, poids et pointure. Guides licenciés expérimentés, anglais parlé. Photos gratuites, vidéo avec supplément. Départ de Nikšić ou du village de Pošćenje.

■ PLUŽINE (ПЛУЖИНЕ)

Cette paisible bourgade de quelque 1 500 habitants est un véritable petit bout du monde et un havre de paix invitant à la détente. Blottie au pied du lac de Piva, elle occupe une vallée encaissée derrière laquelle s'étend à l'est le massif du Durmitor. C'est surtout dans le cadre naturel l'environnant que réside le charme de la ville. Les passionnés d'histoire pourront néanmoins y découvrir un petit édifice digne d'intérêt, la maison où étaient situés les anciens quartiers de Tito en 1942. Pour s'y rendre, aller jusqu'au restaurant Sočica, puis prendre le sentier à droite du restaurant. La maison est située à quelques mètres de là, elle a l'apparence d'une vieille ferme en pierres surmontée d'un toit en chaume.

Transports

Plužine est situé à une soixantaine de kilomètres de Nikšić, le long de la route E 762. Pour s'y rendre depuis le centre-ville de Nikšić, il faut d'abord prendre la nouvelle route en direction de Žabljak. Une fois dans cette direction, la ville de Plužine est indiquée. La capitale est à 110 km.

Pratique

■ OFFICE DE TOURISME DE PLUŽINE

Baja Pivljanina bb
✆ +382 40 270 069 / +382 0 69 635 412
www.pluzine.travel – topluzine@t-com.me
Le site Internet de l'office de tourisme, très complet, traduit en anglais, donne une liste des activités possibles : de la croisière sur le lac de Piva (Pivsko Jezero), du cyclisme, de l'alpinisme, du rafting, du canyoning, de la chasse et de la pêche, du jeep safari… Côté logement, découvrez les villages dits « ethno » faisant partie de l'offre.

Se loger

L'offre hôtelière est quasi inexistante dans cette ville depuis la fermeture de l'hôtel Piva pour rénovation. Il faut aller dans les villages voisins et se loger dans des huttes en bois ou des maisonnettes en pierre, ce qui n'est pas sans charme. Vous lirez ci-dessous une petite sélection de centres ethniques avec taverne et activités diverses.

■ AUBERGE ZVONO

✆ +382 69 531 319 / +382 69 471 893
www.zvono.me
zvono@t-com.me
Sur la route vers le lac.
Chambre à partir de 15 € par personne. Appartements possibles jusqu'à quatre personnes.
Une auberge connue depuis 50 ans pour son miel, son ambiance authentique, son cadre rustique... sa taverne où se produisent des musiciens locaux. Activités possibles.

■ EKO SELO MILOGORA

✆ +38268522410
www.milogoratrsa.co.nr
milogoratrsa@yahoo.com
Au village de Trsa à 13 km au nord-est de Pluzine.
Ici, nous sommes dans la campagne au calme et au charme absolu. On loge dans des bungalows en bois au milieu des vaches. Avec restaurant rustique. Activités possibles.

■ ETNO SELO MONTENEGRO

Brezna
✆ +382 67 209 049 / +382 67 209 052
www.etno-selo.me
etnoselo.me@gmail.com
Au village de Brezna

A partir de 12 € par personne dans des cabanes en bois. Idéal pour les familles avec enfants car il y a une grande aire de jeux.
Ouvert d'avril à octobre. Taverne à bière, aire de jeux pour enfants, sauna, excursions, rafting, escalades, jeep safari... restaurant aux spécialités locales. Maisonnettes en pierre dans la nature.

■ VILLAGE ETNO IZLAZAK

Rudinice
✆ +382 69 149 321 / +382 69 401 878
✆ +382 69 476 277
www.etno-selo-izlazak.me
Situé dans les environs de Pluzine au village Rudinice.
15 € la nuit avec petit déjeuner. 20 € la demi-pension.
Une tranquilité absolue et une vue époustouflante sur la rivière Piva. Avec une taverne aux spécialités locales. Un endroit superbe tout en bois et en pierres. Activités possibles.

Se restaurer

■ AUBERGE ZVONO

✆ +382 69 531 319 / +382 69 471 893
www.zvono.me
zvono@t-com.me
Sur la route vers le lac.
Ouvert toute l'année, tous les jours, midi et soir. Compter 10-15 € pour un repas complet. Prix de l'hébergement pour 1 personne : 20 € la nuit, 30 € les 2 nuits ; pour 2 personnes : 30 € la nuit, 50 € les 2 nuits.
Une adresse de référence à Plužine et un excellent lieu de villégiature pour découvrir la région. Depuis maintenant 15 ans, cette famille ouvre les portes de sa maison et de son restaurant qui dominent le lac de Piva. Le vin au miel de la maison fait beaucoup pour sa réputation mais ce qui nous a enchanté, ce sont ses hôtes passionnés de jazz, de musique, de culture, de nature et de leur région. L'endroit se prête à une halte de quelques jours pour profiter des balades en canoés et en bateau tout comme des nombreuses excursions à faire dans la région, notamment à la découverte de la culture bogomile (*bogumili*).

■ SOČICA

Ulica Baja Pivljanina bb
✆ +382 40 271 133
Situé à 3 minutes de marche de l'hôtel Piva, ce restaurant mérite un détour tant pour sa cuisine que pour son cadre. Installé dans une jolie maison ancienne, de type fermette, il propose une cuisine simple mais savoureuse à base de produits locaux et de saison (agneau, truite, etc.). En été, terrasse avec vue sur une prairie fleurie. Pour s'y rendre depuis l'hôtel Piva, prendre la rue qui descend vers le lac. Le restaurant est situé un peu plus bas sur la gauche.

À voir – À faire

■ CANYON DE LA PIVA (CANYON REKJE PIVJE – КАЊОН РЕКЕ ПИВЕ)

En direction de Šćepan Polje.
Longue d'une vingtaine de kilomètres au total, cette promenade jusqu'au poste-frontière bosniaque permet de découvrir des paysages de montagnes sauvages et isolés.
De Plužine, la route longe d'abord le lac de Piva sur un peu plus d'une dizaine de kilomètres. Ce lac, le deuxième plus grand du pays de par sa superficie, est une création de l'homme. Il est né de la construction du barrage de Mratinje (1975) qui, en inondant le canyon de la rivière Piva, a engendré la formation d'un grand réservoir d'eau douce.
A l'extrémité nord du lac, la route change de rive avant de poursuivre son chemin le long du canyon de Piva. Après une dizaine de kilomètres et de superbes panoramas, elle atteint le petit poste-frontière de Šćepan Polje permettant d'entrer en Bosnie-Herzégovine. C'est en cet endroit précis que la rivière Piva et celle de la Tara se rejoignent pour ne former qu'une seule et même rivière appelée Drina. Ce site est également le point de départ des excursions de rafting organisées par les agences locales dans le canyon de Piva.

■ MONASTÈRE DE PIVA (MANASTIR PIVA – МАНАСТИР ПИВА)

Le monastère est situé à une cinquantaine de kilomètres de Nikšić, en contrebas de la nationale E 762 et juste avant la ville de Plužine. Autrefois situé près de la source de la rivière de la Piva, ce monastère isolé a été démonté pierre par pierre avant d'être réinstallé quelques kilomètres plus en hauteur de son emplacement initial à la suite de la construction d'une centrale hydro-électrique. Ce « déménagement » délicat prit tout de même plus de dix ans (de 1970 à 1982). L'ensemble se compose d'une église, d'une maison pour les moines, d'un four à pain et d'un mur d'enceinte. L'église, dédiée à la Dormition, fut construite entre 1573 et 1586. Elle est connue pour avoir été l'édifice orthodoxe le plus important édifié dans le pays sous les Ottomans.

La plupart des fresques qui ornent ses murs ont été réalisées au début du XVIIe siècle par des artistes grecs inconnus. Remarquez, parmi elles, l'icône sans visage. Réalisée au XVIIIe siècle, elle a été détruite par les Turcs et conservée en l'état comme témoignage de l'iconoclasme (doctrine antérieure aux Turcs qui prohibait la représentation des images du Christ et des saints). Les peintures de l'iconostase, réalisées par le célèbre Kyr Kozma, datent de 1638. Cet artiste, considéré comme le meilleur peintre ayant exercé au Monténégro au XVIIe siècle, est également à l'origine des peintures ornant les parties inférieures du narthex (1626). Les fresques ornant les parties supérieures de ce même narthex sont l'œuvre de Strahinja, un prêtre originaire de Budimlje, près de Berane et un peintre prolifique ayant œuvré pendant près de quatre décennies à travers tout le pays. Les deux icônes situées de chaque côté du chœur sont les plus anciennes puisqu'elles datent de 1573-1574 et ont été réalisées au tout début de la construction de l'église. Elles sont l'œuvre de Longin, un moine originaire de Peć (Kosovo).

ŠĆEPAN POLJE (ШЋЕПАН ПОЉЕ)

Ce petit village le long de la rivière Tara est devenu l'un des hauts lieux du rafting et des sports en eaux-vives au Monténégro.

■ CAMPING GRAB

✆ +382 40 200 598
www.tara-grab.com
info@tara-grab.com
Bungalow 6 lits : 33 €, bungalow 10 lits : 55 €, chambre triple : 45 €, 4,40 € par personne et par nuit avec sa propre tente. Attention : l'hébergement n'est possible qu'en demi-pension ou pension complète (petit déjeuner à 4,20 €, déjeuner à 10 € et dîner à 5,60 €).
Situé en pleine nature, à côté de la rivière de la Tara et à 9 km de Šćepan Polje, ce terrain de camping propose non seulement des emplacements où monter sa tente mais également des petits chalets en bois tout équipés (de 3 à 8 lits, avec salle de bains), ainsi que des tentes déjà montées. Les propriétaires des lieux organisent par ailleurs toutes sortes d'activités de plein air, rafting, randos, excursions en VTT, escalade…

■ ŽABLJAK (ЖАБЉАК)

Perchée à 1 465 m d'altitude, au cœur d'un vaste plateau, cette petite ville de moins de 2 000 habitants est le centre touristique du parc national du Durmitor. Ville de montagne par excellence, tant par l'architecture de ses habitations que par l'atmosphère paisible qui s'en dégage, Žabljak attire chaque hiver de nombreux amateurs de glisse et autres sports d'hiver auxquels succèdent, dès la fonte des neiges, randonneurs et alpinistes. Encore un village il y a une centaine d'années, Žabljak a commencé à se développer au début du XXe siècle avec l'arrivée des premiers touristes venus profiter des montagnes enneigées du Durmitor. En grande partie détruite lors de la Seconde Guerre mondiale (le Durmitor fut un haut lieu de la résistance yougoslave), l'aspect actuel de la ville a moins de soixante ans.

Transports

Comment y accéder et en partir

Entamée il y a plus de 15 ans, la nouvelle route entre Risan et Žabljak a été inaugurée en décembre 2010. En raccourcissant le voyage de plus de 25 km, elle permet désormais de rejoindre la station de ski de Durmitor depuis les bouches de Kotor en moins de 2 heures. D'une largeur de 6 m et avec 9 tunnels (dont Ivica 2,2 km, devenu le deuxième tunnel le plus long du pays) la route est parfaite. Il est à noter que, juste avant d'entrer à Šavnik en arrivant de Nikšić à travers la montagne, elle reste sinueuse sur une dizaine de kilomètres mais en très bon état. La nouvelle route est une bonne alternative pour éviter les gorges de Platije et le périlleux canyon de Morača. Ainsi elle facilitera également le voyage à tous ceux qui, de la Serbie (via Prijepolje et Pljevlja), partent vers la côte monténégrine et Dubrovnik. De Šavnik, on peut désormais joindre Žabljak en 15 minutes seulement. Les 9 km de la route Vilusi-Petrovići reliant le Monténégro à la fédération de Bosnie-Herzégovine sont également achevés.

■ GARE ROUTIÈRE (AUTOBUSKA STANICA)

✆ +382 52 61 318
www.busticket4.me
Gare routière située à un petit quart d'heure de marche de la place principale du centre-ville.

Se déplacer

L'hôtel Gorske oči et l'hôtel Soa louent des VTT. Quelques loueurs sur la route du lac Noir aussi. Comptez 8 € la journée.

■ AMSCG (ASSOCIATION D'AUTOMOBILISTES) – ASSISTANCE SUR LES ROUTES

✆ 19807
✆ 020234999
✆ 063239987
www.amscg.org
Organisme national multilingue qui œuvre 24h/24 : information sur l'état des routes, assistance, dépannage, remorquage partout dans le pays.

■ STATION ESSENCE EKO

Vuka Karadžića BB
✆ +382 0 52 360 050
www.jugopetrol.co.me
Ouvert en hiver de : 06h à 21h, soit du 1er novembre au 31 mai. Et en été de 06h à 22h, soit du 1er juin au 30 septembre.
Cartes bancaires acceptées : Diners, Visa, Master, EKO cards.

Pratique

■ POLICE

✆ 122 / +382 52 61 210
Sur la place principale du centre-ville, à deux pas de la poste.

■ SECOURS EN MONTAGNE

✆ +382 67 572 351
Equipe d'une dizaine de volontaires installés dans les locaux de la mairie, en face de l'hôtel Žabljak. En cas d'absence, se renseigner auprès de l'office du tourisme ou contacter Mišo Vojinović du camping Razvršje : +382 67 4444 77.

Tourisme – Culture

■ BUREAU D'INFORMATION DU PARC NATIONAL

✆ +382 52 360 228
www.nparkovi.me
npdurmitor@t-com.me
Ouvert tous les jours de 9h à 18h.
Bureau situé au rez-de-chaussée d'une grande maison de couleur blanche, en bordure de la route menant au lac Noir (entre le pont et le parking du parc national). Egalement, un point info à l'entrée du lac Noir. A noter que le bureau vend une carte très détaillée du parc et fort utile si vous voulez y randonner, pour 8 €.

■ OFFICE DU TOURISME (TURISTICKA ORGANIZACIJA)

Trg Durmitorskih ratnika
✆ +38252361802
www.zabljak.travel – durmitor@t-com.me
Ouvert tous les jours de 8h à 21h, l'hiver de 9h à 18h.
Bureau d'information situé dans une petite cabane en bois, à côté du parking du centre-ville. Propose 65 chambres enregistrées chez l'habitant. Accueil chaleureux.

■ SUMMIT

Ulica Njegoševa br. 12
✆ +382 52 360 082 / +382 69 016 502
summit.co.me
anna.grbovic@t-com.me
Anglais et allemand parlés.
Cette agence se propose de vous aider dans vos recherches d'hébergement chez l'habitant. Organise aussi des randonnées guidées dans le massif du Durmitor, balades en 4X4, location de VTT, leçons de ski en hiver et excursions en rafting dans le canyon de la Tara.

■ ŽABLJAK TURIST (TARA RIVER EXPRESS)

Svetog Save 37
✆ +382 52 361115 / +382 52 705931 / +382 68 365 914
www.mirotara.com – office@mirotara.com
Un autre bureau au pont sur la Tara, celui-ci à Zabljak (près de la station d'essence) et un troisième ouvrira prochainement sur la route vers le Lac. Une agence propose du rafting, du kayak, bungy jumping, excursion en jeep, hébergement dans le canyon de Tara et aussi à Zabljak.

▶ **Autre adresse :** 2e bureau au grand pont sur la Tara.

Argent

Trois banques dans le centre, avec distributeurs de billets : Banque Atlas rue Narodnih heroja, CKB rue Vuka Karadžića et Prva Banka CG rue Durmitorskih ratnika 1.

Moyens de communication

■ POSTE

Trg Durmitorskih Ratnika br. 1
✆ +382 52 61 606
www.postacg.me
Sur la place principale du centre-ville. Ouvert de 7h à 20h, fermée les dimanches. Un deuxième bureau situé sur la route du lac Noir l'été.
Souvenirs, plan de randonnées...

Santé – Urgences

■ CENTRE MÉDICAL

Jakova Ostojića
✆ +382 52 61 442 / + 382 052 61 504
✆ + 382 052 61 506

■ PHARMACIE MONTEFARM

Trg Durmitorskih Ratnika
✆ +382 52 60 130 / 052 361 203
Sur la place principale du centre-ville et à côté de la poste.

Se loger

Žabljak ne manque pas d'hôtels et il n'est donc pas utile de réserver sa chambre avant de s'y rendre (sauf en haute saison, c'est-à-dire en hiver). Outre les établissements mentionnés ci-dessous, il est possible de loger chez l'habitant à des prix modérés (cherchez les pancartes où il est inscrit « Sobe »). Notre adresse préférée : Appartements Vojinović, à côté de la gare routière.

▶ **Campings.** Vous trouverez deux petits terrains de camping à proximité du centre-ville : Ivan Do et Mlinski Potok. Tous deux sont situés à proximité du lac Noir et indiqués à partir de la route menant au lac (après le pont). Attention, ils sont particulièrement sommaires. Un troisième terrain se trouve à 3 km du centre-ville en direction des pistes de ski Savin kuk, à Razvršje : www.durmitor-autocamp.com.

Bien et pas cher

■ AUTO CAMP & APPARTEMENTS RAZVRSJE

✆ +382 52 361 383
✆ +382 67 444 477
✆ +382 69 8888 99
www.durmitor-autocamp.com
razvrsje@yahoo.com
2,5 € par personne, 10 € par caravane (électricité comprise) et gracieux pour les tentes. Les appartements : 7 à 10 € par personne la nuitée, 13 à 15 € avec petit déjeuner, 20 € la demi-pension.
Les amoureux de la nature intacte ont la possibilité de séjourner dans l'environnement magnifique d'un camping moderne, équipé de cuisine, toilettes, douches, impeccables et propres. Situé au cœur de la forêt de conifères, à 2 km de la gare routière. Pour s'y rendre, il faut prendre la route de Savin Kuk, au panneau bleu écrit Razvrsje tournez à droite et au bout de 800 m, vous y êtes. Outre la place pour les campeurs, 9 appartements multicolores, construits en 2010, sont à votre disposition. Ils sont tous équipés de TV, coffre-fort, cuisine, salle de bains, dont certains avec une cheminée, sauna, Jacuzzi, parking... Locations de VTT et de l'équipement d'alpinisme. Des divertissements tant en été qu'en hiver sont garantis !

■ HOSTEL HIKERS DEN

Božidara Žugića b.b
✆ +382 678 544 33
www.hostelzabljak.com
hikersden@live.com
De la station de bus, à 5 min de marche vers le centre.
À partir de 11 € la nuit par personne (sans le petit déjeuner), dans un dortoir de 6 lits. Chambre double : 25 à 30 €.
L'auberge de jeunesse Hikers est un petit établissement situé en plein cœur de Žabljak. Composé de 2 ailes, il offre 2 univers bien différents, la partie gauche abrite des chambres doubles simples et confortables idéales pour les couples. La 2e offre une toute autre ambiance, des dortoirs pour une clientèle plus jeune venue du monde entier. L'ensemble est propre et bien équipé. Le gros plus de la maison, c'est tout simplement l'équipe : des gens passionnés qui se mettront en 4 pour satisfaire vos attentes et vous faire vivre leur Monténégro.

■ HOTEL ENIGMA

✆ +382 52 360 130
✆ +382 69 037 854
hotelenigma@t-com.me
15 chambres et 3 appartements. Chambre double et triple de 45 à 60 €, appartement de 70 à 100 €. Petit déjeuner inclus.
Situé à l'entrée du village de Zabljak, à 1 200 m du centre et au cœur du parc national de Durmitor. Les chambres, confortables et d'une propreté irréprochable, sont équipées d'une télévision satellite et d'Internet sans fil. Outre un restaurant (en rénovation lors de notre passage) qui vous offrira des plats traditionnels aux recettes montagnardes l'hôtel possède un café-bar, une salle avec cheminée, un parking... Comptez de 10 à 15 € pour un repas complet. L'hôtel organise aussi vos activités : raftings, escalade, randonnée, ski, snow-board.

■ **JAVOR**
Vuka Karadžića br. 8
✆ +382 52 361 337 / +382 52 215 507
5 chambres. 24 € par personne, avec petit déjeuner, en hiver, et 30 € en demi-pension l'été. Paiement Visa et Master.
Cet hôtel familial occupe une petite maison en brique située juste derrière la poste et le commissariat de police. Bien que très fonctionnelles, les chambres y sont d'un confort honnête et bien chauffées. En prime, un personnel très avenant.

Confort ou charme

■ **ETNO SELO SLJEME**
Smrcevo Brdo bb
✆ +382 67 743 412
www.etnoselosljeme.com
etnoselosljeme@gmail.com
Comptez une centaine d'euros pour 2 personnes en haute saison. Moins cher en basse saison.
C'est très certainement la plus belle adresse de Žabljak. Situé à quelques kilomètres du centre-ville, cet éco-lodge vous offre une vue imprenable sur le parc national du Durmitor. Ici aucun vis-à-vis, une salle de vie commune très aérée et épurée qui vous donne le bol d'air que vous êtes venu chercher. Les petits chalets familiaux privatifs très confortables offrent une grande intimité. La famille locale est accueillante et même débordante de gentillesse. Ils se feront un plaisir de vous faire découvrir les sentiers du Durmitor, la cuisine et l'art de vivre de la région. Un coup de cœur !

■ **HOTEL SOA**
National Park Durmitor
✆ +382 52 360 110
✆ +382 69 151 152
www.hotelsoa.com
info@hotelsoa.com
Ouvert toute l'année. Chambre Standard 80 €, chambre supérieure 100 €, suite standard 120 €, suite familiale 140 €, sofa/lit supplémentaire : 25 €/pers./nuit (12,50 € entre 7 et 12 ans). Demi pension : 12 €/pers./jour.
C'est le tout nouvel hotel de Žabljak situé à l'entrée du parc national du Durmitor. Un superbe chalet moderne offrant tout le luxe et le confort après de belles randonnées. Un rapport qualité/prix exceptionnel pour ce niveau de prestation. Les chambres sont joliment décorées. Restaurant sur place avec une cuisine locale revisitée, une sélection de vins internationaux très pointue et accessible à tous. Enfin une section relaxation avec Jacuzzi, spa et massages. L'équipe dynamique sera aux petits soins. Une belle adresse. Si vous avez besoin de plus de place vous pouvez supprimer l'établissement durmitor, puisque je crois que l'établissement est fermé.

NORD-OUEST

■ **HOTEL ZABLJAK*****

Trg Durmitorskih Ratnika
✆ +382 0 77 400190
✆ +382 0 77 400191
www.hmdurmitor.com
hmdurmitor@hotmail.com

Chambre simple 45 à 60 €, chambre double 30 à 40 € par personne. Petit déjeuner inclus. Il y a aussi 15 bungalows montagnards et des appartements.

L'hôtel le plus central de la ville bien que la ville soit petite et que tout est central hormis le lac. Un ancien hôtel d'époque socialiste de l'ex-Yougoslavie qui vient d'être rénové en 2013. Chambres modernes désormais avec balcon pour la plupart d'entre elles. Au rez-de-chaussée, un café pourvu d'une terrasse parmi les plus fréquentées de la ville. Egalement un restaurant et une grande ferme organique avec des centaines de moutons située à 4 Km de l'hôtel.

■ **MB HOTEL**

Tripka Džakovića b.b.
✆ +382 52 361 601 / +381 63 265095
✆ +382 69 085801
mbhotel-mn.com
info@mbhotel-mn.com

Les prix sont assez raisonnables : de 29 € par personne avec petit déjeuner, à 35 € par personne pour une demi-pension. Comptez un supplément de 1 € par personne pour la taxe de séjour et l'assurance.

Au centre de Zabljak, à 150 m de la gare routière, depuis la place principale prendre la rue menant aux pistes de ski puis, après quelques mètres, tourner à droite (l'hôtel est indiqué). La rénovation de cet hôtel remonte à 2008. Il offre 24 unités d'hébergement : des chambres, studios et villas. Un restaurant, bar, salle de TV et parking sont également à disposition. L'hôtel propose plein d'activités pour un séjour sportif : escalade, rafting, vélo...

Se restaurer

Tous les établissements hôteliers de la ville possèdent leur propre restaurant où vous pourrez déguster des spécialités locales (charcuteries et fromages locaux notamment). Celui de l'hôtel MB jouit d'une bonne réputation. Le cadre y est un peu plus haut de gamme que dans les autres établissements mais les prix très abordables.

■ **JAVOROVACA**

✆ +382 52 360 236
Ce restaurant est installé dans un vaste chalet en bois, au bout d'un chemin en descente, dans le dernier virage avant la route menant aux pistes de ski.

Ouvert toute l'année, midi et soir, comptez 10 € maximum pour un repas complet.

Situé au fond de la piste de ski Javorovaca, il permet de se restaurer dans un cadre chaleureux et appréciable après une grande journée de randonnée ou de ski. En 1971 cette famille de Žabljak ouvrait la première station de ski du Monténégro. Deux ans plus tard, au pied de la piste, ils y installaient la première table de la ville, devenue depuis une institution au Monténégro. Cuisine locale à l'étouffée sous cloche dans la grande pièce centrale qui donne sur la piste. La carte, plutôt variée, fait la part belle aux plats montagnards : jambon de montagne et des spécialités de Durmitor telles que la *cicvara* (sorte de polenta locale). En haut, les 10 chambres offrent une vue panoramique sur les pistes et la ville de Žabljak.

■ **RESTAURANT « MB »**

T. Džakovića bb
✆ +382 52 361 601

Dans l'hôtel du même nom. Comptez une dizaine d'euros pour un plat chaud et 3 ou 4 € pour une salade composée. En hiver, on vous conseille les bonnes « sarma » (choux farcis au riz, légumes et parfois de viande hachée).

Salle à manger confortable avec une terrasse ouverte aux mois d'été.

■ DEDOVINA

Hôtel Enigma
Route de Pljevlja
✆ +382 69 037 854 / +382 52 360 130
www.hotel-enigma.me
hotelenigma@t-com.me
Ouvert toute l'année, le midi comme le soir. Compter 10-15 € pour un repas complet.
Ne vous fiez pas à l'apparence de cet imposant bâtiment sur la route à la sortie de Žabljak, et n'hésitez pas à rentrer dedans, le restaurant de l'hôtel Enigma est l'une des tables les plus réjouissantes du pays ! Vous découvrirez une grande salle surprenante, agréable et très conviviale. Ici le champignon est roi, crème de morilles et aux cèpes à 2 €, viandes en sauce et aux cèpes à 8-10 €. Une table ou l'on retourne si l'on séjourne à Žabjak plusieurs jours.

Sortir

Quelques café-bar se partagent la ville dont ORO, CITY, VODENICA, SKI BAR et nos deux préférés ci-dessous.

■ CUDNA SUMA

✆ +382 69 020 701
L'un des bars les plus fréquentés par la jeunesse locale. Ambiance décontractée et chaleureuse dans un cadre tout en bois. Etablissement situé à deux pas de l'hôtel Žabljak, dans la rue menant aux pistes de ski (du même côté que l'hôtel en partant du parking).

■ ZLATNI PAPAGAJ

Dans la rue principale, face à l'hôtel Zabljak.
Un bar et une pizzeria sympa avec une terrasse agréable. Hits musicaux du moment.

À voir – À faire

Bien qu'agréable, Žabljak ressemble plus à un gros village qu'à une ville et les points d'intérêt y sont peu nombreux. On y vient avant tout pour se ressourcer, c'est une base de départ pour des randonnées dans le parc national du Durmitor ou, en hiver, pour faire du ski ou du snowboard.

■ LAC NOIR (CRNO JEZERO – ЦРНО ЈЕЗЕРО)

Depuis le centre-ville, on le rejoint à pied en 30 minutes de marche ou en voiture en quelques minutes. Dans ce dernier cas, il vous faudra laisser votre véhicule dans le parking réservé aux visiteurs (parking 3 €). L'accès principal au lac (plus précisément au parc national de Durmitor), situé juste à côté de ce parking, est également payant (3 € par personne).
Ce lac est considéré, à juste titre, comme le plus beau du parc national. Bordé de forêts de sapins et dominé par les sommets du Durmitor, il est en fait constitué de deux lacs communiquant entre eux par un passage étroit. Un sentier de 4 km permet d'en faire le tour : compter 1 h-1h30 de marche. Sachez qu'il est également possible, en été, de louer des barques en bois (8 €/h).

Sports – Détente – Loisirs

■ ADVENTURES PARK DURMITOR

✆ +382 69 543 156
www.avanturistickipark.com
adventurespark@yahoo.fr
Ouvert tous les jours en juillet/août de 10h à 19h, en juin/septembre de 10h à 18h le week-end seulement.
Un deuxième parc de loisir du Français Charles Carpentier après celui de Lovćen, cette fois-ci dans le parc national de Durmitor, sur le lac noir, Zabjlak. Une course en tyrolienne et 9 tyroliennes survolant la forêt, 16 m de haut. Près de 1 300 m de tyroliennes au total. Les deux plus longues tyroliennes (300 et 350 m) survolent le lac Noir (à partir de 10 ans).

CANYON DE NEVIDIO (КАЊОН НЕВИДИО)

Le canyon Nevidio se trouve à 55 km de Nikšić en direction de Šavnik (suivez les panneaux Canyon de la Komarnica : *кањон Комарнице*). De Šavnik, 7 km après avoir quitté ce village, tournez à gauche au panneau Petnjica/Pošćenje et poursuivez encore 1 à 2 km.

Nevidio, Nevidjbog ou tout simplement le canyon de la rivière Komarnica sont les quatre canyons qui entourent le Durmitor. Il s'appelle l'Invisible car il est le dernier canyon exploré en Europe. Il n'a été découvert pour la première fois qu'en 1967 par des alpinistes de Nikšić. Si sa longueur est modeste (3,8 km), il peut en revanche atteindre jusqu'à 1 000 m de profondeur, ses falaises sont hautes de 450 m et sa largeur varie de 50 cm à 500 m (on dit même que par endroits il n'est large que de 25 cm). Cette aventure, d'une journée minimum, est réservée aux personnes majeures, bons nageurs et en bonne santé. Il est fortement conseillé de s'entourer de guides expérimentés ou de passer par une agence spécialisée qui vous fournira les équipements nécessaires (voir Explorer de Kolašin ou Rams Travel de Bijelo Polje). Les paysages autour de l'entrée du canyon Nevidio sont d'une beauté exceptionnelle. Dans le pittoresque village de Pošćenje, on trouve même deux lacs glaciaires et une chute d'eau : Skakavica.

■ JATAK

Ethno Village Jatak, Petnjica
✆ +382 69 010 045
www.jatak.me – info@jatak.me
Dans le village de Petnjica. 30 € pour 2 personnes avec petit déjeuner (24 € hors saison). Ouvert toute l'année.

A 7 km de Šavnik en direction de Žabljak par la nouvelle route, tourner à gauche au panneau Petnjica/Pošćenje et continuez pendant 300 m. Idéalement placé dans un cadre idyllique naturel, à seulement 1 km du canyon spectaculaire et à 600 m des lacs de Pošćenje, Jatak est un endroit à ne pas rater. L'hébergement y est proposé dans les 6 chalets en bois (dont un pour 5 personnes) récemment construits, propres, fonctionnels mais sans télévision, pour déconnecter de la vie quotidienne et profiter ainsi de l'environnement. Tarifs imbattables (réserver à l'avance). Jatak c'est aussi un restaurant de cuisine locale savoureuse, abrité dans un grand chalet en bois avec une cheminée au milieu et une terrasse extérieure très agréable. Terrain de camping pour 50 véhicules. Boutique de souvenirs et un point d'infos sur le canyon.

ŠAVNIK (ШАВНИК)

Centre administratif du district du même nom, cette petite ville perdue au milieu des montagnes est la plus isolée et la plus rurale du pays. Située à mi-chemin de la route de montagne reliant Nikšić à Žabljak (15 minutes en voiture par la nouvelle route), elle occupe une position extrêmement enclavée. Encerclée de ravins, rivières, cascades et collines aux pentes abruptes, la ville est bordée d'un côté par le massif du Durmitor et de l'autre par celui de Sinjajevina. Bien évidemment, les hivers y sont rudes, les étés relativement courts et il n'est pas rare que la ville soit coupée du reste du pays au plus fort de la saison froide. Ce climat difficile, cette position géographique mais aussi le manque d'investissements ont provoqué, ces dernières années, un exode important des habitants.

Transports

La nouvelle route (15 minutes en voiture) mais aussi plusieurs routes secondaires relient Šavnik à Žabljak. Traversant des paysages de hauts plateaux arides suivis de collines boisées, elles peuvent constituer un bel objectif de balade d'une journée depuis Žabljak.

Pratique

Bien qu'isolé et de petite dimension, Šavnik n'en reste pas moins le centre administratif de la région. Vous y trouverez donc, outre quelques épiceries où se ravitailler, une poste, une banque, une station de police et une pharmacie.

PARC NATIONAL DU DURMITOR (НАЦИОНАЛНИ ПАРК ДУРМИТОР)

Promu parc national en 1952 et inscrit depuis 1980 au patrimoine mondial de l'Unesco, le Durmitor est une région essentiellement montagneuse présentant des paysages d'une beauté naturelle saisissante. D'une superficie de 34 000 hectares, le parc comprend le massif montagneux du Durmitor ainsi que la vallée formée par le canyon de la rivière de la

Tara. Relativement peu peuplé, il attire depuis quelques années des randonneurs, skieurs, alpinistes et autres amateurs de sports de plein air de plus en plus nombreux. Il faut dire que les possibilités offertes par le massif en matière de sports de plein air sont innombrables. Dominé par le mont Bobotov Kuk, qui s'élève à 2 522 m d'altitude, le massif du Durmitor ne compte pas moins de 27 sommets de plus de 2 200 m et 48 s'élevant à plus de 2 000 m. Egalement traversé par plusieurs canyons (Tara, Sušica, Komarnica), il est devenu un terrain de jeu réputé chez les amateurs de sports en eaux vives.

- **La faune.** L'espèce animale la plus répandue du parc est l'écureuil. Chamois, sangliers, chats sauvages, renards et lièvres y sont également nombreux. Les ours et les loups sont en revanche très rares, ces derniers préférant le massif de Sinjajevina, jouxtant celui du Durmitor. Le parc national du Durmitor abrite enfin plus de 160 espèces d'oiseaux parmi lesquelles des faucons, des vautours à tête blanche, des becs-croisés, des aigles gris des montagnes et des tétras. Presque toutes ces espèces sont protégées.

- **La flore.** Le parc national du Durmitor est à la fois sous l'influence d'un microclimat alpin et du climat méditerranéen, d'où sa très grande variété florale. Les biologistes y ont recensé quelque 700 espèces végétales dont 8 endémiques et 150 herbes médicinales. Ses forêts sont principalement constituées de pins sylvestres, de pins de Norvège, hêtres, sapins argentés, bouleaux, pins mughos et genièvres. Le parc abrite également l'une des dernières forêts vierges de pins noirs (Pinus nigra) d'Europe. Certains de ses arbres atteignent 50 m de haut et sont âgés de près de 400 ans.

- **Les grottes et dolines.** L'une des caractéristiques du massif du Durmitor réside dans la présence de très nombreuses grottes et dolines (petites dépressions fermées, circulaires ou elliptiques) propres aux régions karstiques. Près de 200 grottes ont été recensées à ce jour. La plus connue, celle de Ledina Pećina, abrite des stalagmites de 3 m de haut. Située à Obla Glava, sur la face nord du Bobotov Kuk, elle est accessible à pied depuis le lac Noir (compter 3 heures de marche).

Les trois autres grottes les plus importantes de la région sont celles de Vjetrena brda (897 m de profondeur), de Mali Lomni Do (605 m de profondeur) et celle de Sjeverni Obručine (465 m de profondeur).

Ressources pour les randonneurs et alpinistes

Cartes et livres

Les cartes mentionnées ci-dessous sont en vente dans la plupart des boutiques et hôtels du centre-ville de Žabljak, à la oste et au bureau d'information du parc.

- *Carte de randonnée Durmitor and Tara canyon.* Echelle 1/25 000e. Auteur : Branislav Cerović. Couvre la totalité du massif du Durmitor et du canyon de la Tara.

- *Carte de randonnée Nacionalni park Durmitor.* Echelle 1/50 000e. Auteur : Mihailo Bebo Brajović. Cette carte couvre la partie nord-ouest du massif de Sinjajevina, la totalité du massif du Durmitor et une petite partie du canyon de la Tara (le nord-ouest uniquement).

- *The mountains of Montenegro – A mountaineering guide* de D. Vincek, Ratko R. Popovic et M. Kovačević, Podgorica, Montenegro, 2004 : descriptions détaillées de quelques randonnées mais cartes de mauvaise qualité.

Internet

- **www.summitpost.org**

Un site en anglais réalisé par des randonneurs et alpinistes confirmés. De très nombreuses infos pratiques sur le massif du Durmitor, de belles photos des principaux sommets et pics ainsi que des descriptions détaillées de toutes les randonnées possibles dans le parc, des plus faciles aux plus difficiles.

- **www.durmitor.com**

Un site local et un peu plus généraliste que le premier. Descriptions des principaux sommets et des principaux sentiers de randonnée. Egalement la liste des hôtels, restaurants et agences de voyages locales.

Transports

Žabljak constitue la principale porte d'accès au parc : c'est de là que partent la majorité des sentiers de randonnée permettant d'accéder aux sommets. Sachez par ailleurs qu'une petite route non goudronnée et circulaire permet de traverser l'ensemble du massif montagneux. Située à 1 500 m d'altitude en moyenne, elle passe au pied des principaux sommets du massif et offre des points de vue exceptionnels. Accessible en 4X4 uniquement, elle peut également être parcourue en VTT.

Pratique

■ BUREAU D'INFORMATION DU PARC NATIONAL DU DURMITOR

✆ +382 52 360 228 – npdurmitor@t-com.me

Ouvert tous les jours de 9h à 18h.

Bureau situé au rez-de-chaussée d'une grande maison de couleur blanche, en bordure de la route menant au lac Noir (entre le pont et le parking du parc national). Vente des cartes et des livres sur Durmitor.

■ PRÉVISIONS MÉTÉOROLOGIQUES

Prévisions à cinq jours sur le site : www.accuweather.com. Faire une recherche par ville en haut à droite du site pour afficher les prévisions pour la ville de Žabljak.

■ SECOURS EN MONTAGNE

Žabljak

✆ +382 67 572 351

Une petite équipe de volontaires installés dans les locaux de la mairie, en face de l'hôtel Žabljak. En cas d'absence, se renseigner auprès de l'office du tourisme ou contacter Mišo Vojinović du camping Razvršje : +382 67 444 477.

Se loger

De nombreuses huttes et *katun* (abris de bergers) sont dispersés à travers tout le massif et il vous sera toujours possible d'y passer la nuit avec l'accord de leurs propriétaires.

▶ **Pour tous renseignements** sur les refuges, contactez l'administration du parc du Durmitor qui les gère : www.n**park**ovi.me

■ CAMPING BRŠTANOVICA

Ouvert de juin à septembre.

A 15 km de Šćepan Polje (ville frontalière avec la Bosnie) et à 20 km de Foča (Bosnie), sur la rive droite de la rivière de la Tara. 100 emplacements de tentes. Plusieurs bungalows en bois et installations sanitaires (W.-C., lavabos).

■ CAMPING SUŠICA

5 € par personne. Fermé à partir du 1er octobre. Situé près du lac de Sušičko et de la rivière Sušica, au nord-ouest du parc national. Sans infrastructures. Accessible à pied ou en 4X4 uniquement.

Un petit café servant des boissons mais pas de plats.

■ LOKVICE

Hutte de 8 lits (apporter son propre sac de couchage). Non habité et donc ouvert et gratuit toute l'année en principe.

A 1 800 m d'altitude, en bordure de l'un des sentiers menant au mont Bobotov Kuk à partir du lac Noir (et près du cirque glaciaire Lokvice).

■ ŠKRČKA

30 lits. Ouvert du 1er juin au 1er octobre. Compter 7 € par personne (avec son propre sac de couchage).

Pas en très bon état. Sur un plateau entre le petit et le grand lac Škrčko (Mali Škrčko Jezero / Velika Škrčko Jezero), à 1 723 m d'altitude. Eau potable. Présence permanente d'un ranger du parc.

■ VELIKA KALICA

Une hutte de 15 lits située à 2 020 m altitude, à l'ouest du mont Savin Kuk et près du lieu-dit Debeli Namet.

À voir – À faire

■ BOUCLE DE DURMITOR

L'incontournable excursion d'une journée en Jeep ou, plus écolo, en VTT avec pauses photo, départs de Žabljak. Sur une longueur totale de 84 km on passe par : Štuoc, les canyons de Sušica et de Piva, en admirant les paysages incroyables de Prutaš, Sedlena greda, Boljske grede, Valovito jezero, Modro jezero, la vallée Dobri do, Todorev, Sedlo, Virak... Voir la rubrique Pratique – Tourisme pour les coordonnées des agences proposant cette excursion (Drmitorski prsten).

Sports – Détente – Loisirs

Le parc national du Durmitor offre d'infinies possibilités de randonnées de tous niveaux. Si ses sommets sont dans leur grande majorité accessibles sans équipements particuliers, ses cirques et couloirs peuvent constituer de véritables défis aux randonneurs confirmés. L'ensemble du massif est relativement bien balisé. La meilleure période pour s'y rendre court de la mi-juin à la mi-septembre. Pour toutes les activités ci-dessous, les agences de Žabljak peuvent vous offrir des prestations et donner des infos.

Vélo. Activité récente, le VTT se développe. Les agences de Žabljak peuvent vous louer des vélos et vous conseiller. L'une des grandes transversales VTT du Monténégro passe par le parc national. Un vrai guide complet concernant le vélo de montagne et les pistes balisées existe. On peut le commander sur www.mapsolutions.de

Ski. Žabljak compte assez peu de pistes mais les remontées mécaniques sont désormais de 2 télésièges et 3 tire-fesses et la neige y est abondante. La principale piste de ski est située sur l'un des versants du mont Savin Kuk, à 5 km du centre-ville. Longue de 3,5 km (dénivelé de 800 m), sa partie la plus élevée est de niveau noir et le reste de niveau rouge et bleu. La piste de Javorovača, la plus proche du centre-ville, est située à deux pas de la gare routière. Longue de 300 m, elle offre un petit dénivelé de 80 m de niveau bleu. La piste de Mali Štouc, s'étend sur près de 1 760 m à l'ouest du lac Noir n'est plus en fonction. La région se prête bien au ski de randonnée. 2 bungalows louent les équipements à Savin Kuk. Le forfait coûte 15 € jour, 8 € la nuit. La saison va du 15 décembre au 1er mai. Et s'il n'y a pas d'hébergement au pied des pistes, les chalets ont poussé en grand nombre depuis deux ans bien qu'ils se trouvent sur le territoire du parc national…

ÉCOLE DE SKI VRH

Savin kuk

✆ +382 67 512 381

Au pied des pistes de ski Savin Kuk, à côté du café ORO.

L'école du ski vous propose des cours de ski alpin, ski de fond, de snowboard.

Randonnées

Voici les principales randonnées que l'on peut effectuer dans le parc :

BEZIMENI VRH

2 487 m

Route : Žabljak – Lokvice (1 800 m) – Biljegov do (1965 m) – Valoviti do (2 080 m) – Bezimeni vrh. Dénivelé de 1 040 m. Niveau : difficile. Durée : 4 à 5 heures de marche (aller simple).

BOBOTOV KUK

2 523 m

Ce sommet de forme pyramidale est le plus haut du massif (et officiellement, du Monténégro). Quatre sentiers différents permettent de l'atteindre. Celui passant par le nord-est est un peu plus long et difficile que les autres mais offre des paysages plus spectaculaires. La meilleure solution consiste à monter au sommet par un sentier et à en redescendre par un autre afin d'apprécier pleinement la beauté du site.

Route nord-est au départ de Žabljak. Crno Jezero – Indjini Dolovi – Lokvice ou Ledena Pećina – Biljegov Do – Valoviti Do – Bobotov Kuk (compter 5 heures 30 de marche, aller simple).

Les trois autres sentiers passent par le sud : le premier part de Sedlo, le deuxième de Dobri Do (1 742 m) et le troisième de Škrčka. Tous trois se rejoignent au lac de Zeleni Vir et ne font à partir de là plus qu'un. Une fois arrivé au col de Velika Privija (2 351 m), ce sentier rejoint celui passant par le nord-est du sommet. Compter 2 heures 30 de marche depuis Dobri Do et 3 heures de marche depuis Sedlo (allers simples).

CRVENA GREDA

2 175 m

Sentier : Žabljak – Ivan do – Bosača – Jablan Jezero (1 880 m) – Crvena grada. Niveau : intermédiaire. Durée : 3 heures de marche (aller simple).

LAC DE ZMINJE (ZMINJE JEZERO)

1 520 m

Ce lac, facilement accessible, est situé à 1 520 m d'altitude, à l'ouest du lac Noir (sentier balisé). Niveau : facile. Durée : 2 heures de marche aller-retour.

LACS DE ŠKRČKA

1 686 et 1 711 m

Deux lacs respectivement situés à 1 686 et 1 711 m d'altitude, entre les monts Bobotov et Prutaš. Considérés par beaucoup comme le plus beau site du massif. Niveau : intermédiaire. Durée : 3 heures 30 via le village de Mala Crna Gora, 3 heures en passant par Dobri do.

MEDJED

2 287 m

Ce sommet est réputé offrir l'une des plus belles vues sur le massif et le lac Noir.

Route : Žabljak – Indjini Dolovi (1 750 m) – Klještina – Mali Medjed (2 223 m) – Grebenski prelaz. Niveau : intermédiaire. Durée : 4 heures de marche (aller simple).

PRUTAŠ

2 393 m

Un sommet incontournable. Panoramas d'une beauté à couper le souffle.

▶ **Route :** Dobri Do – Šarban (1 700 m) – Škrčko Ždrijelo (2 114 m) – Prutaš (2 393 m). Durée : compter entre 3 et 4 heures de marche (aller simple).

SAVIN KUK

2 313 m

Ce sommet est l'un des plus fréquentés et des plus faciles à atteindre. Il est accessible depuis le lac Noir ou depuis le bas des pistes de ski (en suivant les remontées mécaniques).

▶ **Route :** Crno Jezero – Izvor (source) – Točak (1 450 m) – Mioč Poljana (1 569 m) – Savina Voda (2 212 m) – Savin Kuk. Niveau : facile. Durée : 3 heures de marche (aller simple).

ŠLJEME

2 455 m

Ce plateau rocheux s'étend sur près de 2 km.

▶ **Route :** Žabljak – Motički Gaj – Poljana – Korita – Panalj (1 813 m) – Šupljika (1 930 m) – Čista Strana – Vrh Šljemena (2 455 m). Dénivelé de 1 001 m. Niveau : difficile. Durée : 4 heures 30 de marche (aller simple).

CANYON DE LA RIVIÈRE TARA (КАЊОН РИЈЕКЕ ТАРЕ)

Le canyon de la rivière de la Tara est l'un des sites naturels les plus prestigieux de la péninsule balkanique.

Accessible en voiture sur une petite portion seulement, il est le plus profond en Europe et peut être classé parmi les dix premiers au monde de par sa taille. Protégé par l'Unesco depuis 1977 et intégré au parc national du Durmitor, il se distingue par des parois vertigineuses culminant, entre Veliki Štuoc (2 104 m) et l'Obzir (1 868 m), à 1 300 m de hauteur.

Ponctuées de nombreuses grottes et cascades et piquées de pins solitaires accrochés tels des funambules, ces parois sont en grande partie abruptes et difficiles d'accès, ce qui a grandement contribué à préserver la beauté du site. Malgré son statut de site protégé, le canyon a été menacé, pendant plusieurs années, par un projet de construction d'une centrale hydroélectrique qui aurait provoqué son inondation sur plus d'une dizaine de kilomètres. Ce projet a heureusement été abandonné en 2005 sous la pression d'une mission internationale d'experts de l'UNESCO et de l'UICN (Union mondiale pour la nature), ainsi que des associations nationales et internationales de défense de l'environnement.

Refuge d'une flore et d'une faune d'une diversité exceptionnelle, la rivière de la Tara s'étend sur un peu plus de 140 km, ce qui en fait la plus longue du pays.

Pratique

Vous trouverez ci-dessous une liste d'agences parmi les plus sérieuses et fiables proposant des descentes en raft le long du canyon de la Tara. Compter environ 80 à 100 € pour une journée de descente et 150-185 € pour deux journées (prix incluant les taxes, les repas, l'hébergement, les transferts et le matériel). Détails également à la rubrique

Le canyon en rafting

Si une route longe une partie du canyon, la meilleure façon de le découvrir est encore par la voie des eaux, les derniers 30 km du canyon jusqu'à la frontière bosniaque n'étant pas accessibles autrement. Depuis plusieurs années déjà, des agences spécialisées dans les sports de plein air offrent aux touristes et amateurs de grands frissons de descendre tout ou partie de la Tara à bord d'embarcations pneumatiques ou bien même de radeaux en bois. Si certaines parties de la rivière sont coupées de rapides et tourbillons (le canyon en compte une cinquantaine), la descente du canyon s'avère plutôt tranquille. Nul besoin, donc, d'être un « pro » du rafting pour se lancer dans cette aventure ! Les descentes sont cependant plus extrêmes en mai et juin, et tranquilles en été. L'activité se déroule d'avril à octobre.

correspondante à Žabljak. Pensez à vérifier votre assurance qui parfois n'est pas comprise dans le forfait.

■ ADVENTURE MONTENEGRO

Stari Grad 375
KOTOR (КОТОР)
✆ +382 32 336 093
Voir page 144.

Se loger

■ MOTEL TARA

Đjurdjevic Tara bb
✆ +382 69 617 617 / +382 69 192 607
www.mbturist.com
info@mbturist.com
Au niveau du pont de la rivière Tara.
Ouvert midi et soir, repas complet autour de 10 €.
C'est la nouvelle adresse de la région. Un superbe chalet alliant style d'antan et modernité, une bonne adresse pour se restaurer après une session de kayak ou un saut en tyrolienne sur la rivière Tara. La vue est exceptionnelle. L'établissement ouvert depuis peu propose également 4 chambres très modernes et confortables.

Se restaurer

■ MOTEL TARA

Đjurdjevic Tara bb
✆ +382 69 617 617
Voir page 217.

Sports – Détente – Loisirs

■ ADVENTURE MONTENEGRO

Stari Grad 375
KOTOR (КОТОР)
✆ +382 67 227 315
Voir page 151.

■ EXPLORER

Mojkovačka bb
KOLAŠIN (КОЛАШИН)
✆ +382 20 864 200 / +382 67 263 138
www.montenegroexplorer.co.me
explorer@t-com.me
Agence installée au rez-de-chaussée d'une petite maison du bas de la rue Mojkovačka (près du pont). Ouvert toute l'année, de 8h à 16h. Découvrez les beautés intouchables de Monténégro.
L'agence Explorer propose des activités et des services partout au Monténégro. Hébergement tout type, transferts, excursions : rafting

Rafting dans la rivière Tara.

(radeaux), canoë kayak, voile, croisières, équitation, parapente, cyclisme, escalade, pêche, ski, safari 4x4, randonnée, luge à moteur, jeep safari hors-piste, randonné sur neige,... mais aussi de l'eco tourisme, du tourisme religieux et activités d'incentive, travail d'équipe, organisation de conférences, ou de congrès... Vous pouvez adapter et combiner tout ces programmes selon vos souhaits.

■ RAMS TRAVEL

Slobode 10
BIJELO POLJE (БИЈЕЛО ПОЉЕ)
✆ +382 50 432374
✆ +382 67 502 367
www.ramstravel.co.me
rams@t-com.me
Ouvert toute l'année de 9h à 17h. Site internet disponible en français.
Cette excellente agence est spécialisée en vacances actives dans le nord du Monténégro pour les individuels et pour les groupes : randonnées, circuit à vélo/VTT, rafting, canyoning, spéléologie... Elle vous fera découvrir la campagne authentique du nord et plein d'endroits superbes. Rams s'occupe aussi d'hébergement en hôtel classique, ou refuges de montagne, etc.

PLJEVLJA (ПЉЕВЉА)

Centre administratif du troisième plus grand district du pays, cette ville industrielle de quelque 27 000 habitants s'étend dans la vallée de la rivière Ćehotina, à une dizaine de kilomètres seulement de la Serbie. Pourvue d'une centrale thermoélectrique, d'une mine de charbon (récemment rachetée par un groupe russe également propriétaire du combinat d'aluminium de Podgorica) et d'une entreprise de traitement du bois, elle forme, avec Podgorica, l'un des principaux moteurs économiques du pays. Elle n'en est pas moins durement frappée par le chômage et ici, plus qu'ailleurs, le délabrement avancé des bâtiments témoigne de la pauvreté des habitants.

Les voyageurs curieux et les passionnés d'archéologie y trouveront néanmoins quelques sites dignes d'intérêt. Habités depuis près de 20 000 ans, occupés par les Illyriens, puis les Romains et les Ottomans, les environs de la ville abritent de nombreux vestiges archéologiques (Pećina Gospića, Gotovuša, Borovica, Milišine Stijene, etc.). Pljevlja abrite également la plus belle mosquée du pays, la mosquée Hussein Pasha.

▶ **Histoire.** Les premières traces d'occupation du site sont très anciennes puisqu'elles remontent à environ 20 000 ans. Les Romains s'y installent du Ier au IVe siècle et y fondent une cité connue sous le nom de Municipium S... à quelques kilomètres seulement de l'emplacement actuel de Pljevlja. Après l'arrivée des Slaves, à la fin du IXe siècle, la ville devient connue sous le nom de Breznica. Sous contrôle du roi bosniaque Trvtko I à partir de 1373, elle est conquise par les Ottomans en 1462. Rebaptisée Taslidža par ces derniers, elle est annexée par l'Empire austro-hongrois en 1878. Libérée des Austro-Hongrois en 1912, elle ne sera finalement annexée au royaume du Monténégro qu'en 1913.

Occupée par les Italiens puis par les Allemands au cours de la Seconde Guerre mondiale, la ville est le théâtre d'une célèbre bataille au cours de laquelle, le 1er décembre 1941, quelque 4 000 partisans monténégrins faiblement armés attaquent la forteresse gardée par les occupants italiens.

Transports

Pljevlja est située à 174 km de Podgorica, à 81 km de Mojkovac et à 60 km de Žabljak. Pour s'y rendre en voiture à partir de Podgorica, il vous faudra d'abord passer par Mojkovac, puis prendre la direction de Žabljak et après 42 km traverser le pont de la Tara (sur la droite). De Žabljak, c'est bien indiqué depuis le centre-ville.

■ BUS

Treće Sandžačke Brigade
A l'angle avec Moše Pijade.
L'arrivée et le départ des bus s'effectue depuis ce point central.

Pratique

Tourisme – Culture

■ OFFICE DE TOURISME

Kralja Petra I, 43
✆ +382 52 300 148
www.pljevlja.montenegro.travel

Argent

Point de retrait situé sur la place derrière l'hôtel Pljevlja et près de la poste.

Moyens de communication

■ POSTE

Velimira Jakića 2
www.postacg.me
A côté de la gare routière.

Santé – Urgences

■ HÔPITAL

Lovćenskog bataljona bb
✆ +382 52 300 168
www.bolnicapv.me

■ PHARMACIE (APOTEKA HEBA)

Kralja Petra, 30
www.apoteke-cg.com
Ouvert de 7h30 à 21h.

Se loger

■ HOTEL GOLD****

Marka Miljanova 2
✆ +382 52 323 102
www.hotelgold.me
goldpv@t-com.me
10 chambres. 20 € la chambre simple, et 50 € la chambre. Petit déjeuner, taxe, Internet et parking inclus.
Un hôtel de milieu de gamme complètement rénové. Chambres propres et bien équipées (air conditionné, télévision, mini

bar, wi-fi gratuit). Parking gratuit assuré. Restaurant. Les suites présidentielles sont confortables, élégantes et dotées d'un bain à remous et d'une cuisine équipée. Sans changement de prix, celui-ci est une très bonne adresse.

■ HÔTEL PLJEVLJA

Kralja Petra I bb
✆ +382 52 323 140
www.hotelpljevlja.me
hotelpljevlja@gmail.com
40 chambres. Chambre simple 19,50 €, chambre double 16,50 € par personne ; petit déjeuner en option pour 2 €. Possibilité de demi-pension avec un supplément de 5 €.
Idéalement situé, au milieu de la rue principale du centre-ville, cet établissement occupe un grand immeuble de forme pyramidale au nom de l'hôtel indiqué en lettres cyrilliques. Les chambres, desservies par un ascenseur, y sont ordinaires et très vieillottes mais dotées d'un petit balcon. Elles possèdent TV, minibar. Celles situées aux étages supérieurs offrent une jolie vue sur la ville.

Se restaurer

■ MILET BAŠTA

Prvog Decembra
✆ +382 67 554 332
Ouvert de 9h à 23h.
Installé dans un petit jardin proche de la rue principale du centre-ville, cet établissement propose une cuisine locale à des prix modérés (soupes, salades composées, ćevapčići et grillades). On y mange dans un grand chalet décoré de façon rustique ou dehors dans de petits box en bois.

■ TRI ŠEŠIRA

26 Ulica Njegoševa
✆ +382 52 352 005
Ouvert tous les jours de 8h à 23h.
Ce restaurant dont le nom signifie « les trois chapeaux » est installé dans une grande maison de couleur saumon clair sur une colline résidentielle (compter 15-20 minutes de marche depuis la rue principale du centre-ville, monter tout droit à la hauteur du parc, avant le monastère). Doté d'une petite terrasse avec tables et bancs en bois, on y mange des plats simples mais revigorants de type « bistrot ». Le menu est désormais également en alphabet latin.

À voir – À faire

Principalement constitué de petits immeubles en béton datant de la période communiste, Pljevlja est une ville peu attrayante et la pollution, engendrée notamment par la centrale thermoélectrique, n'améliore pas la situation. Les amateurs de vieilles pierres pourront toutefois y visiter deux édifices religieux dignes d'intérêt (voir descriptions ci-dessous). La ville a par ailleurs conservé plusieurs maisons datant de la période ottomane. Dispersées à travers la ville, celles-ci sont malheureusement pour la plupart dans un état de délabrement avancé.

■ MONASTÈRE DE LA SAINTE TRINITÉ (SVETA TROJICA – СВЕТА ТРОЈИЦА)

Situé en périphérie de la ville, au pied d'une colline arborée (il est indiqué de partout mais en cyrillique), ce monastère également connu sous le nom de monastère de Dubočica était autrefois installé dans un village des environs de Pljevlja avant d'être « déménagé » dans les années 1980, tout comme le monastère de Piva. Il se compose d'une église érigée au XVIe siècle et de bâtiments plus récents surmontés de jolies galeries en bois sculpté. Restaurée à la fin du XIXe siècle, l'église est presque entièrement recouverte de peintures murales illustrant la résurrection du Christ. Celles ornant le narthex (ou vestibule) ont été réalisées dans les années 1590 par le célèbre père Strahinja, un peintre originaire du village Budimlje (à proximité de Berane). C'est également à ce dernier que l'on doit une partie des peintures ornant le monastère de Morača, près de Kolašin, celui de Piva, au nord-ouest du pays et celui de Gradište, sur la côte. Les peintures ornant la nef de l'édifice se distinguent par leurs couleurs foncées et l'expressivité des visages. Certaines d'entres elles, situées au fond et à gauche de l'édifice, représentent la dynastie serbe des Nemanjić (Saint Sava, le père de l'Eglise serbe et son père, Stefan Nemanja, notamment). L'iconostase, superbement ouvragée, date de la fin du XIXe siècle. Précisons enfin que le monastère possède, entre autres trésors, un fragment du *Manuel des Rituels* daté de 1495 et issu de l'imprimerie d'Obod (près de Cetinje).

MOSQUÉE HUSSEIN PASHA (HUSEIN PAŠINA DŽAMIJA – ХУСЕИН ПАШИНА ЏАМИЈА)

Cette mosquée, la plus belle du pays, est située au cœur de la ville. Construite entre 1585 et 1594 sur ordre d'Hussein Pasha Boljanić, un représentant officiel de la cour impériale d'Istanbul originaire des environs de Pljevlja et gendre de l'architecte à l'origine du pont de Mostar en Bosnie-Herzégovine, elle a conservé sa forme originelle et constitue donc un témoignage inestimable du passé ottoman de la région. Plusieurs manuscrits du Coran, dont un daté du XVIe siècle écrit en arabe, y sont conservés. Flanqué d'un élégant minaret de plus de 40 m de haut, l'édifice est décoré, à l'intérieur comme à l'extérieur, de peintures aux couleurs harmonieuses et comportant un luxe de détails. On remarquera en particulier celles ornant la galerie des femmes (*mahvil*) et la niche indiquant la direction de La Mecque (*mihrab*). La légende raconte qu'Hussein Pasha Boljanić fit attacher deux bœufs à un char et les chassa pour qu'ils dessinent les lignes de fondation de la mosquée avec les roues du char. Souvent fermée, il suffit, avec un peu de chance, de demander dans la rue de faire venir la personne qui détient les clefs.

Dans les environs

MUNICIPIUM S

KOMINI (КОМИНИ)

Situé dans le village de Komini, à 3 km environ du centre-ville, ce site archéologique abrite les ruines d'une ancienne cité romaine dont le nom demeure encore inconnu de nos jours (on sait seulement que ce nom commençait par un « S »). Témoignage de l'occupation romaine de la région de l'an 150 environ au IVe siècle apr. J.-C., cette cité n'a pas encore été complètement fouillée. Elle n'en a pas moins déjà livré plus de mille objets parmi lesquels une superbe et inestimable coupe en verre (*diatreta*) datée du IVe siècle et actuellement gardée dans un coffre-fort au petit musée de Pljevlja. Autrefois encerclée de remparts, dont on peut encore voir les contours, la ville comprenait plusieurs nécropoles dans sa partie sud ainsi que des tombes monumentales érigées des deux côtés de sa rue principale. Les noms gravés sur ces pierres tombales ont permis aux archéologues d'élucider le mystère des origines des habitants de cette ville. Selon les historiens, la population de la ville était notamment constituée de colons originaires de Salone (l'ancienne capitale de la Dalmatie romaine dont les vestiges sont situés près de Split, en Croatie), ainsi que de migrants du nord de l'Italie.

NORD-EST

Monastère de Morača.

Nord-Est

A l'exception notable de Kolašin, station touristique de montagne par excellence, la plupart des villes du nord-est du Monténégro sont restées à l'écart des circuits touristiques. Dommage ou tant mieux, diront certains, car cette région offre bien des richesses au voyageur curieux de sortir des sentiers battus. A la fois région de montagnes, de hauts pâturages et de forêts, le nord-est du Monténégro est parcouru par trois principaux massifs montagneux : Komovi, Prokletije et Bjelasica. Moins fréquentés que celui du Durmitor, ils n'en offrent pas moins l'occasion de nombreuses randonnées ponctuées par la découverte de villages d'altitude où l'élevage et l'agriculture sont bien souvent les seules sources de revenus.

Plus peuplée que le nord-ouest du pays car moins enclavée, cette partie du Monténégro comporte plusieurs villes relativement importantes économiquement parlant. Détruites par les Ottomans ou les bombardements de la Seconde Guerre mondiale, celles-ci n'ont conservé que très peu de vestiges historiques. Les passionnés d'histoire trouveront néanmoins quelques traces dignes d'intérêt éparpillées sur tout le territoire.

LA ROUTE DE KOLAŠIN (КОЛАШИН)

Au départ de Podgorica, la route serpente dans un dédale de replis montagneux en empruntant quantité de tunnels dont chaque sortie offre des paysages éblouissants. Soyez vigilant car la route est dangereuse puisque c'est l'axe principal qui relie les deux capitales soit Podgorica du Monténégro à Belgrade la serbe. C'est une route commerciale avec beaucoup de camions et d'autobus, et elle devient plus particulièrement dangereuse durant l'été avec l'affluence des vacanciers. Rappelons que les Serbes sont les principaux touristes du Monténégro. Autant dire que les contrôles radars sont fréquents et les alcootests aussi. Respectez les limitations de vitesse car elles ont du sens et restez sobres même si les nombreuses tavernes du bord de la route aux méchouis alléchants vous attirent 24h/24.

MORAČA (МОРАЧА)

La Morača (Морача) est une rivière dont la largeur est généralement peu importante où il est quasiment impossible de naviguer. Elle prend sa source au nord du pays près du mont Rzača. Elle s'écoule ensuite vers le sud sur 113 km pour se jeter dans le lac de Skadar. Près de sa source, la rivière s'écoule dans un canyon, véritable corridor naturel au paysage surprenant prenant la forme d'un torrent au nord de Podgorica. Sa couleur indéfinissablement magnifique rappelle celle de la rivière Soca au nord de la Slovénie.

■ **KAMP SVETIGORA MORAČA**

✆ +382 69 072 862

25 € le bungalow pour deux, petit déjeuner non inclus. Bungalow pour 4 : 12 € par personne avec petit déjeuner. Ouvert toute l'année.

Les immanquables du Nord-Est

- **Admirer** les célèbres peintures murales du monastère de Morača.
- **Randonner** dans le parc national de Biogradska Gora.
- **S'enfoncer** au cœur du canyon de Mrtvica et jouer les funambules sur son sentier taillé à flanc de montagne.
- **Se prélasser** sur les rives du lac de Plav et respirer à pleins poumons l'air pur des montagnes environnantes.
- **S'immerger** au cœur d'une nature sauvage et préservée en partant à la conquête des massifs montagneux du Komovi et du Prokletije.
- **Faire** quelques descentes à ski sur Bjelasica à Kolasin.

Ville principale
Village secondaire
Curiosité & divers
Sommet
Col
E80
Route principale
Autre route
Parc national
Nord-Est
Dobrakovo
Potkrajći
1672 m.
Grotte
Bijelo Polje
Lepenac
Ravna Rijeka
Lim
Mojkovac
Poda
2122 m.
E80
Sjenogšte
E80
Parc National de Biogradska Gora
Biogradsko Jezero
Trpezi
D. Zaostro
Goražde
Budimlja
Kalače
Rožaje
Ibar
Bać
Crna glava 2137 m.
Berane
Zagrade
E80
BJELASICA
Kolašin
1963 m. Cmiljevica
Pešča
Lim
1795 m.
Skrbuša
Irepča
Mateševo
Prisoja
Jabuka
Kraljske Bare
Gnjili-Potok
Andrijevica
Prijedolska gl. 2005 m.
Luge
Kom Kucki 2487 m.
Ulotina
Murino
Velika
1849 m.
Veruša
KOMOVI
PROKLETIJE
2153 m.
SERBIE
Brezojevica
Plav
Mokro
Ridsko Jezero
urdup 184 m.
Dosude
Plavsko Jezero
Vojno Selo
Gusinje
Rikavacko Jerezo
Korita
N
ALBANIE
0
15 km

Quatre petits chalets en bois de deux lits chacun situés entre Međjuriječje et Kolašin, dans un cadre bucolique, au bord de la rivière (et en contrebas de la route). Le propriétaire, possède un petit café le long de la nationale. Les chalets n'étant pas visibles depuis la route, s'arrêter au café et demander au propriétaire de vous indiquer le site. L'ensemble se trouve, en venant de Podgorica, 500 m avant un tunnel et 3 km avant le monastère.

■ MONASTÈRE DE MORAČA (MANASTIR MORAČA – МАНАСТИР МОРАЧА)

À une vingtaine de kilomètres avant Kolašin, le long de la voie express E 80.

Ce monastère constitue, avec celui d'Ostrog et de Piva, l'un des édifices religieux majeurs du Monténégro. Fondé en 1252 sur ordre de Stefan Nemanjić, le premier roi serbe couronné (1217), il est installé dans un site bucolique, au bord du canyon de la rivière Morača à proximité d'une cascade. Composé d'un *konak* (lieu d'habitation des moines) et de deux églises, il abrite des fresques murales et des icônes d'une valeur exceptionnelle, à commencer par celle illustrant le prophète Elie nourri par un corbeau et celle de la naissance de saint Jean-Baptiste. Datées du XIIIe siècle, elles sont les seules datant de cette période. Dévasté par les Turcs dans la première moitié du XVIe siècle, le monastère a été restauré quelques années plus tard avant de devenir le siège d'une véritable renaissance artistique dans la première moitié du XVIIe siècle. Trois peintres majeurs de cette période y ont exercé leurs talents : le prêtre Strahinja de Budimlje (originaire de la région de Berane), le moine George Mitrofanović (fresques réalisées en 1616 sur la façade ouest de l'édifice) et le maître Kozma.

■ RANDONNÉE DANS LES GORGES DE LA RIVIÈRE MRTVICA (РЕКА МРТВИЦА)

Ce canyon au nom difficilement prononçable pour les francophones est situé à une quarantaine de kilomètres de la capitale et environ 35 km avant Kolašin. En certains endroits très étroits, il est connu pour son sentier creusé à même la roche. Une magnifique randonnée de 12 km (aller simple) sur un sentier bien balisé permet de le découvrir. Bien qu'assez longue, cette randonnée est d'un niveau relativement facile (dénivelé de 612 m). La prudence est par contre de rigueur dans la partie taillée dans la roche (chutes de pierres possibles et parois abruptes).

▶ **Le départ s'effectue à Međjuriječje**, un hameau situé le long de la route nationale Podgorica – Kolašin. Un minuscule panneau juste après le pont lorsque l'on arrive de Podgorica au niveau de l'hostel, indique la direction à prendre. Il est possible de laisser son véhicule sur la route nationale ou bien de se garer à proximité du pont métallique en contrebas.

▶ **A savoir :** il existe une description détaillée de cette randonnée dans le livre *The mountains of Montenegro – A mountaineering guide* par D. Vincek, R. Popović et M. Kovačević. En vente à la librairie internationale de Podgorica notamment.

■ KOLAŠIN (КОЛАШИН)

Située à 960 m d'altitude, dans une région magnifiquement dotée par la nature, cette petite ville de moins de 3 000 habitants installée à l'écart de toute activité industrielle, à l'exception du traitement du bois de charpente, a axé son développement sur la montagne et le tourisme sportif. Il est vrai qu'entourée par les pentes des montagnes de Bjelašica, Sinjajevina et Komovi, elle dispose d'un cadre particulièrement propice aux activités de plein air. En hiver, sa station de ski, comme celle de Žabljak mais plus facile d'accès car desservie par une ligne de chemin de fer, attire de nombreux amateurs de glisse cédant leur place, dès les beaux jours, aux randonneurs et amoureux de grands espaces. Mentionné par écrit pour la première fois en 1565, Kolašin ne commença véritablement à se développer qu'à partir du XVIIe siècle lorsque les Ottomans décidèrent de fortifier le site afin de protéger l'axe Podgorica-Bijelo Polje. De cette époque, il ne reste plus que quelques traces de l'ancien arsenal turc à 500 m au sud du centre-ville. Libérée des Ottomans en 1878 après d'âpres combats, la ville fut complètement détruite lors de la Seconde Guerre mondiale. Une grande statue érigée sur la place principale rappelle le rôle héroïque joué par les habitants de la ville dans la libération du pays.

Kolašin

Edifice religieux
Musée
Office du tourisme
Ecole
Monument
Police
Poste
Hôpital
Pharmacie
Parking
Gare routière
100 m
N
BREZA
BAŠANJE
BARUTANA
Put Za Radigojno
Rijeka Svinjača
Gare routière
vers Mojkovac et Podgorica
Junaka Mojkovačke Bitke
Radoša Maškovića
Dunje Dokić
General Bulatovića
Breza
S. Miloševića
Office du tourisme
Mirka Vešovića
Palih. Partizanki
Hôpital
IV Proleterske
Buda Tomovića
Poste
Musée
Pharmacie
Vojvode Mine
G. anđelić
Trg Vukmana Krušcića
vers la gare ferroviaire et la station de ski
Boška Rašsovića
Stade
Jagoša Simonovića
M. Lakićevića
13. jula
Police
Omladinska
Toška I Jovana
29. decembra
Ecole
Eglise
Dom Kulture
Milivoja Bulatovića
vers la gare ferroviaire
Pažanjski potok
vers le jardin botanique

Transports

Comment y accéder et en partir

Kolašin est situé à 75 km de la capitale (compter 1 heure 30 de route). C'est l'axe routier principal qui relie le port de Bar, la capitale Podgorica et Belgrade. Un axe dangeureux, soyez prudent.

■ **GARE FERROVIAIRE**
✆ +382 20 441 492
A 1,5 km à l'est du centre-ville. Pour s'y rendre, prendre la rue 13 Jula en direction du centre de ski Bjelasica (route ensuite indiquée). Il faut compter environ 2 € en taxi.

▶ **Podgorica :** 4h46, 5h55, 7h40, 15h39, 16h52 et 18h51. 3,20 €.

▶ **Mojkovac/Bijelo Polje :** 8h15 et 12h16.

▶ **Belgrade :** 11h20 et 21h25. A cette gare, on ne vous donnera pas de tarifs car on achète ses billets dans le train. Arrivée annoncée pour 6h mais il n'est pas souvent à l'heure. Il se peut même qu'il prenne 3 voire 4 heures de retard. Inutile de perdre votre temps pour tenter un remboursement. Parfois il n'y a pas de chauffage en hiver !

■ **GARE ROUTIÈRE**
Ul. Mojkovačka
✆ +382 20 864 033
www.busticket4.me
A un peu moins de 500 m du centre-ville, le long du boulevard menant à la route nationale Podgorica-Mojkovac, au bout d'une allée.

▶ **Mojkovac :** 26 bus de 6h30 à 23h.

▶ **Bijelo Polje :** 8h20 et 14h30 sont directs tous les jours, après c'est avec changement au carrefour avant Berane. Les tickets s'achètent dans les bus ou sur le site www.busticket4.me, comptez 3 € et 1h de trajet.

▶ **Berane :** 30 bus de 6h15 à 23h.

▶ **Podgorica :** 23 bus de 6h30 à 20h50. Comptez 6 € et 1h30 de trajet.

▶ **Belgrade** : départs tous les jours à 12h. 20 € et 9h de trajet.

Se déplacer

Kolasin est, avec Budva, une des villes où le taxi est le plus cher : compter de 4,50 à 5 € pour cinq kilomètres. Et pour cause : il n'y a qu'une compagnie de taxi avec un numéro au registre du commerce. Celui cité ci-dessous est moins cher que les « autres » qui pratiquent des prix sauvages.

■ **SLAVA LUX TAXI**
✆ 19501
La seule compagnie officielle à Kolasin avec un numéro au registre du commerce. Il est moins cher que les «autres».

■ **STATION ESSENCE EKO**
En sortant de Kolasin direction Podgorica. Après le tunnel sur la gauche.

Pratique

■ **BUREAU DU PARC NATIONAL DE BIOGRADSKA GORA**
Buda Tomovića 7
✆ +382 20 865625
www.nparkovi.me
npbiogradskagora@t-com.me
Situé à deux pas de l'hôtel Brile, le bureau du parc national de Biogradska Gora possède une petite boutique où l'on peut notamment se procurer des cartes de randonnées de la région.

■ **CENTRE D'INFORMATION DE LA REGION BJELASICA ET KOMOVI**
Trg borca 2
✆ +382 0 20 860 670
www.bjelasica-komovi.me
office@bjelasica-komovi.me
Ouvert de 8h à 16h, fermé les week-ends.
Situé dans une cabane d'une architecture originale combinant le bois et le verre, cet immeuble écologique est conçu pour sauvegarder la nature. Il s'agit du premier local de ce type au Monténégro.
Le centre d'information régional sur le massif du Komovi et de Bjelasica comprend six communes : Kolašin, Mojkovac, Bijelo Polje, Andrijevica, Berane et Plav. C'est le point de départ pour mieux découvrir la région. Vous y obtiendrez des informations sur l'hébergement, le ski, l'alpinisme et la location des équipements de ski et de vélos tout-terrain.

Tourisme – Culture

■ **EXPLORER**
Mojkovačka bb
✆ +382 20 864 200
Voir page 217.

■ **JELKA TOURS**
Rovačko Trabaljevo
✆ +382 69 400 094
✆ +382 69 400 094
www.jelka.me
vilajelka@t-com.me

L'offre la plus originale concerne des séjours dans des éco-refuges (cabane en bois pour 2-5 personnes, d'une capacité totale de 60 personnes) à 1 750 m d'altitude sur Bjelasica (15 € par nuit et par personne avec petit déjeuner).
Tous les produits qu'on y mange, son préparé sur place, dans une ferme de montagne ! La famille Bulatović propose aussi des forfaits intéressants avec différents programmes sportifs : rafting, équitation, randonnée, monts safari... Cette agence sérieuse, installée à Kolašin, propose plusieurs dont une formule « adrénaline » pour les plus téméraires. Prix attractifs. Leur site est traduit en français.

■ OFFICE DU TOURISME

Mirka Vešovića
✆ +382 0 20 864 254
✆ 067 866 406
✆ 068 464 887
www.tokolasin.me
tokolasin@t-com.me
Ouvert tous les jours de 8h à 20h (les week-end de 9h à 16h).
Bureau situé dans une petite maison en bois, côté droit de la rue lorsque l'on arrive de la place Boraca. L'office vend un guide en français du massif de Bjelasica, très détaillé, avec les chemins de randos. 3 €. Egalement, une carte du parc. Location de vélos (10 € la journée).

Argent

Quatre banques équipées de distributeurs automatiques dans le centre-ville : CKB, Podgorička Banka, Société Générale... situées sur les deux places de la ville (Trg Boraca).

Moyens de communication

■ POSTE

Trg Borca 4
✆ +382 20 865 031
www.postacg.me
Bureau situé à côté de l'hôtel « Brile » et ouvert de 7h à 20h.

Se loger

Tous les hôtels décrits ci-dessous sont situés en centre-ville, à proximité les uns des autres et sont donc très faciles à trouver. Ils présentent par ailleurs l'avantage d'offrir des chambres à tous les prix. On trouve même deux hôtels de charme et luxe.

■ BIANCA RESORT

Mirka Vešovića bb
✆ +382 20 863 000
www.biancaresort.com
Tarifs 2015 : chambre double standard de 108 à 148 €. 117 chambres disponibles.
Depuis 2006, cet établissement de luxe figurait parmi les plus beaux et les plus agréables du pays. C'était le seul hôtel de luxe ici à Kolašin, autant dire que l'on attendait avec impatience l'ouverture d'un autre (Hôtel Lipka) car ici, le personnel avait plutôt tendance à avoir la grosse tête et le service s'en ressentait. Sans parler de sa politique tarifaire ascendante. En 2016, on attachera donc sa ceinture de sécurité pour une descente fulgurante.

■ HOTEL CILE

Dunje Đokić
✆ +382 20 865 039
✆ +382 69 596 969
www.hotelcile.me
info@hotelcile.me
Ouvert toute l'année. 11 chambres et 3 appartements. Chambre simple : 28 €, chambre double : 36 €, suite pour deux personnes : 60 €. Petit déjeuner en buffet compris dans les prix. Possibilité de demi-pension pour 7 €. De 60 à 80 € l'appartement de 2 à 5 personnes.
Un établissement familial avec restaurant, petit parking et chambres de dimensions modestes mais bien équipées et propres. Egalement quelques appartements avec salon, salle de bains dotée de baignoire et coin cuisine (réfrigérateur et plaques chauffantes). Une bonne adresse. Pour la trouver, la première à gauche en montant du rond-point d'entrée en ville, puis deuxième à droite.

Vous avez dit « Katun » ?

Les habitations spécifiques montagnardes de bergers, caractéristiques de la Bjelasica, appelées les « katuni » datent du XIIe siècle. D'une architecture typiquement montagnarde faisant partie intégrante du patrimoine national, ces refuges écologiques en bois sont implantés aux pieds des sommets. Généralement très sommaires et hébergeant plusieurs personnes à la fois, ils restent de nos jours un bon plan pour profiter de la nature nordique du pays à bas prix.

■ **HOTEL LIPKA******

Mojkovačka bb
✆ +382 20 863 200
✆ +382 68 866 933
www.hgbudvanskarivijera.com
lipka@budvanskarivijera.co.me

Près de la place principale en face de l'office du tourisme. C'est le premier hôtel que l'on voit en arrivant.

Tarifs 2015 : 74 € pour une chambre double en demi-pension. 50 € pour une chambre simple en demi-pension. Les prix comprennent un petit déjeuner par personne, un dîner (on à pas le choix, il n'y a pas de tarifs sans la demi-pension). Sont inclus aussi le spa, la salle de gym, le sauna, le hammam, les taxes, l'assurance, Internet et le parking.

Le fameux hôtel Lipka appartient à la célèbre chaîne Budvanska Rivijera, il vient de ré ouvrir ces portes en 2014 ici à Kolasin. Un véritable grand chalet luxueux avec restaurant et une cheminée au dernier et 4e étage, un centre de relaxation (sauna, hammam, massage, salle de gym...) au sous-sol, un parking juste devant, un groom, une réception pro 24h/24, un loueur de matériels à ski... L'intérieur est en également en bois et pierres apparentes procurant une agréable sensation de chaleur. Les chambres sont de tous conforts, elles comprennent un peignoir, des chaussons, minibar, TV écran plat, sèche-cheveux, c'est propre, moderne, insonorisé, confortable. Comprenez que c'est notre préféré ici car il n'y a pas mieux dans la station d'un point de vue qualité-prix.

Se restaurer

Bien et pas cher

■ **PLANINAR**

Trg Borca

Installé dans une grande maison de couleur jaune claire, sur la place principale du centre-ville, ce café-restaurant sans prétention était, lors de notre passage, la meilleure adresse pour manger un repas simple et pas cher. L'établissement est séparé en deux : le café d'un côté et la petite salle de restaurant de l'autre. Le café, particulièrement agréable par temps froid, est l'un des plus fréquentés de la ville. La salle de restaurant, sans fioritures, permet de manger dans un cadre confortable mais la carte est singulièrement réduite le soir. A savoir toutefois : l'établissement ne possède pas de terrasse, mais c'est ici que se trouve l'association des montagnards de la région (d'où le nom de l'établissement, « planina » voulant dire « montagne »).

■ **RESTAURANT SLAVIJA**

✆ 068 209 008 / 069 539 988
sloboabojic@yahoo.com

Dans une petit maison qui ne paie pas de mine face à l'Office de Tourisme près de la place principale. Simple mais bon. Plats cuisinés traditionnels à partir de 6 €. Réservation conseillé car toute petite salle.

■ **SAVARDAK**

(sur la route en direction de la station de ski)
Biočinovići
✆ +382 69 051 264

Plats à partir de 6 €.

Situé à 3-4 km du centre-ville le long de la route en direction de la station de ski, ce restaurant mérite un détour pour son cadre original (une sorte de grande hutte en chaume et bois, de forme assez proche des tentes mongoles). Installés sur des bancs et tables en bois, autour d'une cheminée, vous y mangerez principalement de la charcuterie locale (*Goveđa pršuta*) et des plats revigorants de montagne. Bref, voici une adresse typique. Pensez toutefois à bien vérifier l'addition qui peut s'avérer plus élevée que prévu...

Bonnes tables

■ **BRILE**

Buda Tomovića 2
✆ +382 20 865 021

Les prix y sont un peu plus élevés que la moyenne (grillades à partir de 6 €, pâtes à partir de 5 €, assiettes de charcuterie à 8 €).

Situé quasiment en face du restaurant Planinar, dans l'hôtel Brile, cet établissement permet de se restaurer dans un cadre un peu plus raffiné que les autres adresses de la ville, avec musique douce en fond sonore et un service impeccable. La carte, traduite en anglais et en français, fait la part belle aux mets italiens (pizzas, pâtes...) mais propose également quelques grillades et plats cuisinés comme le goulash par exemple.

■ **VILINE VODE**

Boška Rašovića
✆ 068 309 631
www.vilinevode.me

Sur la route en direction des remontées mécaniques.
À deux kilomètres du centre. Ouvert tous les jours de 9h à 23h. Fromage local : 3 €. Soupe : 2 €. Grillades : 4 € Plats cuisinés à partir de 6 €.
Cadre rustique avec cheminée. Cusine traditionnelle locale.

À voir – À faire

D'un point de vue culturel et architectural, Kolašin ne présente guère d'intérêt, son centre-ville est essentiellement constitué de petits immeubles récents à l'architecture austère. Cependant, sa place centrale est l'une des mieux aménagées et agréables du Monténégro. Le musée de la ville, situé sur la place Borca (à côté du centre culturel), abrite une très modeste collection ethnographique ainsi qu'une galerie de peintures (ouvert tous les jours sauf le dimanche mais horaires aléatoires, entrée libre).

■ JARDIN BOTANIQUE (BOTANICKA BASTA)

Dulovine
✆ +382 20 865 477
✆ +382 69 015 478
Ouvert de 9h à 18h. Il faut y aller en plein jour quand il y a de la lumière car c'est en altitude dans la forêt il fait sombre.
Créé dans les années 1980, ce jardin botanique situé à environ 2 km du centre-ville abrite quelque 400 espèces florales, en grande majorité des plantes médicinales. La meilleure période pour le visiter court de la mi-mai à la fin du mois de juin (visites sur rendez-vous uniquement, vous pouvez demander à l'Office de Tourisme ou aux réceptionnistes des hôtels). Pour s'y rendre, prendre la petite rue qui monte en face de l'église de la ville et traverse une colline boisée (possibilité de s'y rendre en taxi).

Sports – Détente – Loisirs

▸ **Randonnées.** Le principal attrait de la ville réside dans les innombrables possibilités de randonnées offertes par ses montagnes environnantes. Il est notamment possible de rejoindre le lac du parc national de Biogradska Gora au départ de la station de ski de Bjelasica (compter une bonne journée de marche aller-retour).
Le bureau du parc national mais aussi l'office du tourisme de la ville vendent des cartes de randonnée assez détaillées sur les montagnes de la région. Les randonneurs occasionnels pourront par ailleurs faire appel aux services des trois agences de tourisme locales (voir rubrique concernée). Celles-ci, spécialisées dans les activités de plein air, proposent en effet de nombreuses excursions dans la région mais également dans les autres massifs montagneux du nord du pays (Durmitor, Sinjajevina, Prokletije). Ici, les randonnées s'effectuent vers les massifs de Komovi (2 487 m) et Bjelasica. En sus de la randonnée, et si les dénivelés ne vous font pas peur, l'hôtel Vila Jelka et l'agence Explorer (voir rubriques concernées) louent des vélos de montagne, à 7 € la ½ journée et 10 € la journée, ou bien encore 50 € les sept jours. Ces établissements peuvent vous fournir un guide pour les randonnées dans le parc national de Biogradska Gora.

▸ **Escalade**. Un site d'escalade a été tracé sur la route de Jezerine, la station de ski, et divisé en deux secteurs. Vous pourrez obtenir toutes les informations, et louer les équipements, en passant par l'office régional de tourisme.

■ STATION DE SKI BJELASICA – JEZERINE

✆ +382 68 04 1450 / 1300
www.kolasin1450.com
office@kolasin1450.com
Station située à 8 km du centre-ville. Dates d'ouverture : du 1er janvier à la fin du mois d'avril. Forfaits : 20 € par jour, demi-journée à 12 € (prix adultes). Trois boutiques de location de matériel de ski dans le centre-ville. Compter de 10 € par jour pour la location de skis, chaussures et bâtons. Parking : 3 €.
Une station de ski de dimension modeste pour les professionnelles qui fréquentent les 3 vallées mais cela dit c'est quand même la plus importante et la meilleure du Monténégro avec 6 pentes avantageusement exposées. De nombreuses remontées mécaniques montant à 1 973 m d'altitude, 16 pistes dont une piste de descente de plus de 3 km de long pour un total de 16,5 km de pistes. Des minibus font régulièrement la navette entre le centre-ville et les pistes (transferts généralement organisés par les propriétaires d'établissements hôteliers pour leur clientèle). En bas des remontées se trouvent des restaurants, des bars, un hélicoptère de secours et un projet immobilier comprenant un hôtel tout confort.

PARC NATIONAL DE BIOGRADSKA GORA (НАЦИОНАЛНИ ПАРК БИОГРАДСКА ГОРА)

Ce parc national, de 5 400 hectares, s'étend au cœur du massif de Bjelasica, entre la rivière de la Tara et celle du Lim.

Essentiellement constitué de forêts et de hauts pâturages, le site abrite l'une des dernières forêts vierges d'Europe (1 600 hectares). Promu parc national en 1952 mais juridiquement protégé depuis 1878, Biogradska Gora peut être considéré comme la plus ancienne réserve naturelle du pays (le premier parc national au monde, celui de Yellowstone aux Etats-Unis, n'a été déclaré en tant que tel que six années plus tôt, en 1872). Au cœur de la forêt, se trouve le lac de Biogradska (Biogradsko jezero) à 1 094 m d'altitude.

Principal porte d'accès au parc national, ce lac glaciaire est enfoui dans une végétation abondante et dominé par les plus hauts pics montagneux du massif de Bjelasica, le mont Crna Glava (2 139 m), le mont Zekova Glava (2 117 m) et le mont Troglava (2 072 m). Cinq autres lacs de ce type sont disséminés dans le parc entre 1 820 et 1 900 m d'altitude (les lac Šiško, Malo Šiško, Malo Ursulovaco, Velicko Ursulovaco et Pešića).

Surnommés par les habitants de la région les « Yeux de la montagne », ces lacs sont relativement faciles d'accès et peuvent donc constituer des objectifs de randonnées.

Peuplé d'ours, de daims, de renards, d'aigles, de loutres, d'hiboux et de tétras pour ne citer que les espèces les plus remarquables, le parc est surtout réputé pour son exceptionnelle richesse florale, une richesse qui lui a valu, dès 1977, d'être inscrit au Réseau mondial des réserves de biosphère de l'Unesco. Les botanistes y ont ainsi recensé pas moins de 25 familles de plantes.

On compte environ 2 000 plantes différentes ainsi qu'une soixantaine d'espèces d'arbres. Dans la forêt vierge où, depuis plus d'une centaine d'années déjà, toute intervention humaine est interdite, les arbres peuvent atteindre jusqu'à 50 m de haut et certains d'entre eux seraient âgés de près de 500 ans. Au plus profond de celle-ci, la végétation est tellement dense et compacte que seuls quelques rais de lumière parviennent à pénétrer la voûte formée par ces arbres immenses.

Transports

Le parc de Biogradska Gora se trouve à droite de la route nationale Podgorica-Belgrade, une quinzaine de kilomètres après Kolašin. Pour y accéder, il faut d'abord emprunter le pont qui traverse la rivière Tara et suivre la route qui serpente à travers la forêt sur 3,5 km avant d'atteindre le lac où se trouve le parking du parc. Parking et accès au parc payants (2 €). Compter 15 € minimum en taxi le trajet depuis Kolašin.

Pratique

■ BUREAU D'INFORMATION DU PARC NATIONAL DE BIOGRADSKA GORA

Buda Tomovića 7
Kolašin
✆ +382 20 865 625
www.nparkovi.me

Possibilité de louer des barques sur le lac pour 8 € de l'heure. Hébergement possible sous des tentes : 5 € pour les grandes, 3 € pour les petites. Logement en bungalow pour 20 € par jour. Visite en jeep : 20 € par jour.

Bureau situé dans le centre-ville de Kolašin, à deux pas de l'hôtel Brile, le bureau du parc national de Biogradska Gora possède une petite boutique où l'on peut notamment se procurer des cartes de randonnées de la région. Il existe également un point d'information à côté du lac et de son parking. Le site Internet est consultable en français.

Se loger

■ EKO KATUN VRANJAK

Vranjak
✆ +382 69 400 094
www.jelka.me

Chambre d'hôte 15 €/pers., demi-pension 25 €/pers., pension complète 35 €/pers., panier repas 5 €.

Un écolodge tenu par une famille du cru qui propose à ses hôtes de passer quelques jours en vivant une vie semblable à celle des montagnards des siècles passés (Gorštaci). C'est dans la montagne de Bjelasica, juste au bord du parc national Biogradskagora, à 1 800 mètres d'altitude, que vous irez couper le bois, traire les vaches, fabriquer le fromage et la crème fraîche de la région de Kolašin et préparer les spécialités de la cuisine nationale. La nourriture est issue de l'agriculture biologique locale. C'est aussi ici que vous pourrez vous évader le temps d'une randonnée équestre ou en VTT et vous promener jusqu'aux pics du parc national. Vous pourrez découvrir les anciennes techniques de filage de laine ou encore écouter le son de la gusle, l'instrument monocorde à corde frottée typique du Monténégro. Cabanes de 2 à 7 lits, électricité et confort garanti pour des tarifs imbattables.

À voir – À faire

Le parc national et ses environs offrent de nombreuses possibilités de randonnées de tous niveaux sur des sentiers dans l'ensemble bien balisés. Pour en savoir plus, il est conseillé de se procurer la carte éditée en 2002 par l'OSCE (Organisation pour la sécurité et la coopération en Europe), en collaboration avec l'Association internationale des amis de la nature. Celle-ci, en vente notamment dans la petite boutique du parc national près du lac et à l'office de tourisme de Kolašin, couvre l'ensemble du massif du Bjelasica et une partie de celui du Komovi, situé juste en dessous (échelle : 1/60 000e). Pour vous faire une idée le site Internet www.nparkovi.me permet une visite virtuelle en 3D des cinq parcs nationaux monténégrins.

- **Le tour du lac de Biogradska** : agréable promenade de 3,5 km. Bancs, tables de pique-nique et passerelles en bois dans les zones humides, là où la rivière de Biogradska et ses affluents se jettent dans le lac.

- **Le lac de Šiško (1 705 m d'altitude)** : cette randonnée d'un niveau relativement facile commence au lac de Biogradska. Du lac, prendre la route en terre derrière les chalets en bois. Celle-ci zigzague d'abord à travers la forêt avant d'atteindre un premier katun (maison de berger), celui de Dolovi, installé au milieu de hauts pâturages. Une fois ce katun atteint, continuer le long du chemin en terre qui monte une petite colline à droite et traverse de vastes prairies (sentier parfois envahi de plantes et donc un peu plus difficile à discerner). Le sentier redescend ensuite légèrement et devient à nouveau plus large. Poursuivre le long de ce sentier sur quelques kilomètres puis bifurquer à gauche vers le grand lac de Šiško. Présence possible de troupeaux de moutons et donc de chiens de berger (ces derniers, bien qu'impressionnants, sont inoffensifs. Ce sont toutefois d'excellents gardiens et ils vous obligeront sans doute à faire quelques petits détours...). Retour par le même chemin. Compter environ 6 heures de marche (aller-retour).

- **La forêt vierge** : cette randonnée, longue et difficile, permet de traverser des paysages variés. Son point de départ s'effectue au lac de Biogradska, le long de la route en terre qui commence derrière les chalets en bois. Elle emprunte le même chemin que la randonnée décrite ci-dessus jusqu'au niveau du lac de Šiško. Au lieu de bifurquer à gauche en direction du lac, continuer tout droit jusqu'au pied du mont Zekova Glava (coiffé d'un relais hertzien). Arrivé à l'épingle de la route qui monte vers le relais, la trace se perd et la navigation devient plus difficile. En gros, il s'agit de suivre légèrement en dessous de la ligne de crêtes puis à hauteur des katun Goles que l'on aperçoit à gauche, il faut descendre dans un talweg qui, si vous avez pris le bon, vous amènera juste en amont du lac. Il n'existe plus pour cette dernière partie de sentier balisé et il est conseillé de ne s'y engager que fortement aguerri et muni d'une boussole ou encore en se faisant accompagner d'un guide local. La descente vers le lac, que l'on ne voit pas, se fait dans un terrain très accidenté sans réelles traces (végétation dense, innombrables troncs d'arbres obligeant à d'incessantes acrobaties). Mais globalement, choisissez votre talweg et descendez. Vous tomberez dans le meilleur des cas sur le lac, sinon sur la rivière qu'il convient de redescendre jusqu'au lac si vous êtes en amont de celui-ci... Compter une journée complète (10 heures de marche).

Pic de Strmenica : longue randonnée au départ de Mojkovac jusqu'au sommet de Strmenica (2 122 m), le deuxième sommet le plus haut du massif de Bjelasica. Compter 10 heures de marche. Quelques passages très raides et neige généralement présente sur le sommet et ses versants jusqu'en juin. Randonnée en dehors du parc national mais offrant de très beaux points de vue sur le parc et le lac de Biogradska.

MOJKOVAC (МОЈКОВАЦ)

Située entre les massifs du Bjelasica et du Sinjajevina, dans la bucolique vallée de la rivière Tara, cette petite ville sans charme de quelque 4 000 habitants fut autrefois une importante cité minière de plomb et de zinc. C'est ici, ou plus précisément à Brskovo, que fut installée par le roi Uroš la première fabrique de pièces de monnaie serbes (connues sous le nom de *krstati perperi*) au XIVe siècle. Mojkovac serait d'ailleurs l'abréviation de *Moj kovani novac* (littéralement, « Ma monnaie forgée »). Ancienne halte caravanière, Brskovo est situé à environ 5 km de Mojkovac, le long de la rivière Rudnica. On peut encore aujourd'hui y voir des traces de la ville médiévale. Mojkovac est également connu pour avoir été le théâtre d'une bataille sanglante gagnée par les Monténégrins en janvier 1916. Menés par Janko Vukotić, ces derniers réussirent à défendre la ville face à une armée austro-hongroise trois fois plus importante.

Cette victoire permit à l'armée serbe de poursuivre sa retraite vers l'île grecque de Corfou où elle devait se reposer et se regrouper. Bien que d'un point de vue touristique sans intérêt, Mojkovac présente l'avantage d'être bien située entre les parcs nationaux de Biogradska Gora et du Durmitor et peut, à ce titre, constituer un point de chute pratique pour effectuer des randonnées dans les environs.

Transports

GARE FERROVIAIRE
✆ +382 50 472 130
A 2 km du centre et pas indiquée, tourner à gauche au rond point qui délimite le centre, derrière l'hôtel « Palas ».
Délabrée, mais située sur la ligne Belgrade – Podgorica, elle offre les mêmes destinations et fréquences qu'à Kolašin.

GARE ROUTIÈRE
Mojkovackih junaka bb
✆ +382 50 470 133
Station de bus située à l'entrée du centre-ville, le long de la route nationale en direction de Bijelo Polje et Belgrade.

Pratique

OFFICE DE TOURISME (TURISTICKA ORGANIZACIJA)
Serdara Janka Vukotica
✆ +382 50 472 428
www.mojkovac.travel
tomojkovac@gmail.com

Se loger

EKO OAZA SUZA EVROPE
Gornja Dobrilovina
✆ +382 67 511 755
eko-oaza@t-com.me
À 25 km à l'ouest de Mojkovac. Chalets en bois pour 4 personnes 55 €.
Ce village pittoresque de Dobrilovina s'est enrichi en 2007 d'un véritable oasis en pleine nature au bord de la Tara, ce pourquoi, il s'appelle « larme d'Europe » (Suza Evrope). L'endroit est doté d'une plage et les activités proposées sont le rafting, kayaking, pêche. Pour un accueil sympa en anglais, demandez Velibor.

HOTEL GACKA – IMANJE RAKOČEVIĆ
Gacka bb
✆ +382 50 474 720 / +382 69 661 999
www.imanjerakocevic.me
info@imanjerakocevic.me
À 3 km de Mojkovac en direction de Kolašin.
Tarifs journaliers pour une pension complète : chambre double 140 à 160 €, même prix pour le chalet standard pour 2 personnes (20 m²), appartement pour deux 160 à 200 €, chalet supérieur pour 4 personnes 280 à 3 200 €. Les prix varient en fonction de la saison et incluent le petit déjeuner, le déjeuner et le dîner sous forme de buffet.
L'utilisation de la piscine intérieure, du sauna, du Jacuzzi et de la salle de gym est aussi incluse dans le prix. La meilleure adresse de la région. Restaurant de cuisine nationale avec une belle cave à vins. Terrain de tennis et de basket. Sur demande : baptême en hélicoptère, cours d'équitation d'une semaine.

■ HOTEL RAVNJAK

✆ +382 69448810 / +382 67557466 / +316 34486884
www.ravnjak-hotel.com
info@ravnjak-hotel.com
Au 18e km sur la route de Mojkovac à Žabljak.

5 chambres doubles et 3 chalets. 17,50 € par personne et par nuit, petit déjeuner inclus. Possibilité de demi-pension (23,50 €) et pension complète (27,50 €). Ouvert toute l'année.

Ancienne résidence de chasse de Tito transformée en hôtel et restaurant, Ravnjak est située dans une vallée pittoresque, à l'entrée du Parc National de Durmitor. La source merveilleuse de Ravnjak naît juste à côté de l'hôtel, et les hôtes peuvent l'admirer et entendre son bruit sans quitter la terrasse du restaurant. Depuis le petit parc de l'établissement, vous pourrez voir la source se transformer rapidement en ruisseau puis en un torrent vif. Vous n'aurez qu'à descendre l'escalier vers la source, la traverser par un pont en bois et passer quelques mètres en aval sur l'autre rive. Une expérience magique. Le bâtiment de l'hôtel a été construit à la fin des années 1940 comme la villa de chasse de Josip Broz Tito et d'autres hauts fonctionnaires du parti communiste qui aimeraient chasser dans cette région aux porcs, ours, divakozas (chamois qui sont maintenant protégés) et aux autres animaux. L'hôtel dispose de 6 chambres dans le bâtiment principal (dessus du restaurant) et 3 bungalows confortables. Deux cuisiniers du restaurant se spécialisent dans la cuisine nationale. Le restaurant dispose d'une grande terrasse panoramique au-dessus de la source permettant aux clients de savourer sa vue et le bruit de l'eau.

■ PALAS

Mojkovackih junaka bb
✆ +382 50 472 508 / +382 50 472 124
hotelpalasmojkovac@t-com.me

Chambre simple : 23 €, double : 42 € ; petit déjeuner inclus. Paiement Visa.

Grand hôtel de la ville, situé juste à côté du pont traversant la rivière Tara, dans un immeuble de forme pyramidale. Chambres plutôt spacieuses et bien équipées (accès Internet et minibar), salles de bains en bon état (avec douche). Jolies vues sur la montagne pour celles situées à l'arrière de l'établissement. Boîte de nuit. Grand bar et restaurant au rez-de-chaussée. Bon rapport qualité/prix.

▸ L'hôtel propose également le seul véritable restaurant de la ville. Dans une grande salle à la décoration très années 1980, il propose une cuisine simple et copieuse (soupes, salades composées, viandes grillées, gâteaux).

Se restaurer

Le seul véritable restaurant de la ville est celui de l'hôtel « Palas ». Pour un repas sur le pouce, le choix est au contraire plutôt vaste. Vous trouverez, tout le long de la rue principale, plusieurs cafés où vous pourrez vous restaurer de hamburgers, pizzas et autres plats roboratifs pour trois fois rien. Le restaurant d'Imanje Rakočević, hors ville, vaut le coup.

DE MOJKOVAC (МОЈКОВАЦ) À ŽABLAK (ЖАБЛАК)

Pour rejoindre Žabljak depuis Mojkovac, prendre la direction du parc national du Durmitor indiqué avant l'entrée dans la ville (et avant le pont). Cette route, longue de 65 km, longe le canyon de la Tara et marque l'entrée dans le parc national du Durmitor.

▸ **Après un peu plus de 10 km**, elle traverse le village de Donja Dobrilovina. Au début de ce village, sur la droite, un panneau indique le monastère de Dobrilovina (ou église Saint-Georges). Cette petite église, érigée au tout début du XVIIe siècle (1609), a été maintes fois détruite aux XVIIIe et XIXe siècles. Les quelques fresques préservées qui ornent ses murs intérieurs datent de 1613. Juste après cette église, à côté d'un restaurant, une petite route en terre et graviers d'une dizaine de kilomètres permet de rejoindre le massif de Sinjajevina (4X4 souhaitable).

Quarante-deux kilomètres après avoir quitté Mojkovac, la route arrive au site de Durdevića Tara célèbre pour son pont enjambant, à près de 150 m de haut, le canyon de la Tara.
Erigé entre 1938 et 1940, ce pont offre un beau et seul point de vue sur le canyon, et mérite à ce titre une petite halte. Juste à ses côtés, deux monuments rappellent la mémoire de deux héros locaux tués lors de la Seconde Guerre mondiale. Face au pont, un hôtel propose des chambres. A côté, l'opérateur de rafting Žabljak Turist propose des chambres avec cuisine dans un petit bâtiment (voir à « Žabljak ») ainsi qu'un restaurant de poisson tout simple mais avec une terrasse qui domine la Tara.

Pour se rendre à Žabljak, ne pas emprunter le pont mais poursuivre sur la gauche. Après une montée au dénivelé important et d'innombrables virages en épingles à cheveux, la route débouche enfin sur le vaste plateau du Durmitor avec, en arrière-plan, les pics rocheux de ses montagnes. Le contraste, après les collines boisées des rives de la rivière Tara, est saisissant.

MASSIF DE SINJAJEVINA (СИЊАЈЕВИНА)

Constitué d'un vaste plateau montagneux, ce massif tout en longueur s'étend jusqu'à la ville de Žabljak. Plusieurs routes non goudronnées permettent de le rejoindre depuis la route Mojkovac – Žabljak. L'une d'elles, longue d'une dizaine de kilomètres, part du village de Dobrilovina, à proximité du monastère du même nom et d'un petit restaurant installé dans une maison en bois (route située sur la gauche du restaurant), elle permet d'arriver sur le plateau à proximité du lac Zabojsko (belle montée à faire en 4X4 ou à pied). Très peu peuplé (mais apprécié des ours bruns), le plateau peut faire l'objet d'une belle randonnée d'une journée complète (aller simple) jusqu'au parc national du Durmitor.
Bien que de dénivelé faible, cette randonnée est à réserver aux bons marcheurs étant donné sa longueur et l'absence de sentiers balisés. Ceux tentés par cette marche doivent également savoir que les parties boisées du massif sont infestées de moustiques. Situé à côté du mont Divljak, le lac de Zabojsko (1 486 m) peut également faire l'objet d'une agréable halte.

BIJELO POLJE (БИЈЕЛО ПОЉЕ)

Troisième plus grande ville du pays mais aussi centre culturel et administratif du nord du Monténégro, Bijelo Polje (dont le nom signifie « plaine blanche ») s'étend dans la vallée de la rivière Lim, dans une région bénéficiant d'un environnement agréable, fertile et riche en sources d'eau minérale. Dès l'Antiquité, Grecs et Illyriens s'installent dans la région. La ville actuelle est fondée au XIIe siècle par la dynastie serbe des Nemanjides à l'époque de la construction de l'église Saint-Pierre. Dès sa fondation, la cité occupe une place importante dans la vie culturelle de la vallée du Lim et l'église Saint-Pierre devient, en 1321, une résidence épiscopale. Saccagée par les Turcs au XVe siècle puis occupée par ses derniers, la ville prend alors le nom d'Akovo (traduction turque de « plaine blanche »). Libérée en 1912 seulement, lors de la première guerre balkanique, Bijelo Polje connaît un essor important à partir du début des années 1980 avec l'arrivée de la ligne de chemin de fer Bar – Belgrade en 1976. Plusieurs industries importantes y sont implantées dont une usine d'eau minérale (Bijela Rada) et une autre de transformation de la laine.

Transports

La gare ferroviaire est située à un peu plus de 2 km du centre-ville, le long de l'axe routier Podgorica – Belgrade (côté gauche et en direction de Belgrade). Des taxis sont généralement stationnés en face de la gare.

GARE FERROVIAIRE (ŽELEZNIŠKA STANICA)

✆ +382050 478 560
C'est la ligne : Bar-Podgorica-Kolasin-Mojkovac-Bijelo Polje, Pripolje.... Belgrad.

GARE ROUTIÈRE (AUTOBUSKA STANICA)

✆ +382050 432 219
Ici, c'est le terminus des compagnies officiel monténégrine qui paient une taxe à toutes les gares routières où ils souhaitent avoir leurs places pour se garer, déposer et prendre les voyageurs. Pour passer la frontière et continuer en Serbie, il faut aller un peu plus bas et embarquer au bord de la route dans un bus de passage. Ou bien prendre un taxi pour passer la frontière et aller à la prochaine ville serbe : Priepolje (quinze Euros et une heure de trajet).

Pratique

■ OFFICE DE TOURISME (TURISTICKA ORGANIZACIJA)

Nedjeljka Merdovića bb
✆ +382 0 50 484 795
www.tobijelopolje.me – tobp@t-com.me

Se loger

■ BIJELA RADA*

Ul. Slobode bb
✆ 068 866 456 / +382 50 432 771
htl.bijelarada@gmail.com
Dans le centre ville.
74 lits dans des chambres de différentes configurations.
Le plus grand hôtel de la ville et le plus central qui attend toujours d'être privatisé. Chambres sans cachet particulier mais propres, salles de bains y compris. Pour s'y rendre, tournez immédiatement à droite dès que vous entrez dans la ville (là où un panneau indique « Centar »). L'hôtel se trouve à une dizaine de mètres de là, sur la droite, en face des bureaux de la Montenegro Banka.

■ HOTEL DOMINUS

Djordjija Stanića 31
✆ +382 50 432 733
dominusbp@t-com.me
60 € chambre double, avec petit-déjeuner. Ouvert toute l'année.
Un hôtel récent (2008) et plutôt moderne situé à 5 minutes à pied du centre-ville. Toutes les chambres sont dotées de la TV câble, coin salon, salle de bains privée. Coffre-fort à la réception. Connexion Internet sans fil gratuite. Parking privé. La gare ferroviaire est à 10 minutes en voiture.

■ MOTEL DURMITOR

Rakonje bb
✆ +382 50 488 111
durmitorbp@t-com.me
17 chambres. 30 € la chambre, petit déjeuner inclus.
Un établissement récent situé à l'entrée de la ville lorsque l'on arrive de Podgorica, le long de la route nationale (côté droit). Chambres fonctionnelles mais propres et salles de bains en parfait état. Egalement un restaurant traditionnel joliment décoré à la mode « rustique ». A savoir toutefois : certaines chambres situées au rez-de-chaussée sont très sombres car donnant sur un couloir. Les personnes au sommeil léger éviteront par ailleurs cette adresse en raison du passage continuel de poids lourds de jour comme de nuit sur la voie express.

Se restaurer

Ici encore, une multitude de fast-foods et de pizzerias mais peu de « vrais » restaurants locaux.
Celui de l'hôtel « Durmitor », le long de la route nationale, propose une cuisine un peu plus élaborée que la moyenne dans un cadre à la fois confortable et rustique (prix modérés).

À voir – À faire

■ ÉGLISE SAINT-NICOLAS (CRKVA SV. NIKOLE – ЦРКВА СВ. НИКОЛЕ)

Nikoljac
Située dans le village de Nikoljac, dans les environs de Bijelo Polje.
Cette petite église date du milieu du XVIe siècle. Seul bâtiment toujours debout d'un ancien complexe monastique, ses murs intérieurs sont en partie couverts de fresques anciennes (années 1590). A l'intérieur de l'édifice, on peut également admirer une iconostase superbement ornée. Mais l'église est surtout connue pour abriter l'une des collections liturgiques les plus riches du pays parmi laquelle figurent des manuscrits datant du XIVe siècle.

■ ÉGLISE SAINT-PIERRE (CRKVA SV. PETRA – ЦРКВА СВ. ПЕТРА)

Bâtie au cours du XIIe siècle, cette église orthodoxe constitue le monument culturel le plus important de la ville. C'est en effet pour cette église qu'a été réalisé l'Evangile de Miroslav. Ce manuscrit, datant de 1180 environ et actuellement conservé au Musée national de Belgrade, est le plus ancien manuscrit enluminé serbe conservé. Illustré de près de 300 miniatures d'une beauté exceptionnelle, il constitue un témoignage important des échanges d'influences artistiques entre l'Orient et l'Occident. (D'ailleurs il manque une feuille, qui a été volée par un patriarche russe lorsque le manuscrit fut caché au monastère grec du mont Athos durant la guerre). Détruite par les Turcs au XVe siècle puis transformée en mosquée par ces derniers au XVIIIe siècle, l'église est redevenue chrétienne en 1912, année de la libération de la ville. Son apparence actuelle date de 2014 lorsqu'une des deux tours fut rebâtie et l'autre rénovée. Pour s'y rendre depuis le centre-ville, prendre la route en direction de Podgorica, puis tourner à droite (un panneau indique le site). L'édifice, accessible à pied depuis le centre-ville, se trouve quelques mètres plus haut, en bordure d'une petite rue.

GROTTE DE DJALOVICA (DJALOVICA PEĆINA – ЂАЛОВИЋА ПЕЋИНА)

Djalovica pećina
Située dans la gorge de Djalovica, près de la source de Bistrica et à 25 km environ de Bijelo Polje.
Cette grotte est l'une des plus grandes en Europe. Longue de 26 km, elle comporte plusieurs cavités grandes comme un stade de football. Pas entièrement explorée, son accès est pour le moment réservé aux spéléologues confirmés uniquement en compagnie des guides. Pour s'y rendre, prendre la route nationale en direction de Belgrade, puis, après une dizaine de kilomètres tourner à droite (un panneau indique la direction). Le mieux c'est de passer par l'agence Rams Travel qui organise la visite.

SOURCE KISELA VODA (IZVOR KISELA VODA – ИЗВОР КИСЕЛА ВОДА)

Les environs de Bijelo Polje comptent plusieurs sources d'eau minérale. L'une d'elles, connue sous le nom de « Kisela Voda », est facilement accessible depuis le centre-ville. Si le site en lui-même ne mérite guère un détour, l'eau de la source, légèrement gazeuse, est en revanche un délice et les habitants des villages voisins viennent régulièrement s'y approvisionner gratuitement. Si vous souhaitez, vous aussi, en profiter pour remplir vos gourdes. Voici comment vous y rendre : la source est située à environ 4 km du centre-ville, le long de la route nationale Podgorica – Belgrade (dans la direction de Belgrade). Une fois sur cette route, il faut traverser le pont passant au-dessus de la voie ferrée. La source se trouve à côté d'un restaurant portant le nom de la source et installé dans un cadre champêtre. Malheureusement fermé lors de notre passage, celui-ci devrait être prochainement rénové.

BERANE (БЕРАНЕ)

Tout comme Bijelo Polje, cette ville d'un peu plus de 11 000 habitants s'étend sur les rives de la rivière Lim. Située à 670 m d'altitude, elle fut rebaptisée Ivangrad (d'après Ivan Milutinović, un homme politique monténégrin) en 1949 et conserva ce nom jusqu'en 1992.
Si la ville en elle-même est récente puisqu'elle ne fut fondée que dans la seconde moitié du XIXe siècle, la région de Berane porte en revanche les traces d'une occupation bien plus ancienne. Habitée dès le Néolithique, elle fourmille de vestiges celtes, illyriens, romains et byzantins. Durant la période médiévale, la région de Berane était connu sous le nom de Budimlja et occupait une place non négligeable dans la vie religieuse, politique et économique du premier Etat serbe, celui de Rascie (Raška, en serbe). Saint Sava, le premier évêque serbe, y fonda un des premiers épiscopats serbes en 1219 (dans le monastère de Đurđev Stupovi).
Partie intégrante de l'Etat médiéval serbe jusqu'en 1455 – année au cours de laquelle la ville fut prise par les Turcs –, Berane fut le théâtre de soulèvements répétés tout au long du XIXe siècle avant d'être finalement libéré du joug ottoman en 1912. Comme la plupart des villes monténégrines frontalières, Berane fait aujourd'hui face à de nombreuses difficultés économiques et l'arrivée de nombreux réfugiés serbes lors des conflits des années 1990 (Kosovo) n'a bien évidemment pas arrangé la situation. Seul point positif : la station de ski Lokve, fermée pendant des années, vient d'être réaménagée et c'est en ce moment la station de ski la moins chère du pays.

Transports

Deux routes permettent d'accéder à Berane depuis Kolašin :

- la première, la plus empruntée, passe d'abord par Mojkovac puis Bijelo Polje. Il s'agit d'une nationale à deux voies et en bon état.
- la seconde, qui passe par Andrijevica à partir de Kolašin, est une petite route de montagne très sinueuse et parsemée de trous. Si cette seconde route ne réduit pas vraiment le temps de trajet, elle permet en revanche de traverser des paysages splendides et isolés de montagne.

GARE ROUTIÈRE (AUTOBUSKA STANICA)

Ulica Dušana Vujoševića
✆ +382 51 234 892 / +382 20 230 570 / 067 234 828
A côté du rond-point et à l'entrée de la ville en arrivant de Bijelo Polje.
Départs de 5h à minuit tous les jours.
Départs quotidiens :

- Andrijevica : 8h, 11h, 13h30, 13h40, 18h10, 19h20
- Bar : 12h
- Belgrade (via Novog Pazara, Raške, Kraljeva, Kragujevca, Topole et Maladenovca) : 9h, 11h40, 14h20, 17h, 20h50, 22h30, 23h

- Bijelo Polje : 5h20, 6h, 6h50, 8h45, 10h45, 12h, 13h15, 14h20, 15h20, 18h, 19h20Budva : 6h45, 13h50, 16h40, 20h
- Cetinje : 6h45, 13h50
- Danilovgrad : 15h15
- Herceg Novi : 6h45, 13h40, 16h40, 20h
- Kolašin : 5h, 6h45, 8h, 9h30, 11h30, 12h, 13h40, 13h50, 14h, 15h, 15h15, 17h, 19h10
- Kotor : 6h45
- Mojkovac : 5h, 6h45, 8h, 9h30, 11h30, 12h, 13h40, 13h50, 14h00, 15h, 15h15, 17h, 19h10
- Nikšić : 15h15
- Plav : 8h, 11h, 13h30, 13h40, 18h10, 19h20
- Podgorica : 5h, 6h45, 8h, 9h30, 11h30, 12h, 13h40, 13h50, 14h, 15h, 15h15, 17h, 19h10
- Rožaje : 6h45, 9h30, 11h, 13h15, 14h30, 18h30, 19h20

■ **LIM TAXI**
© 1 95 95 / +382 68 019 595
Réservations par SMS possible.

Pratique

Tourisme – Culture

■ **OFFICE DU TOURISME (TURISTICKA ORGANIZACIJA)**
Mojsija Zečevića
© +382 051 236 664 – www.berane.travel

Argent

■ **SOCIÉTÉ GÉNÉRALE PODGORIČKA BANKA**
Mojsija Zečevića 15 © +382 051 235 685

Santé – Urgences

- **Centre de soins – urgences** (hitna pomoć) : 124.
- **Pharmacie** de garde MONTEFARMA : dans la rue Mojsija Zečevića.
- **Police** (policija) : 122.
- **Pompier** (vatrogasci) : 123.
- **Secours sur les routes, dépannage** (AMS) : 19807.

Se loger

Ici, il n'y a que deux hôtels. Après c'est un Motel en bordure de route et des appartements privés à voir avec l'Office de Tourisme.

■ **HOTEL « S » *****
Dusana Vujosevica bb
© +382 51 232 031 / +382 69 085 167
drvoprex@t-com.me
10 chambres. Les tarifs ont régressé : chambre simple 25 €, chambre double 40 €. Petit déjeuner inclus.
Ouvert en 2005, cet établissement est installé dans une rue animée du centre-ville. Bien tenu, à l'allure de motel, il dispose de chambres standard, sans aucune surprise et confortables (salles de bains impeccables, prises Internet, minibar, téléviseur, etc.). Anglais parlé à la réception.

■ **IL SOLE******
Polimska 17
© +382 51 231 270 / +382 51 233 776
23 € en chambre simple, 20 € par personne en double avec petit-déjeuner.
Hôtel récent et central, situé à 500 m de la rue principale (appelé ici « boulevard ») et à 100 m de la rivière. Les chambres sont équipées de mini-bar, TV câble, connexion sans fil gratuite...

Se restaurer

Le centre-ville compte de nombreux bistrots, notamment à côté du bazar.

■ **DVA JELENA**
Svetosavska bb
© +382 51 235 014 / +382 67 853 693
Une bonne adresse du centre-ville, située à proximité de la rivière (rive ouest), dans une grande maison de couleur vert olive. Petite terrasse ombragée et cuisine locale (viandes et poissons grillés).

À voir – À faire

Installé sur la rive ouest de la rivière Lim, le centre-ville est constitué d'une grande place constamment animée d'où partent les principales rues commerçantes de la ville.

■ **MONASTÈRE DJURDJEVI STUPOVI (ЂУРЂЕВИ СТУПОВИ)**
L'édifice, situé à moins de 10 minutes en voiture du centre-ville, est indiqué sur la droite à l'entrée de la ville lorsque l'on arrive de Bijelo Polje.
Situé sur les hauteurs de la ville, à proximité d'un ancien aéroport militaire aujourd'hui à l'abandon, le monastère de Djurdjevi Stupovi (littéralement « les pilliers de saint Georges ») a été érigé à la fin du XIIe siècle. Il est composé d'un *konak* (lieu d'habitation) et d'une imposante église en pierres apparentes. Il devint en 1219 le siège de l'épiscopat de Budimljan (nom donné, sous le Moyen Age, à la région de Berane). L'église, dont le toit en plomb a été fondu sous l'occupation ottomane pour fabriquer des munitions, fut par la suite réquisitionnée par l'armée austro-hongroise afin d'y abriter ses chevaux.

■ **MUSÉE DE LA VILLE (POLIMSKI MUZEJ – ПОЛИМСКИ МУЗЕЈ)**
M. Malisica 2 ✆ +382 51 234 276
polimskimuzej@t-com.me
A deux pas de la place principale du centre-ville et au premier étage de ce qui s'apparente à une grande maison, ce musée présente une collection diverse d'objets trouvés lors des fouilles menées dans la région, ainsi que des costumes traditionnels, des armes anciennes et des ustensiles ruraux du XIXe siècle. Le musée possède par ailleurs un beau gilet de maille datant du XIVe siècle et récemment découvert dans la rivière Lim.

Sports – Détente – Loisirs

Très populaire il y a 30 ans, puis fermé pendant des années, la station de ski Lokve sur la montagne de Cmiljevica à seulement 15 km de Berane, vient d'être réaménagée. Les pistes se trouvent à une altitude allant de 1 335 à 1 675 mètres. Le téléphérique qui part de l'hôtel « Lokve » peut transporter jusqu'à 1 000 skieurs par heure. À 1 560 m d'altitude se trouve un ski lift qui vous emmène quelques centaines de mètres plus haut. La longueur des pistes est de 5 km dont une, Lokve, qui est destinée au slalom et selon les experts, c'est la meilleure piste du Monténégro pour slalomer.En ce moment, la station de ski Lokve est la station la moins chère du pays : le ski ne coûte que 7 € pour toute la journée et 4 € pour les enfants.Le complexe hôtelier de Lokve, d'une architecture remarquable, se situe à 14 km en direction de Rožaje. Il a été racheté en 2003 par une compagnie russe qui a fait beaucoup de promesses sans que rien ne se passe : il n'a toujours pas été rénové et l'investisseur a disparu.

■ ROŽAJE (РОЖАЈЕ)

Située à moins de 40 km du Kosovo et perchée à près de 1 000 m d'altitude, cette petite et agréable ville de montagne occupe un site naturel superbe qui peut rappeler, par certains côtés, le Massif central. Traversée par la rivière Ibar et encerclée de collines drapées de vastes étendues de conifères, elle s'étend dans l'une des régions les plus boisées des Balkans et est dominée, au nord, par l'imposant massif montagneux connu sous le nom d'Hajla (2 400 m d'altitude). La célèbre gorge de Rugovo, à travers laquelle une partie de l'armée serbe battit en retraite durant l'hiver 1915-1916 vers l'Albanie puis Corfou, s'étend juste derrière. Lorsque les soldats serbes s'arrêtèrent dans la ville, en décembre 1915, ses habitants, bien que pauvres, firent de leur mieux pour les aider. En reconnaissance de ce geste, une rue de Belgrade, la capitale serbe, a été rebaptisée Rožaje. A l'origine une forteresse turque, la ville s'est développée à la fin du XVIIe siècle. L'occupation du site semble toutefois plus ancienne comme en témoignent les vestiges d'un mur probablement d'origine illyrienne, situés sur la colline de Brezovac dans les environs. Peuplée d'un peu plus de 9 000 habitants majoritairement de confession musulmane, la ville actuelle connaît une vie culturelle dynamique malgré sa situation géographique enclavée. Elle organise notamment chaque année une compétition internationale de danse folklorique. Environnée d'une nature préservée, qui a tout pour ravir les amoureux de grands espaces, la ville jouit d'un potentiel touristique non négligeable mais à ce jour inexploité. Nul doute que cela n'est qu'une affaire de temps…

Transports

▶ **Voiture**. Rožaje est situé à une trentaine de kilomètres de Berane sur l'axe principal reliant le Monténégro au Kosovo (Rožaje – Kula – Peć). Tout comme Berane, on peut atteindre Rožaje par deux chemins : via Bijelo Polje ou via Andrijevica. La seconde route est une petite route de montagne goudronnée mais très sinueuse et présentant de fréquentes déformations de la chaussée. Elle reste toutefois accessible aux petits véhicules.

▶ **Bus.** Gare routière située à 5 minutes de marche de la rue piétonne du centre-ville, le long de la route nationale Berane-Rožaje (et qui passe au-dessus de l'hôtel Rožaje). ✆ +382 (51) 271 115.

Pratique

■ **OFFICE DE TOURISME (TURISTICKA ORGANIZACIJA)**
Maršala Tita bb
✆ +382 51 270 158
www.rozaje.montenegro.travel
Ouvert du lundi au vendredi de 8h à 16h.
Bureau situé en face de l'hôtel « Rožaje » et dans une petite rue perpendiculaire à l'agence de la banque Podgorička Banka.

Se loger

Malgré son environnement exceptionnel, Rožaje n'est pas encore une destination touristique et l'offre hôtelière est par conséquent restreinte : un seul véritable hôtel au centre-ville, sinon après se sont des motels au bord de la route à 2 voire 3 km de la ville.

■ GRADINA APPARTEMENTS
Trg IX Crnogorske Brigade
✆ +382 51 271 066 / +382 51 271 087
gradinaco@t-com.me
8 appartements. 12 € par personne et par nuit. Petit déjeuner non inclus.
Situé à deux pas de la tour Ganića, au premier étage d'un petit immeuble, cet établissement propose huit grands appartements propres et clairs mais au mobilier un peu daté et aux salles de bains minuscules. Frigo, TV.

■ HOTEL ROŽAJE****
Marsala Tita bb
✆ +382 51 240100 / +382 51 240 167
✆ +382 51 273 526
hotelrozaje@t-com.me
À partir de 90 € la chambre double. 31 chambres et deux suites. Paiement toutes cartes.
Entièrement refait et rouvert en 2007, le « Rožaje » n'a plus rien à voir avec l'hôtel socialiste qu'il était. Les chambres sont vastes et très confortables, traitées dans un style années 1930, de charme, tout comme l'ensemble de l'hôtel, à l'exception notable de sa façade, constituée de deux triangles en verre fumés sensés représenter les montagnes. L'hôtel est très bien équipé, avec un sauna (inclus dans le prix). Le restaurant est lui aussi décoré années 1930. L'ensemble est une réussite, assez luxueux et vraiment étonnant dans cette petite ville du bout du monde.

■ MOTEL GRAND KALAČ
Rožaje bb
✆ +382 51 271 294 / +382 69 465 539
deko_rozaje@hotmail.com
20 chambres. 12 € par personne, petit déjeuner inclus.
Situé à 3 km du centre-ville, le long de la route nationale Berane-Rožaje, ce petit hôtel familial a ouvert ses portes en 2006. Il propose des chambres toutes simples mais confortables avec chauffage central, petits balcons dans certaines chambres, meubles de rangement et salles de bains avec douche dans chaque chambre. En prime, un accueil avenant et des prix très doux. Bref, un bon rapport qualité/prix.

Se restaurer

■ DUGA
Suho Polje
✆ +382 51 278 266 / +382 69 463 333
Installé le long de la route nationale, à 8 km environ du centre-ville de Rožaje (dans la direction de Berane), ce restaurant figure parmi les plus populaires de la ville à en juger par le nombre important de véhicules généralement stationnés devant. On y mange une cuisine locale dans un cadre agréable (cheminée à l'intérieur et terrasse située du côté opposé de la route). Prix modérés.

■ MEK
Situé sur le bord de la rivière, à deux pas de l'hôtel Rozaje et à côté d'un pont, ce petit fast-food installé au premier et dernier étage d'une maison possède une agréable terrasse de trois tables donnant sur la rivière. Sur la carte : des hamburgers faits maison, des *ćevapčići* (rouleaux de viande de bœuf grillés) et des salades. On peut également y venir pour boire un simple verre.

■ PIZZERIA GOLD
✆ +382 51 274 555
Une pizzeria du centre-ville, située dans le prolongement de la rue piétonne et à 5 minutes de marche de l'hôtel Rožaje. Pizzas correctes (mais sans plus) à partir de 3 €.
Egalement des salades et des plats de viandes grillées. Petite terrasse au premier étage.

À voir – À faire

Bien qu'essentiellement de construction récente, la ville a conservé quelques maisons de belle facture de type turco-balkanique. Eparpillées dans la ville, elles sont en assez bon état en comparaison de celles que l'on peut voir à Pljevlja. Outre ces maisons la ville possède une belle tour (*kula*), vestige de l'ancienne forteresse turque.
Connue sous le nom de tour Ganića, elle devrait prochainement accueillir le Musée ethnographique de la ville. En attendant, la collection de ce futur musée est exposée dans un petit bureau au premier étage de la galerie commerciale située juste avant la tour. Cette collection, très modeste, comprend quelques costumes traditionnels ainsi que des ustensiles de la vie de tous les jours (salle d'exposition en principe ouverte du lundi au vendredi, horaires aléatoires).
Parmi les autres curiosités de la ville, signalons enfin la présence de deux mosquées (Kučanska et Kurtagić) datant de l'occupation ottomane. La première, aux proportions harmonieuses, date du XIXe siècle.
La seconde, érigée à la fin du XVIIe siècle, a été reconstruite dans les années 1960 et n'a malheureusement pas conservé son caractère originel.

Sports – Détente – Loisirs

Ici encore, les possibilités de randonnées ne manquent pas. Malheureusement, il n'existe pas de cartes détaillées de la région et les randonneurs motivés devront donc s'équiper d'une bonne boussole.

Les seules cartes de la région étant à ce jour commercialisées sont celles du livre écrit en anglais T*he mountains of Montenegro – A mountaineering guide* de D. Vincek, Ratko R. Popović et Mijo Kovačević (en vente notamment dans la « grande librairie » de Podgorica).

▶ **Le mont Hajla,** culminant à 2 400 m d'altitude, peut constituer un bel objectif de randonnée. Plusieurs sentiers partiellement balisés permettent d'y accéder depuis les environs de Rožaje (description complète dans l'ouvrage cité ci-dessus). Signalons par ailleurs la présence d'un refuge d'une vingtaine de lits, sur les pentes du mont Hajla, à 1 450 m d'altitude. Enfin amateurs d'équitation, sachez qu'il est possible de louer des chevaux à l'hôtel Turjak (se renseigner auprès de l'office du tourisme).

▶ **Ski.** La station de ski Turjak se trouve dans le nord du pays, à quelques kilomètres de Rožaje, à 1 300 m d'altitude. Deux ski lifts sur une longueur de 1 300 m. 13 € la nuitée avec petit déjeuner à l'Hôtel Turjak en bas des deux pistes : ✆ +382 87 271 178. Ski pass 4 € / jour. Equipement : 4 €/jour.

Shopping

■ MARCHÉS

Rožaje accueille régulièrement deux marchés de fruits et légumes. Le premier se tient à côté de la gare routière. Le second, plus pittoresque, est installé de l'autre côté de la rivière, non loin de la nouvelle mosquée. Les agriculteurs des villages voisins y proposent notamment d'appétissants saucissons.

■ PLAV (ПЛАВ)

A l'instar de Rožaje, cette petite ville de bout du monde jouit d'un cadre naturel de toute beauté. Perchée à 945 m d'altitude et posée sur les rives du lac Bleu (Plavsko Jezero), elle est dominée à l'ouest par un véritable mur de montagnes, le majestueux massif de Prokletije, proclamé en 2009 comme le parc national, formant une frontière naturelle avec l'Albanie voisine.

Mentionné sous le nom de Pulav en 1235 puis plus tard sous le nom de Ribari, Plav fut un centre d'échanges commerciaux important de la région sous l'occupation ottomane.

Attribués au Monténégro à la suite du Congrès de Berlin, en 1878, la ville et ses environs ne furent incorporés au sein du royaume monténégrin qu'en 1912, une force combinée turco-albanaise ayant réussi à repousser l'armée monténégrine dans ses tentatives pour reprendre la ville en 1879 et 1880. Dans son livre *Agneau noir et faucon gris*, l'auteur anglaise Rebecca West nous apprend que la ville connut alors un fâcheux contretemps : « Lorsque les Monténégrins reprirent aux Turcs le village de Plav en 1912, ils furent aidés par un prêtre du village, un musulman converti à l'orthodoxie et qui fut nommé major dans l'armée monténégrine. Sa première action fut de faire passer en cour martiale ses anciens coreligionnaires et de faire fusiller tous ceux qui refusaient d'être baptisés. Il y en eut, paraît-il, cinq cents. » Plus récemment, le district de Plav est devenu tragiquement célèbre quand des avions de l'Otan, un jour de mai 1999, ont jeté des bombes à fragmentation sur le vieux pont qui traversait le village voisin de Murino et n'avait pas le moindre intérêt stratégique. Sept adolescentes y ont été tuées à l'heure de la promenade de la fin d'après-midi...

Transports

De Podgorica, comptez environ 2h30 en voiture (130 km) via Kolašin et Andrijevica. Ou via Mojkovac, Berane et Andrijevica, mais c'est une demi-heure plus long (200 km). Sachez que la route Plav-Gusinje-Podgorica à travers le territoire albanais (les villages de Vrmoša-Tamara-Dinoša) est en phase de reconstruction qui permettrait de raccourcir le trajet entre Gusinje et Podgorica de 190 km.

■ GARE ROUTIÈRE (AUTOBUSKA STANICA)

Racina bb ✆ +382 51 251 371
En face de l'hôtel situé au bord du lac.

Pratique

■ MERIDIJAN 10

Ribarska bb
✆ +382 51 255 005 / +382 67 400 601
Agence touristique.

■ OFFICE DE TOURISME

Racina bb
✆ +382 51 250 151 / + 382 67 572 161
www.toplav.me – info@plav.travel

■ **POSTE**
Čaršijska bb
www.postacg.me
A côté de la vieille mosquée.

Se loger

■ **EKO AQUA**
Brezojevica ✆ +382 69 051 532
✆ +382 52 252 432 – visitaqua@gmail.com
Situé au bord du lac
À partir de 16 € par personne la nuitée avec petit déjeuner, 27 € la pension complète.
Huit bungalows en bois pour 3 et 5 personnes avec une salle de bains privée et un balcon. Restaurant et mini zoo. Croisières sur le lac. Idéal pour les familles avec des enfants. Egalement un petit terrain de camping.

■ **ETHNO-VILLAGE KOMNENOVO & HÔTEL KULA DAMJANOVA**
Vojno selo ✆ +382 68 638 311
www.kuladamjanova.com
kuladamjanova@yahoo.com
Chambre double 59 €, triple 65 €, petit déjeuner inclus.
Situé dans un petit village à 1 km de Plav, au bord du lac, dans un milieu naturel calme. L'hôtel propose 16 chambres doubles et 9 appartements au style rustique (avec des kilims au sol et aux murs) offrant tout le confort nécessaire. Mention spéciale pour la décoration de la taverne, très authentique et son mobilier en bois. Possibilité d'excursions.

À voir – À faire

■ **ÉGLISE SVETA TROJICA (SVETA TROJICA – СВЕТА ТРОЈИЦА)**
Située dans le village de Brezojevice, à la périphérie de Plav (le long de la route pour Andrijevica), dans le parc national de Prokletije, cette église est la plus ancienne de la région. Mentionnée pour la première fois dans un document daté de 1566, elle se distingue par une architecture byzantine, assez proche de celle des églises du littoral monténégrin. Brûlée plusieurs fois, elle n'a malheureusement conservé aucune peinture murale.

■ **TOUR DE REDZEPAGIC (KULA REDZEPAGICA – КУЛА РЕЏЕПАГИЋА)**
Construite au XVIIe siècle par l'une des familles musulmanes les plus influentes de l'époque, cet imposant édifice servait à la fois de bâtiment public et de tour de défense. Son architecture est assez proche des maisons ottomanes rencontrées un peu partout dans les Balkans. A deux pas de là se dressent deux mosquées anciennes datant de la période ottomane de la ville. Reconnaissables à leur minaret en bois, toutes deux sont dotées d'une jolie entrée en bois sur la façade. La plus grande, située juste à côté de la Poste et connue sous le nom de Mosquée impériale (*careva džamija*), date du XVIIIe siècle.

■ **VIEILLE MOSQUÉE IMPÉRIALE (STARA CARSKA DŽAMIJA – СТАРА ЦАРСКА ЏАМИЈА)**
À deux pas de la tour de Redžepagić se dressent deux mosquées anciennes datant de la période ottomane. Reconnaissables à leur minaret en bois, toutes les deux sont dotées d'une jolie façade en bois à l'entrée. La plus grande des mosquées dont les trois étages sont connectés par un escalier intérieur en bois, connue sous le nom de Vieille Mosquée Impériale (Stara carska džamija) est située juste à côté de la Poste. Ella a été construite par le sultan Abdul Hamid en 1471 mais son apparence actuelle date de XVIIIe siècle. Grâce à son architecture originale, ses gravures sur bois, ses arabesques et son minaret en bois, elle est proclamée «monument de culture».

Sports – Détente – Loisirs

■ **CLUB DE MONTAGNE PROKLETIJE**
✆ +382 69 500 675
www.psd-prokletije.org
ahmet.rekovic@psd-prokletije.org
Guides pour randonnées en Albanie à travers la montagne entre autres.

Parc national de Prokletije

Le plus jeune des parcs nationaux (2009), surnommé « Les Alpes de l'Europe du Sud » est situé à l'extrémité orientale des Alpes dinariques. Recouvrant une zone protégée transfrontalière entre le Monténégro et l'Albanie, sa partie située au Monténégro couvre 14 000 hectares. Sauvage et difficilement accessible, enneigé entre 90 et 210 jours par an, le massif des Prokletije est encore peu connu et les chemins sont mal balisés. Ses deux réserves sont le lac Hridsko jezero et Volušnica. On privilégiera les petites villes comme Plav et Gusinje pour commencer à explorer Prokletije. Pour plus d'info, contacter la direction des parcs nationaux au : +382 20 60 10 15 ou www.nparkovi.me – npcg@nparkovi.me.

GUSINJE (ГУСИЊЕ)

Une excursion jusqu'à ce village et ses environs ravira les amoureux de nature et de grands espaces. Situé à une dizaine de kilomètres de Plav, Gusinje est installé à quelques kilomètres seulement du majestueux massif de Prokletije à cheval sur le Monténégro et l'Albanie. Plutôt animée, malgré son isolement géographique, cette bourgade de montagne commença à se développer à partir du XIVe siècle. Ancienne étape sur le chemin des caravanes qui reliaient Dubrovnik à Istanbul, elle fut au XIXe siècle une cité prospère et même plus importante que Plav. Mais lorsque les Turcs, à la fin du XIXe siècle, perdirent la région de Gornje Polinlje, la ville commença à perdre de son importance et c'est alors Plav qui devint le centre administratif de la région. De ce passé, le village a conservé quelques demeures de belle facture. Plusieurs routes goudronnées permettent de « s'enfoncer » un peu plus dans les montagnes et même jusqu'au pied du massif d'où partent plusieurs sentiers de randonnée partiellement balisés. On peut par exemple poursuivre jusqu'au village de Vusanje, situé dans la vallée de Ropojana et la cascade de Skakavica.
La tradition veut que les locaux de Plav et de Gusinje se retrouvent chaque deuxième jour du mois d'août sur les sources Ali Pasha (Alipasini izvori). Ambiance à l'orientale garantie, même des mariages y sont arrangés.

ANDRIJEVICA (АНДРИЈЕВИЦА)

Situé sur une corniche dominant une rivière, Andrijevica est une grosse bourgade sans réel cachet mais jouissant d'un joli panorama sur les montagnes alentour.
Fondé au XIIe siècle par la dynastie serbe des Nemanjić (ou Nemanjides), cette ville fut détruite par les Turcs avant de prospérer à nouveau. Au XIXe siècle, le prince-évêque Petar II Petrović Njegoš y fit construire une petite église à l'emplacement d'une plus ancienne datée du XIIe siècle et détruite par les Ottomans. Achevée en 1887 et installée au milieu d'un petit parc, celle-ci est aujourd'hui l'édifice le plus ancien de la ville.
Enfin, Andrijevica est considéré comme le chef-lieu non officiel de la région connu sous le nom de Vasojevići qui s'étend de Bijelo Polje à Mateševo et Plav. Ce nom provient de l'une des tribus serbes les plus importantes du Monténégro. Selon la légende, le fondateur de cette tribu, Vaso, s'installa dans la région après la bataille de Kosovo Polje (fin XIVe siècle, défaite du prince serbe Lazar Hrebeljanovic face aux armées du sultan ottoman Mourad Ier).

Transports

Andrijevica est reliée à Kolašin par une superbe route de montagne longue d'une quarantaine de kilomètres et bordant le fameux massif du Komovi.

▶ **La route reliant la ville à Kolašin** se trouve sur la gauche et à la sortie du village lorsque l'on arrive de Berane. Inaccessible en hiver, cette petite voie étroite et sinueuse permet de découvrir de champêtres paysages de collines boisées et émaillées de hameaux. La traversée de cette région est un véritable plaisir pour les yeux, en particulier à l'automne lorsque les forêts de hêtres se drapent de leur feuillage doré.

▶ **A mi-parcours la route franchit le col de Trešnjevik** où s'est installé un petit café-restaurant. La route étant assez éprouvante, ce lieu perdu au milieu d'une dense végétation invite à faire une halte. Juste à côté du café, une pancarte en bois indique la direction des sentiers de randonnée permettant d'accéder aux trois principaux sommets du massif du Komovi : Kučki Dom (2 484 m), Vasojevički Kom (2 460 m) et Levorečki Kom (2 483 m). Ce massif montagneux, long de 40 km et large d'une trentaine de kilomètres, est bordé par le massif du Prokletije d'un côté et celui de Bjelasica de l'autre. Encerclés de vastes plateaux situés à une altitude moyenne de 1 900 m, ses sommets sont assez difficiles d'accès en raison de leur terrain très rocailleux. Les chutes de pierre étant fréquentes, il est conseillé aux randonneurs de ne pas sortir des sentiers balisés. Toujours au départ de ce col, un sentier d'une vingtaine de kilomètres permet de faire le tour du massif. Là encore, cette randonnée est à réserver aux randonneurs expérimentés.

▶ **Une fois le col franchi**, la route entreprend sa descente vers Kolašin en traversant les villages de Kraljske Bare, Mateševo et enfin Skrbuša. Au loin, côté gauche de la route, on peut apercevoir les impressionnants pics rocheux du massif du Komovi.

PENSE FUTÉ

Monastère de Savina.

Pense futé

ARGENT

Monnaie

La monnaie officielle du Monténégro est l'euro depuis 2002. Pour autant le pays ne fait pas partie de la zone Euro. Ce qui implique des surcoûts si vous retirez ou payez avec votre carte bancaire.

Comme dans tous les pays utilisant cette monnaie, les billets existent en coupures de 500, 200, 100, 50, 20, 10 et 5 € et les pièces en valeurs de 1, 2, 5, 10, 20, 50 centimes, 1 et 2 €.

Si le Monténégro utilise l'euro, il ne dispose pas cependant d'espèces frappées à sa propre effigie puisqu'il ne fait pas encore partie de l'Union européenne.

Coût de la vie

Le Monténégro n'est plus un pays tout à fait bon marché pour les dépenses quotidiennes, repas et logement et certains hôtels ont tendance à s'aligner sur les prix occidentaux. Le transport peut en revanche s'avérer encore plus onéreux dès lors que l'on souhaite sortir des sentiers battus puisqu'il est souvent nécessaire de louer des véhicules tout-terrain pour atteindre les zones montagneuses les plus reculées. Il est par contre particulièrement économique en ce qui concerne les lignes de bus et de train.

Quelques idées de prix avant de partir

- **Un café** : de 0,50 à 1,10 €.
- **Un soda :** 1,50 à 2 €.
- **Un repas :** (plat + boisson + salade) de 7 à 15 €.
- **Un hamburger local :** 1 à 2 €.
- **Une nuit à l'hôtel** : environ 20 € par personne en période estivale.
- **Une nuit chez l'habitant :** 8 à 15 € par personne en période estivale.

Banques et change

Les banques sont en général ouvertes de 8h à 19h du lundi au vendredi, et de 8h à 13h les samedis.

Moyens de paiement

Les transactions courantes s'opèrent le plus souvent en liquide, bien que l'usage de la carte bancaire est désormais bien répandu surtout pour les règlements des séjours dans les grands hôtels et dans beaucoup de restaurants. Mais si la grande majorité des établissements de toute sorte est équipée de terminaux CB, ils rechignent encore à l'utiliser pour ne pas payer de commission, d'impôt et gagner en liquidité. Ainsi, sauf dans le haut de gamme, le terminal est souvent « en panne ». Si les cartes Diners et Eurocard/Mastercard sont largement acceptées, la Carte Bleue Visa est désormais encore plus répandue.

Transfert d'argent

Avec ce système, on peut envoyer et recevoir de l'argent de n'importe où dans le monde en quelques minutes. Le principe est simple : un de vos proches se rend dans un point MoneyGram® ou Western Union® (poste, banque, station-service, épicerie…), il donne votre nom et verse une somme à son interlocuteur. De votre côté, vous vous rendez dans un point de la même filiale. Sur simple présentation d'une pièce d'identité avec photo et de la référence du transfert, on vous remettra aussitôt l'argent.

Pourboires, marchandage et taxes

- **Pourboire.** Le pourboire ne fonctionne pas du tout comme en France. Il n'est jamais inclus dans l'addition et surtout pas dans les menus. Il est donc impératif de se souvenir de ça et de laisser 5-10 % de la note au serveur comme tous les touristes dans le monde entier. C'est d'usage dans les restaurants et pour les services, sans que cela ne soit obligatoire. La majorité des Français n'ont pas ce reflexe (ou font semblant d'oublier) car le pourboire en France est inclus partout. Ne ternissez pas la bonne image de notre peuple. Dans les cafés, il est acceptable d'arrondir le montant à l'euro le plus proche. Faites comme les Monténégrins : dites « U redu » (ou rédou) pour signifier de ne pas rendre la monnaie.
- **Marchandage.** Pas vraiment dans les mœurs à notre niveau du tourisme. On y aura recours pour négocier le tarif d'une chambre chez l'habitant. Et c'est à peu près tout.
- **Taxes.** Les prix affichés le sont toujours TTC. Seules pour les nuitées d'hôtel seront à ajouter les taxes locales. De l'ordre de 1 € par jour et par personne (cela varie d'une ville à autre), gratuit pour les moins de 12 ans.

Duty Free

Puisque votre destination finale est hors de l'Union européenne, vous pouvez bénéficier du Duty Free (achats exonérés de taxes). Attention, si vous faites escale au sein de l'Union européenne, vous en profiterez dans tous les aéroports à l'aller, mais pas au retour. Par exemple, pour un vol aller avec une escale, vous pourrez faire du shopping en Duty Free dans les trois aéroports, mais seulement dans celui de votre lieu de séjour au retour.

ASSURANCES

Touristes, étudiants, expatriés ou professionnels, chacun peut s'assurer selon ses besoins et pour une durée correspondant à son séjour. De la simple couverture temporaire s'adressant aux baroudeurs occasionnels à la garantie annuelle, très avantageuse pour les grands voyageurs, chacun pourra trouver le bon compromis. À condition toutefois de savoir lire entre les lignes.

Choisir son assureur

Voyagistes, assureurs, secteur bancaire et même employeurs : les prestataires sont aujourd'hui très nombreux et la qualité des produits proposés varie considérablement d'une enseigne à une autre. Pour bénéficier de la meilleure protection au prix le plus attractif, demandez des devis et faites jouer la concurrence. Quelques sites Internet peuvent être utiles dans ces démarches comme celui de la Fédération française des sociétés d'assurances (www.ffsa.fr), qui saura vous aiguiller selon vos besoins, ou le portail de l'Administration française (www.service-public.fr) pour toute question relative aux démarches à entreprendre.

Etes-vous couvert avec votre carte bancaire ? Avant d'entamer toute démarche de souscription à une assurance complémentaire pour votre voyage, vérifiez que vous n'êtes pas déjà couvert par les assurances-assistance incluses avec votre carte bancaire. Visa®, MasterCard®, American Express®, toutes incluent une couverture spécifique qui varie selon le modèle de carte possédé. Responsabilité civile à l'étranger, aide juridique, avance des fonds, remboursement des frais médicaux : les prestations couvrent aussi bien les volets assurance (garanties contractuelles) qu'assistance (médicale, aide technique, juridique, etc.). Les cartes bancaires haut de gamme de type Gold® ou Visa Premier® permettent aisément de se passer d'assurance complémentaire (Voir encadré plus haut détaillant les prestations incluses avec la carte Visa Premier). Ces services attachés à la carte peuvent donc se révéler d'un grand secours, l'étendue des prestations ne dépendant que de l'abonnement choisi. Il est néanmoins impératif de vérifier la liste des pays couverts, tous ne donnant pas droit aux mêmes prestations. De plus, certaines cartes bancaires assurent non seulement leurs titulaires mais aussi leurs proches parents lorsqu'ils voyagent ensemble, voire séparément. Pensez cependant à vérifier la date de validité de votre carte car l'expiration de celle-ci vous laisserait sans recours.

Voyagistes. Ils ont développé leurs propres gammes d'assurances et ne manqueront pas de vous les proposer. Le premier avantage est celui de la simplicité. Pas besoin de courir après une police d'assurance. L'offre est faite pour s'adapter à la destination choisie et prend normalement en compte toutes les spécificités de celle-ci. Mais ces formules sont habituellement plus onéreuses que les prestations équivalentes proposées par des assureurs privés. C'est pourquoi il est plus judicieux de faire appel à son apériteur habituel si l'on dispose de temps et que l'on recherche le meilleur prix.

Assureurs. Les contrats souscrits à l'année comme l'assurance responsabilité civile couvrent parfois les risques liés au voyage. Il est important de connaître la portée de cette protection qui vous évitera peut-être d'avoir à souscrire un nouvel engagement. Dans le cas contraire, des produits spécifiques pourront vous être proposés à un coût généralement moindre. Les mutuelles couvrent également quelques risques liés au voyage. Il en est ainsi de certaines couvertures maladie qui incluent une protection concernant par exemple tout ce qui touche à des prestations médicales.

Employeurs. C'est une piste largement méconnue mais qui peut s'avérer payante. Les plus généreux accordent en effet à leurs employés quelques garanties applicables à l'étranger. Pensez à vérifier votre contrat de travail ou la convention collective en vigueur dans votre entreprise. Certains avantages non négligeables peuvent s'y cacher.

Précision utile : beaucoup pensent qu'il est nécessaire de régler son billet d'avion à l'aide de sa carte bancaire pour bénéficier de l'ensemble de ces avantages. Cette règle s'applique à toutes les assurances voyage (garantie annulation du billet de transport, retard du transport, retard des bagages) – si elles sont prévues au contrat – et ne concerne en aucun cas l'assistance sur place. Cette règle s'applique également à la location de voiture, vous ne pourrez bénéficier de l'assurance que si vous payez la prestation avec votre carte bancaire.

Choisir ses prestations

Garantie annulation. Elle reste l'une des prestations les plus utiles et offre la possibilité à un voyageur défaillant d'annuler tout ou partie de son voyage pour l'une des raisons mentionnées au contrat. Ce type de garantie peut couvrir toute sorte d'annulation : billet d'avion, séjour, location... Cela évite ainsi d'avoir à pâtir d'un événement imprévu en devant régler des pénalités bien souvent exorbitantes. Le remboursement est la plupart du temps conditionné à la survenance d'une maladie ou d'un accident grave, au décès du voyageur ayant contracté l'assurance ou à celui d'un membre de sa famille. L'attestation d'un médecin assermenté doit alors être fournie. Elle s'étend également à d'autres cas comme un licenciement économique, des dommages graves à son habitation ou son véhicule, ou encore à un refus de visa des autorités locales. Moyennant une surtaxe, il est également possible d'élargir sa couverture à d'autres motifs comme la modification de ses congés ou des examens de rattrapage. Les prix pouvant atteindre 5 % du montant global du séjour, il est donc important de bien vérifier les conditions de mise en œuvre qui peuvent réserver quelques surprises. Dernier conseil : s'assurer que l'indemnité prévue en cas d'annulation couvre bien l'intégralité du coût du voyage.

Autres services. Les prestataires proposent la plupart du temps des formules dites « complètes » et y intègrent des services tels que des assurances contre le vol ou une assistance juridique et technique. Mais il est parfois recommandé de souscrire à des offres plus spécifiques afin d'être paré contre toute éventualité. L'assurance contre le vol en est un bon exemple. Les plafonds pour ce type d'incident se révèlent généralement trop faibles pour couvrir les biens perdus et les franchises peuvent finir par vous décourager. Pour tout ce qui est matériel photo ou vidéo, il peut donc être intéressant de choisir une couverture spécifique garantissant un remboursement à hauteur des frais engagés.

BAGAGES

Que mettre dans ses bagages ?

Le contenu des bagages dépend fortement du type de séjour et du circuit envisagés. Pour les voyageurs souhaitant visiter l'ensemble du pays, il faut prévoir à la fois des vêtements légers et des vêtements chauds, les écarts de température pouvant être importants entre le littoral et les zones montagneuses du nord du pays. Les randonneurs souhaitant explorer les montagnes du Durmitor en dehors des mois de juillet et d'août doivent prévoir une corde, un piolet, voire des crampons, la neige étant généralement présente jusqu'au début de l'été sur les sommets des montagnes les plus élevées. De même, une boussole n'est pas superflue, les cartes de randonnée existantes à ce jour n'étant pas très précises. Enfin, toujours pour les randonneurs, pensez à apporter avec vous une lotion anti-moustiques, certaines parties du pays étant infestées de ces insectes indélicats. Sachez par ailleurs que les serpents sont très nombreux dans la campagne environnant le lac de Skadar, une seringue à aspirer le venin peut donc faire partie de votre panoplie si vous envisagez d'explorer cette région à pied.

Réglementation

Bagages en soute. Généralement, 23 kg de bagages sont autorisés en soute pour la classe économique (exception sur l'Afrique pour la majorité des compagnies : 2 x 23 kg) et 30 à 40 kg pour la première classe et la classe affaires. Certaines compagnies autorisent deux bagages en soute pour un poids total de 40 kg. Renseignez-vous avant votre départ pour connaître les dispositions de votre billet.

Bagages à main. En classe éco, un bagage à main et un accessoire (sac à main, ordinateur portable) sont autorisés, le tout ne devant pas dépasser les 12 kg ni les 115 cm de dimension. En première et en classe affaires, deux bagages sont autorisés en cabine. Les liquides et gels sont interdits : seuls les tubes et flacons de 100 ml maximum sont tolérés, et ce dans un sac en plastique transparent fermé (20 cm x 20 cm). Seules exceptions à la règle : les aliments pour bébé et médicaments accompagnés de leur ordonnance.

Sveti Stefan.

Excédent

Lorsqu'on en vient à parler d'excédent de bagages, les compagnies aériennes sont désormais plutôt strictes. Si elles vous laisseront parfois tranquille pour 1 ou 2 kg de trop sur certaines destinations, vous n'aurez aucune marge sur les destinations africaines, tant la demande des passagers est importante ! Si vous voyagez léger, ne soyez pas étonné d'être plusieurs fois accosté en salle d'enregistrement par d'autres voyageurs afin de prendre, à votre compte, ces kilos que vous n'utilisez pas. Libre à vous de choisir, mais cette pratique est interdite, surtout si vous ne savez pas ce que l'on vous demande de transporter. Car il est vrai que passé le poids autorisé, le couperet tombe, et il tombe sévèrement : 30 € par kilo supplémentaire sur un vol long-courrier chez Air France, 120 € par bagage supplémentaire chez British Airways. A noter que les compagnies pratiquent parfois des remises de 20 à 30 % si vous réglez votre excédent de bagages sur leur site Web avant de vous rendre à l'aéroport. Si le coût demeure trop important, il vous reste la possibilité d'acheminer une partie de vos biens par voie postale, si la destination le permet.

Perte – Vol

En moyenne, 16 passagers sur 1 000 ne trouvent pas leurs bagages sur le tapis à l'arrivée. Si vous faites partie de ces malchanceux, rendez-vous au comptoir de votre compagnie pour déclarer l'absence de vos bagages. Pour que votre demande soit recevable, vous devez réagir dans les 21 jours suivant la perte. La compagnie vous remettra un formulaire qu'il faudra renvoyer en lettre recommandée avec accusé de réception à son service clientèle ou litiges bagages. Vous récupérerez le plus souvent vos valises au bout de quelques jours. Dans tous les cas, la compagnie est seule responsable et devra vous indemniser si vous ne revoyez pas la couleur de vos biens (ou si certains biens manquent à l'intérieur de votre bagage). Le plafond de remboursement est fixé à 20 € par kilo ou à une indemnisation forfaitaire de 1 200 €. Si vous considérez que la valeur de vos affaires dépasse ces plafonds, il est fortement conseillé de le préciser à votre compagnie au moment de l'enregistrement (le plafond sera augmenté moyennant finance) ou de souscrire à une assurance bagages. À noter que les bagages à main sont sous votre responsabilité et non sous celle de la compagnie.

DÉCALAGE HORAIRE

Le Monténégro a la même heure légale qu'en France, tant en hiver qu'en été.

ÉLECTRICITÉ, POIDS ET MESURES

Le 220 volts est utilisé partout. Vous pouvez ainsi recharger en toute tranquilité vos portables et autres appareils. Les abréviations et étiquetages des poids et mesures sont les mêmes que dans le reste de l'Europe.

FORMALITÉS, VISA ET DOUANES

Les ressortissants des pays de l'Union européenne n'ont pas besoin de visa pour les séjours au Monténégro inférieurs à 90 jours. Une carte nationale d'identité valide durant toute la durée du séjour suffit. De même, tous les pays frontaliers avec le Monténégro sont également accessibles sans visa (mais avec une carte d'identité ou un passeport). Les agences de voyages monténégrines proposent aux touristes des excursions dans ces pays (Croatie, Albanie, Macédoine, Bosnie-Herzégovine, Serbie, Italie...). Consulter les fiches conseils aux voyageurs pour ces pays.

▶ **La très grande majorité des hôtels** demandent à leurs clients de laisser leur passeport à la réception durant la durée de leur séjour dans l'établissement et il est donc recommandé d'emmener avec soi sa carte nationale d'identité pour les contrôles éventuels lors de vos déplacements. Enfin, une taxe écologique annuelle de 10 € pour les voitures et 30 € pour les camping car, est exigée à l'entrée sur le territoire et ce, même si vous n'y sejournez qu'une semaine.

▶ **Il est rappelé que tout étranger** se rendant en visite au Monténégro et qui est hébergé chez des particuliers doit déclarer sa présence au commissariat du quartier de la ville où il réside (très souvent, c'est l'hôtel qui s'en occupe et les taxes sont incluses dans les prix de la chambre).

▶ **Les étrangers résidant** en France qui voyagent avec leurs enfants mineurs doivent être munis d'un DCEM (document de circulation pour étrangers mineurs) ou d'un titre d'identité républicain, obtenu auprès de la préfecture. Ces documents permettent aux mineurs étrangers de franchir la frontière et de rentrer en France sans visa.

▶ **Pour les ressortissants étrangers ou monténégrins** vivant à l'étranger, l'entrée et/ou la sortie de devises sans déclaration, ni certificat bancaire, est limitée à 2 000 euros. Un montant supérieur doit être déclaré (et accompagné du certificat bancaire d'achat des devises) sous peine de confiscation. Pour toutes informations complémentaires, il est conseillé de se renseigner auprès de l'ambassade avant le départ.

▶ **Animaux de compagnie**, attention aux conditions d'entrée. Renseignez-vous auprès de votre vétérinaire avant votre départ pour savoir comment ils pourront vous accompagner.

▶ **Lorsqu'on vient de Croatie par la mer**, il faut passer par Cavtat pour faire les formalités de sortie du pays, c'est-à-dire se mettre à quai à l'endroit réservé pour la douane au nord du quai des grands yachts. Interdiction formelle de mouiller dans la rade et d'aller en annexe pour faire les formalités. Après il faudra trouver le poste de police sur le quai puis la douane, puis retour à la police, etc... Une fois ces formalités effectuées, cap au sud et là encore il faut impérativement faire les formalités d'entrée au Monténégro à Zelenika, à 2 milles à l'est de Herceg-Novi. Compter une petite heure.

Obtention du passeport

Les passeports délivrés en France sont désormais biométriques. Ils comportent votre photo, vos empreintes digitales et une puce sécurisée. Pour l'obtenir, rendez-vous en mairie muni d'un timbre fiscal, d'un justificatif de domicile, d'une pièce d'identité et de deux photos d'identité. Le passeport est délivré sous trois semaines environ. Il est valable dix ans. Les enfants doivent disposer d'un passeport personnel (valable cinq ans).

▶ **Conseil futé.** Avant de partir, pensez à photocopier tous les documents que vous emportez avec vous. Vous emporterez un exemplaire de chaque document et laisserez l'autre à quelqu'un en France. En cas de perte ou de vol, les démarches de renouvellement seront ainsi beaucoup plus simples auprès des autorités consulaires. Vous pouvez également conserver des copies sur le site Internet officiel mon.service-public.fr – Il vous suffit de créer un compte et de scanner toutes vos pièces d'identité et autres documents importants dans l'espace confidentiel.

Douanes

Autorisés

▶ **Alcool.** 90 litres de vin, 10 litres de boissons spiritueuses, 20 litres de produits intermédiaires ((vermouths, portos, madère, etc.), 110 litres de bières.

▶ **Tabac.** 4 cartouches de cigarettes ou 200 cigares ou 1 kg de tabac à rouler.

▶ **Marchandises dans bagages personnels**. Le montant total ne doit pas dépasser 430 US$ (aérien et maritime), 300 € (autres moyens de transports). Pour les moins de 15 ans ; 150 €.

▶ **Nourriture.** Tout aliment industriellement sous vide est autorisé (donc les boites de conserves industrielles).

▶ **Gels et aréosols.** Depuis le 26 septembre 2006, les liquides, gels et aérosols sont de nouveau autorisés dans les bagages cabine. Ces articles doivent être rangés dans un sac plastique transparent refermable, sans dépasser pour chacun 100 ml. Le volume total du sac ne devra pas dépasser 1 litre. Les articles achetés en duty free sont, eux, autorisés quelle que soit leur contenance.

Interdits

▶ **Certaines denrées alimentaires** (viandes, fruits et légumes frais, fromages autres qu'à pâte dure).

▶ **Les articles dangereux** (couteaux, limes, ciseaux, objets tranchants, allumettes...) sont interdits dans les bagages à main mais autorisés dans les bagages en soute. Depuis 2005, les briquets sont interdits en cabine et en soute.

▶ **Certains produits pharmaceutiques** sans une ordonnance traduite en anglais.

Chiens et chats

- **Le certificat sanitaire** et le certificat de vaccination à jour sont nécessaires.
- **La vaccination antirabique** doit remonter à plus d'un mois et à moins d'un an.
- **Identification.** L'animal doit être muni d'une marque d'identification claire. Cette identification doit être inscrite dans les certificats. Il n'y a pas de quarantaine (sauf pour les îles).

■ BATEAUX

Monténégro

Lorsqu'on vient de Croatie par la mer, il faut passer par Cavtat pour faire les formalités de sortie du pays, c'est-à-dire se mettre à quai à l'endroit réservé pour la douane au nord du quai des grands yachts. Interdiction formelle de mouiller dans la rade et d'aller en annexe pour faire les formalités. Après il faudra trouver le poste de police sur le quai puis la douane, puis retour à la police… Une fois ces formalités effectuées, cap au sud et là encore il faut impérativement faire les formalités d'entrée au Monténégro à Zelenika, à 2 milles à l'est de Herceg-Novi. Compter une petite heure.

■ DOUANES FRANÇAISES – INFO DOUANE SERVICE

France

✆ 0 811 20 44 44 / +33 1 72 40 78 50

www.douane.gouv.fr

ids@douane.finances.gouv.fr

Le service de renseignement des douanes françaises à la disposition des particuliers est ouvert du lundi au vendredi de 8h30 à 18h. Les téléconseillers sont des douaniers qui répondent aux questions générales, qu'il s'agisse des formalités à accomplir à l'occasion d'un voyage, des marchandises que vous pouvez ramener dans vos bagages ou des informations utiles pour monter votre société d'import-export. A noter qu'une application mobile est également disponible sur le site de la douane.

HORAIRES D'OUVERTURE

Les horaires d'ouverture des commerces sont en général bien plus flexibles qu'en France. Ainsi, les boutiques sont souvent ouvertes dès 8h le matin et ne ferment pas avant 20h. Parfois même, l'ouverture se prolonge jusqu'à 22h, voire minuit en période estivale et dans les villes les plus touristiques. De nombreuses épiceries restent par ailleurs ouvertes le dimanche. Les restaurants sont ouverts jusqu'à minuit, les bars jusqu'à 1h du matin et les discothèques jusqu'à l'aube, évidemment ! Une grande particularité est le commerce la nuit : à la sortie des bars et restaurants, vous trouverez toujours un kiosque ou une épicerie ouvert toute la nuit. Sur les routes, les stations-service flambant neuves sont généralement ouvertes 24h/24 même le dimanche. Les marchés ouvrent à 7h pour fermer en début d'après-midi comme en France. N'hésitez pas à y faire un tour, ils sont hauts en couleur. L'été, on y vend toutes sortes de fruits et il est difficile de résister à la tentation à la vue de ces formidables empilements de pastèques gigantesques.

INTERNET

Les cafés Internet sont de moins en moins répandus dans le pays. La plupart des hôtels, toutes catégories confondues, offrent de l'Internet sans fil (WiFi) gratuitement. A noter aussi que de plus en plus de bars, de restaurants, de lieux publics s'équipent d'une connexion sans fil gratuite. Donc plus de soucis à ce niveau.

JOURS FÉRIÉS

Les jours fériés sont les 13 et 14 juillet (Fête nationale le 13 juillet), les 1er et 2 janvier (nouvel an), les 1er et 2 mai (Fête du Travail), les 21 et 22 mai (Fête de l'Indépendence). Les fêtes religieuses célébrées sont : Noël (le 7 janvier pour les orthodoxes et le 25 décembre pour les catholiques) et Pâques (selon le calendrier julien). La majorité des musulmans du Monténégro suivent le Ramadan et participent aux quatre journées de célébration du Baïram qui marquent la fin du Ramadan.

Pour 2016 :

Vendredi 1 janvier : Jour de l'an

Mercredi 6 janvier : Noël orthodoxe

Les cartes postales futées !

Pour les amoureux de carte postale, en envoyer peut être parfois compliqué voire mission impossible. Trouver la bonne carte, un timbre, mais aussi une boite aux lettres pour éviter de traverser tout l'aéroport en fin de séjour, relève parfois de la gageure. L'astuce c'est d'utiliser l'Application OKIWI depuis votre smartphone. Vous sélectionnez l'une de vos photos sur votre téléphone, vous écrivez votre message puis l'adresse de votre destinataire, seule une connexion wifi est nécessaire. L'avantage, OKIWI imprime votre carte et s'occupe de l'envoyer directement par la Poste à votre correspondant. Voilà au moins vous êtes sur d'envoyer une photo qui vous plaît, et puis surtout qu'elle n'arrive pas deux mois après votre retour. Sur internet www.okiwi-app.com et disponible sur *Appstore* et *Android Market.*

Jeudi 7 janvier : Noël orthodoxe
Dimanche 12 avril : Pâques
Lundi 13 avril : Pâques
Dimanche 1 et lundi 2 mai : Fête du travail
Samedi 21 et lundi 23 mai : Fête nationale montenegro – jour de l'indépendance

POSTE

Les horaires d'ouverture des postes courent de 7h30 à 20h30. Pour l'envoi d'une carte postale du Monténégro vers la France, comptez 0,70 € jusqu'à 20g et un délai au minimum de 10 jours. Attention certains bureaux sont saisonniers. www.**posta**cg.me

QUAND PARTIR ?

Tout dépend de la partie du pays que vous souhaitez visiter. Si vous comptez limiter votre séjour à la côte monténégrine, toutes les périodes de l'année sont propices. Il faut cependant savoir que de très nombreux hôtels ferment en hiver – aussi le choix est plus limité pendant cette période de l'année. De même, il est à noter que la majorité des établissements du littoral pratiquent des prix différents selon les mois de l'année. Ces prix ont tendance à grimper durant les mois de juillet et d'août. Pour profiter à la fois de la plage et de prix un peu plus doux, il est donc conseillé de partir aux mois de juin ou de septembre. Les voyageurs souhaitant explorer l'ensemble du pays et plus particulièrement ceux ayant l'intention de randonner dans les montagnes du nord privilégieront les mois de juin, juillet, août et septembre. Les températures peuvent en effet chuter très vite dans cette partie du pays et il n'est pas rare que des villes comme Kolašin ou Žabljak flirtent avec les 0 °C dès le début du mois d'octobre. De même, il faut savoir que la neige recouvre encore une partie des plus hauts sommets du pays jusqu'à la mi-juin.

■ MÉTÉO CONSULT
France
www.meteoconsult.fr
Sur ce site français, vous trouverez les prévisions météorologiques pour le monde entier.

SANTÉ

Aucun vaccin n'est exigé pour entrer au Monténégro. Il est cependant conseillé d'être à jour concernant les vaccins contre les hépatites A et B, la typhoïde, le tétanos, la poliomyélite et enfin l'encéphalite à tiques (pour les séjours en zones boisées). Par ailleurs, si l'eau du robinet est généralement potable, il est conseillé, pour éviter tout désagrément, de boire de l'eau minérale ou de l'eau du robinet préalablement traitée avec un comprimé d'Hydroclonazone® (disponible en pharmacie) par litre d'eau.
Sur place, les médecins généralistes font des consultations à l'hôpital (*bolnica*) et en dispensaires. Pour un début de fièvre ou une foulure, présentez-vous au dispensaire le plus proche – Dom Zdravlje – où l'on vous attribuera un médecin d'office.

L'équipement hospitalier et les services d'urgence étant de qualité moyenne, il est recommandé de souscrire une assurance rapatriement et de rentrer en France pour les traitements autres que les premiers secours. Inutile, en revanche, de s'encombrer d'une trousse à pharmacie pleine à ras bords : les pharmacies sont assez nombreuses, aussi bien dans les grandes villes que dans les plus petites et l'on y trouve tout le nécessaire pour soigner les petits bobos.

Conseils

Des pharmacies, hôpitaux et cliniques privées sont présents dans toutes les grandes villes traversées.

- **En cas de maladie**, vous pouvez consulter le site du consulat français afin d'accéder à la liste des médecins francophones. Le consulat se chargera de vous aider et de vous accompagner lors de problèmes graves.
- **Avant de partir**, pensez à la souscription d'une assurance Monde, après avoir vérifié qu'aucune n'était comprise avec votre cotisation de carte bancaire, voire certains de vos contrats d'assurance.

Maladies

Encéphalite à tiques d'Europe centrale

Cette maladie se transmet à l'homme par l'intermédiaire de la tique, très présente en été dans les forêts. Deux semaines après la morsure, les symptômes sont similaires à ceux d'une grippe estivale. La maladie peut entraîner des complications neurologiques plus ou moins graves, avec des troubles de l'équilibre et une atténuation des capacités intellectuelles. Dans 1 à 2 % des cas, elle est mortelle. Il existe un vaccin mais pas de traitement spécifique, donc si vous n'êtes pas vacciné, portez des vêtements longs et clairs pendant les marches en forêt et inspectez-vous soigneusement le corps après toute randonnée. Si la personne piquée déclare une grippe dans les 3 semaines suivant la piqûre avec raideurs dans la nuque, allez consulter un médecin en urgence.

Hépatite A

Pour l'hépatite A, l'existence d'une immunité antérieure rend la vaccination inutile. Elle est fréquente lorsque vous avez des antécédents de jaunisse, de séjour prolongé à l'étranger ou êtes âgé de plus de 45 ans. L'hépatite A est le plus souvent bénigne mais elle peut se révéler grave, notamment au-delà de 45 ans et en cas de maladie hépatique préexistante. Elle s'attrape par l'eau ou les aliments mal lavés. Si vous êtes porteur d'une maladie du foie, la vaccination contre l'hépatite A est hautement recommandée avant tout type de voyage où l'hygiène est précaire. Elle doit être effectuée en deux fois mais la première injection, un mois avant le départ, suffit à assurer une protection pour un voyage de courte durée. La deuxième (six mois à un an plus tard) renforce la durée de l'immunité pour des dizaines d'années.

Hépatite B

L'hépatite B est plus grave que l'hépatite A. Elle se contracte lors de rapports sexuels ou par le sang. Le vaccin contre l'hépatite B est à faire en deux fois à un mois d'intervalle (mais il existe des vaccinations accélérées en un mois pour les voyageurs pressés), puis un rappel six mois plus tard pour renforcer la durée de la protection.

En cas de maladie

Un réflexe : contacter le Consulat de France. Il se chargera de vous aider, de vous accompagner et vous fournira la liste des médecins francophones. En cas de problème grave, c'est aussi lui qui prévient la famille et qui décide du rapatriement. Pour connaître les urgences et établissements aux standards internationaux : consulter les sites www.cimed.org – www.diplomatie.gouv.fr et www.pasteur.fr

Assistance rapatriement – Assistance médicale

Si vous possédez une carte bancaire Visa® et MasterCard®, vous bénéficiez automatiquement d'une assurance médicale et d'une assistance rapatriement sanitaire valables pour tout déplacement à l'étranger de moins de 90 jours (le paiement de votre voyage avec la carte n'est pas nécessaire pour être couvert, la simple détention d'une carte valide vous assure une couverture). Renseignez-vous auprès de votre banque et vérifiez attentivement le montant global de la couverture et des franchises ainsi que les conditions de prise en charge et les clauses d'exclusion. Si vous n'êtes pas couvert par l'une de ces cartes, n'oubliez surtout pas de souscrire une assistance médicale avant de partir.

Urgences

Rappel des numéros d'urgence à composer même depuis son mobile :

- **Police :** 122
- **Pompiers :** 123
- **Urgences médicales :** 124
- **Dépannage** sur les routes (Pomoć na putu) : 19807

SÉCURITÉ ET ACCESSIBILITÉ

Dangers potentiels et conseils

Le Monténégro est un pays plutôt sûr s'agissant de la petite délinquance. Les principaux dangers auxquels les voyageurs sont exposés sont l'insécurité routière, compte tenu du comportement de certains conducteurs, et un faible risque sismique. Les tremblements de terre ont marqué l'histoire du pays, réduisant à néant des villes entières. Le dernier séisme de forte ampleur remonte à 1979 sur la côte monténégrine. De légères secousses telluriques sont actuellement ressenties plusieurs fois par an mais n'occasionnent en général aucun dégât. Enfin, les randonneurs et ceux qui s'attaquent aux montagnes du pays ont intérêt à se faire accompagner d'un guide local s'ils ne sont pas expérimentés. En effet, bien que ces montagnes soient de taille relativement modeste (2 000 m en moyenne), elles n'en restent pas moins des montagnes à ne pas prendre à la légère. Il n'existe pas de secours de montagne comme en France. Peu de cartes sont fiables mais les sentiers sont de plus en plus balisés. De même, il faut se méfier des brusques changements de température, même en plein été (attention à l'influence continentale).

▶ **Pour connaître les dernières informations sur la sécurité sur place**, consultez la rubrique « Conseils aux voyageurs » du site du ministère des Affaires étrangères : www.diplomatie.gouv.fr/voyageurs. Sachez cependant que le site dresse une liste exhaustive des dangers potentiels et que cela donne parfois une image un peu alarmiste de la situation réelle du pays. Lire aussi notre rubrique « Santé ».

Femme seule en voyage

Voyager seule au Monténégro ne pose aucun problème. Le littoral étant très touristique, les habitants de cette partie du pays ont l'habitude des étrangers et les femmes voyageant seules ne seront pas importunées. Dans les campagnes et endroits reculés, en particulier dans le nord du pays, où les touristes sont en revanche moins nombreux, on risque de vous regarder avec un peu plus de curiosité. Et si vous allez boire un café seule, il y a ainsi de très fortes chances que l'on vous regarde avec insistance. (Peut-être que l'on vous offrira un café supplémentaire sans toutefois que cela aille plus loin si vous metter vos distances). D'une manière générale, et comme partout dans les Balkans, la « drague » à l'occidentale ne se pratique pas. Ainsi, vous serez très peu abordée.

Voyager avec des enfants

Il n'y a aucun soucis de sécurité pour vos enfants, et comme les villes sont relativement petites, il est facile de retrouver un enfant qui se perdrait ou qui aurait trouvé mieux à faire que de vous suivre en tentant l'esquive. Il n'y a toutefois pas de structures à proprement parler pour eux.

Voyageur handicapé

Si vous présentez un handicap physique ou mental ou que vous partez en vacances avec une personne dans cette situation, différents organismes et associations s'adressent à vous.

■ ACTIS VOYAGES

France
www.actis-voyages.com
actis-voyages@orange.fr
Voyages adaptés pour le public sourd et malentendant.

■ ADAPTOURS

Le Bourg
2, Rue de Vitrezay. 17 150 Saint Bonnet sur Gironde
France
✆ +33 0 5 46 48 18 87 / +33 0 6 84 54 02 4
www.adaptours.fr – info@adaptours.fr
Adaptours est un Tour Operator qui conçoit, organise et distribue des voyages adaptés aux Personnes à Mobilité Réduite.

■ AILLEURS ET AUTREMENT

France
www.ailleursetautrement.fr
contact@ailleursetautrement.fr
Pour des personnes souffrant de handicap physique et/ou mental.

■ ASSOCIATION DES PARALYSÉS DE FRANCE

France – www.apf.asso.fr
Informations, conseils et propositions de séjours, en partenariat avec Événements et Voyages.

■ ÉVÉNEMENTS ET VOYAGES

47, chemin des Barbières
Chasse-sur-Rhône (France)
✆ 04 72 49 72 41
www.evenements-et-voyages.com
info@eevoyages.com
Sports mécaniques, sports collectifs, festivals et concerts, cette agence est spécialiste des séjours F1, Rallye WRC, Nascar, footbal.

Elle propose à ses clients d'assister à la manifestation de leur choix tout en visitant la ville et la région. Grâce à son département dédié aux personnes handicapées, Événements et Voyages leur permet de voyager dans les meilleures conditions.

OLÉ VACANCES

France
www.olevacances.org
info@olevacances.org
Olé Vacances propose d'accompagner des personnes adultes handicapées mentales.

Voyageur gay ou lesbien

L'homosexualité est encore taboue comme dans tous les Balkans, on peut même dire qu'elle n'est pas du tout acceptée par la majorité de la population. Cependant les choses évoluent petit à petit. Le conseil sera donc de rester très discret. Si pour ces raisons aucun lieu communautariste n'est officiellement recensé, il existe cependant quelques lieux de rassemblement déjà connus :

- **Podgrorica :** Buda Bar, restaurant & lounge bar Forum, Blues Bar, Night Club Market, restaurant & lounge bar Gossip et Cocktail Bar Coco.
- **Budva :** Il Mondo, Casper, Picasso Cocktail Bar, Trocadero, Raffaelo et Top Hill.
- **Kotor :** Maximus, Portobello, Marinaio, Fjaka, Karampana, Beach Bar Honeymoon.
- **Orahovac :** Beach Bar El Cortez et Beach Bar Ali Baba.
- **Perast :** Pirati.
- **Herceg Novi :** Sport caffe & Yachiting Club Raffaelo.
- **Tivat :** Porto Montenegro, restaurant & lounge bar La Voile et la discothèque Madame Coco Beach Bar.

TÉLÉPHONE

Comment téléphoner ?

- **Du Monténégro vers la France**, composez le +33 suivi du numéro de votre correspondant sans le 0.
- **De France vers le Monténégro**, composez le +382 suivi de l'indicatif régional sans le zéro, puis le numéro du correspondant.
- **Téléphoner d'une ville à une autre au Monténégro :** d'un fixe vers un autre fixe, l'indicatif complet puis le numéro à 6 chiffres. Exemple : 020 233 720 pour joindre un correspondant à Podgorica.
- **Téléphoner en local dans une ville :** les 6 chiffres sans l'indicatif. Exemple : 231 955 à Podgorica.

Téléphone mobile

- **Utiliser son téléphone mobile.** Si vous souhaitez garder votre forfait français, il faudra avant de partir, activer l'option internationale (généralement gratuite) en appelant le service clients de votre opérateur. Qui paie quoi ? La règle est la même chez tous les opérateurs. Lorsque vous utilisez votre téléphone français à l'étranger, vous payez la communication, que vous émettiez l'appel ou que vous le receviez. Dans le cas d'un appel reçu, votre correspondant paie lui aussi, mais seulement le prix d'une communication locale. Tous les appels passés depuis ou vers l'étranger sont hors forfait, y compris ceux vers la boîte vocale.
- **Le réseau cellulaire du Monténégro,** les trois opérateurs de téléphonie mobile sont : Telenor (069) – 1188, T Mobile (067) – 1500, M : tel (068) - 1600.

Ils couvrent quasiment tout le pays et fonctionne parfaitement. Pour les grands consommateurs de téléphone portable, il peut être judicieux d'acheter une carte prépayée : comptez 3 € pour l'obtention d'un numéro local avec du crédit pour les premiers appels. Ensuite, vous pourrez acheter des cartes de recharge (vaucher ou dopuna) de 5, 10, 20 ou 25 € qui sont vendues dans la plupart des kiosques à journaux et petites épiceries.

Autres moyens de téléphoner

Le moyen de plus en plus répandu car gratuit, c'est Internet avec l'application Viber que l'on télécharge sur son téléphone mobile. Et l'on peut même voir son interlocuteur avec l'application Skype. Comme Internet est partout, c'est bien pratique et en plus on fait des économies.

Cabines et cartes prépayées

Les cabines téléphoniques sont rares, elles existent surtout dans les grandes villes avec paiement par carte prépayée. Aussi, la plupart des bureaux de poste sont équipés de téléphones fixes à partir desquels on peut appeler l'international mais leur fonctionnement n'est pas toujours garanti.

À VOIR – À LIRE

Cartographie et bibliographie

Les cartes vendues par les principales librairies françaises sont des cartes régionales, couvrant plusieurs pays. Pour le moment, seules les librairies locales proposent des cartes spécifiques au Monténégro. Dans les villes, les offices du tourisme ont toujours des plans de ville et parfois des plans des environs. De même, on pourra trouver des cartes détaillées des parcs nationaux dans les boutiques, les principaux hôtels et à La Poste des régions concernées.

- **En téléchargement gratuit** sur : www.montenegromap.net ou sur www.montenegro.travel ou encore www.viamichelin.fr

Histoire des Balkans et du Monténégro

- **Territoire et territoire au Monténégro** : un livre publié en novembre 2010 par Amaël Cattaruzza aux éditions Harmattan.
- **Monténégro Fenêtre sur les Balkans** : un livre publié en novembre 2012 par Sergio Cozzi au édition Géorama.
- **Le prince du Monténégro** : un livre d'Edmond Auguste Texier publié le 30 septembre 2014 chez Hachette.
- **Le Monténégro, son passé et son avenir** : par Andriya Radovitch. Un livre publié chez Hachette le 31 août 2013.

AVANT SON DÉPART

■ AMBASSADE ET CONSULAT MONTÉNÉGRIN À PARIS

5, rue de la Faisanderie (7e)
Paris (France)
✆ +33153638030 / +33153638034
www.amb-montenegro.fr

L'ambassade est ouverte du lundi au vendredi de 9h à 17h. Sauf jours fériés monténégrins et jours fériés français de métropole. Le consulat (à la même adresse) est ouvert du lundi au vendredi de 10h à 12h. Sauf jours fériés monténégrins et jours fériés français de métropole

L'accueil téléphonique (pour toutes questions consulaires ou non) est assuré du lundi au vendredi de 9h à 17h (GMT+1). *Sauf jours fériés monténégrins et jours fériés français de métropole.*

■ ASSOCIATION BETTON MONTÉNÉGRO

Le Gille Pesset
Betton (France) ✆ 02 99 55 90 14
www.betton-montenegro.e-monsite.com
y.arnaud@free.fr

Fondée en 1999, cette association présidée par Yves Arnaud vise à mieux faire connaître le Monténégro. Elle organise notamment des échanges culturels entre Betton, petite ville d'Ille-et-Vilaine, et en particulier Rožaje, Berane et Bijelo Polje, villes du nord-est du Monténégro. Pour l'accueil et la découverte d'une culture passionnante, vous avez là une adresse qui vous apprendra beaucoup. Pour les Monténégrins, des cours de français peuvent même être proposés. Pour des soirées festives, pour des séjours...

■ ASSOCIATION SAVOIE-MONTÉNÉGRO

Mairie de Le Châtel
Le Châtel (France) ✆ 04 79 64 24 80
secretariat@le-chatel.com

Monsieur Roger FAVIER, depuis la mairie de Le Châtel, développe le rapprochement entre les deux départements Savoie et Haute-Savoie avec le Monténégro, grâce à certaines caractéristiques semblables. Il aide aussi le Monténégro à s'intégrer dans l'Europe.

■ SERVICE ARIANE

France – www.diplomatie.gouv.fr

Ariane est un portail, proposé sur le site du Ministère des Affaires étrangères, qui permet, lors d'un voyage de moins de 6 mois, de s'identifier gratuitement auprès du Ministère. Une fois les données saisies, le voyageur pourra recevoir des recommandations liées (par SMS ou mail) à la sécurité dans le pays. En outre, la personne désignée par le voyageur comme « contact » en France sera prévenue en cas de danger. De nombreux conseils et avertissements sont également fournis grâce à ce service !

Rester

ÊTRE SOLIDAIRE

Soyons réalistes, en partant quinze jours « faire de l'humanitaire » avec une association, on soulage sa conscience mais on ne fait rien pour les populations locales. Un véritable engagement demande temps et réflexion. Pourquoi voulez-vous aider ? Quelles sont vos compétences ? À quel type de projet croyez-vous ? La première étape est de bien comprendre les difficultés rencontrées sur place. Il vous faudra ensuite partir à la chasse à la mission. Renseignez-vous bien sur l'association avec laquelle vous envisagez de partir car, dans le secteur de l'aide internationale, on trouve beaucoup d'organisations qui, même avec les meilleures intentions du monde, n'apportent finalement que peu d'aide réelle au pays. Mais à côté de ces missions, existent aussi des chantiers solidaires intéressants pour aller à la rencontre de la population, pour nettoyer une forêt, aider à la préservation d'une espèce…

ACTION CONTRE LA FAIM
14/16, Boulevard Douaumont (17e)
Paris (France)
✆ 01 70 84 70 84 / 01 43 35 88 88
www.actioncontrelafaim.org
srd@actioncontrelafaim.org
Action contre la Faim est une ONG internationale spécialisée dans la lutte contre la faim dans le monde. Elle est présente dans une quarantaine de pays, dans les domaines de la nutrition, de la santé, de la sécurité alimentaire, de l'eau et de l'assainissement.

Que proposent-ils ? Action contre la Faim intervient avant tout dans des situations de crise. Le but étant de rendre les populations autonomes d'un point de vue alimentaire. Pour cela, il est impératif, après être venu en aide d'une manière concrète à la population, de former les infrastructures locales adéquates qui prendront bientôt le relais.

Où ? Action contre la Faim propose des missions de volontariat de trois mois à un an en Afrique, Asie, Amérique, Europe centrale, dans le Caucase, au Moyen-Orient et dans les Caraïbes.

Autre adresse : Service Gestion Relations Donateurs : 14/16 Boulevard Douaumont – CS 80060, 75854 PARIS CEDEX 17

ÉTUDIER

Pour étudier ou poursuivre vos études supérieures, il vous faut prendre contact avec le service des relations internationales de votre université. Préparez-vous alors à des démarches longues. Mais le résultat d'un semestre ou d'une année à l'étranger vous fera oublier ces désagréments tant c'est une expérience personnelle et universitaire enrichissante. C'est aussi un atout précieux à mentionner sur votre CV.

AGENCE POUR L'ENSEIGNEMENT FRANÇAIS À L'ÉTRANGER
23, place de Catalogne (14e)
Paris (France)
✆ 01 53 69 30 90
www.aefe.fr
Sous la tutelle du ministère des Affaires étrangères, l'AEFE est chargée de l'animation de plus de 480 établissements à travers le monde.

Autre adresse : 1, allée Baco, BP 21509 – 44015 Nantes Cedex 1 ✆ 02 51 77 29 03.

CAMPUS FRANCE
France
www.campusfrance.org/fr
Rubrique sur le programme BFE (boursiers français à l'étranger). Obtenir une bourse d'études supérieures à l'étranger.

CIDJ
France
www.cidj.com
La rubrique « Europe et International » sur le serveur du C.I.D.J. fournit des informations pratiques aux étudiants qui ont pour projet d'aller étudier à l'étranger.

ÉDUCATION NATIONALE
France
www.education.gouv.fr
Sur le serveur du ministère de l'Éducation nationale, une rubrique « International » regroupe les informations essentielles sur la dimension européenne et internationale de l'éducation.

■ MINISTÈRE DES AFFAIRES ÉTRANGÈRES
France
www.diplomatie.gouv.fr
Les informations mises à disposition dans l'espace culturel du serveur du ministère des Affaires étrangères sont fort utiles.

■ INVESTIR

■ UBIFRANCE
Business France
77, boulevard Saint-Jacques
75998 Paris cedex 14
France
✆ 08 10 81 78 17 – www.ubifrance.fr
Adhésion annuelle de 45 €.
L'Agence pour le développement international des entreprises françaises travaille en étroite collaboration avec les missions économiques. Le site Internet recense toutes les actions menées, les ouvrages publiés, les événements programmés et renvoie sur la page du Volontariat International à l'Étranger (VIE).
▶ **Autre adresse :** Espace Gaymard 2, place d'Arvieux – 13002 Marseille

■ TRAVAILLER – TROUVER UN STAGE

■ ASSOCIATION TELI
27, route de la Fruitière
Chavanod (France)
✆ 04 50 52 26 58 – www.teli.asso.fr
Le Club TELI est une association loi 1901 sans but lucratif d'aide à la mobilité internationale créée il y a 20 ans. Elle compte 4 000 adhérents en France et dans 65 pays. Si vous souhaitez vous rendre à l'étranger, quel que soit votre projet, vous découvrirez avec le Club TELI des infos et des offres de stages, de jobs d'été et de travail pour francophones.

■ CAPCAMPUS
France
www.capcampus.com
Capcampus est le premier portail étudiant sur le Net en France et possède une rubrique spécialement dédiée aux stages, dans laquelle vous trouverez aussi des offres pour l'étranger. Mais le site propose également toutes les informations pratiques pour bien préparer votre départ et votre séjour à l'étranger.

■ MAISON DES FRANÇAIS DE L'ÉTRANGER
48, rue de Javel (15e)
Paris (France)
✆ 01 43 17 60 79
www.mfe.org – mfe@mfe.org
M°/RER Javel.
Ouvert de 14h à 17h du lundi au vendredi.
La Maison des Français de l'étranger (MFE), service du ministère des Affaires étrangères, a pour mission d'informer tous les ressortissants qui envisagent de partir vivre ou travailler à l'étranger. Le *Livret du Français à l'étranger* et 80 dossiers présentent le pays visé dans sa généralité et abordent tous les thèmes importants de l'expatriation (protection sociale, emploi, fiscalité, enseignement, etc.). Également consultables : des guides, revues, listes d'entreprises et sites Internet ayant trait à la mobilité internationale.

■ VOLONTARIAT INTERNATIONAL
France
www.civiweb.com
Si vous avez entre 18 et 28 ans et êtes ressortissant de l'Espace économique européen, vous pouvez partir en volontariat international en entreprise (VIE) ou en administration (VIA). Il s'agit d'un contrat de 6 à 24 mois rémunéré et placé sous la tutelle de l'ambassade de France. Tous les métiers sont concernés et vous bénéficiez d'un statut public protecteur. Offres sur le site Internet.

■ WEP FRANCE
81, rue de la République (2e)
Lyon (France)
✆ 04 72 40 40 04
www.wep-france.org – info@wep.fr
Wep propose plus de 50 projets éducatifs originaux dans plus de 30 pays, de 1 semaine à 18 mois. Année scolaire à l'étranger, programmes combinés (1 semestre scolaire avec 1 projet humanitaire ou 1 chantier nature ou 1 vacances travail), projets humanitaires mais également stages en entreprise en Europe, Australie, Nouvelle-Zélande, Canada et États-Unis, et Jobs & Travel (visa vacances travail) en Australie et Nouvelle-Zélande : voici un petit aperçu des nombreuses possibilités disponibles.

Index

A

ANCIENNES AMBASSADES ET MISSIONS DIPLOMATIQUES 106
ARGENT 9, 244
ATELIER DADO 107

B

BAINS TURCS 93
BALKANS 26
BATEAU SOUMARIN 185
BECICI 170
BOUCLE DE DURMITOR 214
BULJARICA 178

C

CANYON DE LA PIVA 205
CANYON DE NEVIDIO 212
CATHEDRALE ORTHODOXE SAINT-NICOLAS 195
CATHEDRALE SAINT-TRIPHON 148
CEVAPCICI 28
CHAPELLE DE LA NAISSANCE DE LA SAINTE VIERGE (CRKVA NA CIPURU) . . . 107
CITADELLE 168
COQUIN 93
CORSO 28
CRIQUE DE PRZNO 172
CRVENA KOMUNA 178

D

DANILOVGRAD 98
DE MOJKOVAC A ZABLAK 233
DECALAGE HORAIRE 10, 248
DOBRA VODA 187
DONJA LASTVA 158
DONJI STOLIV 151
DUKLJA 96

E

ECHELLE DE CATTARO 148
EGLISE CATHOLIQUE SAINT-JEAN 168
EGLISE DE LA SAINTE-TRINITE 168
EGLISE DE SV. DJORDJE (CRKVA SV. DJORDJA) 93
EGLISE NOTRE-DAME-DES-ROCHERS . 140
EGLISE SAINT-JEROME 132
EGLISE SAINT-LUC 149
EGLISE SAINT-NICOLAS 140, 235
EGLISE SAINT-PIERRE 235
EGLISE SAINT-SAVA 168
EGLISE SAINTE-CLAIRE 149
EGLISE SAINTE-MARIE 149
ÉGLISE SANTA MARIA IN PUNTA 168
EGLISE SVETA TROJICA 241
EGLISE VALAQUE (VLASKA CRKVA) 107

F

FORTERESSE ET REMPARTS 149
FORTERESSE HAJ NEHAJ 181
FORTERESSE SPANJOLA 132
FORTIFICATIONS FORTE MARE 132

G

GALERIE D'ART MONTENEGRIN (CRNOGORSKA GALERIJA UMJETNOSTI) « MIODRAG DADO DURIC » 107
GODINJE 121
GORNJA LASTVA 158
GRANDE PLAGE 195
GRMOZUR 122
GROTTE DE DJALOVICA 236
GROTTE DE LA ROCHE ROUGE 203
GUSINJE 242

H

HOTEL PERJANIK 98

I

ILE D'ADA 196
ILE DE BESKA 122
ILE DE KOM 122
ILE DE MORACNIK 122

ILE DE SAINT-NICOLAS 169
ILE DE STARCEVO 122
ILES DE TIVAT (LES). 157

■ J ■

JARDIN BOTANIQUE 229

■ K ■

KAMENOVO 173
KANLI-KULA (FORTERRESSE KANLI). . . 132
KARUC 114
KUSLEVOVA KUCA. 94

■ L ■

LAC DE SASKO. 196
LAC NOIR 211
LESENDRO 122
LOVCEN 28

■ M ■

MAISON NATALE DE NJEGOS
(NJEGOSEVA RODNA KUCA). 113
MASSIF DE SINJAJEVINA 234
MASSIF DE VRMAC (LE). 157
MAUSOLEE DE PETAR II
PETROVIC NJEGOS 112
MEDUN 96
MILOCER 173
MONASTERE D'OSTROG 200
MONASTERE DE BANJA. 138
MONASTERE DE CETINJE
(CETINJSKI MANASTIR) 108
MONASTERE DE DAJBABE. 96
MONASTERE DE DULJEVO. 173
MONASTERE DE GRADISTE 179
MONASTERE DE LA SAINTE TRINITE . . 219
MONASTERE DE PIVA 205
MONASTERE DE SAINT-GEORGE 140
MONASTERE DE SAVINA 132
MONASTERE DJURDJEVI STUPOVI. . . . 237
MONUMENT A IVAN CRNOJEVIC
(SPOMENIK IVANU CRNOJEVICU) 108
MORACA 222
MOSAÏQUE ROMAINE. 138
MOSQUEE HUSSEIN PASHA 220
MOSQUEE OSMANAGICA
(OSMANAGICA DZAMIJA). 94
MOSQUEE PASHA 195
MOSQUEE STARODOGANJSKA
(STARODOGANJSKA DZAMIJA) 94
MUNICIPIUM S 220
MURICI 121
MUSEE DE L'ARGENT (MUZEJ NOVCA) . 108
MUSEE DE L'EGLISE ST. NICOLAS 140
MUSEE DE LA VIEILLE VILLE 195
MUSEE DE LA VILLE 203, 238
MUSEE DE LA VILLE (MUZEJ GRADA
PODGORICE) 94
MUSEE DE LA VILLE DE PERAST 140
MUSEE DE PETAR II PETROVIC NJEGOS
(BILJARDA) 108
MUSEE DES ARTS DU MONTENEGRO
(UMJETNICKI MUZEJ) 109
MUSEE ET GALERIE PETROVIC
(DVORAC KRALJA NIKOLE). 94
MUSEE ETHNOGRAPHIQUE
(ETNOGRAFSKI MUZEJ) 109
MUSEE MARITIME. 149
MUSEE MUNICIPAL 133
MUSEE NATIONAL D'HISTOIRE
(ISTORIJSKI MUZEJ 109

■ N ■

NJEGUSI 112
NOVA VAROS 84

■ O ■

ORLOV KRS. 109
OSTROG. 29

■ P ■

PALAIS 141
PALAIS BLEU (PLAVI DVORAC) 110
PALAIS DE KOTOR. 150
PALAIS DES BUCA. 157
PALAIS DU ROI NICOLAS
(MUZEJ KRALJA NIKOLE). 110
PALAIS DU ROI NICOLAS IER 186
PECURICE 187
PETROVIĆ 28
PLACE HERCEG STJEPAN 133
PLAGES (PLAZE) 169

FAMILLES FRAGILISÉES, PERSONNES ISOLÉES,
TRAVAILLEURS PAUVRES, ENFANTS DÉFAVORISÉS, VICTIMES DE CATASTROPHES…
DONNER C'EST
DÉJÀ AGIR

PLAVA SPILJA (LA GROTTE BLEUE) . . . 134
PLAVNICA 118
POLAKO 29
PONT VEZIROV (VEZIROV MOST) 93
PRCANJ 152
PRZNO 172

R

RAFAILOVICI 171
RAKIJA 29
REMPARTS DE LA CITADELLE 169
REZEVICI 173
RIJEKA CRNOJEVICA 113

S

SABORNI HRAM HRISTOVOG VASKRSENJA 93
SAVNIK 212
SCEPAN POLJE 206
SITE ARCHEOLOGIQUE DE DUKLJA 96
SLAVA 30
SOURCE KISELA VODA. 236
STARA VAROS 84
STARI BAR 186

T

TELEPHONE 9, 254
THEATRE NATIONAL (ZETSKI DOM) . . . 110
TOUR DE L'HORLOGE. 133
TOUR DE REDZEPAGIC. 241
TOUR-HORLOGE 150
TOUR-HORLOGE (SAHAT KULA) 94

U

UTJEHA 188

V

VALDANOS. 196
VIEIL OLIVIER 187
VIEILLE MOSQUEE IMPERIALE 241
VIRPAZAR 116
VRANJINA 120

Z

ZABLJAK CRNOJEVICA 121
ZETA 30